林保華回憶錄

我的雜種人生

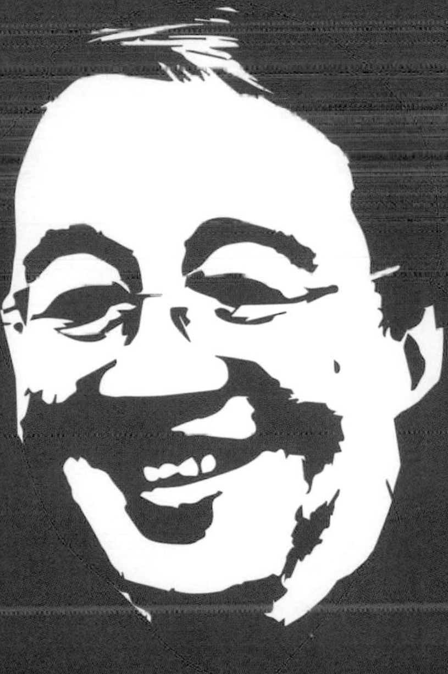

清末湖廣總督瑞澂（林保華的外曾祖父）。

外祖母。

外祖父。

媽媽、大姨的童年。

媽媽的大學畢業照。

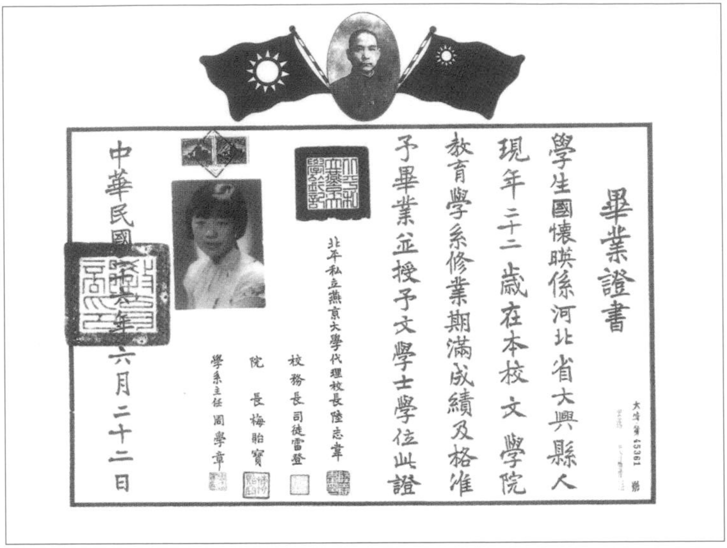

畢業證書

大字第45361號

學生國懷瑛係河北省大興縣人現年二十二歲在本校文學院教育學系修業期滿成績及格准予畢業並授予文學士學位此證

北平私立燕京大學代理校長陸志韋

校務長司徒雷登

院長梅貽寶

學系主任周學章

中華民國　年六月二十二日

媽媽的大學畢業證書。

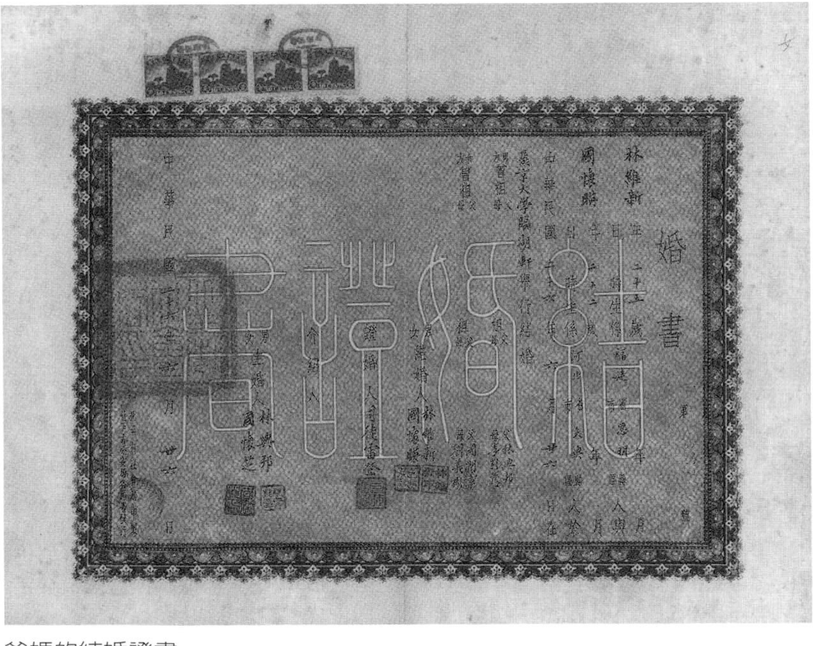

結婚證書

林維新

國懷瑛

燕京大學臨湖軒舉行結婚

結婚人 林維新 國懷瑛

證婚人 司徒雷登

主婚人 林熙邦 國懷芝

中華民國　年　月　日

爸媽的結婚證書。

1938年父母和襁褓中的林保華。

爸媽的中年。

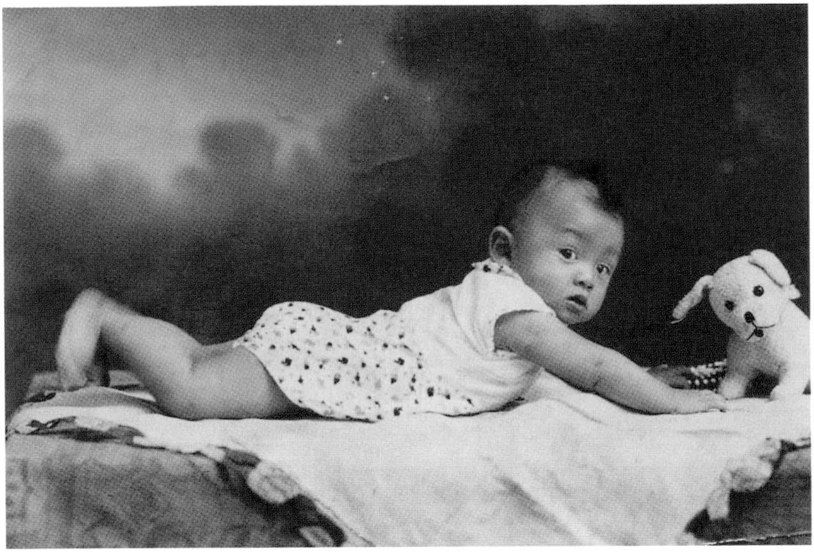

襁褓時代。

全家福，約1948年。

初中，左起：陳英才、林保華、李昭仁、陳益智。

巴城中學，左起：李新時、賴錦華、司徒贊校長、鍾士民老師、林保華、丘華昌、陳用烈、童英結。

高中出遊。

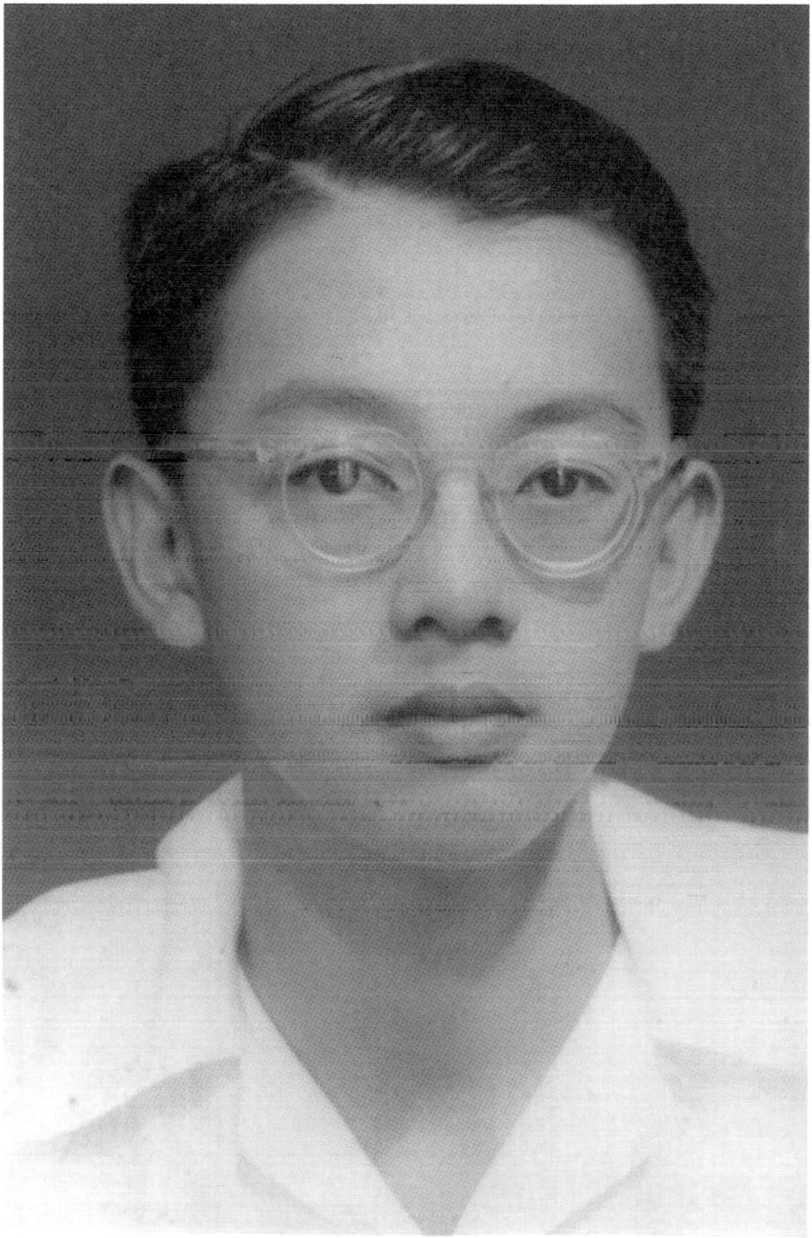

印尼高中畢業。

姨丈周同慶（左）與吳大猷（右），1932-1936年。

上海華東師範大學，1963年。

1966年，林保華、濮洪平新婚後春遊。

爸爸（右）和弟弟攝於印尼雅加達印度尼西亞酒店。（約1976年）

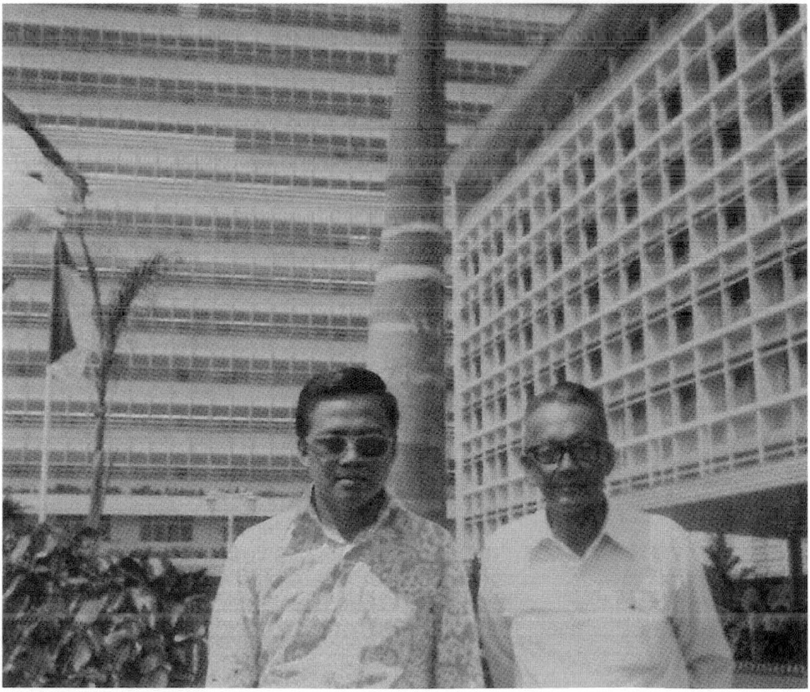

1976年，初到香港，與媽媽合影。

大人自右至左：媽媽、大姨、好友沈阿姨、濮洪平。（1973年上海）

1970年，期待光明的小家庭。

惠安苑斗室裡做功課的女兒（香港1979年）。

一家團聚樂融融（1980年）。

1988年9月21日，與趙紫陽總書記、傅利曼夫婦、張五常合影。林保華後排左4。

新華社香港分社社長許家屯（中）在檢視林保華（左一）遞給他的名片，不知林保華就是常常批他的凌鋒。（1988年9月21日於北京香格里拉酒店）

1988年，北京科學會堂，由右至左起：張五常、傅利曼、周安橋。

旅美學者李大凌教授帶我拜訪精通中國事務的勞達一神父。（1980年代中期，香港）

1988年，林保華第一次重回母校。

林保華第一次回印尼就去摸老虎屁股。（1994年）

1993年於北京，左1、2：傅利曼夫婦、左3：楊懷康、左4：王麗莉、左5：林保華。

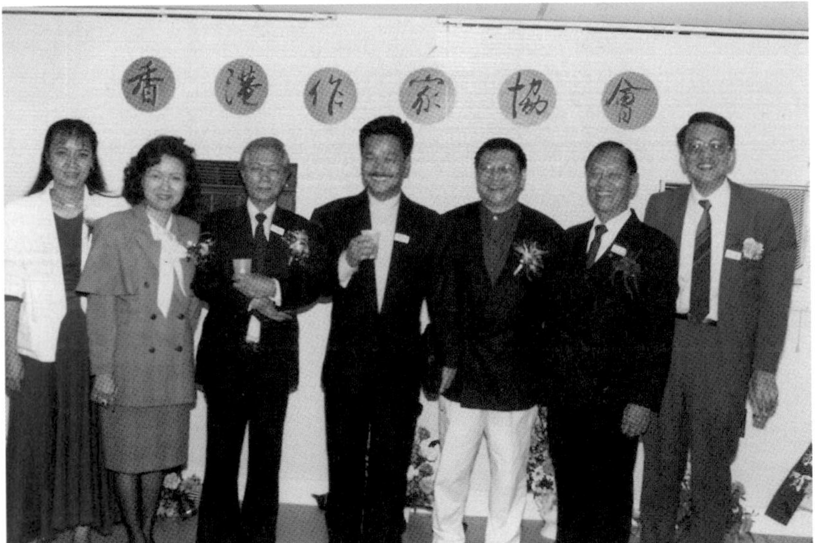

香港作家協會，左1：李默、左3：胡菊人、左4：黃玉郎、左5：倪匡、右1：林保華。

1997年，黎智英夫婦（左3、4）設宴歡送我們離開香港。

1997年，劉慧卿（前排右2）、鄭經翰（後排中）設宴歡送我們離開香港。

林保華、楊月清新婚。

女兒思思的中學畢業典禮（美國紐澤西州）。

到了紐約租了房子立刻學習電腦上網。（1997年）

反右40週年研討會。由左至右：中國異議作家劉賓雁、余英時教授、前中國社科院馬列主義、毛澤東思想研究所所長蘇紹智教授、林培瑞教授。（1997年，普林斯頓大學）

美國紐約的新家。

在全僑盟成立大會上首遇當時陸委會主委蔡英文。（2001年楊月清攝於華盛頓）

出席群策會國際研討會在台綜院拜會李登輝前總統。（2003年9月）

在紐約第二次拜會達賴喇嘛。

2005年，大紀元時報5週年慶。

《中國穩定嗎？》國際研討會

相片前排：

右一：林保華、右二：前台教會會長張信堂、右三：前國研院科資中心中國研究團隊執行長徐昌連、右四：中國研究團隊主持人蔡武雄、左一：台大經濟學教授張清溪、左二：前聯合國地域開發中心（UNCRD）專家與駐日代表羅福全、左三：國防安全專家廖宏祥。

後排：

左一：海軍研究專家、左二：美國國務院情報研究局前中國研究主任譚慎格、左三：美國蘭德研究院中國社會研究專家：Murray Scott Tanner。

陳水扁總統接見林保華、楊月清夫婦。（2006年12月25日）

2006年12月25日行憲日林保華在總統府演講。

2009年6月27日，台灣青年反共救國團成立大會。

2009年6月27日，民進黨主席蔡英文親自出席台灣青年反共團成立大會。

台灣教授協會邀請93歲的史明（左）與林保華，就「台灣民族主義與馬克思主義」進行對談。 史明是胸襟開闊的民族主義者，主張團結支持台灣的中國人。
（自由時報記者林正攝，2010年4月）

2010年出席東京世維大會與熱比婭、黃文雄合影。

佔領台北火車站7個半月。(2013年秋冬)

反共團為蔡英文助選。(2011年)

318太陽花當晚午夜，林保華要求立法院外的警察：台灣人不打台灣人。（2014年）

2014年3月19日凌晨，林保華、林飛帆於立法院議場內。

香港雨傘運動之夜，放了黃之鋒，全場歡聲雷動。（2014年9月28日）

在馬英九統治時代的抗議行動中多次被毆打抬走。

反黑箱課綱，包圍教育部（2015年7月31日凌晨）

2015年11月7日凌晨，林保華、楊月清夫婦機場抗議黑箱馬習會被捕時高呼：台灣萬歲！

目次

自序

林保華

寫一本回憶錄，是我一九九七年離開香港再度流亡時就有的想法了。因爲我深感我們僑生這一代的「東方猶太人」命運，不希望我的下一代與我一樣受共產黨欺騙，醒悟時一回頭已是後半生。我無法在香港召喚香港獨立擺脫所謂的「回歸」，但是有自己宣佈個人獨立而不受共產黨再次統治的可能。於是去了自由民主的美國。

感嘆自己的人生與我們這一代的命運，在寫這些「跡史」與「心史」時得到余英時教授的鼓勵，更加強了我要寫一本完整回憶錄的決心。

爲了防止記憶力衰退，我開始將自己重要的人生片段在雜誌與網路媒體逐步寫出，未來即可串成一線；如若突然離開人世，也可以留下人生的片段記錄。其後不甘中共越來越爲所欲爲而來到台灣，認同我的新祖國，與台灣民眾在第一線對抗親共勢力，捍衛台灣的主權獨立，因此更多的時間放在現實的戰鬥上。然而我也不會忘記過去哺育過我的山水與民眾。

在太陽花運動前夕，認識了旅居美西的一位台僑，他看過我的一小段回憶文章，鼓勵我整個寫出來。我也答應在一年內寫出，趕上二〇一六年的台灣大選。然而到了眞正下手的時候，才知道事情並不簡單。一是台灣的政情多變，我無法什麼都不顧埋頭寫書，更重要的是，有些史料要詳細查證，還有一些新資料的出現，有些認識也在不斷變化，中間還不小心毀了我一部分文稿，讓我痛苦到一度停手，以致到去年八十大壽時還無法完成。在努力寫作時還不斷做夢，逝去的家人與往日的朋友在夢中湧現，讓我體驗精神世界的靈異與完成回憶錄的決心。

由於離開中國時是孑然一身，幾乎沒有帶任何東西，後來又是幾次大搬家，所以早年的照片，沒有好好整理過，爸媽的遺物也是下一輩在保管，最後尋找照片動員各地家人親戚，最後我在北京讀書時候的照片還是一張也沒有找到，實在是很大的遺憾。

因為擔心篇幅過大，所以有些事情從略從簡，細節只能從過去或以後我的其他文章中去進一步了解。也因為記憶關係，有些事情、人名都會有不準確乃至錯漏之處，希望當事人與知情人可以補正，使歷史更加準確與完備。

定居台灣後最特別的收穫是認識了史明前輩這位特別人物，有時我稱他為學長，不但他是我當年晉身「左翼」的前輩，培訓過他的華北聯合大學還是我的母校中國人民大學前身的一部分。他的知行合一，他的意志力與行動力，他的清晰頭腦，他的道德高地，對我都是鞭策。

完成了個人最後一件大事，算是對後世有個交代，雖死無憾。然而寫本序的時候，香港又在發生驚心動魄的「反送中」運動，台灣的政壇也不平靜，這都是自由世界與共產世界對決的一部分。所幸我們的下一代有出息多了，這是我最大的欣慰。我希望能夠像史明那樣長壽，看著共產黨怎樣倒台與台灣、香港、中國及世界的變化更新。那我真的可以含笑迎向九泉。

二〇一九年六月十二日

序言：絕代文俠林保華

李劼

在接連拒絕了一些請求寫序的風雲人士之後，突然收到保華短信，爲他的自傳作序。回答是不加思索的：義不容辭。這些年來，雖然遠隔重洋，卻一直想爲他寫些什麼。

記得剛到紐約那年冬天，在紛飛的雪花裡考出了駕照，第一時間告知的朋友就是保華夫婦。也正在考駕照的保華嫂楊月清，一疊聲地祝賀。彼此都住在法拉盛的櫻桃街，至今都記得在他們那個溫馨的客廳，古典音樂，美味的晚餐。陽光明媚的時節，還曾在他家後面的草坪上打過坐。儘管他家各種名人川流不息，但他們知道我幾乎一個都不願相見。因此，每次造訪都沒有他人在場。在那份難得的清靜裡，賓主間即便一言不發，也能感覺到心心相印的默契。如此相知，以前有胡河清君，來美國後有高爾泰兄。

按年齡說來，我與林保華與高爾泰相比都要年輕一輩。但無論是和與沙漠爲伴的高爾泰相聚，還是與在各大城市間輾轉的林保華交往，都感覺不到年齡差異。好像很早就認識，不需要任何介紹，於是就像美國人一樣地直呼其名。美國彷彿是共同的歸宿。要不是保華對台灣那個民主燈塔的守護心切，他們夫婦也會在美國貽養天年的。很遺憾，他們只待了八、九年。

保華長我十七歲。我出生的那年，保華從雅加達轉道香港赴華。與其說是歸僑，不如說是被斯諾《西行漫記》所誤導而自投羅網。十七年前，在重慶出生的林保華被父母摟抱著逃到印尼，初衷是躲避日機轟炸。結果，卻在印尼被中共地下黨包圍。

我跟保華的人生經歷，有許多時空重疊。比如我出生時保華來中國了，我在幼稚園的時候，保華大學畢業分配到上海；保華執教華東師大之際，我正在上小學；及至我執教華東師大，保華早已離開上海，在香港報紙上寫專欄。保華在上海一個小廠裡經歷了文革，我在華東師大執教期間捲入了六四學運。最後在紐約相見時，彼此都已滄桑得不行。或許是這樣的重疊，保華的自傳，我讀得清澈見底。可以說，沒有人能夠像我這樣明白保華的人生，究竟是怎麼回事。

不要以爲在印尼的華人小學中學裡給童年少年保華洗腦的地下黨都是兇神惡煞，牛頭馬面；不，絕對的和藹可親。就像我小時候經歷過的那些班主任或者輔導員，都是專業的洗腦工作者。循循善誘。日本小孩子看著阿童木那樣的動漫長大，美國孩子有迪士尼，我們小時候讀的是劉胡蘭、黃繼光、雷鋒。避過了日軍炸彈的林保華沒能躲過《西行漫記》之類的轟炸。湖南痞子毛澤東是熟讀《三國演義》、《水滸傳》練就的。毛痞輕而易舉地忽悠了傻白甜美國記者斯諾，斯諾的《西行漫記》再忽悠了天眞爛漫的林保華。保華遭受的是雙重忽悠：痞子的自我吹噓，加上傻白甜的盲目崇拜。小托爾斯泰寫有《苦難的歷程》，林保華的自傳可以說是被忽悠的歷程。

若把被忽悠比作一種傳染病，那麼治癒的方式只能是受苦受難。但丁《神曲》是朝天上走的，林保華的人生直沖著地獄奔去。種種的折磨，勞役，批鬥，羞辱，始終活在難以想像的緊張和驚恐之中。此刻，即便是父母的燕京大學背景，都不再是榮耀而變成自卑，更不用說福建林家的身世外加母系當年滿清貴族的顯赫。保華母親死死瞞著滿貴家世，給兒子減去很大的心理負擔。好在那對燕京夫婦沒有兒子那麼幼稚，內心深處感覺到被那幫地下黨吹噓得天花亂墜的新中國沒那麼美好。

保華考入中國人民大學並非初衷，而是誤打誤撞。但也正是進入那個謊言中心磨礪過，以後才不會輕易上當受騙。反過來說，後來的朝廷應該後悔當初讓這個叛逆混入人大，無意中弄清了他們的底細。相信林保華對好萊塢電影《肖申克的救贖》（台譯《刺激1995》）一定很有共鳴。能夠逃出生天倖存於世，不是件容易的事情。其中得疊加諸多幸運。

從人大畢業分配到華東師大，也算一種幸運。當初院校調整時，黨認爲的自己人大都進復旦，黨不信任的教授學者歸攏在華師大。復旦有專門培養特務的國關系，有專門培養科技間諜的物理系，華師大沒有。復旦專門出御用文人文膽，華師大出的是被槍斃的異議學生，或者被開除的流亡者，還不算好幾位鬱鬱自殺的青年教師。保華在華師大混在一個不被信任的教師隊伍裡，至少不顯眼。最後的倒楣，無非是被踢到一個技術學校。保華後來發現，在文革年代能夠安然無恙，除了自己小心翼翼，還有就是很幸運地被踢出了華師大。這又跟我的經歷相似。三十多年後輪到我被開除，彷佛老虎被攆出動物園一樣。

保華最幸運的應該是，父母始終清醒。因此在大饑荒年代，保華能夠得到父母來自境外的援救。及至朝廷對僑生政策有所鬆動，保華馬上被母親救到香港，結束其長達二十一年的地獄煎熬。此刻的保華已經幡然醒悟，雖然還醒得不徹底，對周恩來抱有幻想。事實上，周恩來最大的罪孽，與其說是助毛爲虐，不如說是欺騙了無數好人家的子女，爲其團夥效力甚至賣命。

保華最有體會的應該是，統戰統戰，被統之前一朵花，被統之後一棵草。被忽悠去所謂新中國讀大學時，僑生宛如天之驕子，被忽悠進去之後全然草芥，該批鬥照樣批鬥，該整治照樣整治。流氓團夥的江湖規矩就是這樣的：用得著你，什麼都依；用完之後，過河拆橋，翻臉不認人。好比惡少玩弄小姑娘。不要說僑生，即便地下黨也如此。翻翻潘漢年或者郭汝瑰的故事，生動極了。比任何間諜小說間諜電影都要好看。

逃到香港後的保華，從零開始，創出一份家業，也創出一片政治評論家的天地。比起六、七十年代的金庸，保華的政治評論更爲鏗鏘更爲犀利。得江南文化之靈氣的金庸，聰明之餘，世故之極，最終落了個反毛附鄧的俗套。保華歷經地獄之火，煉就一付火眼金睛，外加一顆赤子之心，致使其政論充滿眞知灼見。保華的政治時評並非孫悟空式的大鬧天宮，而更像斯巴達克思那樣的角鬥士苦戰。那樣的苦戰是一種旁人難以理解的孤獨求敗，不僅是一個人面對一個龐大的國家機器，面對一個劫得了江山的黑幫團夥，同時還是一個人不得不面對各種世態炎涼，各種統戰設局，各種威脅，各種利誘，還不算朋友同道之間的各種背叛和出賣。金庸頂不住了，最後接受招安，得以榮歸故里，在浙江大學混了個什麼頂戴。

保華不吃那一套。這是保華的非凡之處，頂得住各種壓力。生存的逼仄也罷，文章發表空間的侷促也罷，個人的榮辱毀譽，甚至性命之虞，保華全都不在乎。少年時代的受騙上當，彷彿一個無形的十字架，讓保華背了一輩子：你們騙我一時，我跟你們搏戰終生！保華像基督一般地直面權貴，直面濁世，直面庸眾，直面比法利賽人更奸險的華人文化圈及其叢林般的政治社會。保華的幾乎每一篇時評都是短兵相接，彷彿斯巴達克思揮動著鋒利的短劍，恰如其筆名凌鋒那般凌厲。保華的文風頗有俄羅斯文化才有的桀驁不馴，並含有十二月黨人式的高貴。這樣的人文品質，在香港恐怕找不出第二人。張五常的慧眼識人，並非偶然。

保華之於張五常的感恩，讓我心有戚戚。這很像我之於錢谷融的知遇。事實上，張五常也確實需要保華這樣的有識之士，不僅於時政有敏銳洞察，並且還有在紅朝的親身經歷墊底。張五常在經濟學上無疑出眾，屬於哈耶克和弗里德曼一路的自由學派；但要涉及中國政治，恐怕一頭霧水，霧水一頭。要讀懂中共的來龍去脈，讀懂中共黨史遠遠不夠，即便讀懂共產國際歷史也還不夠，必須讀懂整整一部中國歷史；更重要的是，還得加上親身體味，最好有切膚之痛。當然了，最便捷的方式是讀懂《三國演義》和《水滸傳》。

我對張五常乃至弗里德曼那麼起勁地遊說紅朝，是冷眼旁觀的。不說其他，僅以兩次會見其當家人爲例便可見一斑。一次是八十年代會見趙紫陽。會見結束之後，趙超越常規地把他們一路送出，按保華的現場觀察，神情落寞。保華的理解是趙的處境不妙。我想補充的是，趙內心恐怕在苦笑連連，你們高談闊論一番，拍拍屁股走了，我老趙該怎麼辦哪。你們的高論，沒有一句是能夠落到實處的呀！這種理論和現實的錯位，乃是張五常和弗里德曼絕對不會意識到的。他們可能滿足於給了人家一份美妙的圖紙，從而頗有成就感。

第二次是會見江澤民。在兩位經濟學家的闊論面前，江澤民的回應是興致勃勃地說起了當年在上海主政時的菜籃子工程。活脫一個韋小寶。令人噴飯。經濟學家有時也該先讀讀金庸的《鹿鼎記》再去造訪不遲。斯諾當年去延安是幼稚的，但弗里德曼一而再、再而三地上北京是否也很天眞？尤其是六四血案之後還那麼起勁，讓人匪夷所思。

倘若說上一次會面有點悲劇氣氛，那麼這次全然喜劇。保華有幸親歷，也算是一種見證吧。有過這樣的見證之後，保華心裡雪亮了。九七年斷然離開香港。這之前的愛妻亡故，彷彿一個象徵，隱喻著與那塊土地的訣別。好在上蒼待保華不薄，揮淚離港之際，身邊有了楊月清的伴隨。楊月清在台灣長大，在香港供職，彷彿與生俱來似地不信不認《西行漫記》那樣的神話故事。那般堅定，讓人想起宋美齡回覆廖承志的決絕。保華有楊月清，宛如郭靖有黃蓉。

我與保華可說是前後腳到達紐約。一個九七年，一個九八年。我沒有保華的香港經歷，但與保華一起見證了海外民運的可悲可歎。這是繞不過去的歷史，保華在自傳裡字斟句酌，用筆甚輕。我更是至今絕口不提。與其說是心地宅厚不如說是奈何奈何。要而言之，當年保華是被毛澤東所欺騙被斯諾所忽悠的，如今保華忽然發現，兜了一大圈後，在民運江湖裡又碰見毛痞陰影。這個江湖裡盛行的語言，就是毛語。有趣的是，在這個江湖裡活躍著的地下黨們，依然笑容可掬，雖然沒有周恩來那麼漂亮，沒有潘漢年那麼斯文，沒有郭汝槐那麼簡樸。

保華夫婦離去時，我以爲他們會在台灣安度晚年。沒想到，十二月黨人的脾性依舊。而且從時政評論，到街頭學運，飛蛾撲火般地投身保衛台灣。曾以七十七歲的高齡，像章太炎一般地被捕。時值馬英九當政。馬英九很像美國的奧巴馬，將來一旦水落石出，都逃不脫歷史的評判。看馬英九與對岸大當家握手的模樣，會自然而然地讓人想起香港的梁振英。

我很不喜歡給別人寫序什麼的，一如不喜歡請別人給我作序。但林保華自傳之序，是不能不寫的。這部自傳並非以個人遭際博取淚花之作，而是實實在在的一部兩岸三地變遷史。將來有關這段歷史的研究，林保華自傳是跳不過去的參照讀本。這部自傳本身，以史筆寫就，很少文學渲染。其中絕大部分都是作者親歷親爲。他自己寫的時政評論，都很少摘引，故而極其實在。親人亡故尤其是喪妻之痛，保華皆寥寥數語，甚至一筆帶過。

倘若將保華作一個文學性的形容，那麼應該是，以文行俠的絕代俠客。這般文俠，獨此一個。八九年組織學生遊行，我才三十四歲；保華年近八十，尚在不屈不撓地參與太陽花和雨傘運動。如此的八十之人行十八之事，眞是有點「春蠶到死絲方盡、蠟炬成灰淚始乾」的意思了。文是俠文，人是奇人。保華的自傳，其實是一部文俠的傳奇。這樣的傳奇，值得兩岸三地讀者好好珍惜。更不用說香港台灣兩地的政要們，若想有點作爲有點成就，此傳必讀。

二〇一九年六月一日寫於美東新州西閑園

（李劼，獨樹一幟的中國旅美文化思想學者）

序言：保華保台保民主 抗共抗統抗外侮

謝志偉

最近十幾年來，台灣社會各個對抗老K，抗議老共的場合裡，常會看到一位長像斯文、髮已白、背微屈的北北參與其中。捍衛台灣得來不易的民主自由，他身體力行，寫政論，他鞭辟入裡，不夠，他和夫人楊月清女士還創立了「台灣青年反共救國團」，外抗老共，內譏老K。此人是誰？乃知名政論家林保華是也。

保華兄的背景相當「異類」。他出生於中國，成長於印尼，年輕時，受惑於中國共產黨，不但赴中國就讀大學，還專攻「中共黨史系」，畢業後甚至留在中國教黨史。文革前後，他開始覺醒，離開中國去香港當編輯並開始批共的評論工作，最後被北京取消「回鄉証」。求仁得仁，保華兄嫂繼於九七大限前離港遠赴美國擔任評論工作，繼續與中共周旋。

二〇〇七年，保華獲得中華民國國籍，正式成爲「台灣人」，並以一根禿筆盡心盡力捍衛台灣。保華評論內容相當寬廣、豐富，而由於他的極其特殊的背景，也不時有人污衊他的人格，面對這些，他雖然心痛而無法一笑置之，但毫不減緩他捍衛台灣自由民主的決心與行動，正是「一簞食，一瓢飲，回也不改其志」的寫照！

今天保華兄出版回憶錄，可說是一部具有高度參考價值的第一手私人版中國近代反共史暨台灣現代民主史。其中記載經歷，闡明心志，足值吾人細細咀嚼。本人應邀作序，倍感榮幸，乃爲之。

（謝志偉，台灣〈ROC〉駐德代表、東吳大學教授、資深政論節目主持人）

序言：從「歸國」到「去國」——印尼華僑辛酸史的見證

程翔

二〇〇五年我因爲一篇質疑中共同俄羅斯簽署新邊界條約的合理性和合法性，被中共控以間諜罪而身陷牢獄時，香港和國際很多朋友都爲營救我而奔走呼號發聲，其中一位就是林保華兄。二〇〇八年春我獲釋返港後，馬上翻閱在過去幾年爲我呼籲的文章，每讀到朋友們對我的關愛、理解、信任和支持時，都令我潸然淚下。讀到林保華兄的〈我以我血薦程翔〉（見《蘋果日報》二〇〇五年六月二日），更嚎啕大哭，因爲單從題目可以看到林兄毫無保留地對我表示絕對信任，而文章也逐點批駁外交部對我的指控。古語有之：「人之相知，貴相知心。」（漢・李陵《答蘇武書》），林兄眞知我心也。

文章中林兄說：「魯迅曾經以『我以我血薦軒轅』自題。程翔的正直、誠懇，對理想的執著，使我敢說『我以我血薦程翔』，不論當年他誤投中共門下，到認識中共的本質，而義無反顧宣佈脫離，都做得光明正大、擲地有聲。」他又說：「我相信，以程翔的人品，以他的專業精神，絕對不會爲『大量間諜費』而出賣人格。」這番話是對我的最大信任。

我認識林兄，是從看《信報》的「淩鋒」開始，當時正值中英就香港前途問題展開談判之時。我當時是在《文匯報》工作，對中共有一定的瞭解，這種理解使我不相信中共會如它所承諾的給與香港眞正的自治。所以，當我拜讀「淩鋒」的文章時，對他的觀點十分認同，但鑒於我本身工作機構的性質，也不便多接觸。直到「八九屠城」，我離開《文匯報》後，我們的交往才增多。由於我們有很相同的心路歷程（從「愛國親共」走到「愛國反共」的思想和認識的轉變過程），所以談得很投契，成爲莫逆之交。所以當他邀我寫序時，我立馬回復兩字：「遵命」。

林兄是上世紀五十年代千千萬萬歸國印尼華僑群體中的一員。當年，僑居印尼的華僑，抱著對「新中國」的美好憧憬，憑著樸素的愛國熱情，不惜離鄉背井，闊別親人，奔跑到數千里之外的中國，爲參與建設「新中國」而貢獻自己的力量。然而，很快大家就發覺所謂「美好新中國」是鏡花水月，他們眞實的經歷，卻恍如人間地獄。以摧殘人的尊嚴、自信、良知、家庭甚至生命的各種「政治運動」連綿不絕，歸國華僑這個群體都被扣上敵、特嫌疑帽子而慘遭批鬥清算。倖免遇難的，都學會提心吊膽、夾著尾巴做人。直到「改革開放」後，政策有所寬鬆，這一大批飽歷滄桑、浪費了寶貴青春的人，第一時間選擇離開，由於不能再回印尼，變成滯留香港，生活、工作、事業，一切重頭再來。印尼華僑這一頁辛酸史，是近七十年來中國人民經歷的共產主義災難的一部分。林兄的經歷，就是這段歷史的見證。

筆者認識不少這類「去國」的印尼華僑，發覺每人都有一本屬於自己的血淚書。筆者經常鼓勵他們把這些血淚史寫下回憶，以作爲歷史見證。可惜絕大多數人都不願意再去回憶過去。這就說明，他們曾經歷過的恐怖統治是刻骨銘心的，它能使受害人心有餘悸而終身不敢再去面對。林兄這本書，可貴的地方就是他縷述了自己從「歸國」到「去國」的全過程，而伴隨著這個過程的是自己思想從「愛國親共」走到「愛國反共」的歷程。它雖然是一個人的故事，但卻爲這段歷史留下一份「目擊證人」的「證供」，爲保存歷史眞相作出貢獻。筆者希望有相同經歷的人，看了林兄的書後，能踴躍出來做歷史的見證人，共同守護歷史眞相。

二〇一九年六月十一日於儀禮堂

（程翔，資深媒體人，擔任過香港《文匯報》副總編輯、新加坡《海峽時報》駐港特派員）

一，追尋家世

從我懂事開始，已經生活在群島之國印度尼西亞的爪哇島。為何會在這個地方，隨著年歲的增長才逐漸了解，包括了解了自己的家世。沒有想到的是，作為一位華僑，居然就命中註定一生繼續浪跡漂泊。

爸爸家世

一九三八年我出生在重慶。前一年，即一九三七年，爸爸林維新與媽媽國懷暎在北平（現在的北京）燕京大學的教育系畢業，隨即在該校的臨湖軒舉行婚禮，證婚人是當時燕京大學校長司徒雷登，二戰結束後他成爲美國駐中國大使，一九四九年八月毛澤東寫了〈別了，司徒雷登〉一文，對他極盡侮辱之能事。

據母系的大表姐周憶雲說，父母結婚後回到上海，與憶雲的媽媽，也就是我的大姨國懷芝（當時姨丈周同慶是南京中央大學物理系主任）曾經一起到莫干山度暑假。這時上海爆發「八一三」抗戰，國民政府決定從南京遷都重慶，姨丈回南京處理遷校事宜。他先把大姨和兩個女兒從莫干山直接帶到安徽的屯溪（後來的新四軍軍部所在地），姨丈將她們交託給在那裡經營汽車運輸的同學何先生。

姨丈是江蘇昆山人，他讓父親周梅初（是中共眼中的「開明士紳」，中共建國後當過昆山縣長）帶著他的姐姐和妹妹在屯溪匯合。媽媽當時還沒有生我，應該是先回上海，帶了我的外祖父母遺留下來的保管箱，與爸爸一起也到了屯溪匯合。這個保管箱裡的首飾成爲後來我們全家的重要生活補助的來源。

他們從屯溪經過長沙到重慶。在長沙住了比較長的時間，認識了從北平遷到昆明，後來組建成的西南聯大的張景鉞、崔芝蘭夫婦，他們的兒子張啓明就是那時在長沙生的。

爸媽到重慶任教不久，戰火蔓延到重慶，日軍開始了重慶大轟炸。初爲人父、人母的父母愛子心切，要尋找一個沒有戰火的地方，於是在我出生兩個月後的八月，帶著我到印度尼西亞，投奔那裡的兩個姑媽。印尼那時是荷蘭殖民地，叫做「荷屬東印度群島」。

爲何我在印尼會有姑媽，這就要介紹我的家世了。

父親林維新是福建廈門人，福建、廣東一帶許多人到南洋謀生，習以爲常，因此我在印尼有近親也就不奇怪了。不過我爸爸名字叫做「維新」，當然很政治化，也自然的想到清朝末年的「百日維新」。對這個名字，我有自卑感，因爲我在印尼與後來在中國所學的中共史觀，「維新」是改良主義，遠非孫中山的「革命」可比。爸爸出生在一九一二年，不但辛亥革命已經發生，中華民國也已經建立，不取名「革命」而是「維新」，按照邏輯推理，給他取名的祖父、祖母是主張改良而反對革命的保皇派了。

不過因爲在印尼，對祖父並不了解，只知道他叫做林興邦，又是一個政治化的名字。他是西醫，他的父親，也就是我的曾祖父也是西醫，應該都是關心國家大事，而且是愛國者，才會給兒子取名「興邦」。一九四九年「解放後」，祖父因爲行醫賺錢買了些土地而被當作地主批鬥，後被判「管制」三年。（中共對階級敵人有「殺關管」的三級懲罰，管制最輕。）

爸媽親戚都說祖父是好人，但是那時我不敢質疑共產黨怎麼會鬥爭好人。因此我不敢與祖父接近。他在文革初期去世，我只在一九五六年第一次回廈門時與他見過一面，也不敢進一步了解他的家世，避免劃不清界線，我是長子長孫，他對此一定很失望。這是當年中共統治下人倫被扭曲的縮影。如果按照中華文化所要求的倫理道德觀，我實在是不肖子孫了。

祖父生前住在廈門禾山區橋頭街一二八號。一九七四年我第二次回到廈門，有到他的墓前憑弔。之所以記得他的住址，是因爲我們回中國後，每到新單位報到，都要把主要家庭成員與社會關係的名字、住址寫出來，以便「組織」了解，必要時前去調查所寫內容是否屬實。

祖母李彩金（爸媽的婚書上是李彩鸞）。一九五六年我到廈門時，因爲祖父有小三而已經分居，住在鼓浪嶼市場路五十四號二樓。最後一次見到她是一九八六年十二月我隨張五常教授訪問福建的時候抽空去看望老人家。祖母與毛澤東同歲，她的一句名言是：「我都老糊塗了，毛主席還能治理國家嗎？」

祖母的媽媽也很長壽，住在鼓浪嶼升旗山，一九五六年我見她的時候，已經九十幾歲了，到一〇三歲才逝世。她是虔誠的基督徒，爸爸有與她通信，每次她用羅馬拼音字來信，爸媽要一起讀出來研究與猜測是閩南語的什麼話。

顯赫媽媽

媽媽的家世很顯赫，但這是我以後才知道的。爸爸媽媽有一本燕京大學的畢業紀念冊，媽媽的籍貫是河北大興（現在北京市大興縣），上海出生，早年父母雙亡，與姐姐相依爲命。姐姐國懷芝也在燕京就讀，姨丈周同慶則是美國普林斯頓大學博士，回中國後在北京大學任教，再被羅家倫請到中央大學。二戰後回上海在交通大學任教，一九五二年院系調整後調到復旦大學物理系，是一級教授、中國科學院學部委員，是中國光譜學研究的開拓者之一。我回國後，他們家就是我在中國的家。

媽媽在上海讀清心女中（前身是一八六一年美國基督教長老會傳教士范約翰及其夫人創辦的「清心書院」。一九一八年定名爲「清心女子中學」）。大學又在北平的燕京大學就讀，燕京也是教會學校，因此生活方式非常西化，也是非常虔誠的基督徒。她是一九一五年出生。爸爸比他大三歲，爸爸原來就讀於福州的協和大學，後來再轉到燕京。

我的外祖父母在媽媽五、六歲時就先後去世了，死於肺病與猩紅熱。外祖父叫國潤章（「國」是皇帝賜姓），外祖母叫劉義彬。他們逝世後成立一個基金，由他們的摯友、有知遇之恩的浙江興業銀行董事陳永青來管理。陳永青學徒出身，後來一步一步做到銀行董事，很高的文化水準，家裡許多藏書。一九五五年我回國時在上海見過他，因爲我喜歡歷史，他曾表示願意將他的一套二十四史送給我。那是配有特製小書櫃的全套二十四史線裝書，也是我第一次見到的。

但是次年我考進中國人民大學修讀中國革命史，不是我喜歡的古代史，而他在一九五七年上半年因病突然去世，接下去是反右運動我被捲入，難以自保，所以也沒有與他們家接觸再談起這件事情了。他有一個兒子陳嘉玄，燕京大學畢業，讀機械工程，畢業時正好抗美援朝，他們全班被分配到海軍工作，他分配到大連。一九五七年被劃爲右派，所以我一直沒有見過他。

媽媽在上海的清心同學有好幾位，回中國探親時都有與她們來往。其中的汪克勤是我弟弟在上海讀書時認的乾媽，住在盧灣區新樂路的公寓房子。他們因爲是中上人家，所以多有「海外關係」，文革後期處境有所改善，她的女兒有幾位已經出國。一位陸培德教芭蕾舞，單身。還有一位同學（不知怎麼寫的「成英」阿姨）在澳洲的女兒對她們這一代很有興趣，曾採訪我媽，說要留下她們那一輩的記錄。那時我在忙自己的工作，對老一代也欠缺興趣，所以不知道她的採訪後來有沒有出版。

媽媽在上海還有一位朋友，是復旦大學附屬華山醫院著名神經病學家的張源昌教授。毛澤東的御醫李志綏在回憶錄中有提到他，卻寫成張沅昌。我在一九九四年十一月十六日的香港《經濟日報》寫了〈張沅昌醫生看『毛』病〉一文，提及：「一九七四年毛病重。據李志綏醫生的回憶錄中所說，請了上海第一醫學院的腦神經內科主任張沅昌來共同研究。張同意其他醫生認爲毛是『運動神經元病』的診斷。張醫生在三十年的臨床經驗中，只見過兩個這種病人。據他從國外文獻報告上得知，這種病如已侵犯到喉、咽、舌的運動神經細胞，最多只能活兩年。說這話時是一九七四年七月，毛於七六年九月逝世。」

我認識張沅昌醫生。解放初期從英國回國報效祖國，住上海復興中路，多次拜訪過他家。他當時常出差去診病，我們知道是給領導人看病，但我們都不敢問，他也守口如瓶，連家裡人都不知道。

我是毛澤東逝世前來到香港的。而文革結束後，張醫生也曾去西方國家考察，痛感中國醫學的落後。但是不久之後突然接到他自殺的噩耗，使我十分吃驚，至今仍不明原因。他的一子一女都是醫生。我離開上海時，兒子張玉林在上海鐵道醫學院，女兒張史林則是文革期間畢業，被分配到新疆。

張醫生當年在清心男中就讀時，就與媽媽有來往。華山醫院的神經內科是該院頗具特色學科之一，由張沅昌教授創立於一九五〇年。後來翻查到當時悼念他的文章，居然說他因病逝世。其中有什麼隱情，我不知道。我所知道的，擔任獨裁者的醫生，精神壓力都很大，因爲隨時被懷疑謀殺領袖。斯大林晚年有「反革命集團」的醫生，江青也懷疑醫生謀殺毛澤東而要調查。

燕京結緣

爸爸與媽媽感情並不融洽。媽媽非常強勢，大概是天生的，與出身是否貴族沒有太大關係，因爲她很少談她的家世。他們沒怎麼談他們是怎樣認識、相戀與結婚的。但是喜歡寫作的老爸在一九八三年去世前給我留下一本影印成小冊子的《學府生活回憶》，記錄他是如何考進燕京大學的；其中提到與媽媽因爲愛好音樂而親近乃至相戀，大學一畢業就結婚。

爸爸說，燕京大學其實不是貴族學校，也有許多平民出身的學生。他們班級裡的男同學我不清楚，女同學裡卻有媽媽多次提起的名人，她們是龔普生、龔澎姐妹。媽媽稱呼龔澎是維航，那是她讀大學時的名字。龔澎後來做過周恩來的秘書，外交部長喬冠華的夫人，一九七〇年病逝。龔普生則是外交部副部長章漢夫的夫人。她們與媽媽同房間，一二九學運時常常爬牆出校，媽媽不認同她們對政治的熱衷。但是大姨對我表姐說，媽媽個性活躍，在上海讀中學時就參與當時歡迎北伐軍活動。

還有名人後裔的，例如與我們同在印尼首都雅加達的楊明隆醫生夫人，我稱呼她為Aunti Iris。她是民國初年名人江亢虎的女兒。江亢虎是中國早期社會主義思想傳播者，中國第一個政黨社會黨的創始人（一九一一年），後擔任汪精衛政權的國民政府委員，考試院副院長等職。

媽媽與在美國的王安福書信來往密切，她是王正廷的女兒。王正廷是民國初年的政治家、外交家。民國元年當選為南京臨時參議院的浙江省代表，並當選為副議長。他出任過北洋軍閥的外交總長、國民政府的外交部長，在擔任外交部長期間，展開了與列強各國的條約改定運動，力圖改正關稅條件，廢除領事裁判權，但未盡全功。七七抗戰前後，他是中國駐美大使，其後熱心從事體育活動。

還有一位在美國的叫楊敏嫻，一九七三年媽媽回到北京時，有去探訪她住在西長安街新華門隔壁胡同裡的二姐楊哲嫻，兒子後來到美國。她們大姐叫楊婉嫻，是畫家，住在上海，一九七二年媽媽就常去探訪她，女兒女婿對美術、崑曲有相當造詣，後來都移民紐約。楊敏嫻的兒子江衡斌是西雅圖的執業律師，身高可能近兩米。我在上海時他曾經來過。那時姚明還沒有現身，所以他的身高引起路人側目。

一九六〇年代後，爸媽分開生活，媽媽甚至移居香港，但是他們始終沒有離婚。

賣國雜種

在印尼時，媽媽沒有告訴我她的眞正家世，到一九七六年我離開中國到香港後，她才告訴我她是旗人，外祖父竟是最後一任的湖廣總督瑞澂。以前怕我知道後，回國說出來可能對我不利，所以隱瞞，因此我在中國每次做思想檢查挖掘「根源」而須「竹筒倒豆子」時，也就沒有交代這個問題。但是並非有心「隱瞞成分」。

不過我一向對祖先是什麼人沒有什麼興趣，很像中共表面上要求我們的那樣，「不唯成分論，重在表現」。何況，我十七歲離開家庭後，基本上就一直獨立生活，尤其是發展自己的事業，並不想依托什麼「祖蔭」。一九八三年十一月一日，香港《星島晚報》刊出我一篇署名「浮生」的短文〈關於敬祖〉，我就說：「也許是『大丈夫志在四方』，我和祖宗的感情頗爲單薄，除了祖上留下一個姓氏以外，似乎從來沒怎麼和祖宗溝通過。」「有些祖宗是値得去孝敬嗎？如果你的祖宗裡有殺人不眨眼的魔王，你也年年去表孝心，難道你也要像他一樣去殺人？」「我主張做人看人還是面對現實，既不用向祖宗乞靈，也不把那副孝順死人狀作爲善惡的標準。」

不過，我也得承認，爸媽是窮教書匠，能夠在我回國時，攜帶大批行李，在大饑荒時期也寄來外匯、物質，如果沒有媽媽祖傳的那個保管箱是不可能的。包括媽媽以九十二歲高齡去世，有部分也是靠她一直在變賣首飾維持，兒女、孫輩的支持只是一部分。按照共產黨的理論，我是在吸吮大清子民的血汗呀。

在國共的教科書裡，瑞澂是負面人物，不但因爲他是辛亥革命的革命對象，而且因爲鑽洞逃走，有失形象，這也是媽媽與大姨不願提及的事情。我則無所謂，反正我是我，他是他，至少我還沒有鑽過洞。辛亥革命百年之時，看了母校中國人民大學教授張鳴的《辛亥：搖晃的中國》，居然對瑞澂還有不太負面的評價：

「說起來，瑞澂其實在滿人裡面不是個慫包。當年他祖父就是能吏，鴉片戰爭期間辦理交涉，在今天看來，並不算有多失策。皇帝把他撤職查辦，是聽了謊言，結果後來的事情似乎更糟。瑞澂自己在當時也是個能吏，受到端方賞識，但卻要比端方檔次低一點的能吏。在上海道和江蘇布政使任上，辦新政卓有成效，《清史稿》上說，『中外交誦其能』，有點誇張，但也不虛。在湖廣總督任上，處理湖南饑民暴動，懲治了若干劣紳，聲譽也不錯。武昌起義後發現湖北官庫裡居然有那麼多銀兩，總計達到四千多萬元，裡面固然有前代張之洞和端方的功勞，說明他幹得也不錯，不是敗家子。據說，他這個人做官也比較清廉，不算貪。」

至於瑞澂的祖父，張鳴說，就是簽訂南京條約的琦善。在國共教科書裡，琦善比瑞澂更加不堪，那是典型的賣國賊。香港的中共媒體多次批判我是「賣國賊」，我一直不服，這次才眞的服氣了，「龍生龍，鳳生鳳，老鼠生兒打地洞，賣國也有基因種！」

張鳴說，瑞澂是滿人。然而，二〇一三年，我的女兒傳來維基百科的一份資料：「瑞澂（一八六三年～一九一五年），字莘儒，號心如，博爾濟吉特氏，蒙古族，北京人，滿洲正黃旗。大學士琦善之孫，黑龍江將軍恭鏜之子，清末政治家，末代湖廣總督。」這讓我有點驚訝，本來我以爲自己是「滿漢全席」，想不到卻還加上「成吉思汗烤肉」，而且連姓氏都列出來。

不過文中還說：「瑞澄，少年時紈絝成性，與勞子喬、岑春煊並稱『京城三惡少』。後蔭爲貢生，入刑部任筆帖式、主事，後升任戶部員外郎。」看來後來有些「浪子回頭」。不過以後到上海做寓公後，大概是靠賣祖產過日子。據媽媽對我爸家的表弟鄭樹偉說，瑞澂與上海灘的著名猶太商人哈同是好朋友，靜安區精華區地段的土地（我想就是南京西路、銅仁路那段）就是他賣給哈同的。辛亥革命後瑞澂逃往日本，免受朝廷懲罰；袁世凱出任中華民國大總統，寬免清室人員，瑞澂從日本回上海，於一九一五年逝世，與媽媽出生是同一年。

二〇一三年年底我到香港，在一九〇八書社（老闆是旗人李丹，紀念一九〇八年大清王朝開始立憲）裡看到有八旗族譜，看了半天也看不明白，所以沒有買。倒是有一本《滿學研究》第七輯，有多篇論文談到努爾哈赤開國時前來投效的蒙古氏族，其中就有博爾濟吉特氏。而那時爲了拉攏蒙古族，多有蒙滿通婚事宜，所以我幾乎肯定，即使是瑞澂，也不可能是純粹的蒙古族，也必有滿族血統。

如果王質玉的《辛亥演義》資料無誤的話，瑞澂還是「皇親國戚」：「光緒皇帝的珍、瑾二妃是瑞澂的親表妹，瑞澂原配夫人是皇室載澤的妹妹，載澤的夫人又和宣統皇帝生母、攝政王載灃夫人是同胞姐妹，瑞澂實乃赫赫國戚。」看來我的滿蒙血統也沒有問題。

因此「漢滿蒙回藏」的五族共和，我就佔了三族。我是最有代表性的「中華民族」，共產黨的最佳統戰對象，也是「漢化」滅種成功的標誌。

二〇〇三年十月，連戰競選總統到美國時，在首都華盛頓聲稱他是「純粹中國人」，不久我來台灣參加群策會的一個活動時，我在台上就公開宣稱我是「雜種」。我們在印尼，經常看到印尼與荷蘭的混血兒，家母總是鄙視的說他們是「雜種」，這是中國人的傳統觀念，但是我反而羨慕他們漂亮。以後稍微懂得遺傳學，更加了解雜種不但漂亮，而且聰明。我以自己是「雜種」爲榮，這點背叛了老媽的觀念；對中共所聲稱的「炎黃子孫」如何如何的種族主義宣傳更嗤之以鼻，尤其在了解中國人內戰內行、內殺內行之後。

這些年來，中國出現一些企圖顚覆歷史傳統觀念的學術觀點；有些觀點國共兩黨不同，例如中國抗日戰爭誰是抗戰主力；也有國共觀點是一致的，例如站在孫中山立場上攻擊陳炯明，站在「愛國」立場上全面否定鴉片戰爭。

在鴉片戰爭問題上，國共都認爲是喪權辱國，中共更因爲反對「帝國主義」與西方意識形態的需要而更加激烈。但我在追尋自家祖宗的時候，卻發現蔣廷黻曾經爲琦善辯護的學術論文，很使我意外。因爲蔣廷黻一九四五年後長期擔任中華民國駐聯合國的代表，是當年我眼中的「國民黨反動派」，反而忽視他在學術上的成就及影響力。正是他，「拿今天的鴉片戰爭的研究成果來看，在破除林則徐的神話與重新研究琦善的罪名這一點上，蔣廷黻的成就並不算突出，但卻開風氣之先，眞正做到了他所追求的『歷史化中國外交史、學術化中國外交史』。」（http://www.cndsw.cn/a/jindailishiyanjiu/20111018/2882.html）

近年來對鴉片戰爭的顚覆性觀點，有端木賜香（李桂枝）的作品；還有不明作者的《第一次中英戰爭始末》（http://tieba.baidu.com/p/3130297132）等。

我很認同他們的觀點，但無心探討研究，即使爲自己祖宗平反。他們是否平反與我沒有什麼關係，不過歷史眞相是怎麼回事，卻是必須釐清。

二，梭羅童年

童年是最美好的回憶，因為無憂無慮。因此雖然事過大半個世紀，還有許多可以回憶的片段。印尼是我從無知到開始懂事成長階段的故鄉，其中梭羅也重於雅加達，不但是因為年期較長（十一年與六年之別），更是因為那是我童年所在地。

南渡印尼

一九三八年五月三十日，我在重慶出生。兩個月後，父母帶我遠走印尼，從此開始了我的「華僑」身份。

一九三八年是抗日戰爭第二年。重慶是戰時中國的陪都。由一九三八年二月十八日起至一九四三年八月二十三日，日本對重慶進行了「重慶大轟炸」，也就是我還在娘胎的時候，就聽到防空警報與炸彈的爆炸聲。我是爸媽的第一個孩子，如何保護我，成爲他們思考的頭號問題，於是決定離開重慶遠走到印尼我姑媽那裡來避開戰火。那時德、日還沒有與英、美宣戰，沒有想到三年多後，太平洋戰爭爆發，印尼還是捲入戰火中，但是相對沒有中國那樣慘烈。

算了一下，從轟炸開始到離開重慶，也只有半年時間，那時通訊也沒有現在方便，很快做出這個重大決定，並且做好安排，爸媽的確是當機立斷，很有效率。那時他們到重慶不滿一年，所以也沒有什麼包袱。

父母帶了我搭坐「桂林號」飛機，從重慶到香港，轉搭輪船，從東爪哇的首府泗水（Surabaya）入境印尼。「桂林號」從香港返航重慶時被日軍擊落，我們可說逃過一劫。

以前說印尼是千島之國，實際上卻是萬島之國，有一三，四六六座島嶼，如果包括退潮時露出海面的島礁，則是一七，五〇四座，全年有人居住的是六、七千座。（引自伊麗莎白・皮莎

妮：《印尼 眾神遺落的珍珠》）

印尼是熱帶國家，不但四季常青，而且物產豐富，不但是自然資源，而且許多地區稻米是一年三熟；更有豐富的熱帶水果。我最喜歡是雨季天氣，下午雷陣雨，驅走悶熱；雨過天晴，地上蒸發上來的水氣，有一股很好聞的泥土與蒸汽味，頓時覺得神清氣爽。

印尼人吃飯，把芭蕉葉當碟子，用手抓飯吃。大便後用水以手沖洗肛門。右手抓飯，左手洗肛門，分工清楚。許多華人也用水洗肛門，所以學校等公共廁所，沒有廁紙供應，都得自己隨身準備。我們家維持在中國的習慣，甚至洗澡還用溫水。親友家裡吃飯大多用碗筷，但是我們用碟子湯匙叉子。我是十五歲決定回國時，才趕緊學習用筷子吃飯。

總之，我們是過客心態，維持中國的傳統習慣；也因爲是荷蘭殖民地關係與父母受的西方教育，因此也有西式生活，包括喜歡去西餐館吃牛尾湯，以及享用意大利冰淇淋與西式奶油蛋糕。

定居梭羅

我們住在中爪哇的梭羅，街道叫做沙瑪安（Samaan），後來改名瑪爾多姑蘇曼（Martokusuman），二十五號；現在又改名了。二〇一三年年底，我再去探訪，這一間正在重建爲樓房。這一排是五間的連棟屋。我們與大姑林淑靜一家同住；三十三號是二姑林淑惠一家。二十七與二十九號是陳先覺一家，他們是漳州人，與廈門同屬閩南語系，所以彼此穿梭來往，關係密切。三十一號是蔡家，福清人（現在通稱福州人），因為方言不通，所以認識而沒有密切來往。

大姑丈鄭捷安，是幾代的印尼華僑，從東爪哇的瑪琅市來的，為人忠厚。大姑媽與爸媽都在梭羅的華僑公學教書。二姑丈劉永通，他們就在住家開作坊做牙刷，後來成為富商。陳家、蔡家都做生意。這條街絕大多數是華人住家，再隔五、六家做碗糕的王家，他們的子弟王文教是一九五六年以後中國羽毛球賽的多屆冠軍獲得者，他後來成為中國國家羽毛球隊的總教練，號稱中國羽壇的教父。

我小時候身體不好，住過醫院一段時間，據說根據閩南人的風俗，我要認別人做乾親，健康才會好轉。於是我從小就被隔壁的陳家認做乾兒子，彼此接觸更多了。陳家三個孩子，一個比我大，兩個比我小一點，我常常上他們家裡玩。乾媽很會煮東西吃，常常煮豬肝麵線給我補身，至今還喜歡吃。台灣的小吃會引發我的童年「鄉愁」由此而來。雖然後來身體還是文弱，但是至少沒有什麼大病痛了，只是大概十歲左右，一天爸媽出門，我在家玩瘋了，太累而發哮喘。還好幾年才發一次，到了一九六四年在上海復發，每年發多次，那時上海還沒有腎上腺素噴霧劑，發作時非常痛苦；一九七六年到香港，才沒有再發。

梭羅是古老的小城市，與南部的日惹還保有皇室，民風古樸。當地的方言與東爪哇一樣，講爪哇話，與西爪哇不同，更與外島不同。這裡的華人講起普通話，帶有濃厚的爪哇鄉音。

梭羅還以《梭羅河》這首歌而聞名：

美麗的梭羅河
我爲你歌唱
你的光榮歷史
我永遠記在心上

旱季來臨
你輕輕流淌
雨季時波滔滾滾
你流向遠方

你的源泉是來自梭羅
萬叢山送你一路前往
滾滾的波滔流向遠方
一直流入海洋

你的歷史

就像一隻船
商人們乘船遠航
在美麗的河面上

因爲梭羅河在郊區，交通不便，我在小學畢業以後才去遊覽。只是除了一條普通的河流以外，並沒有什麼特色，周圍也沒有美麗的風景。當時拿了最老最簡單的一種方形盒子叫做box的相機去拍，片子很小，光線也不好。我的印尼語不好，從中國回到香港後，感念梭羅對我的哺育，努力找到這首歌的印尼語歌詞，成爲我唯一可以用印尼語背誦與唱出來的歌曲，以示對梭羅的懷念。

第一代的華人叫做「新客」；住了幾代的叫做「峇峇」，往往連家鄉話與普通話（那時叫「國語」）都不會講。我們與新客來往較多，尤其是閩南籍的。媽媽的語言能力很好，很快學會閩南語，可以用閩南語在不會講普通話的閩南人中周旋，她的印尼話學得也很快。但是家裡還是講普通話，所以我可以聽一些閩南語，但是不會講。然而小學畢業後離開梭羅到首都雅加達，那裡華人多爲客家人，不大聽到閩南語，以後回到中國，先後住在北京、上海，離開中國後到香港，幾乎與閩南語絕緣，就忘掉許多了，何況我沒有語言天份。

梭羅的交通工具，除了腳踏車，主要是三輪車和馬車。三輪車可以坐兩位乘客，駕駛在後面。馬車可以面對面坐四位乘客，駕駛在前面。除非路遠，或者帶重物，一般走路，尤其是上學與下課回家。梭羅有火車，去日惹與三寶壟都可以坐火車。市內也有小火車，路線是去「王花園」（動物園）的。

我們到印尼第二年，媽媽生下我的弟弟福華。小孩都是請印尼傭人帶的。說來也奇怪，我在中國出生，到了印尼以後，皮膚較白，一直擺不脫「華人」的形象，我的弟弟皮膚黝黑，就像帶她的印尼傭人，比較調皮，喜歡擺弄東西，不愛讀書，媽媽因此對他有成見。

沙瑪安是一個大概只有三百多公尺長的街道，居民主要是華人，有幾家印尼人，是比較有錢的印尼人。但是與之相通的巷弄村落（kampung），裡面住的就是低下階層的印尼人，因為天熱，男人一般就赤著上身；他們的小朋友也會到這條街上來玩，我們彼此會產生一些小糾紛，我們也會被罵「支那豬」。這是我最小開始的「民族主義」情緒。

這條街不在市中心，所以還有點花花草草灌木叢，白天抓蜻蜓，晚上追逐螢火蟲，那時完全沒有愛護生態的觀念。我們住家還比較擁擠，晚上大家會搬小凳子出來，搖著扇子在街邊乘涼聊天。仰望天空繁星，聽大人講解天象，例如太白星又叫啓明星又叫長庚星，學名金星；當然也看銀河與牛郎織女；二姑丈給我們講《西遊記》的故事。這條街街頭還搭過舞台上演布袋戲。

我的象棋也是二姑丈教會我的。我也學會了打麻將與有車馬炮的長形福建小紙牌（台稱：四色牌）。都是看大人玩，我坐在旁邊學會的。其中親友來打麻將時，只要有人因故暫時離座，我就出來頂替，當然，輸贏都不算我的。那時印尼還禁賭，麻將桌上鋪上厚厚毯子，避免麻將牌的推撞聲傳到戶外。只要外面有人敲門或有響聲，立刻把整個毯子捲起，連同麻將，由一個人帶到廁所裡躲避。

小孩子的玩意，不論是打彈子，還是玩陀螺、踢毽子，甚至跳繩等等，我都學過，但是天生笨手笨腳，因此都不如人，所以很自卑。我也不喜歡運動，所以不會打球。

過農曆年非常熱鬧，有舞獅、舞龍隊伍到每家華人門前討紅包，不給不走。除夕夜我們會守歲，放鞭炮。爸媽則在除夕夜我們睡著後把壓歲錢塞在我們枕頭底下，醒來時找出來。出席親友的生日宴、婚宴等，都會喝酒，我大概六歲時，在乾媽家喝了第一口葡萄酒，但是後來也沒有常喝，因爲家裡管得緊。

華僑公學

梭羅有兩間華人學校：一間中華學校，只有小學，就在住家附近，主要是峇峇就讀。還有一間叫做華僑公學（簡稱華公），離遠一點，除了小學，還有初中部。高中就要到雅加達、三寶壟或泗水去讀了。爸爸出任華公的校長，前任叫楊新容，也是閩南人，後來才知道他是老資格的中共地下黨員。媽媽也在華公教書，主要教音樂。

華公分上下午班上課。爸媽一天都在學校裡，於是我在中午下課後，就到學校斜對面一家也是姓林的爸媽朋友家裡，在那裡做功課，或玩耍。他們房子很大、很深，門口賣咖啡豆，當場研磨，所以一進他們家就香味撲鼻。中間小院子種一棵文旦樹。後院較大，背靠小河，很有味道。

他們一個大家庭兄弟姐妹有十幾個，當時未婚的就有五位，幾乎都在華公讀書，他們是福建龍溪人，也算閩南人，語言相通。因爲同姓，遂認了宗，他們輩份高，我稱呼他們的家長叫叔公，嬸婆纏小腳，活到一百多歲，一九九四年我第一次再回到印尼時，還去探望她，那時她的眼睛已經失明了。他們幾個兄弟姐妹都是我的華公學長，比我大幾歲，我還得叫他們阿叔與阿姑。

他們兩個大女兒喜歡看書，家裡許多課外書，我在那裡看《木偶奇遇記》、《愛的教育》、《西線無戰事》等等，那時我讀小學，第一本可以看懂，第二本不太懂，第三本翻一下就不看了。這幾個兄弟姐妹後來有兩個回中國，其中一位阿姑嫁到廈門。另外一個阿叔林瑞謨，非常活躍，我們都用閩南語稱呼他「阿謨」，我不肯叫「叔」。我們在中國一直有來往，他是天津市羽毛球女隊的教練。到了香港，也一直與我們有來往，有關華公同學的情況，都是從他那裡聽來的。

華人社會的宗族關係淵源流長。梭羅華人最著名的商家，要算是座落在大巴剎（大街市之意）前面的義和成，做的是茶葉生意。那眞是大戶人家，大家族開枝散葉，好多家庭都與他們有親戚關係，例如阿謨的五哥娶他們家女性。小時候的我，還搞不清他們之間的複雜親戚關係。

我們雖然在印尼，當時學校並沒有學印尼文。在日軍佔領梭羅期間，學校要學日文，我學了兩年，還能看桃太郎的畫冊，但後來全忘光。記得家裡的書籍全得給日軍檢查，蓋上「檢閱濟」的豎形圖章。家裡一本《辭源》與胡適的著作都蓋上這個大印。記得學校每個星期一的朝會，要面向日本高呼萬歲。朝會演奏日本國歌〈君之代〉，至今我還會哼；在街頭還常聽到一些軍歌，也還記得它的旋律，現在偶爾在電影中還可以聽到。

那時駐梭羅的日軍司令叫做岡田，曾經帶一位高高瘦瘦姓林的台灣翻譯找過爸爸。

當時家裡訂閱的中國雜誌，是上海出版的《西風》雜誌，我還記得出版人是黃嘉德、黃嘉音兄弟。我有點印象的，是一些描寫精神病患者心理的文章，似懂非懂，看得靈魂也有點出竅。現在觀察時局，撰寫評論，想像力會飛得很遠，不知是否與此有關。

小時候我當然也看老派的連環圖畫，例如《黃天霸》之類。不過也有新派（畫筆比較清新亮麗）一套全是以民族英雄為題材，其中的《班超》給我印象很深，幾個人就可以以綏靖政策平定西域三十六國。這也是對我的「愛國教育」，但是後來反省而關注新疆問題，也與此有關。

也是那個時候，看了我所記得的第一場電影，是講孔子的，非常沉悶。我們的娛樂活動，看過馬戲團的表演，配樂是美國福斯特的《蘇珊娜》。暑假去郊區的Tawamangu山上避暑，由於我的腿經常發痠，所以家裡給我塗上碎薑片，用毛巾包紮，坐在戶外曬太陽，果然以後好了。在那裡還騎馬，反而長大了沒有機會再騎。

我們還去了幾次日惹，後來印尼獨立戰爭的首都。在日惹的旅館裡，有一位爸爸的朋友叫李樹華，因為他背過我玩，讓我印象深刻。一九四九年我們移居雅加達後，才知道他的眞名字是王紀元，擔任華文「進步」（親共）報紙《生活報》的總編輯，一九五四年被驅逐回中國。一九七六年我到香港時，他掛名在三聯書店，據說統管中共在香港的文教出版事業，我才了解他在印尼是中共地下黨員。

我那時是乖孩子，聽話。但是爸媽關注學校工作，反而忽視對子女的教育，所以我的功課普通，連字都寫不好，大小楷的功課從來沒有認眞寫過。到了大學，覺得字寫不好，丟臉，才稍微注意一些字體。

二〇一六年是華公成立九十週年，身爲北大退休教授的梁英明寫了一篇感念師恩的回憶文章說：「最使我難忘的是我們的校長林維新老師和他的夫人國懷暎老師。這兩位老師都畢業于中國當年著名的燕京大學。林老師教我們的國文課，他的講解深入淺出，引人入勝，又很重視我們的寫作訓練。」「不知爲什麼，上了國老師的音樂課後，我就特別喜愛音樂，特別是喜愛歐洲古典交響樂。而國老師教給我的五線譜知識，我也牢記不忘。直到現在，德沃夏克的第九交響曲仍是我深愛的交響樂曲之一。而那一段〈思故鄉〉的優美旋律也常常使我想起在梭羅的少年歲月。」

二戰結束

到一九四五年前後，梭羅這個小城市也聞到戰火味，拉警報時，我們要躲到防空洞。發給我們一小塊方形橡皮用嘴巴咬住，據說炸彈爆炸時才不會把耳朵震聾。日本投降的情景我沒有印象，但是記得中華民國駐雅加達（當時叫巴達維亞Batavia）總領事蔣家棟搭飛機在梭羅上空撒傳單慰問僑民。那天我們走到街上仰望飛機撒傳單，但是傳單飛到哪裡沒人知道，很是失望。這大概也是我最早的「愛國」表現吧，那時我七歲。也是那個時候，人們談論B24與B29轟炸機，洋溢對美國的崇拜。

我們到梭羅後，大姑生了女兒。媽媽在一九四五年也再生一個女兒秀華，房子肯定住不下，所以大概在一九四六年的時候，搬到索尼甸（Soniten），是相當大的洋房，周圍的院子有果樹，還有一口井。我們兄弟買了活魚放到井裡，再把它釣上來玩。後院兩層空空蕩蕩的走廊式建築，養了鴿子，我們一度沉迷在養鴿子，花錢買，看鴿子的白鼻子研究鴿子的品種。這是我們在印尼住的最好房子。不過離市區比較遠，還好我們歲數也比較大了，可以每天走路上學與回家。

戰後，我記得看了一部歌舞片《萬紫千紅》，是美國電影，裡面的音樂後來「收聽敵台」時是《美國之音》的開始曲。到了美國才找到曲子名字是YANKEE DOODLE。

在那裡大概住一兩年，又搬家了，搬到沙瑪安到學校的中間，兩層樓，上面住人，爸爸在下面開了一家文具店，請了一位夥計。但是那個地方人流不多，生意並不好，一直住到我們移居雅加達爲止。

二戰結束後，蘇加諾於八月十七日在雅加達自己的家裡宣佈印度尼西亞共和國的誕生。月底成立過渡政府，由哈達出任副總統。但是九月底英軍在印尼登陸，先後占領首都雅加達與西爪哇的首府萬隆。十月中旬以後，荷蘭軍隊也開始回到印尼。印尼共和國的中央政府在日惹建都，與荷軍交火。荷蘭稱爲「警衛行動」。

中爪哇是戰鬥比較激烈的地區，印尼民眾主要拿削尖的竹子作爲武器，開展游擊戰爭。有一天，荷蘭軍隊來我們在索尼甸的住家搜查游擊隊，媽媽開門用英語與他們交談，他們查也不查就走了。

我們搬到那個在梭羅的最後住宅，近十字路口，夜裡會聽到槍聲。由於隔壁十字路口屋頂上有一塊突出小平台，被認為游擊隊可能在那上面伏擊荷軍，因此有一天白天，荷軍的坦克瘋狂向那個突出部位掃射，多顆子彈也射到我們居住的二樓，嚇得我們都趴在地上躲避子彈，結果還是從窗口射進五、六顆子彈頭，有的射進捲起的蚊帳裡面，有一顆像是燒夷彈射到樓梯窗台上，留下燒黃的一小片痕跡。這是我平生接觸到的眞正戰爭。

這個時候，學校的週會改爲朗讀總理遺囑的「余致力國民革命凡四十年」，唱的是「三民主義，吾黨所宗」。但是這個時候中國革命形勢的發展很快速，我還不會把總理遺囑與國歌背下來，學校就改換門庭了。

記得在索尼甸的大房子裡，高班的初中學生來排話劇了。當時排的是《鳳凰城》，我完全不知道戲的內容，但是年紀稍大一些，在地圖上看到遼寧省有這個地名，因此我揣測是排演抗日戲。

我是四歲進幼稚園的，但是我的同班同學許多都比我晚一年到三年，他們比我大，所以同學聊天，我只有傾聽的份兒，因此也比較自卑。至於那些常來找媽媽排戲或聊天、談事情的學長，年紀比我更大了。我還是孩童，他們卻已經是青少年了，而初中畢業留校當小學教員的，年紀更大了。因爲他們常來我家，反而我與他們的接觸，比同班同學多，也喜歡聽他們講話。

革命啟蒙

在我五年級的時候，發生了我人生道路上的重大變化，也就是政治上的「早熟」。我的一位老師黃克忠借給我看美國記者埃德加・斯諾的《西行漫記》，第一次認識了中國共產黨。從此我走上「革命」道路。這些書當時在印尼還是禁書呢。後來還給我看了一部杜埃的《在呂宋平原上》。在江關生所著《中共在香港》一書中說，杜埃是八路軍香港辦事處派到菲律賓的「僑黨」，就是海外的中共地下黨員。

兩本都是歌頌共產黨的，尤其是前者對我影響很大，讓我知道中國有一個共產黨，而且是爲窮人謀利益的政黨。對書中的「紅小鬼」很有興趣，因爲我也是「小鬼」。先後有九個老婆的朱德會參加革命，也讓我對共產黨充滿好奇。我記得當時是在家裡躺在躺椅上看這本書。黃老師在我的紀念冊上題詞勉勵我做「小魯迅」，這對我後來從事寫作，也有某些激勵因素。可以說，他就是我的「革命啓蒙人」。他回國後改名黃阿玲。

老師爲何特別垂青我？除了當時我對閱讀的愛好，更主要是我的身份，因爲我的老爸是校長，老媽是老師，在那裡的華人社會有相當高的社會地位。後來當然也明白，這些是中共地下活動的一部分，以我的年紀，本來還不夠格，因爲當時才九歲呢，怎麼不算是早熟呢？但是到底我年紀太小，具體情況並不明白。

幾年前，一位早已移居外國的華公學長給我寫了一封信，介紹的是他所知道的當時中共地下活動情況：

「說到把『憤青』叫做『糞青』，令在下回憶起年少時還在印尼上高小的有趣經歷。『太平洋戰爭』爆發時，原來爲『荷屬東印度』殖民地的印尼，被日本軍隊占領長達三年八個月。期間，有一位從三寶壟（Semarang，中爪哇的大城市）來的林華益兄，到我們居住的梭羅（Solo），牽頭組織秘密的讀書會團體『華僑青年學生團』（簡稱『華青』）。一些已讀初中的學兄學姐都失學，便參加讀書會的活動，作爲進修；隨後我也被吸收進來。華益兄是三寶壟『華英中學』高中班的學生，該校教學品質高，並以思想進步聞名全爪哇。其校長鄭曼如老師是地下黨的領導成員，對華益兄影響頗深。當時讀書會的秘密活動地點，就在廖國宏學兄家裡。猶記年紀較大的成員有黃阿玲學兄（回國後在中央人民廣播電台對外部長期擔任印尼語組組長）、張春山兄（中僑委資深幹部）、陳永盛兄（曾任上海市委『僑辦』主任）、饒錫榮學兄（梭羅華人『愛國』社團知名領導人）、陳亞瑤學姐（曾任鐵道學院系主任）、林淑敏學姐（資深眼科醫生），還有家兄、堂兄、堂姐等。那時，大家經常在一起讀書，討論國內國際時事，還出版手抄的月刊。印象裡最早讀過的『進步』書籍，其中就有斯諾寫的那本《西行漫記》：接受『革命』思想，十分嚮往『延安』。後來，『華青』許多成員被地下黨納入『民族抗日大同盟』（簡稱『民大』），成爲正式的週邊組織。六十多年前，我們在那個年代的表現，其實就很『憤青』了。在日據時期大膽秘密進行這樣的抗日宣傳活動，那是十分危險的；所以家長父兄知道『蛛絲馬跡』後，便告誡不要進行如此活動，免得被日本憲兵隊破獲，不但招來殺身之禍，家屬都要受到連累。但是，我們這些自以爲『革命』的一代『憤青』，天不怕，地不怕，還怕什麼『日本鬼子』；是以把前輩們的規勸都當成『耳邊風』。因此，有些大人就罵我們這幫年輕人『幼稚無知』，就會『Cia sai』（閩南話『食屎』，印尼語『makan tahi』）。實際上，就是罵我們是『糞青』。幸虧沒有人告密，也沒有被日本當局發現，平安無事，直到日本投降。當年回中國，至今留在國內已經『離休』的那些學長，後來中央組織部都承認他們在日據時期的革命經歷爲『抗日幹部』，補辦正式手續，提高了他們的政治待遇。」

以前我寫回憶錄片段時，盡量不把人名寫出來，以免造成相關人的不便。但是時至今日，我要把歷史留下，而相關人，包括我自己，不是已經去世，也快入土，受到的影響很有限了。所以抱歉在這裡把這些人名寫出來。

黃克忠（黃阿玲）是我的同班同學李全裕的表兄，而且住在一起，就在華公附近，大概兩百公尺的路程。李家開五金店，李父叫做李清波，在棱羅也算有社會地位。李全裕後來也回中國，但是很早就來到香港，再回到印尼。

一九四九年那年，就有好幾個我所認識的梭羅學長回中國了。在中央人民廣播電台印尼語組的還有林光果，後來也回流香港。最賢、仕賢兄弟倆也是那一年或更早就回中國的，他們是梭羅一間百貨公司「土庫榮茂」的少東，沒有繼承家業就回中國投身革命，可見其寶貴情操。仕賢後來還參加中國人民志願軍到朝鮮作戰。想想當時這些年輕人比我還「瘋狂」。當時還有一位學長叫吳家裔（後改名志生），他參與進軍西藏，後來在馬列學院任教，再轉到廈門大學的南洋研究所（？）。

當時梭羅一家有名的華人餐館瑪琅酒家（瑪琅是東爪哇一個城市名字）少東，就是信中所說的廖國宏，也是一九四九年左右回到中國，不過他留在廣東，在中國旅行社工作，大約一九七〇年代初期，派到香港，負責香港中國旅行社的工作。這是我媽當時回到中國看望我時告訴我的。廖後來派駐澳洲雪梨。

還有另一位叫梁英明，他離開梭羅後沒回中國，而是到雅加達巴城中學讀高中，然後留校任教，是我高二的歷史課老師，我本來對歷史課就很有興趣，看不少參考書，考試成績很好，學期結束的報告單上是一百分。一九五五年他比我早一班船回國。他是當年巴中回國同學會會長，他推薦我做副秘書長，這是我第一次參與社會服務工作。梁英明才華出眾，曾經是文革小組寫作班「梁效」的一位成員，但是他加入較晚，側重政論與國際問題（《炎黃春秋》二〇一四年六月號）。二〇一三年，我在台北的秋水堂還買到他的新著《東南亞史》，北京人民出版社出版。那年他正好八十歲。二〇一六年華公建校九十週年，他寫了一篇〈追憶華公，感念師恩〉，主要篇幅寫我爸媽。他是一個傳奇人物，後面我還會提到他。

這些學長中的女性是那封信中提到的陳亞瑤，她也是很早回中國，文革結束後不久來到香港，一直與我媽有來往。我們家與她在日惹姐姐亞瓊姐與姐夫尤炳利的家來往密切，我們在香港都有與他們來往。最後一次見到亞瓊姐是二〇一五年，在香港。

這些學長的下一輩後來也因排華（中共的顛覆活動須負相當責任）而大批回中國。若干年後，他們兩代人幾乎全倒流會師香港。年紀比我小的學弟、學妹，從中國回流到香港後，也常來探望後來移居香港的我媽。例如在華公附近做布匹生意的劉建義、榮姨夫婦的三位女兒。我們家與他們家成為世交。

在香港期間，阿謨給我帶來黃阿玲署名的《中國印尼關係史簡編》，一九八七年中國國際廣播出版社內部出版。當時中國進入改革開放時期，人們反思過去，尤其我早就覺得當年在印尼，參加中國地下黨組織的「愛（中）國」活動，簡直就是「粗暴干涉印尼內政」的罪過，但是這本書給我的感覺還停留在舊思維，例如指責當時印尼總統蘇哈托是「反動派」之類。所以雖然黃老師給了我他的名片，然而我想見面也話不投機，甚至還要接受「教育」，加上後來我被禁止進入中國，也就沒有與他見面。阿謨還帶來他的話，要我不要太貼近政治，是他的懺悔，還是因為我的政治是反共政治？

二〇一一年，黃阿玲久病去世，我寫了〈我的『革命』啓蒙人〉一文。他的晚景淒涼，獨子犯法（據說涉及毒品）在獄中。我聽從學長勸告，當時沒有把這點寫進去。我不會埋怨他當年給我看《西行漫記》；即使沒有那本書，以當時我所處的環境，一樣要淪爲「愛國憤青」。何況，我走什麼路，都是我自己的選擇，都由我自己負責。這是我一貫的態度。但作爲我們這一代印尼華僑的「革命先輩」，晚景如此，還是令人心酸。

二姑媽家老大到老三都是女兒，與老四的兒子也都先後回中國了。其中大女兒，也是我的父系表姐劉端端，後來嫁給在北京大學任教的新加坡僑生羅豪才。羅是法學家，身兼致公黨與共產黨的跨黨身份，第八屆與第九屆全國政協副主席，進入「國家領導人」之列，不過我沒有見過他。

奔向椰城

梭羅東部有個屬於東爪哇城市叫做茉莉芬（Madiun），一九四八年九一八發生過「茉莉芬事件」，是蘇加諾的軍隊鎮壓了印尼共產黨的軍隊。若干年後，我買到印尼共產黨出版的有關茉莉芬事件的白皮書，內有印尼共產黨人被處決的現場照片。據說被捕的共產黨人有三萬五千，一萬人被槍決，這個數字可能太誇大了。當時我們在梭羅，一度也傳有這些消息，但是那時我還不懂。印尼還沒有獨立，就已經自相殘殺了，難免也令人不安。

一九四九年暑假之後，我升入華公的初一，媽媽開始有教我音樂課，開始學五線譜，也教唱

「長亭外，古道邊」與「我的家，光福山中，四古柏，青翠無窮」等民國歌曲，這些歌曲回到中國以後再也沒有聽到。電影《魂斷藍橋》主題曲〈友誼天長地久〉也是那時學的。還有〈二十世紀是人民時代〉，似乎是聯合國的「國歌」。十月，我們離開梭羅，移居首都雅加達，當時還叫做巴達維亞。

之所以出現這個轉折，是因爲中國政局發生重大變化，國民黨節節敗退，共產黨即將取得全國政權，中國將出現一個穩定的政權。爸媽於是做出準備回中國的決定。雅加達是海港，有輪船可以回到中國。當時印尼的華人將雅加達（Djakarta，文字改革後改爲Jakarta）翻譯爲「椰加達」，簡稱「椰城」，更有氣氛，因爲印尼是島國，遍佈椰子樹，有一首著名的民歌〈椰島之歌〉：「和平的椰子島，美麗又富饒，親愛的故鄉，印度尼西亞。」

這年的十月下旬，爸媽僱了一部小轎車，載著我們一家五口，到中爪哇首府三寶壟，再轉火車到雅加達。這是我第一次坐小轎車，很好奇。車子在公路上奔馳，看著時速，每小時接近一百公里，奔向我們從來沒有去過的新世界。

在雅加達住下以後，第一件事情就是進學校插班讀書，因爲那是十月份。我們三個小孩都到新華學校。那是小學與初中部，我接上初一。學校校長是楊新容，就是原來爸爸接任校長前的梭羅華公校長，相信也是這層關係讓我們都比較容易的轉學。楊校長是中共地下黨員，他對我後來的政治成長也有相當關係。

三，中學生涯

在一九四九年十月從梭羅移居雅加達前後，時局出現兩件大事。一是十月一日毛澤東在北京天安門城樓宣佈中華人民共和國成立；一是印尼、荷蘭、聯合國諸方十一月在荷蘭海牙召開圓桌會議，十二月二十七日，荷蘭將荷屬東印度群島的主權移交給印尼聯邦共和國。

印尼首都

從梭羅到雅加達，一切感到新鮮。一個是第一次吃到進口的蘋果、梨子，因為印尼地處熱帶，沒有出產這種溫帶水果；一個是每天可以看到華文報章，緊貼時事。椰城有公共交通，包括公共汽車與電車，不過很擠很亂，有時候半個身子吊在車外，十分驚險，扒手也很多。

我們住在格魯骨前街（Krukut Depan）二十一號，與房東顏先生一人同住，大概住了一兩年後，爸媽遷到旁邊的格魯骨中街（Krukut Tengah）二十二號，後來街名改為格烏達瑪安（Keutamaan），號碼未變。那裡租屋要付「頂手費」，並不便宜。屋主原來是阿拉伯人，他們常常吃羊肉，所以屋內的羊騷味隔了一段時間才消失。

這條街在市區，從南往北的運河左邊進去與運河平行的第一條街。雅加達北部是海港，中部華人聚集，南部是比較高尚區域，只住外國人與有錢人。我們在中部，但是格魯骨這個區多阿拉伯人，有清眞寺，齋月時他們的唸經聲響徹戶外。白天許多婦女在運河邊洗衣服，她們沒有穿上衣，而是穿著傳統紗籠，圍到胸部，露出乳溝，在那個保守的年代，就成為椰城的一個景點。

往北走一些，大概公車幾站路，就到了草埔（Glodok），那裡有一條叫做班芝然（Pancoran）的街道，就是唐人街了。夜晚許多小吃攤，非常熱鬧。兩家書局（開明、上海）立刻成為我喜歡去的地方，不久，「愛國商人」翁福林也開了一家南星書局，專售中共書籍。我的興趣也從《泰山》、《福爾摩斯》、《亞森羅蘋》轉爲革命書籍。南邊是政府機關、高級酒店、洋房等等西式建築，就不是我們活動的地區了。

每天看華文報紙成爲我的習慣，尤其當時追蹤解放軍「解放全中國」的勝利捷報。雅加達的「進步」報紙是《生活報》，總編輯就是王紀元，他在一九五四年被印尼政府驅逐回中國；社長黃周規，後來也回到中國。那時我就偶爾投稿給《生活報》，寫點書評與雜文。另一家「進步」報紙是《新報》，但沒有那樣激進。「反動」報紙是老牌的《天聲日報》，報頭四個字下面署上「孫文題」；大概右派在宣傳方面不敵左派，後來再辦一家《自由報》，但仍難與老共匹敵。

中華人民共和國在一九四九年宣佈成立，印尼在一九五〇年四月與「新中國」建交，大大鼓舞左派，成立了中華僑團總會。左右派的僑團罵來罵去，右派不敵，不久右派僑團的頭頭章勳義被驅逐出境到台灣；一九五四年才驅逐左派人士，王紀元與楊新容首當其衝。印尼政府也玩左右平衡。

雅加達有多間華人中學，新華學校是小學與初中部，巴城中學（巴中）與中華中學（華中）有初中、高中部，他們全是「進步學校」，也就是中共控制的學校。另外有一間八帝貫（雅加達的一處地名）中華學校，簡稱「八華」，用英語授課，自屬落後或反動學校，與我們完全沒有交集。

當時爲了展現我們的愛國情懷，每逢十月一日中華人民共和國的國慶日，「愛國學校」的學生會浩浩蕩蕩遊行到華中，匯聚在那裡的大操場舉行「萬人操」。我們當時還引以自豪，因爲頭腦裡滿是中國的優越感與「世界革命」。可這是在印尼而不是中國，完全沒有想到印尼政府、印尼人民會怎麼想？哪怕是滿口的「中印（尼）友好」。這也種下後來王紀元與楊新容被印尼政府驅逐回中國的事件及其後的排華風潮，尤其是一九六五年的「九三〇事件」導致的大屠殺，也有左傾華人被殺。

楊新容是我初中所讀的新華學校校長，學校在新巴剎（Pasar Baru）的大伯公巷，新巴剎在市區中部，也是華人居住的地區，在我住家東南方向，是比較高檔的華人商業區。每天早上到運河對面同班同學蔡易聖家裡，他騎腳踏車在背後載我上學，回家就不一定了。蔡家是金門人，客廳掛著他老爸蔡清竹與郁達夫的合照；當時我對郁達夫沒有什麼認識，後來也只知道他是著名作家。《中共在香港》一書中則說，郁達夫也是中共南方局派到南洋的著名文化人。後來在香港也見到了他命運坎坷的大兒子郁飛，在美國還再見到面，不幸他在二〇一四年就去世了。移居香港後，我也見到了多次來香港的郁達夫侄女、也是作家的郁風與她的先生、著名書法家黃苗子。

除了楊新容，學校裡有沒有其他地下黨，我不知道。大概一九五一年，訓導主任吳炳仁得肺癆病去世，追悼會非常隆重，讓我非常意外。因爲全校師生排隊繞一圈瞻仰他的遺容。這是我第一次看到死人，所以印象特別深刻。也由於他的訓導主任身份，讓我懷疑他的地下黨員身份。至於年輕老師，教我的幾位應該沒有，以後有沒有發展就不知道了。

因爲「愛國」，所以對蒙古的獨立不理解，爲此我與幾個同學曾經去找我們的歷史老師吳世璜（他是印尼歷史的專家，後來在北京大學任教），但是他也沒有好好解釋，而是板起臉教訓我們去問蔣介石，搞得我們一頭霧水。這個問題回中國後也不敢問，一直到了定居香港以後，才逐漸了解。

初中畢業時，我們班有三個同學回中國升學。他們是黃玲燕、李永玲、鄭山娘。黃有兩個弟弟也在新華讀書，小弟弟種奮還是媽媽班級裡的學生，在香港還不時見到。李永玲後來考上北京石油學院，是大老虎周永康的學姐，聽說後來入了黨。鄭山娘在瀋陽舉行的全國自行車比賽中奪得某一項目的冠軍，新聞刊登在報章上，讓我們興奮。後來他們全回流香港，除了與鄭山娘，其他兩位似乎沒有太多的共同語言。蔡易聖則是初二讀完就回中國了，他年紀比較大，後來在揚州、廈門工作，曾經來香港探親，見過面。

革命文藝

我從小笨手笨腳，不喜歡運動，身手也不靈活，與其他小朋友玩耍，遇到競爭性的項目，例如踢毽子、打彈子等都是輸給別人。因此也不敢騎腳踏車，後來看看一直依賴別人也不行，終於在初三時，我才學會騎腳踏車，就自己騎車上學了。但是技術始終不精，一直不會載人。

新華學校有小學部與初中部，媽媽就在小學部任教。我插班，功課有點跟不上，加上當時對象棋著迷，對不感興趣的課程，例如植物課，上課時居然與隔壁同學把紙棋盤放在我們椅子中間（兩人連坐的椅子），邊聽課、邊下棋，因而被老師痛罵。

不過我熱衷看課外書，尤其描寫戰爭的小說。早期還看國民黨統治時期出版的《第一〇八輕騎隊》（抗戰期間忻口戰役，作者金人），還有《中國抗戰史演義》；也看了一些巴金的作品《家》、《春》、《秋》等。《三國演義》、《水滸傳》、《西遊記》也是初中時候看的。初三時看《東周列國誌》，因爲書厚字小，我又喜歡躺在床上看書，手臂舉不起來而貼近臉部，終於得了近視眼，開始每年度數增加一倍。

翁福林在班芝然開了一家南星書局後，晚上我就常去逛，零用錢也花到那裡去了。不過學校圖書館裡有更多的中國新出版書籍，尤其是革命文藝小說。我喜歡看章回小說體裁的《新兒女英雄傳》、《呂梁英雄傳》，還有周而復的《燕宿崖》、徐光耀的《平原烈火》、王林的《腹地》；通訊報告就有韓希梁的《飛兵在沂蒙山上》（孟良崮戰役）、《六十八天》（淮海戰役），穆欣的《南線巡迴》；還有劉白羽、華山寫的有關東北解放戰爭的作品。孫犁的《荷花淀》等作品我也追著看。稍後出版杜鵬程的《保衛延安》，哪裡想到後來成爲吹捧彭德懷的「大毒草」。我也買過李爾重的《領導》，當時他是武漢市委宣傳部幹部，後來雖然做了省委書記，身後女兒卻在本世紀初自殺，原因之一據說是「貧窮」，眞是不可思議。兩部獲得斯大林文學獎的《暴風驟雨》（周立波）與《太陽照在桑乾河上》（丁玲）比較晚看，更喜歡前者。

還有一個印象比較深的是香港出版的《蝦球傳》，作者谷柳，看了三部：《春風秋雨》、《白雲珠海》、《山長水遠》，因爲主人翁蝦球與我們那時同年齡，對他從香港回到廣東參加革命，自然有特別的感受。後來有沒有第四部《日月爭光》出版，我就不知道了。香港還出版唐人

《金陵春夢》與宋喬《侍衛官雜記》的野史，對蔣介石極盡醜化的能事，我全相信了。這兩人是《大公報》的嚴慶澍與周瑜瑞，後者還是《大公報》發行人，一九五三年就被騙回中國以間諜罪名囚禁，到答應充當中共間諜後才在一九五七年釋放回香港，不久他逃亡英國，寫出眞相《徬徨與抉擇》一書。

當時還認識了一位蘇聯小說迷的朋友，再加上學校圖書館，我看了許多蘇聯小說，例如《鋼鐵是怎樣煉成的》、《靜靜的頓河》、《被開墾的處女地》、《遠離莫斯科的地方》、《青年近衛軍》、《克里米亞地下》、《時間呀，前進》等等。俄羅斯文藝作品中，老托爾斯泰的《復活》、《安娜．卡列尼娜》也是那時看的，但是《戰爭與和平》看不下去，因爲太多哲學思想的發揮，而我只滿足於小說的情節，看得很快，後來都記不住。我最欣賞的是《靜靜的頓河》，這才是眞正的有宏偉背景的史詩，其中不但情節多變，散發的人性也符合我的思想深處。

當時中國出版的雜誌也是我常常閱讀的。例如《中國青年》、《文藝學習》等，韋君宜都當過主編。我在北京讀大學時常常傳達的市委宣傳部長楊述的報告，這位楊述原來就是她的丈夫，那是看了她後來寫的懺悔性的《思痛錄》後才知道的。五十多年後在台北還有幸見到他們的女兒楊團，她在社科院研究中國的NGO。那時的《學習》雜誌與《文藝報》理論性太強，我看不太懂而沒有看。《新觀察》也有看，總編輯戈揚在上世紀末我移居紐約後見到她，還成爲鄰居。那時她已歷經劫難流亡美國。有一次，《新觀察》刊出《新兒女英雄傳》的作者孔厥搞外遇，背棄妻子，也是作者之一的袁靜，讓我大感震驚，怎麼我所崇拜的紅色作家也有這種事情？

我還喜歡看地圖，趴在床上或地上看，亞光地輿學社的地圖我買了好幾本，所以對中國的山川湖泊、主要縣市、各地物產都比較熟悉，各省的形狀也瞭然於胸。在台灣曾經找過一九四九年左右中國有三十五省的老地圖，沒有找到。

一九五〇年代初在印尼最流行的中共革命歌曲，每次大集會必須唱的有兩首，一首是至今還唱的由王莘詞曲的〈歌唱祖國〉，另一首就是瞿希賢的〈全世界人民心一條〉。後者有一句「斯大林，毛澤東，毛澤東，斯大林，像太陽在天空照」。一九五三年三月五日斯大林死後，這首歌就沒有人唱了。這年七月底，朝鮮停戰，她又創作一首歌，開頭是「歌唱吧同志們，歌唱吧親愛的同志們，我們爲和平歌唱，我們爲勝利歌唱」，我們在印尼很快就學唱了。瞿希賢在文革時還創作過一些膾炙一時的歌曲，例如〈全世界無產者聯合起來〉，後來都不唱了。本世紀初我買到一本由中國國際廣播出版社出版的《百年中國歌曲精選》，有功夫的作品而完全沒有瞿希賢的。她是多產作家，維基百科說她在文革期間被打成叛徒囚禁六年，二〇〇八年才去世。

那時流行的還有〈你是燈塔〉，當時刊在《大眾音樂》上，不過，「年輕的中國共產黨」被改爲「年輕的中國人民軍」，回中國後也發現沒有人唱，很奇怪。《大眾音樂》裡還有政治性比較沒有那麼強的歌曲，例如〈傻大姐〉，以及記不得歌名的歌曲，例如〈我的青春小鳥一去不回來〉、〈大家一起來唱歌〉等等。

革命書籍和歌曲對「愛國」起著推波助瀾的作用。在當時民族主義高漲的年代，我的極左思潮也泛濫，愛國愛到把中國文化視爲「國粹」，拒絕學習外語。課程裡有英文、印尼文，我都沒有好學，每個學期都不及格，一直到高中畢業。外語基礎沒有打好而成爲一生之痛。

相對來說，那時的中國電影還很落後，影響不大，看過舒繡文主演的描寫女火車司機的電影。最轟動的是《梁山伯與祝英台》，我看了三次。沒有想到來台灣後，發現國民黨後來也拍同樣的電影，與共產黨爭長短。蘇聯電影看過《西伯利亞史詩》，但是色彩太差。我們主要看的還是香港電影，主要是王元龍、李麗華主演的電影，他們都是右派。左派的也看一些，例如《一板之隔》，沒想到飾演主角的韓非後來成爲右派。

我在初中時接受的「共產主義ABC」，是胡繩、于光遠、王惠德編寫的《社會發展史》，這些通俗讀物讓我堅信，共產主義社會是人類社會發展的最高階段，我信仰共產主義、投身共產革命，是代表了正確的社會發展方向。我也看了艾思奇的《大眾哲學》，雖然哲學似乎很神秘，但是這本比較通俗易懂。我還買了《毛澤東選集》、《馬克思恩格斯文選》，試圖進行更高層次的學習。

抗美援朝

讀初中時發生的大事，就是韓戰的爆發，中國稱爲「朝鮮戰爭」，志願軍介入後稱之爲「抗美援朝」。

一九五〇年六月二十五日，北韓軍隊向南韓發動進攻。喜歡翻閱地圖的我，腦海裡立即烙上南韓的一些地名，除了原先就知道的漢城（已改成「首爾」）和釜山，又多了大田和大丘，因爲打到大丘以後，南韓軍隊退往釜山，隨時要被趕下海了。九月十五日，美軍在仁川登陸，改變了戰局。十月，中國派出志願軍入朝，其後打了三年才在板門店簽訂停戰協定。

按照共產黨的宣傳，是南韓打第一槍，必然經過周密準備，怎麼會兵敗如山倒？但是這個疑問很快被中共所製造的輿論所淹沒。媒體不斷譴責美帝國主義與傀儡李承晚（南韓總統）。學校還組織我們參觀親共華人社團所舉辦的「抗美援朝」展覽，其中一幅照片就是戰爭爆發前杜勒斯（當時還沒有升任美國國務卿）在三八度線的壕溝裡用望遠鏡觀察北韓；那是美帝策劃韓戰的鐵證。

韓戰爆發時我剛十二歲，正讀初一，過了暑假就進入初中二年級了。爲了表示對志願軍的支持，班級裡訂了〈愛國公約〉，具體內容記不大清楚了，大致除了愛祖國、愛勞動之類，最有印象的是對我們個人的約束，那就是保證不看反動報紙、不看美國電影。當時我在班級裡年級最小，也不會講話，看著班長林砥礪發表慷慨激昂的演說，心裡還蠻羨慕的。

不看「反動報紙」，理由是我們年紀還輕，缺乏辨別能力，看了會「中毒」。舉例說，當時進步報紙介紹中國情況十全十美，沒有蒼蠅、蚊子，幹部清廉，全心全意爲人民服務，人人爲理想獻身；北京邀請接待的僑界聞人回國觀光後回來也眾口一詞講祖國如何偉大。但反動報紙用「大陸來客談」說的是國內搞政治運動如何殘酷，還報導某些已回中國的學生如何在家信中夾帶死蒼蠅蚊子，要大家不要相信中共的宣傳。看了這些消息，我也難辨眞假，還好難得看到反動報紙，還是相信每天都看的進步報紙的報導，把反動報紙刊登的消息一律當作「造謠」。直到乾脆不許我們看反動報紙後，也就「清心寡慾」，不爲那些消息的眞假煩惱了。

至於不許看「美帝電影」，理由是好萊塢大腿片「黃色」也會令我們「中毒」；而且買電影票的錢給美帝國主義賺去後會製造武器殺中國人。這個禁令對我們是比較痛苦的，那時候放映的西部牛仔片、泰山片，還有《基督山恩仇記》也不能看了。記得當時還放映了意大利的著名電影《單車竊賊》（偷自行車的人），算是「進步」電影，也不是美國電影，我能看嗎？權衡下來，它也是「外國電影」，給人家看到了，能解釋清楚嗎？

不過同學中還是有不服氣的，因此也有「怪話」出現，如說中國大使館用的是美國雪佛蘭汽車，不也是給美帝國主義賺錢殺中國人嗎？爲此老師和班幹部還進行解釋說，大使坐美國汽車是革命的需要，爲了可以更好的打擊美帝國主義，就如你們也可以用美國派克筆更好的寫反美文章一樣。想想也有道理，只好遵守那些〈愛國公約〉了。

當時中共第一任駐印尼大使是王任叔，也就是作家巴人，著有《千島之國印尼》，在印尼的表現相當激進，沒想到一九六〇年春天我在北京從農村「整社」（人民公社）回學校時，竟發現政治學習的內容是批判他的人性論。看來當年的美國汽車並沒有使他更好的反對美帝國主義，而是站到同一個立場上去了。

現在想起來也覺得奇怪，當時會這樣「自覺」履行這些公約，連「陽奉陰違」也不敢。除了以「進步」爲榮之外，實際上那時已有「紅色恐怖」的陰影，怕一旦被發現接受「幫助」而丟臉。印尼雖然是外國，中共控制不了他們的主權，但對我們卻有這樣大的控制力，眞是不可思議，也說明中共的「統戰」和「世界革命」的成功。

除了〈愛國公約〉之外，中共還有其他方面的宣傳。例如左派書店出售有關「抗美援朝」的書籍，現在印象所及的有魏巍的《誰是最可愛的人》、巴金的《生活在英雄們中間》，還有三集的《朝鮮通訊報告選》，我記得其中文章寫得最多的應該是《人民日報》記者李莊。我還買了一本《在順川發現的一本日記》，揭露美國在朝鮮搞細菌戰，但上個世紀末，蘇聯瓦解，檔案解密，有媒體報導完全沒有這麼一回事。

北京出版的《炎黃春秋》二〇一三年十一月號刊登原中國人民志願軍衛生部部長吳之理寫的一篇回憶錄〈一九五二年的細菌戰是一場虛驚〉，詳細寫出經過，當初是中國誤判，結果被趁機利用來攻擊美國，以致騎虎難下。世界科學家來調查，中方還弄虛作假讓他們簽名作證。作者說：「這事是我幾十年的心病，沒有別的，只覺得對不起中外科學家，讓他們都簽了名。」蘇聯在發現有問題後，蘇共中央於一九五三年秋同一天給毛澤東與金日成發了電報，說美軍並未進行細菌戰，只是一場虛驚，並且撤銷前去調查的茹科夫的院士職稱號。但是中國至今沒有認錯。

在韓戰期間，一直報導中朝方面是如何勝利，殲滅敵人多少多少，但就沒有「我方」的數字，當時雖然有些想不通，後來也認爲是「革命需要」，不必讓敵人知道。而我也一直以爲我們是勝利者，死傷必然比對方少。後來交換戰俘時的激烈鬥爭，也只有對方的數字而沒有我方的數字，也以爲敵軍的俘虜比我軍多；更不知道許多志願軍戰俘因爲原先是被共產黨俘虜的「解放戰士」而被率先送到朝鮮戰場充當炮灰，所以也是最堅決要求被遣返到台灣，因此胳膊上還刺有「殺朱拔毛」，這還是到台灣後才知道的。

這一方面是「解放戰爭」時期解放軍一直打勝仗的慣性思維使然，也因爲不許我們看反動報紙，以致失去了其他信息用來比較或引發另類思考，只能相信中共官方的宣傳了。現在我非常痛恨中共的資訊封鎖和對新聞言論自由的剝奪，正是長時間以來被中共欺騙蒙蔽的結果，也知道這對中共鞏固它欺壓盤剝人民的政權的作用。

當時，有關「抗美援朝」的歌曲也同其他革命歌曲流傳到印尼，我去買過《人民歌聲》的合訂本，〈中國人民志願軍戰歌〉到現在我還能背著唱出來，還有一首歌名忘記了，頭一段是「咳啦啦啦啦，咳啦啦啦啦，天空出彩霞呀，地上開紅花呀」，也是歌頌志願軍的。一九五三年七月底簽訂停戰協定後，瞿希賢歌頌「勝利」的歌曲也立刻傳到印尼。

那時我們站在「社會主義陣營」一邊，所以我自己也學唱外國革命歌曲，例如在柏林舉行世界青年聯歡節的主題曲也在《人民歌聲》刊出，我自己學唱。二〇〇七年台灣智庫邀請德國統一前東德的最後一任總理梅基耶來台灣討論轉型正義，我見到他，唱出「世界各民族兒女，我們都熱愛和平……」，他立刻一起跟我唱出來。東德的另一首革命歌曲〈藍旗歌〉我也會唱，現在年代長久，歌詞不記得了。

巴城中學

雖然我的思想不斷「進步」，但是原來準備經過雅加達回中國的父母親卻打了退堂鼓。他們沒有明說，但是從此不再提回中國的事情。想來主要有兩件事情決定：

一個是廈門「解放」後的土地改革，鬥到祖父頭上。當時我相信共產黨不會鬥錯人，一定祖父有什麼問題，即使沒有問題，也是中央政策是好的，只是下面幹部執行的問題。那時，每次接到廈門來信，爸媽都很緊張，不知道會出什麼事情，在這個情況下，還怎麼可能回中國自投羅網？

還有一件是爸媽對母校校長司徒雷登的關心。一九四九年八月十八日，毛澤東代新華社寫了一篇〈別了，司徒雷登〉的評論，對後來成爲駐華大使的他極盡羞辱的能事。爸媽很關心司徒的去向，而美國燕京同學的來信也會不斷報告司徒的情況。我沒有看到與學生有這樣親密關係的校長，何況還是「異族」。不久中國又經歷了知識分子思想改造運動，矛頭對準高級知識分子；一九五二年院系調整乾脆廢掉了燕京大學，很傷這些校友的心，也使他們重新審視共產黨。一九八〇年代中國改革開放，當時媽媽所在的香港燕大校友會與全球其他燕大校友會都努力希望燕大可以復校，最後還是失望。中共爲了維持它的封建專制統治，絕不容許西方意識形態在中國的「文化侵略」復辟。

雅加達的華人，客家人佔多數，不如梭羅主要是閩南人，我的同學裡也是客家人多。但是家裡的好朋友主要還是閩南人，例如住在附近的葉茂發家，他的太太黃阿姨到中國或香港，都會見面，與他們的子女到了香港也還有來往。

這時家裡也多了幾位好朋友，都是從中國經香港住了一陣再來印尼發展的，例如北京來的楊康祖、朱人驪夫婦，楊是前述的楊敏嫻的大哥，他的言論在當時的我聽來相當「反動」，所以在我的眼中，就如十月革命後流亡到國外的「白俄」，當時「進步人士」稱呼他們為「白華」。另一個是金咸和、鄺瑞珍夫婦，金是比利時留學生，紹興人，帶一副金絲邊眼鏡，溫文爾雅，學的是化工，在搪瓷廠工作；金太太是美女，北京出生的廣東人，氣質高雅，我回流香港，他們幫了我很大忙，是我的大恩人，我非常感謝他們。他們都很洋化，我們小輩都稱呼他們Uncle與Aunti。

當時我對香港沒有什麼認識，只知道輕工業比較發達，例如那時我們穿的紅椒牌背心是香港製造的。家裡有訂一段時間香港出版的《大公報》，比印尼的華文報紙有趣得多，我看了連載小說《張文祥刺馬》，還知道有「吊頸嶺」這個地方收容國民黨難民（後改為「調景嶺」）。很多電影廣告，其中的「大腿片」宣傳觀眾可以「眼睛吃冰淇淋」。這些也開闊一些我的眼界。

新華學校沒有高中部，因此一九五二年我到巴中讀高一。巴中全名巴城中學，巴就是改名雅加達前的巴達維亞，但是巴中沒有跟隨非殖民化而改校名。

巴中是全印尼最大的華語中學，高一有甲乙丙丁戊五個班，還有一個師範班。外地來巴中就讀的都在戊班，下午上課，前面四個班是上午上課。高一時我還是象棋迷，但是後來發現花我太多時間，而且下棋很花腦筋，死掉許多腦細胞不値得。總之，因爲腦筋太累，突然停止下象棋，從此不再沾手。倒是巴中有好幾張乒乓球枱，因此喜愛上打乒乓球，但是不願花太多時間排隊等候；以後和幾位要好同學，到外面借地方打羽毛球，一直到高中畢業。這是我開始正式參加體育運動，身體健康有所好轉。我遺憾的是不會游泳，因爲泳池太少，爸媽帶我們小孩到芝林津海邊沙灘游泳，但是一年才去幾次，他們自己不下水，而且沒有專人來教，所以始終不會。

巴中也是中共控制的「進步學校」。根據後來與老同學閒聊，他們也從文革期間造反派衝擊中僑委而洩露出來的檔案，大致了解的一些情況，校長司徒贊是著名的華僑教育家，也是中共統戰對象。他的大兒子司徒眉生雖然擔任過印尼開國總統蘇加諾的私人秘書，但是在一九六〇年的排華浪潮中，也不得不回到中國，在廣東擔任許多統戰的榮譽職務。其他的兒子後來也回流香港，大家都有見面。

但是我們在校就讀期間的兩位教導主任卻是中共地下黨員。最重要的教導主任，也是司徒贊離開學校後接任校長的劉耀曾，來頭很大，百度百科介紹說：「一九二六年十月，直系軍閥孫傳芳在上海、南京鎮壓工人運動，屠殺共產黨員及進步人士，劉耀曾秘密往上海，找到中共領導人周恩來，後奉周恩來的指示，回南方進行革命活動。」（http://baike.baidu.com/view/2247032.htm）劉於一九三二年到了印尼，後來在巴中任教。

劉耀曾個子瘦小，滿頭銀髮（那時也才五十幾歲），我們幾個同學給他取了個「白老鼠」的外號，因爲那時我們上生物課接觸許多白老鼠做試驗。他是我們高二丙班的班主任，也是語文老師，教課認眞。我當時很「愛國」，不願學印尼文，上陳勳發老師的課，故意低頭睡覺，被他告到劉耀曾那裡，劉找我個別談話，警告我要告訴我的爸媽，才把我嚇住。

劉爲人非常嚴肅，也很政治，當時我們有幾位同學關係比較好，有一次劉耀曾居然暗示我們在搞「小集團」，很引起我們的反感。我們這幾位同學後來都回中國了，還有四位現在還留在中國，有的還是共產黨員。而我們特別要好的幾位，當時學習物理課程時，對使用蘇聯出版的教科書很「感冒」，因爲對俄羅斯科學家羅蒙諾索夫在物理、化學、天文、地質、儀器製造、哲學和文學等方面的成就極盡吹捧的能事，把他吹成天上有、地下無的偉大天才。它引發我們中國民族主義的反彈，因此會講怪話，也許因此觸犯天條。

另一位教導主任是鍾軔程，有同學信誓旦旦說是文革流出來的資料說他也是地下黨員，我卻怎麼看也不像，因爲他喜歡打麻將是全校聞名，他教乙班的語文課，常常鬧笑話。例如油印的講義，他根本沒有備課，第一張讀完，找不到第二張。有一次講《楚辭》，橫躺的Ａ４紙，爲了省紙張而分上下兩欄（當時都是直排），但是兩欄之間沒有劃線區隔，他居然不是讀完第一欄再讀第二欄，而是把第一欄的第一行讀完，接下讀第二欄的第一行，引發哄堂大笑。這樣的老師是地下黨員？除非故意如此來掩護他的黨員身份。

還有一位叫鍾士民，是我們的地理老師。他上課似乎沒有怎麼備課，說話、走路顯得吊兒郎當，他與我同年回中國，一回國居然就出任廣東惠來的中共縣委宣傳部長，讓我跌破眼鏡，原來他也是共產黨員。中國決定收回香港後，他被派來香港，出任華潤集團屬下一間公司的副總裁。

我與他沒有再見過面，但是廣州的同學轉話過來，他對我在香港發表的評論文章不以為然云云。

上述是中老年教師，年輕教師後來也知道有多位也被發展入黨了。例如前面提過我的歷史老師梁英明。他與我同一年回中國，考上北京大學歷史系，而且立即入黨，沒有預備期，我才了解他在印尼已經是共產黨員了。因此我們就回憶巴中的年輕老師有哪幾個是地下黨員。尤其我們在回國後，發現黨團員每星期六下午要過「組織生活」，才恍然大悟那時每個星期六晚上總有幾位年輕教師要去中國駐雅加達的總領事館，當時說是去看電影，原來就是過組織生活的代名詞。他們中還有黃天美、曹輝賢等青年教師，還有乙班的同學梁碧華去「看電影」，梁碧華後來任職於中國外交部。

《中共在香港》一書引用《周恩來年譜》與《毛澤東文集》中國外交部檔案的記載，他們在一九五四年向當時的緬甸首相吳努表示，中國不在華僑中組織共產黨，已有的支部已經解散。但是我在巴中那幾年不就是中共地下黨最活躍的時候嗎？可見毛、周的陽一套、陰一套。正如該書中所說：「表面上，僑黨是解散了。但是實際上，大量的共黨活動仍像地火般在東南亞國家運行、燃燒。」

根據我所看到的資料所述，中共於一九二六年十月北伐高潮時在新加坡成立中共南洋臨時委員會，其前身是中共在新加坡發展的共青團組織。一九二七年，根據共產國際「一國一黨」原則獨立為南洋共產黨，領導成員中有一位傅大慶，應該就是當時蘇聯在中國的顧問鮑羅廷的翻譯，也是著名作家、葉劍英元帥義女戴晴的父親。蔣介石「四一二」清黨後，大批左翼文化人逃亡南洋，有些經新加坡到印尼的蘇門答臘島與爪哇島；抗戰期間再有一批在香港的左翼文化人南下。

中國共產黨在南洋諸國的地下組織與當地的共產黨組織是什麼關係，很令人好奇，但是似乎還沒有研究作品出現。例如，馬來亞共產黨是華人與當地人合組，受中共指揮，然而印尼共產黨前身的東印度社會主義聯盟是共產國際代表馬林在一九一四年成立的，一九二四年改名印尼共產黨，與中共地下組織應該是互不隸屬，然而彼此有無相互支援？其他國家情況又如何？

其他幾位老師還值得一提的是，巴中最著名的是物理課，由韋同芳老師任教，它的物理實驗室，在全印尼華人學校首屈一指，大大厚厚一本實驗報告簿成為我們的重要課程。兩位物理助教，潘志強與姚子毅與我同一年回中國，潘考上南開大學，姚考上北京石油學院，後來都回流香港，我在香港與姚有比較多的接觸，他當年是背離家庭偷偷回中國的。韋老師則在印尼排華學校被封後移居澳大利亞。

生物課的實驗室也頗有水準，有顯微鏡可以看「阿米巴」（變形蟲），還學解剖，但是我怕見血，沒有動手。忘了生物老師的名字，助教是李伯巧。化學實驗也很有趣，當時還把門德雷耶夫元素週期表硬背了下來，至今還記得一些，因為李澄老師的客家口音背誦是很有韻味。助教饒莉莉梳大辮子有印象。

高二時的三角課老師叫蔣家駒，是國民政府駐雅加達總領事蔣家棟的弟弟，使用英文課本，他也滿口英文，難倒我，作複習題目一定查字典或請教別的同學，還好考試還可過關。他與乙班的一位女同學談戀愛，年歲差距比較大，因此被同學指指點點。

因爲「國粹」思想，喜歡背古典詩詞，主要是唐詩，熟讀唐詩三百首，不會作詩也會吟，最大成就是會背白居易的長詩〈長恨歌〉。此外還背了〈古詩爲焦仲卿妻作〉。高三的語文老師叫做凌漢雲，嘴巴歪斜，我們這幾個同學說他是「惡風吹歪了嘴巴」，因爲那時報紙正好介紹一種病，看似被風吹歪的嘴巴。其實這種惡作劇是缺乏人性，那時不懂這些。不過他也是老油條，所以我會作弄他。油印的蠟版刻字講義教杜甫的〈茅屋爲秋風所破歌〉，裡面一句「雨腳如麻未斷絕」，因爲手刻，他把「雨腳」看成「兩腳」，課後我去點撥他。當時中國正在興起批判俞平伯對《紅樓夢》的觀點，我找來中國許多雜誌來看，作文寫了近二十張稿紙，我看他連看都不看，就給我八十幾分，那是比較高的分數了。

高三的英文老師曹雪賢，上課非常生動，人胖，我們叫他「曹fat」。可惜當時我的排外思想，沒有好好學，畢業成績四十幾分。高三的印尼文課老師是很著名的陸並培老師，編過字典。他們後來也都回中國了。大概二〇〇四年左右，我在美國紐澤西州的一家日本自助餐館進餐，認識一位中國來的年輕侍者，說起來竟是陸並培的外孫，他說媽媽還在廈門。當時眞是百感交集。

後來他去參軍，爲了更快取得美國綠卡。

還有兩位老師很特別，一位是溫持祥，一位是黃榮富。他們都是那個時候從中國來印尼。我們回中國時，十個手指頭蓋指紋保證永遠不再回到印尼，爲何卻容許他們來印尼？溫持祥是杭州之江大學畢業的，教我們化學課，似乎與政治無關。但是黃榮富好像有來頭，雖然公開說是因爲哮喘病離開中國到印尼，他教我們高一的《中國新民主主義革命史》，就是中國人民大學教授胡華寫的那本。我回國就讀人大歷史系中國革命史專業（後來改名「中共黨史系」），也是受了他的影響。但是印尼排華後，他再度回到中國，據說在湖南省公安廳工作，眞名是黃允賦。

讀高中時，家已經搬到格魯骨中街，一家自己住，比較寬敞，家裡有了一個鋼琴，媽媽會彈琴，爸爸唱歌，主要是美國福斯特（Stephen Collins Foster）的民歌，例如〈故鄉的親人〉（Old Folks At Home）、〈我的肯塔基故鄉〉（My Old Kentucky Home）等。歌曲裡的人文情懷與憐憫心態深深烙印在我的心靈裡。

爸爸到雅加達後就沒有教書，試圖做生意，也似乎沒有成功。但是家裡還買了一部舊的吉普車，請了一個司機，然而維持不長。之間他出版《印華月報》的雜誌，出版幾期也停刊。只靠媽媽一人教書，怎能維持家裡生計，當時我們年紀小，也沒有怎麼去想。

在高中畢業前夕，印尼與中國的關係出現新的飛躍。一九五五年四月十八到二十四日在印尼召開了亞非會議，因爲開會地點在萬隆，所以也叫萬隆會議。當時西方國家沒有幾個在外交上承認中華人民共和國，因此北京拚命拉攏亞非國家，特別與印度（總理尼赫魯）、印尼（總統蘇加諾）、緬甸（總理吳努）、柬埔寨（首相西哈努克親王）關係密切，以這五個國家爲核心，召開了有二十九個國家元首參加的亞非會議。這是中共第一次主催的大型國際會議，自然十分隆重，也大吹大擂。

會議召開以前，發生「克什米爾公主號」飛機從香港飛到印尼途中爆炸墜機事件，十一名中國官員、機組成員與外國記者身亡。其中幾位是燕京大學的校友，自然引起爸媽的唏噓。

當時鋒頭最健的就是周恩來。在亞非會議前，周恩來訪問了印度、緬甸，取得〈和平共處五項原則〉的共識，內容是「互相尊重主權和領土完整、互不侵犯、互不干涉內政、平等互利、和平共處」。在亞非會議上，擴大為十項原則。但是後來中共爭當「第三世界」領袖時，與其他國家簽訂協定或發表新聞公報，都還以「五項原則」為主。周恩來在會上提出「求同存異」的方針，深獲與會代表的讚賞。

我們當時為周恩來的到來無比興奮，到底是中共領導人第一次訪問印尼，我們的愛國情緒特別高漲。當時老爸作為特約記者，到萬隆進行採訪，與跟隨周恩來、也是燕京出身的黃華有接觸，做兒子的也與有榮焉，會後出版的一本畫冊還有他的背影照片，我帶回中國。

會議結束後，周恩來訪問首都雅加達，風靡我們，為他的魅力所傾倒，當時他在我們海外華僑的眼中，威望超過毛澤東。我一度有疑問，怎麼是毛澤東而不是周恩來當國家主席？而好色的蘇加諾，更是借周恩來抬高自己的威望。當時蘇加諾陪著周恩來乘敞篷車環遊雅加達的大街，沿路民眾夾道歡迎。我在住家附近的卡查瑪達大街迎候。當時剛買一部準備帶回中國的照相機，可惜操作不熟練，取景不佳，只拍到一張，背景竟是一個很大的牙膏立體廣告，可謂大煞風景。

同樣受中共控制的華中，校長李春鳴是統戰對象；教務主任張國基是地下黨，毛澤東的湖南師範同學，參加過一九二七年的南昌暴動，後來也回國，因為毛的關係，文革期間是保護對象，沒有受到任何衝擊。聽其他僑生說，李的兒子曾經抱怨，他的爸爸名為校長，權力卻都在張國基手裡。當然啦，否則怎麼體現黨的領導？

四，回歸中國

一九五五年六月十九日，我搭乘渣華輪船公司的「芝萬宜」號輪船離開印尼雅加達回中國。這是人生道路上的重大轉折。由於從小在「進步學校」受到的愛國教育，我在讀初中時候就已經決定高中畢業後一定回國升學，也已經決定報考文科，所以對數理化課程馬虎應付。高中畢業的成績報告單文史地高分，數理化及格，英文、印尼文不及格。這成為我知識上的嚴重缺陷。

回國準備

一踏入一九五五年，高三的下學期，我們就開始做回國的具體準備工作了。

第一，辦回國手續。從街道辦事處辦證明開始，再由旅行社代辦其他手續。除了街道證明需要「咖啡錢」，其他由旅行社代勞。手續中，最重要的是到移民局打十個手指印，保證永遠不再回到印尼。雖然當時印尼政府與中國關係良好，卻害怕我們在接受正宗共產教育後回到印尼從事革命活動。但是我們的愛國熱情，抱著「壯士一去兮不復還」的心情，對這個苛刻條件沒有任何猶豫，打上了手指印。

第二，成立「巴中回國同學會」。梁英明是主席，他推薦我做副秘書長。我自從上學以來，因為都是班級年紀最小的，性格也內向，所以從來沒有擔任班級或學校的社會服務工作。這是第一次，做得戰戰兢兢。為了幫助同學準備回國後的統一考試，所以親自用蠟紙與鋼板刻寫出中國出版的高等學校統一考試招生大綱，油印後發給同學。梁英明與秘書長楊欽茂是搭六月五日的第一班輪船回中國，我是第二班，同行的回國同學會副主席是哪一位我已經記不太清楚，好像是高三甲班的李文新。

第三，準備行囊。因為不同的家庭經濟條件，豐儉自然不同。有幾個大件是必須準備的，如腳踏車、照相機、手錶等，這些「高級奢侈品」，優待歸國華僑每人一件可以免稅，再窮都要準備，除自用外，一旦經濟狀況出現困難，還可以出售（需要補稅）以維持生計。因爲稅額很高（起碼百分之百），如果被發現出售給個人時偷稅漏稅，被發覺要受懲罰，檔案還留下「違法」的污點。還因爲國內使用布票、糧票等，其他日用品也供應緊張，或者質量不好，所以帶了不少衣服鞋襪、肥皂、食品等等。光是香皂和洗衣肥皂，我就帶了好幾十塊。有些我自己不想要，但是父母親就怕我們受苦，所以只要可以帶，而中國海關優待免稅的，都盡量給我們帶。我回中國時，連腳踏車在內，共十大件行李。有的同學還帶縫紉機。可以說，這些東西用到結婚時都用不完。當時買的牛皮箱很大，長度超過一公尺，我的皮箱都到新巴剎媽媽的學生張蘭英的店裡去買，他們是山東人，當然給特價。

腳踏車大部分都是帶了英國的蘭令牌（Raleigh），中國叫做「鳳頭牌」，現在上淘寶網，還有舊零件當古董賣。手錶普遍帶瑞士的歐米茄（Omega），最多的款式是全自動的海上霸王（Seamaster），還有空中霸王。我們經濟條件不算好，所以託在香港行船的三姑丈買了普通的、每天要上錶鍊的歐米茄錶，二百九十元港幣。我還帶了一隻美度（Mido）防水錶，進海關時就以一百多元人民幣給國家收購。還有一些人帶的是知度時（Titus，台灣譯作鐵達時）。

照相機的款式更多了，當年西德的相機一枝獨秀。Leica太高檔，很貴，許多同學帶的是Rolleiflex或Rolleicord相機，前者價格是後者的一倍（當時約八千印尼幣），都是上下雙鏡頭，我嫌它笨重，買了蔡斯廠出品的超級伊康泰（Super Iconta），是風箱式相機，有新的對焦功能，還可以拍六乘九厘米與六乘四點五厘米兩種大小的照片，價格五千多元。我很滿意這個相機，鏡頭特好，即使文革抄家，發還時鏡頭發霉，拍下那時剛出現的彩色照片，還是很清晰。

我回國後，在一些場合看到《人民日報》與新華社記者使用的相機，幾乎都是Rolleiflex的，都是回國的僑生以便宜的官價賣給政府的收購站，用以維持在國內的生計，而政府則省下那時非常可貴的外匯。

伴隨相機的是膠卷（菲林），不敢帶太多，怕用不完過期，但是我也帶了幾十卷，柯達太貴，帶西德的Agfa。沒有用完，在一九五八年號召「勤工儉學」，遊八達嶺長城時我給系裡同學免費拍照作爲「獻禮」。也有的同學在進海關時，就賣給政府的收購站，價格也是很便宜。

當時政府收購的還有白胡椒粒，因爲當時海南島出產的胡椒不夠用。政府收購胡椒做什麼我不太明白，有人說是製造炸藥用。

當時印尼還是外匯管制，要通過黑市將印尼盾換港元，似乎是七盾兌換一元；再由港元換人民幣，記得當時四點二七港元換一元人民幣，這是官價。在中國買東西，每次都要心算換算多少印尼盾，結果在中國簡直不敢花錢，因爲甚麼東西都比印尼貴很多。

這次一起回中國的要好同學有李新時、丘華昌。新時考進廣州中山大學化學系，華昌考進武漢華中農學院土壤系。班長鄺達盛與副班長林梅蘭先留校工作後才回中國。我們班的才子好友陳用烈也是晚點才回國。

搭船回國

我們回國的路線是從印尼東爪哇的泗水出發，在中爪哇的三寶壟、西爪哇的雅加達，以及蘇門答臘的巨港停泊載客，首都雅加達是最主要的港口，上客最多。新加坡再停一晚，就直趨香港。

一九五〇年代初，我到雅加達的丹絨不碌碼頭歡送老師、同學回中國時，航行印尼到香港的客輪是渣華輪船公司的「芝渣連加」號，到一九五五年時，大概回國人數大增，有兩艘客輪了，一艘是「芝利華」號，一艘是「芝萬宜」號。分別是八千到一萬噸的「巨輪」。六月五號開船的是前者，我們十九號開船的是後者。二十多年前，渣華輪船公司在香港開業績發佈會時，我特意出席，問這幾艘輪船還在不在，那位經理回答說，現在在新加坡，改為貨輪了。也的確，當時印尼到香港的飛機，票價非常貴，沒有幾個人坐得起，主要靠客輪。現在誰願意坐客輪？除非是豪華郵輪。

當時客輪有頭等艙、二等艙和統艙。我們學生都坐統艙。一來二等艙貴很多，二來大家坐統艙，如果你坐二等艙，等於「脫離群眾」的資產階級思想。但是也有有錢的家長護送子女回國，自己坐二等，子女在統艙，但可以上去洗澡、吃東西等等，免得受苦，不過這是極個別的。所謂統艙，就是一大片空蕩蕩的甲板，每個人一張自己帶來的草蓆，席地而睡，隨身行李放在身邊。

證件與貴重財物，睡覺時就壓在枕頭下面，手錶戴在手上，這個習慣我維持了很多年。

我們上船時，場面令人難忘。記得在雅加達上船的回國僑生有七八百名，一個人回國，差不多全家人歡送，因爲不知道哪年哪月才能再相聚，送行的還有同學、老師、親戚、朋友，起碼有幾千人，所以碼頭擠得人山人海。

我不記得老爸老媽（其實那時才四十幾歲，比我現在年輕多了）怎麼可以「特殊化」上到船上給我送行。老爸在船上正好遇上一個多月前採訪亞非會議時的《大公報》特約記者（好像名字叫周昌明），給我們三個人在甲板上拍了一張照。文化大革命時，對立派給我貼一張大字報，揭發我在回國的船上「向美國記者發表不可告人的演說」，有特務嫌疑。這是後話。

當輪船鳴起汽笛，是最激動人心的時刻。船上、船下一片口號聲、歌聲，還有哭叫聲。想想今後沒有人可以保證是否能與家人再相見，想到父母的養育之恩，說走就走，再堅強、再愛國，只要還有人性，也都會眼濕濕。我們當時最想唱的歌是蘇聯的〈共青團員之歌〉：

> 聽吧！戰鬥的號角發出警報，穿好軍裝拿起武器，青年團員們集合起來踏上征途，萬眾一心保衛國家。我們再見了親愛的媽媽，請你吻別你的兒子吧！再見吧，媽媽！別難過，莫悲傷，祝福我們一路平安吧！再見了親愛的故鄉，勝利的星會照耀我們，再見吧，媽媽！別難過，莫悲傷，祝福我們一路平安吧！

（歌詞已經記不全，十多年前我在美國寫這一段時，在谷歌找到這歌詞，居然還反覆播出這首歌，回想當時的激情與半個世紀的歲月，眼睛又濕了。）

輪船在蘇門答臘島的巨港停一夜載客，兩天後開到新加坡。我的一位舅公（老爸的舅父）在那裡做警察局長，託他買了一個八十個貝司的意大利手風琴帶到船上給我。可笑的是，當時我「進步」到認為新加坡是資本主義國家，這個警察局長當然是壓迫老百姓的，所以他上來看我時，我還充滿警覺，注意他會不會對我散佈「反動」言論。果然，聊了一會家常，他關心的問我到中國去讀大學會讀甚麼系科，我對他說讀文科，他不以為然說，應該讀醫或數理化，不論誰掌權都有用處，果然，他散佈「反動言論」了。到達廣州塡寫「自傳」與家庭成員、社會關係時，我就寫上這個「反動」的舅公。文革期間那單「美國記者」事件，我也把這個舅公的事再次交代。一九七〇年代中期我到香港後，舅公已經去世，沒有再能見到他，只見到舅婆，但是沒有勇氣向她說起當年我的幼稚。

同樣反對我報考文科的，還有上海親戚家的高知朋友。我認為他們「思想落後」，但是沒有「檢舉」，因為他們在國內。這是我做人的分寸。

輪船離開新加坡後，不久就進入南海。在印尼看過一本叫做《七洲洋上》的小說，知道這個海域俗稱「七洲洋」，風浪很大，珊瑚礁多，從廣東、福建飄洋過海到南洋的華人，都要經過這個地區，在沒有「萬噸巨輪」的時代，有些我們的先驅者就在這裡葬身魚腹。果然，那幾天船身搖晃得很厲害，在廁所坐在馬桶上，要扶住牆上的把手，否則可能從馬桶上被「彈」出來。不少同學嘔吐，吃不下飯。幸好我不暈船，因此還能做點服務工作。

進入中國

六月底（大概是二十九日）的一個早上，我們到達香港。輪船停泊在香港島和九龍半島之間的維多利亞港口，然後乘駁船到九龍半島。當時一心嚮往祖國，對香港興趣不大，只在船上往港島方向拍了幾張照片做紀念。一上岸就是尖沙咀碼頭，旁邊是火車站（現在的紅磡車站是後來遷去的），岸上已經有警察等候，我們排著隊，在警察「押送」下上了火車，開到了羅湖。下火車後，走過那著名的羅湖橋，進入中國境內的深圳。

許多人描寫過羅湖橋看到五星紅旗時如何如何的激動。我也因為到了祖國而激動，但是並沒有像香港「回歸」時，香港一些政府官員或「忽然愛國」人士所說，看到國旗時激動到血壓升高那樣誇張。

我們那樣多東西，過海關自然比較麻煩，要開箱檢查，防止貴重物品偷稅漏稅。大概只有我這個傻瓜還帶了《毛澤東選集》與《馬克思恩格斯文選》回中國。我印象特別深的是海關關員還翻看我的《馬恩文選》，然後抬頭望望我，當時我還以為他好奇而已，以後經過長期的階級鬥爭教育，回憶起來才恍然大悟，他們應該懷疑我為何會帶這種書籍，是不是書裡夾帶甚麼或有密碼？

在深圳，我們住進華僑服務社，回國觀光的華僑都住進這裡。在當時的條件下，已經是那裡最高級的旅社了。記得很清楚的是，站在二樓的陽台看下面，覺得地面搖搖晃晃，原來多日的海上生活，到了陸地覺得還在海上漂浮。

在深圳住了兩天，我們就坐火車往廣州出發，準備參加七月十五日的全國高等學校統一考試（統考）。火車是慢車，每站都停，花了兩個多小時才抵達廣州，住進華僑補校。

一九五〇和六〇年代的僑生，個個都知道「華僑補校」，因為差不多個個都進過，只是時間長短不同而已。華僑補校的全稱是「歸國華僑中等補習學校」，當時全國有三所，分別在北京、廣州、集美（福建廈門的對岸）。

廣州補校在石牌。華南工學院、華南農學院、華南師範學院就在附近。一下湧來上千人，宿舍自然不夠住。也因為是暑假，所以我們就住在教室裡。教室擺滿「碌架床」（上下兩層的床鋪），其他大件行李存倉，隨身行李放在床底下，證件、現款放身邊，睡覺時壓在枕頭下，以免被人偷走。因為雖然我們都是投奔祖國的「愛國僑生」，也難免有「愛國賊」混跡其中。

一到學校，第一個任務是報到。所謂報到，就是把護照上繳，然後發給我們一個學生證。當時沒有理解交護照的意義，那就是我們永遠關在這個牢籠裡無法脫身了。二十多年後我到了香港，才知道當年我們初中印尼文老師丁仲春以印尼籍身分回國，並且拒絕交出護照，去了北京大學東方語言系，後來看苗頭不對，鬧了多年以後，終於在文革以前獲准出國，從而免受無妄之災。

除了交護照，就是塡寫「簡歷」和「自傳」。當時認爲這是例行公事，也不以爲意，但是後來每到一個新單位，都要照寫一份，才知道內有蹺蹊。那時沒有影印機，如果要留底，重抄一遍太辛苦，用複寫紙的話背面有印子，「組織」就知道你還有一份底稿，就會有「幹嘛要留底稿」的疑問。然而不留底的話，每次寫的內容如果不一樣，「組織」一對照，可能是你遺漏，也可能就是說謊或想隱瞞甚麼。還好我們那時年輕，經歷並不複雜，還比較容易寫，此所謂「歷史清楚」也。當時有一種說法，不怕歷史不清白，只怕歷史不清楚。

然而塡簡歷表格時，除了塡家人情況，還要塡「社會關係」，這就比較麻煩，哪些人才算自己的「社會關係」？而塡家人與社會關係時，還要塡上他們的「政治表現」，這就有點難倒我們了。爲了怕被認爲我隱瞞甚麼，越是「反動」的親友越要塡寫！還好我們家的「反動親友」不多。除了「反動」，就是「進步」、「開明」或「落後」，連自己的父母親我們也要給他們貼上上述標籤。再就是塡「家庭出身」。爸媽長期教書，但是老爸後來也做過點生意，所以只能寫「資產階級」，表示對自己要求嚴格，不想隱瞞甚麼。到反右派要我挖「階級根源」時，才知道家庭出身的重要性，文革時期更是如此，出去「革命大串連」還與「紅五類」的同事結伴，免遭不測。而在自己簡歷的每個階段，都要寫上兩個「證明人」，以便「組織」核查。我當然找那些「思想進步」的人，作爲我不同階段的證明人，最好是黨團員或「進步分子」作爲我的證明人，因爲「組織」信得過他們。

十幾年前看高華的《紅太陽是怎樣升起的——延安整風運動的來龍去脈》，才知道寫自傳、塡簡歷這一套建構，從延安時期就開始了，作爲審查從白區投奔延安的青年學生與各界人士。後來我到北京補校寫第二次，一九五六年報考大學時寫第三次；考進人民大學後寫第四次；畢業分配到上海華東師範大學工作後，又再寫一次。當時年輕，記憶力好，而且對組織「忠誠老實」，所以每次寫的內容基本一致，沒有給自己惹出亂子。當然，自傳與簡歷越寫越長，特別是經歷了許多政治運動，每次的表現都要寫進去，其中自我評價的「分寸」自是要絞盡腦汁，既要讓「組織」抓不到把柄，又不能太對不起自己。這些東西全被塞在自己的檔案袋裡，跟隨自己走到各個單位。後來我們回流香港，據說檔案也跟到廣州。

廣州高考

第一次到廣州，蠻新鮮的，雖然臨近統考，也要上街逛逛。進城搭公共汽車。在廣州逛了著名的愛群大廈、南方大廈，還有著名的海珠橋。當時印尼還很落後，沒有高樓大廈和電梯，所以對愛群大廈和電梯已經很好奇了。但我主要還是去逛新華書店。當時國內正開展肅清胡風反革命集團的政治運動，我在廣州買了那本有毛澤東按語的「資料」，並且立刻攻讀，因爲政治課的考試可能會考這個問題。因爲胡風集團的私人信件都被公開，作爲「反革命」的證據而嚇到我，所以後來寫任何信件，尤其是寫家書，都與黨中央保持一致，歌頌祖國的成就。在政治運動緊張的時候，我還把家書主動交給「組織」看，以示我沒有對黨不滿，甚至還很愛國。

我對廣州印象不是太好，原因是言語不通，搭公共汽車時那些售票員與乘客開口閉口「丟那媽」的「省罵」令我反感。當然後來自己深入群眾，改造思想，與勞動人民逐漸有了共同語言，甚至從「省罵」提升到「國罵」的水準。

然而因爲離開統考不到兩個星期，所以沒有時間亂跑，也沒有上館子，最奢侈的就是在校門口買沙河粉與到市區買冰淇淋吃吃。但是最令人難忘的是補校的生活條件，雖然回國前已經做了「思想準備」，要「艱苦奮鬥」，但事實上這個準備還很不夠。因爲補校剛建，來的人又那樣多。首先吃飯，八人一桌，沒有椅子坐不是問題，拿一個臉盆去盛八個人的菜，卻差不多餐餐是清水煮茄子。而我以前在家裡從來不吃茄子，因爲感到那個不硬不軟的東西很噁心，但是既然回國是要改造思想的，所以硬著頭皮吃，加上沒有油，當然也不會好吃。但是問題還在於吃完飯時，那些水龍頭還流不出水給我們洗碗，因爲剛安裝不久，很不正常。

再就是洗澡。我們在印尼，即使家境不富裕，屋子後面總有一個洗澡間和廁所。我們家「小資」水平，廁所還用不上抽水馬桶，而是蹲坑式（後來知道偉大領袖毛主席也喜歡蹲坑，還把中南海的抽水馬桶拆掉挖坑）；洗澡間不要說沒有浴缸，蓮蓬頭也沒有，只是一個水池子，舀了水往身上沖。補校的廁所如何我記不清了，但是後來遇見的好多廁所，方便時沒有門遮住，因爲開放式人來人往感到難爲情而有時拉不出來。而廣州補校的澡堂竟是集體沖涼，約有一百平米大，由竹籬笆圍起，中間一個大池子，我們把替換衣服掛在籬笆上以後，就赤身露體拿著臉盆走到池子邊上舀水往身上沖。自從自己會洗澡以後就從來沒有在別人面前脫光過，因此在幾十個認識和不認識的人們面前脫光衣服袒裎相見，覺得非常的尷尬。當時也還沒有瀟灑到可以用「赤條條的無牽無掛」來自慰。當然慢慢習慣就好了。但是這些問題的出現，難免也會發牢騷，後來在申請入團時就要不斷的「自我批判」，上升到資產階級好逸惡勞思想爭取群眾「諒解」與「組織」信任。

那樣亂糟糟的環境，自然也沒有辦法好好溫課，只能聽天由命。不過我的理想很高，塡寫七個志願與二十一間學校時，北京大學的中文系名列榜首；其他是歷史系、圖書館學系等。學校除了北大之外，就是復旦、南開、武漢大學等，都選第一流的綜合性大學。當時初生之犢不畏虎，但也太不自量力了。

到了上海

考試考三天。然後收拾與托運行李，就乘火車到上海投奔親戚。同行的還有也去上海投親的同級同學、山東人閻福來。此後我再沒有到過廣州。到一九七六年出國到香港，才在廣州朋友家裡住一晚。

上海，中國第一大城市，當年的十里洋場，底子還是比雅加達強。與雅加達比較，上海還是先進不少，那個二十四層樓高的國際大廈就是當年的摩天樓了，隔壁的華僑大廈也是需要電梯上下的大樓；即使第一百貨公司的扶手電梯，當時雅加達也還沒有。只是這些，包括外灘的歐式建築，都是「舊社會」遺留下來的，並非「社會主義建設」的偉大成就。

國民黨最後一次轟炸上海是一九五〇年二月，但是一九五五年我到上海時還有戰時氣氛。外灘黃浦江邊的鐵欄杆上還掛有「禁止拍照」的牌子，亦即禁止向黃浦江拍照。有一次在虹口公園裡面拍照，後面是細密又很高的黑漆竹籬笆，根本看不到後面是什麼東西，居然有軍人出來阻止拍照。那時我很喜歡看蘇聯的間諜小說，狗眼睛裝了照相機之類，頓時感到諜影幢幢的階級鬥爭。

我在上海第一次領略到颱風，也領略到漲潮退潮，都會在包括外灘在內的市區街道造成水災。

在上海，我喜歡逛福州路上的上海圖書發行公司。暑假買些書來看，印象還深的是買過法國作家雨果的《九三年》與蘇聯作家凱特林斯卡婭的《勇敢》（上中下三冊）。《九三年》寫法國大革命，讓我進一步明白歷史書中被充分肯定的法國大革命，包括其中的一些領導人，並非十全十美，而是有許多問題，甚至嚴重問題，與英國作家狄更斯的《雙城記》所描寫的一樣，有革命的恐怖。但是我那時的腦海裡，「資產階級革命」才那樣，無產階級革命就完美了。到文革發生許多情況，尤其是紅色恐怖的出現，才逐步醒悟何謂「革命」。

至於《勇敢》，描寫莫斯科、列寧格勒大城市的青年如何支援邊疆，如同當時上海支援新疆那樣，沒有意識到其中的殖民含義。尤其俄羅斯人去興建的共青城，是清朝在十九世紀與沙皇俄國簽署不平等條約中割讓的西伯利亞土地，在「無產階級國際主義」下，我的民族主義被消失了。當時我喜歡聽的蘇聯音樂〈阿穆爾之波〉，實際上就是〈黑龍江之波〉，也涉及到不平等條約。

姨丈姨母

在上海我投靠姨丈姨母家裡。姨丈周同慶是復旦大學物理系的一級教授，還是中國科學院的學部委員（後來說這就是「院士」），還在印尼時，就看到愛國報章說他主持研製出中國第一隻X光管。他是美國普林斯頓大學物理系博士，成績優異，二十六歲回國就擔任清華大學教授。抗戰期間隨中央大學遷往重慶，隨交通大學遷回上海。一九五二年院系調整轉到復旦大學。

二〇一六年六月十八日中國財新網發表美國諾瓦東南大學教授蔣百川教授的文章〈著名物理學家吳大猷、周同慶的命運交錯〉對姨丈有詳細介紹，文章的提要是這樣寫的：

> 他們都有過的輝煌和成就，值得後人敬仰。他們在上世紀五十年代之後的極大差別，只能歸結到個人的選擇，以及所遇到的不同的政治環境。
>
> （原文網址：https://read01.com/g52L7g.html）

姨母婚後主持家務。她的性格與媽媽完全不同，非常低調與小心謹慎，唯恐得罪人，而且一直爲他人著想，犧牲自己。我的兩個表姐，憶雲比我大三歲，在清華大學讀建築系，小表姐冰如比我大一歲，她們都因爲肝炎在家休學，冰如後來考上同濟大學。表弟周曦生於一九四九年十月一日，是中華人民共和國的同年、同月、同日人。文革後出國也進了普林斯頓大學。

我去復旦時，他們還住在第一宿舍，是日式連棟小平房，隔壁就住著復旦的黨委書記王零。知道有這樣一個遠方來客，他還來看看。

一九五六年暑假我回上海時，他們已經搬進第九宿舍，有三房一廳，算是相當大了，而且是打蠟木地板。其中當作飯廳的一個房間，成爲我回來的睡房，家裡請有一個保姆，做了很長時間。我在那裡，比在家裡還親切。所以在北京五年，假期都會回來。

第九宿舍在國清路上。進大門左邊有個小洋房，副校長、著名的數學家蘇步青住在那裡。再往裡有兩排三層大樓，我們住左邊那棟樓，著名的遺傳學家談家楨教授住在右邊那棟樓。進門的傳達室後面也有一棟大樓，面積、質量都較差，是講師級別住的。傳達室有個公用電話，大家要打電話都到那裡打，外面打來的電話，門房就到樓下喊，要聽電話的就匆匆趕到門房聽電話。

姨丈有一個姐姐，叫周同光，終身未嫁，我跟隨表姐弟叫她「大伯伯」。抗戰時他們都在重慶，所以回上海後，來往的還多是重慶那時的老朋友。其中最熟悉的是郭秀珍，她是「民族資產階級」，家人全在「解放」前到了香港，留她經營華昌鋼精廠，是重要的統戰對象，據說還一直動員她入黨。她最高當過全國人大與全國政協的常委。但是文革還挨鬥，報上批判說，她的父親在香港去世後，遺體運回上海，棺材繞著廠房轉一圈，顯示資本家死不瞑目的「反攻倒算」。冰如讀新滬中學時，住在她家，近學校。她待人誠懇，既沒有資本家的滑頭，也沒有政壇那種官氣與政治教條。我見她好多次。文革結束後，她獲准來香港探她的弟弟，都會找媽媽和我見面。在上海第一次與她見面時，她的一位助手羅伯伯還買了一本《歷史研究》月刊送我。

與大伯伯關係特別好的，是陳水扁時代擔任總統府秘書長陳師孟的大姑媽陳琇。她丈夫姓嚴，兩個兒子一個女兒，就住在虹口公園大門右側斜對面。從復旦大學經邯鄲路進城，如果不走閘北方向，那裡幾乎是必經之地。附近有上海警備司令部、魯迅紀念館等。林彪事件發生後，才知道那幾個「黨羽」就在邯鄲路上，大概就是虹口公園禁止我拍照的地方。

認識他們時，我知道陳琇的妹妹陳璉是共青團少年兒童部部長。一九三九年她已經加入共產黨，一九四七年與袁永熙結婚，一個多月後雙雙被捕。因爲爸爸陳布雷是蔣介石的文膽，蔣介石親自過問釋放了他們。這點國民黨比共產黨有人性，如果共產黨，則會要求「大義滅親」。

袁永熙後來出任清華大學黨委書記，因爲與校長兼第一書記的蔣南翔不和，一九五七年被打成右派分子。陳被迫與這位一起戰鬥十八年的丈夫離婚來「劃清界線」，當時我們都爲之唏噓。陳璉後來轉任中共中央華東局宣傳部文教處處長，文革還是難逃一劫，被批爲「叛徒」（只要被國民黨逮捕過還活下來的，幾乎都被認爲是叛徒而在文革中被衝擊），一九六七年跳樓死亡。一九八〇年代，我在香港見過他們的兒子陳必大（在楊振寧弟弟楊振漢所建立的東南信息中心任職），他後來去了美國。

大伯伯在重慶時還認得中共創始人張國燾的夫人楊子烈，但是我沒有問她有關情況。因爲當時我相信張國燾是中共叛徒，後來淪為國民黨特務，不想多知道這些事情。

在姨丈那裡，我最高興的是可以看到《參考消息》，那時須行政級別十六級以上（大致是科長級）才可以看到，我才知道原來看出版物也分等級。

姨媽喜歡音樂，會彈鋼琴，因此兩個女兒也學過鋼琴，但要到朋友家裡去彈。那時中國對西方文化的控制還不厲害，上海又曾經是十里洋場，所以上海的廣播電台有很多時間播送外國音樂。暑假只要冰如在家裡，常開收音機聽西方古典音樂與輕音樂，我也是那個時候增加許多這些方面的知識，從而有濃厚的興趣。

當時中蘇友好，所以播送俄羅斯民歌與古典音樂特別多，除了比較大眾化的民歌，還有柴可夫斯基、格林卡的樂曲，甚至有離開中國以後再也沒有聽到的俄羅斯古典歌劇，例如《伊凡·蘇薩寧》、《葉甫根尼·奧涅金》。我最喜歡聽的還是圓舞曲與小夜曲。在上海，還觀賞過西伯利亞芭蕾舞團的《天鵝湖》演出。

北京補校

八月十五日，高等學校的統一考試放榜，我一直等廣州的通知，沒有等到，雖然離開時給校方留下我在上海的聯絡地址，因此急得不得了。似乎到了八月底、九月初，才知道自己沒有被錄取。同學中沒有被錄取的，都被安置到北京的華僑補校學習，準備一九五六年的統考，因此，我也收拾行裝，買了火車票到北京。

在火車上第一次看到長江、黃河。見到實景時，腦海裡不論是壯麗還是詩意全部破除：既無「孤帆遠影碧空盡」，也沒「奔流到海不復回」。除了泰山附近有山丘，一路都是平原缺乏景觀。經過黃河鐵橋時還緊閉窗戶，似乎怕有人丟炸彈破壞。不過窗子也的確要一直關著，因爲火車頭噴出的煤星子從窗外吹進車廂，甚至吹到眼睛裡。

九月上旬上海還是「秋老虎」，北京卻是充滿秋意，尤其到達北京那天秋雨綿綿，我還穿著短褲。坐在三輪車裡到補校，冷得發抖。到了補校，更是心寒，因爲門口的傳達室不讓我進去，因爲我沒有廣州補校的介紹信。這時我才開始明白「介紹信」在中國多麼重要。

沒有辦法，我只能找旅館先安身，忘了是什麼人介紹，在東安市場附近八面槽找到一家旅館住，一天兩塊錢（人民幣，下同），當時北京的大學生畢業後每個月四十六元五角錢工資，一年後轉正五十六元。我除了寫信到廣州華僑補校追討介紹信，也沒有心思玩，還好東安市場與王府井大街還可以逛逛，有百貨大樓與新華書店。

大概住了快一個星期，在補校門口遇到巴中同年級的同學黃新民，他是被農學院錄取（考試分數達不到自己所要的醫學院，當局酌情分派到不是自己塡寫志願的其他學校），不服從分配而到北京來，自然也因爲沒有介紹信而不得其門而入。他介紹前門珠市口的旅館只要七角錢一天，雖然較差，我爲了省錢，立刻搬去了。後來打聽到北京補校的校長是新華學校原來的校長楊新容，我找到他以後，就不必介紹信進去了。

華僑補校在阜外西口，公車出阜成門外三站路，其中前一站就是著名的西郊賓館，中共開中央全會就在那裡。再過去一站就是甘家口商場，買東西很方便。學校所在地據說是京劇大師馬連良原來的住家，當然後來蓋了好幾棟宿舍與教學大樓。

補校的伙食費一個月九塊錢，副食主要是白菜，難得見到小肉片，遑論紅燒肉，偶爾見到小指甲大的薄肉片，味道特別，那裡的老同學介紹是北方特產的驢肉或騾子肉。主食對我們僑生還比較照顧，沒有給我們吃玉米粉做的窩窩頭，當然，偶爾也吃過兩三次，頂尖還嵌入一粒紅棗，可見當局的苦心。

星期天，我會到校門外的一間小餐館打牙祭，一盤蛋炒飯，加一碗豬肝青菜湯，葷素營養足夠，我很滿足了。記得那碗湯只需一角六分錢。有時在那裡喝豆漿，加一個鹹鴨蛋。要吃好一些，就要跑遠一點。星期天我會去東安市場，二路公車直達。但也不敢亂花錢，只去王府井大街百貨大樓斜對面一個小胡同裡吃奶油炸糕，沾白砂糖粉吃，一個五分錢，我吃兩個。在王府井大街十字路口的八面槽有一家賣杏仁豆腐，我也常去吃。最豪華的一次，是去蘇聯展覽館（後來「反修」改稱北京展覽館）的莫斯科餐廳，一人一頓兩塊錢的西餐。但是我畢生也只去那麼一次。

我常去王府井與東安市場，也因爲那裡有一家陸和照相館，我在那裡沖膠卷與印照片。王府井除了有新華書店，東安市場裡也有舊書攤，在那裡買過在解放區出版的毛澤東著作單行本。東安市場那些攤主的態度和藹親切，留下深刻印象。天冷多尿尿，北京很少公共廁所，但是百貨大樓後面有一間，可以解決這個難題。在北京買糕點很不習慣，因爲不是論個賣，而是要秤斤兩，即使當時買糕餅還不用糧票。

在北京，北海、頤和園、天壇，還有動物園，都抓緊時間去玩了。但在甘家口附近的玉淵潭，有個釣魚台，有水塘，還有高高的白楊樹，我也去過兩次，那兒反而很自然幽靜。那時還沒有什麼賓館。

北京華僑補校設文科班與理科班，叫做「先修班」，就是補習課程準備參加統一考試，還有個語言班有幾個日本僑生學中文。文科班有四個班，理科班就好多班了，考理科、工科、醫科，乃至農學院的，都在那裡。我被分配到一班插班。文史是我的特長，政治也很關心，所以成績不錯，下學期就被選上班級學習委員。

我們的老師中，班主任蔣望安教地理，是年輕老師，容易相處。歷史老師好像姓袁，北京人，也熟悉北京的古蹟。政治老師是四川人，姓鄧，一口四川國語，不修邊幅；主要講授中華人民共和國憲法；那時剛發表毛澤東的《關於農業合作化問題》，成爲政治課的重要內容，他用四川話讀起「小腳女人」，格外有韻味。印象最深的是叫做張鎭的語文老師，年紀比較大，比較胖，戴金絲眼鏡，非常的文質彬彬，一副舊知識分子的模樣，並且一口北京話。書教得很好，對我們非常客氣。在中國住久了以後，我就想到這樣一個人，該是有「歷史問題」或怎的，下放到這裡來教書了。

我們的宿舍睡八個人，來自各個不同國家。陳如璧來自北越，廣西人，是原先的班級學習委員，比我大五歲，後來他與我同時考進中國人民大學，同一個班；畢業後又一起分配到上海，我出國後，他也出來幾次，在香港、美國都見過面。白明心是印尼梭羅的，他是結婚後夫婦一起回國的，太太楊鳳齡在三班。他會拉手風琴，所以爲班級生色不少，他是班級的文娛委員。我們後來在香港再相見，我住銅鑼灣，他的公司就在附近。文慶添、姜一郎來自日本，在撫順的日本戰俘營做翻譯，工作結束後來補校準備考大學；他們兩個都比我早到香港十幾年，在香港見過面，不過沒有多久文慶添就病逝。伍鷹來自印尼，很會畫畫，後來在香港有見到，他的油畫不錯，不過人很邋遢，襪子脫下來塞在床底下不洗，幾天後再拿出來穿。連維雲後來考上中央戲劇學院，也是印尼僑生，但是沒有再見到。還有一位記不大清楚了。

在北京華僑補校度過第一個冬天。從熱帶過來，對冬天又好奇又畏懼，但是人人過得了，我爲何過不了？這個冬天，我不但沒有戴帽子，連上海帶來的絲棉襖也沒有穿上幾個星期，主要靠一件皮夾克加上絨線衣就過來了。後來想想，可能身體裡面的「油水」還沒有消耗掉，越後來禦寒能力就越差了。不過，手指還是有點凍瘡，以後每年都會有一些腫癢。

回國讀書後，自然要求進步，看到報導的黨員與團員的「模範帶頭」作用與先進事蹟，入團入黨就提到日程上來。文科四個班只有一個團員，就在我們班上，叫做何華英的女生，她不是剛進校的，另外還有一位是「脫產」的團幹部，好像姓李的男生。要入黨入團必須「依靠組織」，向組織匯報思想，尋求幫助。組織是空的，要有人來體現。何華英在我們班上，天天接觸，當然容易了解我。當時入團主要就是要做到「三好」，就是思想好、工作好、學習好。學習沒有問題，擔任學習委員後，我工作也努力，就是一個思想，好不好要組織認定。爲了我剛到廣州補校時，發過牢騷，所以在靠攏組織的「積極分子」會議上檢討檢查多次，最後在一九五六年三月批准我入團。

當時整個文科班，一年之內似乎只有我一個人入團，在後來了解共產黨的政治運作以後，我想楊校長應該起了很大作用。因爲他了解我的家世，爸媽是老師，在印尼情況他都清楚，可以作保。

僑生來自世界各地，自然情況也相當複雜，生活作風也很不同。有些看外表就流裡流氣。那一年，補校的僑生還與中央民族學院的少數民族（主要是藏族）學生打群架，就在附近的展覽館路上，據說是爭風吃醋。我考上大學後不久，有一個星期天回到補校看朋友，卻是印尼僑生與馬來亞（馬來西亞的前稱）、泰國僑生打群架。我覺得很丟臉，因此在北京期間我盡量隱藏僑生的外表，不想被人知道。

一九五六年一月十五日，突然宣佈「三大改造」勝利完成。心裡有點意外，因爲我們的政治課裡說的「過渡時期總路線和總任務」，「是要在一個相當長的時期內，逐步實現國家的社會主義工業化，並逐步地實現對農業、對手工業和對資本主義工商業的社會主義改造。」「相當長的時期內」，只有三年多？不過提前完成總是好事，說明黨的英明偉大。到後來才聽說那些資本家「白天敲鑼打鼓，晚上抱頭痛哭」。因爲感到「突然」，自然對以後陸續而來的政治思想戰線上的「社會主義革命」完全沒有精神準備。

廈門探親

一九五六年暑假，在我考進人大了卻一件心事後，回到上海，媽媽也從印尼來到上海，我們再一起去廈門，探望我的祖父、祖母。那時鷹廈鐵路還沒有通車，我們坐火車到江西上饒，這個地方我在印尼就知道了，那是看了《上饒集中營》這本書，是國民黨關押皖南事變俘虜的地方，上海左翼文化人馮雪峰也在那裡關過。我們在那裡轉公共汽車到福州，在福州住了一晚。那裡還有黃包車，第一次坐黃包車，人幾乎是仰躺著，結果褲子口袋裡的一把瑞士萬用刀滑出口袋，下車後發現，已經找不回來了。福州到廈門也是搭公共汽車，早上出發，傍晚才到，在泉州休息了一下。

當時中國還很落後，尤其是這些小地方，旅館固然簡陋，路上最受不了是上公共廁所，不但臭不可聞，綠頭蒼蠅更是到處亂飛，天氣炎熱更是難受加難過，好在咬咬牙也過去了。

祖父還住在廈門，有小老婆，所以祖母住到鼓浪嶼。但是其他家人都在廈門祖父附近。叔叔林維尊與祖父在一起。媽媽可以與他們用閩南話對話，我只能用普通話。不知是什麼原因，大概初次見面，彼此不熟悉，所以沒有激情演出，也沒有住幾天。四姑母叫淑珍，四姑丈也姓鄭，住在祖父附近，房子又小又黑。叔叔告訴我，四姑母家裡是貧農。祖父是地主，姑母卻是貧農，我有點莫名其妙。

一九四九年十月共軍從廈門進攻金門失利（就是台灣所稱的「古寧頭戰役」），印尼的右派報章大做文章，我半信半疑，因爲左派報紙沒有報導。這次我問叔叔有沒有這麼一回事，他說有。他還聽到最後一位連長自殺的槍聲，我也沒有追問他怎麼知道這個具體情節。我還問統購統銷的情況，問他留下的糧食夠吃嗎？因爲印尼的右派報章說因爲統購統銷，農民糧食不夠吃，我不相信，但是叔叔卻說的確不夠吃。爲這不夠吃，第二年「大鳴大放」時我說出來，成爲右派言論被批判。

我們也去鼓浪嶼看祖母。祖母由淑珍姑的女兒阿琴與三姑母淑意的小兒子樹偉陪住。三姑母因爲姑丈鄭在純在香港的太古輪船公司走船而搬到香港了，他們的大兒子鄭樹森在我回中國前到了香港，他就是筆名鄭臻的著名比較文學學者。三姑母在我回國前已經在香港病逝。

在鼓浪嶼，我上了鄭成功的水操台，可以看到「國民黨反動派」統治的大擔二擔，遠一點的金門看不到。

在廈門住不到一個星期就離開了，也沒有到哪裡玩。到十八年後我再次到廈門，祖父已經去世。

五，人民大學

我對文史專業有興趣，然而陰錯陽差居然考上這個號稱「第二黨校」的政治科系。俗話說，女怕嫁錯郎，男怕入錯行。我算不算入錯行而決定了我的這一生，恐怕也只有讀者與歷史給我做評鑑了。

考上人大

一九五六年的暑假，我是第二次報考高等學校的統一考試。記取前一年報考志願太高而落榜的教訓，這次降低目標，把歷史系放在第一志願，學校也包括師範院校。

統考時間一樣在七月十五日。但是在這「統一考試」以前，有一個特殊的考試，那就是在七月一日開始的考試，一些報考特殊大學的學生在這天舉行，也是三天。這些大學，包括藝術與體育院校，例如戲劇學院、音樂學院、美術學院、體育學院等，藉以在統考前，把有特殊才能的學生，先錄取到這些學校。但是很特別的是，中國人民大學（人大）居然也排在裡面，莫非要吸收「特殊政治才能」者？

我沒有預期自己可以考上人大，因爲我認爲它在政治上高不可攀。但是爲了多一些考試的臨場經驗，我還是決定報考人大。人大有歷史系，但是沒有中文系；有新聞系，但是我也認爲政治要求高，很難考；哲學太玄妙抽象，不合我意，法律則是枯燥無味；人大有許多經濟財政方面的科系，與數字打交道我也毫無興趣。因此我的第一志願就是歷史系，該系註明主要是培養理論教師隊伍，我並不想做教師，或有機會做研究工作。不過歷史系只有兩個專業，一個是馬列主義基礎，一個是中國革命史，前者純政治理論，我不敢高攀也缺乏意願；後者我則認爲帶有通史性質，與現代史有關，所以我選擇了中國革命史專業。

考試的前一晚，因爲離統考還有兩週，所以補校還放映大文豪高爾基的蘇聯電影，因爲接受蘇聯文化而仰慕高爾基，尤其熟悉他的詩作〈海燕之歌〉中「暴風雨快要來了!讓暴風雨來得更猛烈些吧!」所以決定去看。那時當然不知道高爾基曾經與列寧、斯大林有過交惡。總之，那個最後一夜，我居然放棄了複習，因爲我覺得這次考試只是「演習」，並不抱希望，而且覺得複習功課太辛苦，應該休息一下看看電影慰勞自己。

第二天的考試，其他科目我不敢說，但是歷史考得肯定不錯，不但是非題、塡充題可以滿分，問答題也很有把握，是我很熟悉的法國大革命。

七月十日考試放榜，我到東城區的鐵獅子胡同人大校本部去看放榜名單，沒有想到，居然榜上有名。我當然沒有范進中舉那樣神智不清，但是興奮也是自然的事情，倒不是在乎我的考試成績，而是我「政治覺悟」被認可。

但是被認可的還不少，不但我們班，其他班級也有好幾位僑生考上，補校考上人大的僑生有好幾位。我同宿舍的陳如璧也考上，還有吳無畏與他的女朋友黎麗蓮（都是南越僑生）、黃華榮（印尼），其他班級也有，如李紹基（也是印尼巴中的學長），但只有我是團員，可見那個時候「政治要求」也並非那樣高了。

人大成立於一九五〇年，但是有它的前身，最早的是抗戰年代在延安的陝北公學，後來是在晉察冀（察哈爾省後來被裂解）邊區的華北聯合大學、華北大學，主要是訓練幹部的學校。後來在蘇聯幫助下成立的「新型」大學。我進去以前，歷史系有特別班（一年）、研究班（兩年）；

一九五六年，也就是我們這一屆，開始設本科。馬列主義基礎（馬基）專業收三百六十人，十二個班；革命史專業收三百人，十個班。

這次新生人數多得嚇人，許多設施跟不上，一九五七年鳴放時被說成是「冒進」，我也默認，這種說法後來成爲「右傾言論」而被批判。其實，這是配合一九五六年一月召開的知識分子會議，強調知識分子的重要性，以及優待知識分子，後來全被毛澤東推翻了。到文革期間，我才明白，我們都是那時被「劉少奇投降主義路線」招進來的，好大的歷史誤會呀。

這時的人大主要分佈在三個地區：總部在東城區張自忠路鐵獅子胡同一號。這個建築物曾經是段祺瑞執政府所在地，一九二六年的「三一八慘案」就在那裡發生的；七七事變以後，那裡成爲日本的華北派遣軍司令部。人大的新聞系、歷史檔案系設在校本部。我們的歷史系則設在東城區的海運倉，原先是朝陽大學，現在的北京中醫藥大學第一臨床醫學院。

歷史系宿舍主要在兩層樓的西大樓，包括革命史專業的十個班與馬基專業的八個班，馬基專業另有四個班宿舍在北院。辦公樓則在東大樓。這些是舊樓，沒有暖氣，在走廊生大火爐。海運倉還有政治經濟系，在新蓋的大樓裡。其他系科都在西郊海淀區新起的校舍。

我們上課在海運倉，但是聽大報告要拿著「馬紮」（可以交叉折疊的小凳子，凳面是幾根大麻繩）走到鐵獅子胡同，坐在操場聽。報告開始以前，很多人就在地上鋪張報紙打撲克消磨時間。

當時人大的校長是吳玉章，四川人，中共中央委員，參加過同盟會，是中共「延安五老」之一。黨委書記兼副校長是一九二六年入黨的胡錫奎，湖北人，從事白區工作。副校長還有兩位也兼任黨委副書記，一位是聶眞，四川人，華北聯大來的，文革時期北京大學革委會主任聶元梓是他的堂妹；另一個副校長是鄒魯風，東北人，參加過一二九學生運動，是當時流亡關內的東北大學學生自治會主席。人大大批工農幹部，唯有他有書卷氣，冬天穿著呢大衣，配上他的瘦長個子，很有風度。另外一個專職的黨委副書記是崔耀先，北方人。

吳玉章年事已高，近八十歲，台上講話，講稿是斗大的字，但是後來講話時間無法控制，要由隨員點醒才停止。胡錫奎後來出任中共中央西北局書記，因爲白區出身，文革時屬於「劉少奇叛徒集團」一員，被迫害致死。聶眞後來出任社會主義學院院長。鄒魯風一九五八年調任北京大學副校長，大躍進時北大、人大組織聯合調查團到河南、河北調查，由他率領，在反右傾時被批鬥爲右傾機會主義分子，自殺身死。

學校名人還有教務處長李佩芝，她是國共談判時周恩來的重要助手、一九四六年從重慶飛回延安時在山西興縣黑茶山失事，與博古、鄧發、葉挺等同時遇難的王若飛的遺孀。不過我們都沒有與她接觸過。文革紅衛兵揭發劉少奇時，才知道他的前妻王前，當時也是人大的圖書館館長，而且是聶眞的妻子。

當時三名理論水平高的政治局候補委員康生、陳伯達、陸定一分管首都北京的幾所大學，人大是康生，所以常常傳達「康老」的意見，也多次傳達中央領導人與北京市委領導人的講話。眞正來過學校做報告的有北京地質學院黨委書記、曾經代表毛澤東到井岡山收編土匪的何長工，曾經當過中央民族學院校長的熊壽祺，他們都是部長級幹部，談黨的歷史有許多內幕小故事；農業部副部長劉瑞龍講過農業政策（擔任過政治局委員兼副總理的劉延東是他的女兒）。

我讀的是「中國革命史專業」，培養目標是政治理論教師與理論工作者。當時讀大學，在一、二、三、四年級得分別讀四門理論課，叫做公共課，中國革命史就是一年級必讀課。二、三、四年級分別讀馬列主義基礎、政治經濟學、哲學。

我們系主任是何幹之教授，他編了高等學校革命史課程的教材，由高等教育出版社出版，書名是《中國現代革命史講義》，我早就拜讀，無疑他是第一號權威。另一位是中國革命史教研室主任胡華副教授，他編的《中國新民主主義革命史》是我在印尼讀高一時的教材。他們都是延安來的老幹部。當時介紹我們的專業與教研室，都是全世界唯一與第一。因此我們也與有榮焉。

曾經在香港兩家老電視台工作、後來轉到《南華早報》的譚衛兒，是何幹之的親孫女。這是人大的高放教授後來告訴我的。不過何教授後來與原配分手。

我們的黨總支書記是女的，忘了名字，好像叫李仲秋，是長征幹部。副系主任有一位叫做劉經宇，後來調到中央黨校，是黨史專家；一九八二年曾經與黨史權威、中共中央黨史研究室副主任廖蓋隆等訪問了徐向前元帥，了解張國燾與毛澤東有關西路軍的情況，否認了葉劍英爲毛澤東開脫的說法，保存了歷史的眞實記錄。能做這個訪問的，思想肯定比較開明，掙脫了「毛澤東思想」的束縛。此文多年後才得以發表，我在香港《爭鳴》雜誌寫了〈徐向前對批判張國燾的異見〉。這是黨史工作者努力擺脫教條主義與言論禁錮的努力，尤其是廖蓋隆，我在香港看到他在一九八〇年提出的「庚申改革方案」，非常敬佩，因爲那是突破性的政治改革方案。不幸兩年後就因爲鄧小平支持清除精神污染而夭折。

當時的馬列主義基礎教研室主任是雲光，他後來還先後出任新疆大學、山東大學與中國政法大學的副校長。即使兼任黨委職務，也是副書記。

一九五八年大躍進，人大也「躍進」，中國革命史專業改爲中共黨史系，馬列主義基礎專業改爲國際共產主義運動史系，修讀年限也從五年縮短爲四年，因爲「革命需要」。那年暑假，我們也從城裡搬到西郊。

在西郊，因爲多次下鄉，眞正在學校的日子才一年多一點。那裡當然沒有城裡方便，隔壁西頤賓館（原來叫做專家樓，住的是蘇聯專家，後來柬埔寨西哈努克親王流亡中國，也住在那裡），它的對面雙榆樹，有一家商店。我們逛街，就逛到那裡。學校裡有小賣部，賣簡單日用品與糕點。

西郊雖然比較寬敞，但是建築物很簡陋，多爲一九五〇年因爲「增產節約」運動下蓋的簡易建築，灰黑磚頭，準備以後拆掉改建爲莫斯科大學式的建築。但是後來每年都有「增產節約」運動，也就「艱苦奮鬥」到底。進大門有一個辦公大樓，是最像樣的建築物，黨史系辦公室在裡面。再裡面是「五處」，五排平房，是校部的一些辦公室。再裡面的學生宿舍，北邊的叫做北五樓，五座兩層樓房子，法律系、財貿、統計系等在那裡。黨史系在南五樓的第五樓，我們是一班，我的房間在二樓的第一間，全層是男生；樓下一半是男生，一半是女生。我們的下一屆只有兩個班，在南四樓的底層，二樓則是研究班。

學校後面是八一學校，培養紅二代的小學生。學校隔壁是人大附中，著名中國民運人士魏京生在那裡讀過，那是我畢業以後的事情了。

人大也有外國留學生，在海運倉見過。有幾個黑人，是韓戰被俘的美軍，不願回美國；還有幾位印尼共產黨的留學生，學經濟的，見面點頭，沒有打交道。

黨團同學

當時大學裡有兩種「校徽」，別在左胸口。教職員工是紅底，記不起字體的顏色，應該是黑色；學生是白底紅字，比教工的亮眼。開始很崇拜教工的校徽，看到老頭就當教授，後來看到在校門口守住傳達室（門房）的，也是與教授一樣的校徽，對那個校徽就沒有那樣羨慕了。倒是戴了人大學生的校徽，在公眾場合很有一點虛榮心，不但是名校，還是政治上過得硬的名校。當然，在公眾場合也更要律己。

我們班三十人，在海運倉工字型的西大樓前排底層四個房間，我在靠前排北側門的第一個房間。班級三十人中，男性二十四人，女性六人；調幹生（由現職幹部考上的）三分之二，應屆高中畢業生三分之一，全系的比例大致也是如此。所有學生差不多不是黨員就是團員，我們班級只有與我從華僑補校一起來的陳如璧是非黨非團的「群眾」，有的班級連一個「群眾」都沒有。因此每個班級裡有一個黨支部，一個團支部。

調幹生有三種待遇，那時我對幹部級別沒有清楚的概念，只知級別低一點的，每個月發二十五元，級別高一點的二十九元，工人身分來的，記得好像是原薪的八折。我們班的黨支部書記陶雲祿原來是遼寧的鐵路工人，東北「解放」早，他參加「革命」早，所以他每個月可以拿到一百一十元左右，是我們系「收入」最高的，妻子也調到北京鐵道部門工作。那時我就知道鐵道部門福利待遇一流。應屆畢業生自己掏飯費生活費雜費。家境困難的可以申請補助，最高一個月十六元五角，除掉十二元五角的伙食費，還有四元零用錢。十二元五角的伙食費是「大灶」；經濟條件許可的可以吃「中灶」，十五元；教師吃「小灶」。這是沿襲延安時期的等級制度。我要艱苦奮鬥，所以吃大灶。

我報到比較早，但還是遲了，只有靠房門的疊床空著，我佔了下鋪。但是臨開學前，來了一個「老頭」，可惜忘了名字，他原來是新四軍的大隊長（相當於團長），從北京礦業學院的處長來人大讀書。他三十六歲，我十八歲，整整大我一倍，我沒有理由霸著下鋪，只能讓給他，我搬到上鋪，每天爬上爬下。我們每天清晨要在操場跑步，定下從北京跑到莫斯科的里程，每天登記，看哪天能夠完成。這位「老人家」沒有運動衣鞋，每天一早就穿黃綠色的呢製軍服哼哈哼哈的跟在我們後面跑，非常辛苦。沒有多久，他就退學了。是文化跟不上，還是不習慣集體的紀律，不得而知。那是我們班，大概也是我們系第一位退學的。

除黨支部書記外，組織委員孟秋是北大職工，老北京，與我一個房間，陳如璧也在我房間，是不是兩個黨幹部負責幫助兩個僑生？宣傳委員張景泰來自黑龍江農村，當過區委書記，其他同學說，以他的職務，在土改時有權槍斃人。不過孟秋與張景泰都平易近人，尤其孟秋有點「油」，講話較隨便，叫做「自由主義」，與古板的支部書記陶雲祿不合，黨內肯定「幫助」過他。不久他得開放性肺癆，住醫院後退學。張景泰之前就退學，因爲功課跟不上。的確，工農幹部因爲文化水平關係，讀來相當吃力。他們兩個的黨內職務由于乃敏、李惠賢出任，都是東北來的女調幹生。

陶雲祿因爲是工人出身，對文化有自卑感，怕別人看不起他，從言語之間可以看出來，所以我們講話特別小心，不敢賣弄文才避免冒犯他。後來的政治運動中，也以陶的表現最左。另一位東北來的女性調幹生蔣寶華則是出任系的黨總支委員（一個系有一個黨總支領導各個黨支部，校黨委領導各系黨總支），她有知識分子氣質，也懂穿著，一看就不是工農幹部。

團支部書記王欽民是湖北來的調幹生，黨員；組織委員朱榮庭，應屆畢業生，江蘇丹陽農村來的高中生；宣傳委員黃方平，重慶應屆畢業生，氣質最好，讀過教會中學，會拉手風琴，他與我最合得來。學習班長宋仲福是甘肅來的四川人，預備黨員；生活班長是李惠賢，出任黨職後改爲山東來的調幹生劉福元，團員；班主席（負責文體活動）楊之緯是貴州來的應屆畢業生，團員。還有一位系團總支委員韓平希是四川來的應屆畢業生。

同學裡級別最高的是革三班的羅旭暢，福建某縣的縣委宣傳部長，十六級，全系只有他夠級別看《參考消息》。上廁所時會看到他蹲在沒有門的廁坑上看《參考消息》。一九五七年他被打成右派，就批他只看《參考消息》不看《人民日報》。陶雲祿也是十六級，然而他是鐵路級別，要套上行政級別幾級，他一再追問都沒有搞清楚，所以不能看，到畢業前夕才答覆等於十六級。

我們是九月一日開學，開學不到一個月，我們宿舍幾位一起到西單缸瓦市的砂鍋居吃了一頓白肉砂鍋。老陶喝酒還喝得有點醉。但是我們的「放蕩」也只有這一次。因爲接下來發生波匈事件（波蘭騷亂與匈牙利叛亂），政治上開始收緊；第二年更是不斷的政治運動，哪敢這樣大吃大喝？

不過我們班還是組織了幾次到頤和園等風景名勝地區去玩，反正我有照相機，還有足夠的膠卷。記得還去過西山的碧雲寺、臥佛寺，我對櫻桃溝的天然美景更是心醉，但是畢生也就去這麼一次。

最不習慣的是洗澡，在市區時要到外面公共澡堂去洗澡。不但要赤身露體跳進水池，而且身上搓下來的垢泥與肥皂泡沫浮在水面，非常噁心。我無法享受泡在熱水裡的樂趣，只是拿著學校帶出來的臉盆在乾淨的小池子裡舀熱水在身上沖洗。因爲洗澡不便，幾個星期才洗一次，但是每天洗腳擦身，爐子可以二十四小時燒熱水，每個房間配有燒水的水壺。

學校在東城，週末會與同學逛東四的人民市場，吃的最多的是粉腸，雖然香氣撲鼻，卻沒有什麼味道，勝在便宜，適合我們的消費能力。看電影主要在附近的工人文化宮。我還花了二十幾元在人民市場買了一雙花樣刀溜冰鞋到北海學溜冰，沒有運動天賦的我，還是較快可以保持平衡而不必一直摔跤。但是也從沒想過要玩什麼花樣。

週末的娛樂活動主要是舞會。我不會跳舞，也不喜歡，只去看過一兩次，主要還是去聽聽舞曲。那時胡耀邦領導的團中央比較開放，《中國青年報》鼓吹女性穿花衣服。因爲學校調幹生多，男性多，所以還邀請過紡織廠女工，聯合舉辦舞會。是否有結成鴛鴦，不得而知。

系裡有幾位漂亮的女生，都是部隊文工團考上的，當然早都是名花有主。九班的何簡文，聽說老公是空軍大隊長。因爲男多女少，自知競爭不過調幹生，所以我們這些應屆高中畢業生都不敢有任何非份想法。反之，應屆高中生的女生，到圖書館自習，都會收到約會的便條。

如果說對北京有什麼認識，應該就是住在城裡的日子，尤其坐電車最方便，走出汪家胡同就有電車站了，繞著北京一圈。可惜那時沒有好好欣賞北京的胡同，尤其是許許多多的王府。

開學前我與媽媽去過廈門；開學後媽媽從上海來北京看我。但是我學習第一、革命第一，沒有怎麼陪她。主要與她一起參觀北京大學。那是原來她的母校燕京大學的校址。舊地重遊，她當然無限感慨，但是最令她憤憤不平的還是鵲巢鳩占，我相信她到臨終對這一點還是不能釋懷。

政治氛圍

進入人大以後，最使我意外的是讓我當歷史系學生會副主席。當然不是民主選舉，而是「組織」指派。我何德何能擔任這個職務？即使當時很愛國，我的能力也很有限，不但沒有從事公職的足夠經驗，也沒有這個能力。但是因爲一直牢記著服從黨的需要，黨要我這樣做，只能接受，不能有其他意見。還好只是副職，跟著正職走就是了。當時主席是新疆來的李參，上海人，是馬八班的，當然是共產黨員，不過爲人斯文，知識分子。

我的分工是抓文體活動與衛生福利。這個工作很慘，第一學期寒假時，要協助同學買火車票回家過年，由我一個人來做，沒有想到那樣複雜，不但是收錢的問題，還有買了票又要退票退錢的。那時還沒有計算機，我又不會打算盤，難免有許多算錯，而且只能是多給別人而不會少給別人，最後結賬我大概賠了一百多元錢。還好我還有這個經濟能力自己吞下。

這個工作當然說明是黨對我的「信任」與「培養」，不幸我不是那塊料。不但工作沒有什麼表現，更在第二學期的反右運動中犯錯誤，雖然沒有處分，還是降職。第二年改選，我改任衛生福利部的副部長，系學生會主席改由安維華來做，天津人，是馬十班的，比李參「衝」，畢業後留校，文革時期他是人大天派組織「人大三紅」的主要頭頭之一。

因爲這一屆有許多僑生考入人大，加上原來的幾個，全校大概有三十七位僑生，成立了一個華僑小組。組長卓寶琴，是巴中的學姐，是新華學校我的幾何老師陳炳輝的太太。陳炳輝平易近人、作風隨便；而卓寶琴卻是共產黨員，可能在巴中就入了黨，當時已就讀法律系三年級，還是學校訓練的非常少數的摩托車手（有軍訓性質），政治要求很高。我做副組長，但是我很不願意華僑特殊化，所以華僑小組組織的旅遊活動我都找藉口沒有參加。負責我們工作的是校團委的姚肅理，名字很男人味，卻是不折不扣的梳兩條大辮子的美女。團總支書記顧群是女性，上海人，應該都是白區的學運幹部。

那時每年的十一國慶與五一勞動節，天安門前都有遊行。第一年的國慶，我們參與的遊行很特別。西長安街上的遊行隊伍分十個大隊行進，每個大隊之間間隔幾公尺就有一個「標兵」站著維持秩序，避免不同大隊混在一起。在遊行結束，天安門前的少先隊人群湧向天安門向毛澤東歡呼時，我們「標兵」也靠到天安門前手拉手阻擋人群再往前衝，也負責天安門前那些少先隊員的安全。我們擔任這個工作，覺得非常光榮，也與眾不同。一九五七年反右我犯錯後，那年國慶我失去這些工作，跟普通民眾一樣在學校的遊行隊伍裡走。

一九五七年四月，蘇聯最高蘇維埃主席團主席（相當國會議長）伏羅希洛夫元帥訪問北京。四月十五日，中共爲他在中山公園舉行遊園晚會。那天我們被排上神秘任務，下午在中山公園門口站隊，也不明白是怎麼一回事。到了傍晚，一部轎車在我們面前停下，開了車門後，先看見後座一條腿伸出車門，到了整個人現身時，才發覺那是毛澤東！當時距離我大概只有三、四米。我們因爲執行任務，所以沒有喊口號，只是帶著緊張與興奮的心情看著他在警衛員陪同下走進公園。

這是我有生以來距離毛澤東最近的時刻，也是政治上距離共產黨最近距離的時候，因爲一個月後開始大鳴大放、反右派，我與共產黨的距離就越來越遠了。

那晚的遊園，我們站在公園小徑旁邊擔任便衣糾察，看著其他領導人劉少奇、周恩來、朱德，或者散步走來，或者跳著舞過來，印象最深的是周恩來以輕快的舞步翩翩起舞從我們前面經過，可說「舞功」最高者。隔了幾天我見到那時還在清華讀書的表姐周憶雲，那晚她也與清華的同學在中山公園，她說毛澤東在他們那裡，毛喜歡跳快四步。

一九五六年的秋天是多事之秋。那年春天蘇共召開二十大，赫魯雪夫的秘密報告批判斯大林，但是我們被蒙在鼓裡。即使《參考消息》也沒有刊登這些消息。但是這年秋天波蘭發生波茲南事件，煤礦工人罷工，我們雖然沒有資格看《參考消息》，但是學校印發類似《參考消息》的油印打字簡報給我們看，讓我們了解更多的這方面訊息，這恐怕是其他學校學生所沒有的特權。當時也讓我們買內部發行的美國記者安娜·路易斯·斯特朗所寫的《斯大林時代》，讓我們了解一些蘇聯所發生的政治大清洗情況，看了十分吃驚，怎麼共產黨是這樣的？

十月二十三日發生的匈牙利暴亂更是震撼人心，優越的社會主義制度怎麼會發生這些事情？也是那時，哥穆爾卡、貝魯特（波蘭）、納吉、拉科西、格羅（匈牙利）等等人名牢記心上。對社會主義信心的動搖，導致美國著名的共產黨員作家法斯特宣佈退黨，蘇聯著名作家、《青年近衛軍》作者法捷耶夫自殺。

我們的思想自然也十分混亂，所以校黨委全力做我們的政治思想工作。尤其對蘇聯出兵匈牙利。問我們，匈牙利留在社會主義陣營與加入資本主義陣營，哪個對我們有利？我們當然回答是留在社會主義陣營有利。爲此就必須出兵鎭壓叛亂。黨還教育我們，世界上沒有什麼客觀立場，客觀立場就是資產階級立場。我們要站在無產階級立場，只能接受這種解釋。

那時華僑補校的同學思想更混亂，紛紛問我這位有「政治覺悟」的學生，我把這一套解釋搬過去，有的就表示無法接受，我也無可奈何。到了文革期間我才徹底醒悟，因爲根據這套邏輯，共產黨什麼事情都可以做，只要是對他們有利的。也怪不得在南泥灣種鴉片了。這套歪理至今還流毒不散。

這些印發的簡報，加上這期間中共中央所發表的〈關於無產階級專政的歷史經驗〉與〈再論無產階級專政的歷史經驗〉都成爲我們政治學習與組織生活的主要內容。

一年多後的某一個冬天清晨，天還沒有亮，我們排隊，到附近的電影院（似乎是鼓樓）看匈牙利事件的外國紀錄片，有好些吊死人的鏡頭，讓我們接受「反革命政變」會「人頭落地」的教育。「右派分子」沒有去。

學習課程

入學的第一年，是我們眞正「讀書」的一年。當時開的課程，哲學、政治經濟學是必修課。哲學是姓金的老師教的；政治經濟學老師是宋養琰，我記得的最深刻的一句話是，叫我們買馬克思的《資本論》，即使不看，擺在床頭也很好。我在王府井大街的新華書店買了一套，記得是人民幣七點三元，半個多月的伙食費。我看了前面部分，後面沒有看。考試成績採蘇聯的五分制，政治經濟學考四分（良好），哲學三分（及格）。

歷史課學中國古代史，由孫家驤授課，似乎是副教授。當時中國古代史的分期問題學術界有爭議，課本是人大教授尙鉞的課本，認爲中國的奴隸制到漢朝末年才結束。我原先就看范文瀾的

《中國通史簡編》，認爲周朝就開始封建了，難以接受尚鉞的觀點。後來換了一位姓沙的老師。中國通史學到魏晉南北朝。我的歷史知識絕大多數是自學來的。當時的選修課有邏輯學，古文等，我有選修，但只有一個學期。

外語是俄語，因爲沒有英語課，只能全部學俄語，學了一年。第二年有英語課，我改學英語，但是因爲連年政治運動，也沒有學下去。

二年級是反右的繼續，與大躍進的前奏，沒有上什麼課。三年級搬到西郊海淀，立即下鄉大辦人民公社半年，卻叫做「半工半讀」，半天自學「國際共產主義運動史」（本校出版的上下兩冊初稿），半天勞動，但是農忙時，就披星戴月下地勞動了。半天「讀書」眞的是自己讀，沒有老師教，而且讀的多是當時「時事性」的共產主義理論，因爲當時要跑步進入共產主義，尤其要破除資產階級法權，所以讀了好幾篇馬克思、恩格斯的著作，尤其是《哥達綱領批判》，還有馬恩列斯毛的一些語錄。那時發生炮擊金門的「八二三炮戰」，於是有一段時間學習毛澤東關於「帝國主義和一切反動派都是紙老虎」的論述。

下鄉回來，也就是三年級的下半學期，才眞正讀我們的「中共黨史」專業。黨史教研室有幾位老師授課，如何沁、彭明等。上課時我拚命記筆記，記了兩本一百頁的精裝筆記本。因爲沒有課本，只有人大與中央黨校出版的兩套參考書，人大的四本，黨校的六本。而老師的講課當中，或有一些沒有公開的「秘史」之類。

系主任何幹之給我們講〈中國革命與建設〉的專題講座，有鉛印成小冊子的講義，然而太理論，我沒有興趣。那時是四年級上學期，已經是八屆八中全會反擊右傾機會主義以後，雖然彭德懷沒有被公開點名，班級的黨員也守口如瓶，但是我們已經感覺到氣氛詭異，何幹之對抗戰期間「自由、平等、博愛」的批判讓我覺得突兀，也引發遐想。

開始上專業課時，發了幾本A4大的蠟紙刻出的油印資料，因爲紙張又粗又黃，字跡不清，所以根本就不想看。其實那裡有毛澤東抗戰期間六屆六中全會所做〈論新階段〉的全文，對國民黨大耍兩面手腕。不過那時覺得毛選出版時，刪掉一些不合時宜的也在所難免，也就沒有特別留意做了哪些手腳。因爲毛選把毛澤東吹捧蔣介石的詞句都刪除了，可是黨史教學中卻指責王明的右傾路線是如何的吹捧「蔣委員長」，包括他所作的〈爲中共更加布爾什維克化而鬥爭〉（又名〈兩條路線〉）報告提了「蔣委員長」若干次都是罪名。

三年級時，中宣部出版了一批鉛印的黨史資料，也是A4大，但是沒有裝訂而散裝疊在三個牛皮紙袋裡，由於數量有限，無法每人買一套，所以我的班級只有黨員才能買，爲此當時我鬧了一下「情緒」，結果黨支部委員李惠賢把她的一套讓給我。裡面有一篇毛澤東關於開展獨立自主游擊戰爭的密電，與毛澤東公開闡述的配合國民黨主力軍作戰背道而馳。王明的〈兩條路線〉全文我也是在這裡看到的。但是遵義會議決議中提及人名用××取代者到底是誰，我仍得不到答案。

黨史課的考試是口試，我抽到的題目是〈從《論持久戰》看主觀能動性〉，這已經不是一般的歷史，而是毛澤東思想與哲學的結合，我對抽象的哲學觀念是敬而遠之，所以抽到這個題目自認倒霉，只考到三分，又是只是及格而已。

那時的歷史課，世界史只上中世紀史。雖然有課本，但是老師李春輝教授非常特別，他根本不按課本講，臨場發揮，講達芬奇〈最後的晚餐〉就花了一節課，我們聽得津津有味，但又覺得與課本離題太遠。他是美國共產黨黨員，不知道是不是被驅逐回國，還是自願回來的。文革爆發後，我很掛念他，以他的那種講授方式，受到衝擊非常難免。

中國近代史的課程，第一個學期是戴逸教課，第二學期是袁定中。那時他們是副教授，都是清史專家。他們是我所認爲的最好的老師。當然，現在看來，有許多觀念被顛覆了，至少是我認同了新的觀念，例如對鴉片戰爭的看法，包括對歷史人物林則徐的看法。

四年級開始幾個月讀了一點書，要準備畢業論文了。哪裡知道冬天就下鄉「整社」（整頓人民公社），所謂畢業論文，就拿下鄉做的調查報告作爲集體論文交卷算數。這種調查報告，也不值一文。一九六〇年三月回校後，又是政治運動，批判資產階級人性論，也沒有再讀書就畢業了。

考進人大時，是注重知識分子的時候，還鼓勵大家考博士，我們一本精裝本的成績簿，後來幾乎再沒有考試成績，而只是「考查」，全部「及格」過關。

人大後來被批判爲講究史料而忽略觀點，可惜我也沒有讀到多少史料。但是讓我眞正讀懂黨史，還是在文化大革命，以及離開中國以後。

六，政治運動

對中國的政治運動過去只是文字上看到，就連聽都很少，因為沒有人敢說。回中國後看到對胡風反革命集團的批判，才覺得有點可怕，到了親身參與，更覺得恐怖，從此挾起尾巴做人，以保護自己為宗旨。

但是每次政治運動一來，身上還是刮掉一層皮。

反右挨批

中共建國初期的所謂「五大運動」，即土地改革、抗美援朝、肅清反革命、三反五反和思想改造等運動，我還在印尼，沒有切身體會，尤其是鎮反大規模殺人，我完全不清楚。即使後來知道，也不知道具體情況。眞正了解還是二〇一四年五月號《炎黃春秋》上〈毛澤東與第三次全國公安會議〉一文的眞實記述，到一九五四年一月，共抓捕二六二萬餘人，殺了七十二萬兩千餘人，教育釋放的僅三萬八千餘人，其他判刑或管制。其中五十四萬三千餘人是在運動開始的一九五一年二月到五月殺掉的。文章說毛澤東殺人殺到「失控」後才緊急剎車。

一九五〇年的抗美援朝運動，雖然也波及印尼，但主要也是隔海觀火。其後的三反五反運動是從周而復的小說《上海的早晨》中認識的，自然是黨的觀點。一九五五年回國時，是肅清胡風反革命集團，後來還擴大爲「肅清暗藏反革命分子運動」。那時我在補校讀書，好像也與自己無關。看到報章公佈「胡風集團」成員之間的私人信件，給我震撼教育，所以我寫信就非常謹愼。一九五六年開始，每年我買了精美的「美術日記」，每天寫日記，但是基本上就是流水賬的日誌，並沒有把自己最隱秘的思想寫出來。進入人大不到一年，也就是一九五七年五月開始的「大鳴大放」，才眞正參與了政治運動，並且有了終身難忘的切身感受。

一九五七年五月，校黨委書記胡錫奎給我們做大報告。傳達這年二月二十七日毛澤東在最高國務會議上所作的〈關於正確處理人民內部矛盾的問題〉的報告。他的湖北口音我聽不太懂，加上聽報告在廣場上，音響效果不好，聽不清楚。討論時，班級裡佔三分之二的調幹生一個個口若懸河，我們這些應屆高中畢業生自慚形穢，只能隨便發言應付一下。

當年四月下旬，中共中央就發佈了〈關於整風運動的指示〉，我們知道黨開始整風了，內容是整頓三風，即整頓主觀主義、宗派主義、官僚主義。報章也配合這些內容發表好多文章。例如三月就發表中央民族學院教授費孝通的〈知識分子的早春天氣〉，我因爲沒有經歷過知識分子挨整的過程，所以無法理解「早春」的奧秘。

當時黨團組織都動員我們大鳴大放，向黨提意見，或開會發言，或寫大字報，而且言者無罪云云。我因爲剛回到中國不久，也剛入學，情況了解不多，能提什麼意見呢？但是既然是組織號召，就必須響應，不能落後，尤其我還是學生會幹部，因此在百般動員下，就絞盡腦汁想出有什麼可以說出來或寫出來的意見。但是不少師生貼出大字報，尤其年紀較大又有社會經驗的調幹生，揭露許多聞所未聞的陰暗面，讓我非常驚訝。報章也有一些「民主人士」的各種意見，也都是以前不知道的。

當時我們還在城裡，也到西郊的人大「串連」，並到北京大學參觀大字報。當時北大最出名的是物理系學生譚天榮，人大最出名的是法律系學生林希翎，林希翎有才華，寫過評論法國文豪巴爾扎克的文章，得到吳玉章校長的賞識，特批住在北五樓法律系學生宿舍樓梯轉角下很小的單人房間（一般作儲藏室用，我們搬到西郊後，班級裡一個同學被查出有麻瘋病，也讓他住在這種小房間裡）。林希翎到過城裡演講，我們都去聽，很有煽動性。她因爲與當時是團中央書記胡耀邦的秘書談戀愛而掌握許多「機密」，包括赫魯雪夫的秘密報告內容。

第一次寫大字報，覺得很有勁，也很好玩，哪裡想到其中隱藏著殺機。整風要反官僚主義嘛，自然是反領導的官僚主義了。首先想到的是我們的系主任何幹之。他作爲系主任，開學見過一次後，我們就再也看不到他，該貼他大字報。我們四個應屆高中畢業生，其中一個是系團總支委員韓平希，一名是班主席楊子緯，還有楊樂茂（汕頭人），我則是系學生會幹部，四個人都是共青團員，合寫了我們的第一張大字報。爲了引人注意，用的題目是〈尋人啓事〉，尋找我們的系主任何幹之教授。我在印尼看過尋人廣告的「人」要倒寫才能引人注意。

我們就讀的科系，入讀的高中生不少都頗有才氣，像我一樣試試來考而僥倖考上，並非眞正喜歡這個專業。因此一有機會，自然要展示他們的文學才華。寫完這張大字報，韓平希居然提議我們四個人來寫文學性的大字報，於是開頭是孫悟空跑到人大上空，只見下面烏雲密布云云，但是缺乏內容寫不下去了，因爲不知道要寫什麼，雖然當時人大外語系教授許孟雄說人大是「教條主義大蜂窩」很刺激我們。此外我們各人也寫了點無關痛癢的大字報。因爲是「四個人」尋人的關係，沒有想到到反右時我們就成了「右派反黨小集團」。

我自己還闖了兩個禍。一是寫了一篇題爲〈黨委欺騙學生〉的大字報，因爲黨委副書記兼副校長鄒魯風開學時說過每個月有一個星期六下午給學生會搞活動，但後來都給政治學習佔了。我身爲學生會幹部，要他兌現承諾，於是用「黨委欺騙學生」來吸引人們的注意。另一個是在小組討論時說農民生活苦，因爲一九五六年暑假我回廈門鄉下，叔父說吃不飽，四姑母的房子又小又黑。

黨支部認爲「尋人」的「人」倒寫是對領導的大不敬，是反黨小集團有組織、有計劃、有綱領的反黨、反社會主義活動，而我自己又加上了攻擊黨委和攻擊黨的農村政策兩條罪狀。

反右開始於六月八日《人民日報》發表〈這是爲什麼？〉的社論，就國務院秘書長助理盧郁文收到恐嚇信問題說，這封信「是某些人利用黨的整風運動進行尖銳的階級鬥爭的信號。這封信告訴我們：國內大規模的階級鬥爭雖然已經過去了，但是階級鬥爭並沒有熄滅，在思想戰線上尤其是如此」。這是一個號角，《人民日報》連續發表四天的社論號召反擊「資產階級右派分子」的進攻。看到這些社論，我心情很緊張，本來一直動員我們大鳴大放，現在卻說我們講錯了？是向黨向社會主義進攻？

六月中旬，中央人民廣播電台的齊越朗讀毛澤東的〈關於正確處理人民內部矛盾的問題〉，我們全部屏息靜氣的聽，這次才眞正聽清楚毛澤東講了什麼。尤其是關於區分香花與毒草的六條標準，將自己對號入座，自己鳴放出來的到底是香花還是毒草？以後就是用這六條標準，最主要就是「黨的領導」與「社會主義道路」上綱上線來批判我們。一直到七十年代中期我到了香港，才知道這六條標準是公開發表時加上去的，原來沒有。可是還無恥的說這是引蛇出洞的「陽謀」。

其實六月八日這一天，毛澤東也爲中共中央起草黨內指示〈組織力量反擊右派分子的進攻〉。因此，學校裡、班級裡也開始反右派，大字報內容也立刻轉向。我們四個人成了班級裡被批判的重點，一定要我們交代如何有組織、有計劃、有綱領的從事反黨活動。再「狡辯」也沒有用，只好承認是「向黨猖狂進攻」、反黨反社會主義，也承認是「小集團」，至於計劃、綱領等最後也認了，但就是說不出具體內容來。然而四個人還是區別對待，團總支委員和班主席是「主犯」，我和楊樂茂是「從犯」。先批主犯，再批從犯。那時正是夏天時節，暑假推遲放。每到班級開會，大熱天汗流浹背，心裡更緊張得不得了，不知何時輪到自己。到後來，批了別人以後，總算輪到「幫助」我。那時心裡雖然害怕，但是也確信自己犯了錯誤，必須改造自己。

怎樣幫助呢？先是三位黨支部委員與團支部書記找我談話，要我深挖階級根源、家庭根源、社會根源、思想根源、認識根源等等。爸媽在印尼教書，但爸爸做過一段時間生意，於是套到「資產階級」和「剝削家庭」上去。曾經和同學談起媽媽讀大學時和龔普生（外交部副部長章漢夫夫人）、龔澎（周恩來秘書、後來的外交部部長喬冠華夫人）是同宿舍的同學。龔家姐妹「一二九」時翻牆出去搞革命，我媽媽沒有，說明家庭影響就是不革命的。農民生活苦，爲什麼其他同學不說而我說？是廈門的親戚給我的壞影響——此乃家庭和社會根源。

檢查「根源」不能籠統扣大帽子，還必須講述如何具體影響到我的思想。因此要反覆思索，把腦子裡最隱蔽的東西，包括一刹那的想法都挖出來。例如檢查家庭影響的時候，沒有辦法的情況下交代出媽媽以前曾說過，不論什麼黨，他們講的話不能全信，都要打個八折；以此表明她的話影響了我對黨的熱愛。我還挖自己的資產階級「好逸惡勞」思想與灰色人生，是因爲我喜歡李白、陶淵明的詩詞而嚮往狂放、清高，乃至隱遁山林。

組織幫助得很徹底，連有一次我想將大鳴大放那壯觀的大字報場面拍攝下來作紀念，也給支書陶雲祿問到了，爲什麼要拍照？餘下的話沒問下去，算是對我客氣了，那是懷疑我是否給外國當特務。還好我沒有拍成照，否則眞是說不清了。經過黨支部幫助後，覺得可以了，就把我拿到班級裡揭發批判，經過多次檢討後過關，再輪到下一個人。

學校裡和社會上好多「右派言論」，對他們所談的事情也很吃驚，因爲都是過去所不知道的，除了赫魯雪夫的秘密報告，還有肅反擴大化以及逼供信問題，使我半信半疑。但因爲正誤難辨，我沒有表示支持或反對。這叫「立場動搖」，沒有左派所具有的鮮明「階級感情」，因而也要檢討。

經過「幫助」（實際上是聲色俱厲地批判）下，和一些同學的表現比較，我認爲自己的確有問題，必須痛改前非，立功贖罪，唯一可以表現的機會就是痛斥其他右派的罪行，如此才可以表明自己不是右派，和右派劃清了「界線」。有一次，我們從所在地海運倉到鐵獅子胡同開會，正好在批判葛佩琦要殺共產黨人的反動言論。我們幾個同學爲了表示憤慨，到他宿舍裡把他訓斥了一頓。後來想想，這不是文革群眾專政時抄家批鬥的先聲嗎？文革期間我受到紅衛兵兩次抄家的遭遇，是更可怕的「報應」了。

葛佩琦文革結束後被平反。他當過西安綏靖公署主任胡宗南的上校參謀，後來在東北剿共時當新聞處（情報處）少將處長。反右時揭露了他的「歷史反革命」底牌，他也因此被逮捕判刑十五年（當時有公告貼出）。但平反時才知道他根本是隱藏在國民黨軍隊裡的中共地下黨員！「殺共產黨人」的話也沒有說過。可是，《人民大學周報》明明刊出他的這個「反動言論」，到底是誰在搞鬼？為什麼要搞鬼？至今我還是搞不清楚。

一九五七年的暑假放得很遲。我回上海姨媽家裡，身心十分疲累，完全不敢對他們談起這些事情，怕他們擔心。中秋節他們帶我去杭州玩，但完全沒有心情。暑假期間還帶了一本厚厚的筆記本，要寫「思想檢查」，開學後交給黨支部審閱通過。

開學後「定案」時，我僥倖沒有劃為右派。韓平希與楊子緯是右派，團支部組織委員朱榮庭也是右派，但與我們小集團無關，那是他「攻擊黨的農村政策」的言論。

我也並非沒有事，只是「覺悟快」而已，結果給了一個「免予處分」的處分。我是第一次聽到這種處分方式。大概意思是本來應該處分我，但我改得快，所以黨就對我「寬大」了。在政治光譜上，叫做「中右」，亦即中間偏右。

沒有把我列入「敵我矛盾」，可能還有下面的因素：當時有些高中應屆畢業生主張調幹生和應屆畢業生分開班級。在系裡的一個討論會上，我反對這樣做，因為我認為調幹生黨員多，水平高，我們可以多向他們學習。反右時，主張分班級的也是反黨罪行之一，因為他們要擺脫黨的領導。此外，我的僑生身份，應該也是「寬大」的重要原因之一。當然，僑生被懷疑是特務的也很多，一位原來在北京補校同班的日本僑生，據說因此而自殺身死。

班級裡的「中右」有好幾個，除了我們「小集團」裡的楊樂茂，還有從浙江農村來的許光根與陳高德，他們都是團員調幹生。黨內情況不大清楚，學習班長宋仲福有理論水平，排球打得很好，是主托手，但也犯錯誤，撤銷了他的預備黨員資格。還有一位石世龍也可能犯錯誤，他個子很高，知識分子，爲人隨和，伯父是國民黨的起義軍長。這種身份，是國統區愛國學生運動期間共產黨的統戰與吸收對象，藉以分化國民黨，並且蒐集情報。但是他們因爲是「白區黨」，中共建國後就開始收拾他們，或讓他們「自動淘汰」。

二〇一二年第八期《炎黃春秋》有人大學弟、社科院近代史研究所研究員唐寶林的一篇文章〈南京解放前後的陳修良〉，她與丈夫沙文漢都是地下黨員，反右派時，沙文漢作爲浙江省省長被打爲右派，是級別最高的黨內右派高幹，所以我印象很深。陳修良本人也被柯慶施、鄧小平羞辱過，後來還被勞改二十二年。最重要的卻是唐寶林在文中披露了毛澤東對地下黨的政策是「降級安排，控制使用，就地消化，逐步淘汰」。實際上，從共軍進城起，就開始收拾地下黨了，豈止淘汰，而是迫害，文革時期到了頂峰，幾乎無人倖免，包括周恩來的「伍豪事件」。

暑假後的新學期，我們班級裡增加了四個同學。原先，我們的革命史專業有十個班，整風反右中有兩個班「爛掉」了而被解散，其中的四班，黨支部書記朱延年是右派，組織委員姚澄清（女）是中右，只有宣傳委員徐和德是左派。徐畢業後留校，是文革期間地派「新人大公社」的頭頭。聽說他還是文革「四人幫」寫作班子「梁效」的一員；但是《炎黃春秋》那篇介紹「梁效」的文章並沒有他的名字。他在文革結束後不久因爲癌症病故。四班的生活班長常學溫原是獨臂將軍彭紹輝上將的秘書（中尉），山西人，也成了右派。另外被解散的班級是八班。

文革結束後成名的北京作家蘇叔陽也從四班調到同我一班。四個同學中是左中右搭配，包括一名右派毛鴻銓。連同我們班級裡原來的三名右派，三十三個同學中有四名右派，超過百分之十，更大大超過毛澤東爲「一小撮」所訂下的百分之五的數額。

也是這個時候，從二班調了一個同學過來，名字叫做王鴻模，東北人，原來是派出所所長。他來我們班擔任黨支部副書記，這是其他班級裡所沒有的職務。到二十多年後才聽一位老同學說起那是因爲原來黨支部右傾而加強領導的。但在我看來，原來工人出身的支部書記已經夠左了，居然上頭還認爲右。

反右後我們這些犯錯誤的人就出現新的思想問題，那就是以後怎麼夠格充當政治教師？於是組織就來一番教育，我們也只能表示努力改造自己，不能鬧思想問題。

這場政治運動對我如同五雷轟頂，尤其本來大家嘻嘻哈哈的同學轉瞬間就成爲怒目而視，聲色都必須俱厲的敵人，心裡感到寒心。但是在黨的洗腦下，也認爲自己的確犯了嚴重錯誤，記取的教訓就是以後一定要聽黨的話，黨叫幹啥就幹啥，也就是後來文革中所說的「理解要執行，不理解也要執行，在執行中加深理解」，實際上就是做不許有獨立思考的「愚民」。這種思想狀態既是自覺的，也是被迫的，因爲那些大小批判會的情況對當時十九歲的我是夠觸目驚心了，哪裡會願意墮入那無底深淵？「反右」這種政治上的效果，爲後面大躍進的全民盲目跟風，提供了必要的土壤。

拔白插紅

一九五八年三月，全國開展「反浪費、反保守」的「雙反運動」，柯慶施的上海搞得有聲有色。這本來是經濟問題，不知怎的，到了學校裡就變成了「向黨交心」，要「拔白旗，插紅旗」，頭腦裡的所有隱私都要抖出來向黨交心，這種方式後來叫做「竹筒子倒豆子」。

陳如璧是社會主義國家北越僑生，一九五七年暑假回北越時帶了一本《查泰萊夫人的情人》回學校，他借給我看了。在「交心」的壓力下，他交出了這本書，然後又交代了曾借給我看過。於是班級裡又對我進行「幫助」，批判我的「資產階級腐朽思想」。

沒料到班級裡後來居然又揪出了一個「反黨分子」。他是團支部宣傳委員黃方平。到現在我都搞不清他怎麼會是反黨分子，可能就是不太聽話而已。他和我關係不錯，因此非要我揭發他不可。可是我又不知道他有什麼反黨言論，在沒有辦法的情況下，就只能揭發在我看「黃色小說」被批判時，他私下對我的溫和幫助是「眞同情，假幫助」，那時人性眞的都被歪曲了。他被開除了團籍，待遇和「右派份子」一樣。後來才知道這叫做反右的「補課」。

我們系的右派，處置最嚴重的，是革三班的傅鐵城，他是復員軍人，後來被捕，據說是抗拒改造。我們搬到西郊後，有一次班級開會宣佈林希翎也被捕，因爲把衣服脫光在宿舍大鬧云云。後來才知道她被毛澤東親自點名。譚天榮成爲北大最大的右派學生，但是還有被報章點名的是清華大學最大的右派學生馮國將，居然是印尼僑生，因此我的印象很深，三十多年後在香港與他相見，現在他住在洛杉磯，我們時有聯絡，二〇一七年邀請他來台灣講述他被勞改二十年的慘況。改革開放初期，我人已在香港，收到中國人民大學寄來的「平反書」。我一笑置之，把它扔掉了。但想起當年孤身一人，還不到二十歲就挨整的「紅色恐怖」，也找不到人可以傾訴與商量，仍是心有餘悸。

毛澤東在〈關於正確處理人民內部矛盾的問題〉中說：「我們的教育方針，應該使受教育者在德育、智育、體育幾方面都得到發展，成為有社會主義覺悟的，有文化的勞動者。要提倡勤儉建國。」因為要成為「勞動者」，因此勞動提到日程上來了。一九五八年春天，大約是五月，我們去十三陵挖水庫一個星期，那時毛澤東也去進行象徵性勞動作為號召。我們推載著水泥的獨輪爬坡上壩，或者用扁擔。有次體力不支，眼睛一花，終於暈倒。醒來後，照顧我拿一壺一壺水給正在勞動的同學們喝，暫時免於勞動。

回校後不久，又組織我們到市建大隊「勤工儉學」，挑磚頭蓋房子。有工資收入，也學習工人階級的優秀品質。回來後每人分到五塊錢。我感謝黨組織給我鍛鍊的機會，哪敢收錢？退回給系辦公室。

在勞動中，農村來的同學展現他們的能耐。其中許光根是浙江天台山區的貧農出身，後來在杭州當幹部。他為人誠懇，也了解農村的貧困情況，因為反映了一些農村現實，也成為「中右」，比我冤枉多了。勞動中他對我非常關心、幫助，畢業分配他到南京大學，我與如璧在上海，大家成爲很要好的朋友，是同學中最經常見面的。

爲了拔白旗、插紅旗，學校進行紅專的辯論，狠批白專道路。我們這些犯錯之身，唯有不斷檢討，並且表達改造的決心。當時每個人都要訂「紅專規劃」，我們都表示要加強改造，三年內變成左派云云。想來也眞是幼稚可笑。紅專規劃具體到體育運動的鍛鍊要達到「勞衛制」（勞動衛國制）的一級或二級標準，我先天平腳板，缺乏彈跳力，體格缺乏鍛鍊，沒有腹肌，所以即使一級標準也很困難。下鄉後在玉泉山道測驗百米跑，裁判放水，在我起跑後才按咪錶，終於十四秒一過關。我不會跳舞，所以規劃裡也決心摘掉「舞盲」帽子，只是到現在，我還是「舞盲」。

「白專」成爲一條入人於罪的理由，但是遭殃的還不止人類。當時毛澤東提倡「除四害」，亦即麻雀、老鼠、蚊子、蒼蠅。後三者大家不會有異議，麻雀呢？因爲麻雀吃稻子，所以也成爲害鳥。

這年的春天，我們參與了滅雀與滅鼠的運動。我們學校在東城，所以有幾個週末被分配到東郊滅鼠。可是我們去消滅的不是我們在居住區常見的老鼠，而是地裡的田鼠。一種是搬走秋收後堆在一起的玉米稈與高粱稈，躲在裡面的田鼠奔逃，我們就打。更多的是找老鼠洞，然後以滾水澆進去，逼它們出來，但是「狡鼠三洞」，根本找不到它們逃出去的洞口，所以收效甚微，甚至毫無成果。

週末我們到農家，也爬到屋簷下掏麻雀窩，但是也很難找到，成績不大，找到過麻雀蛋。規模最大的，是在某一個星期天，到北郊木材廠滅雀。那次聲勢浩大。記得廠裡有一顆大樹，上面掛了一口鐘，搖起來噹噹響，讓麻雀不敢躲在枝葉當中。我們則爬在木材堆上搖旗吶喊，讓麻雀四散奔逃不敢停留。我是拿了從印尼帶來的鋁製臉盆，當銅鑼亂敲。這個臉盆也是腳盆，還可以煮水、盛菜，現在又當銅鑼敲，雖然因此凹凸不平，好在不會打爛，成爲萬能臉盆。

由於全國同一天行動，麻雀即使飛到農村，那裡也有農民叫嚷，還有稻草人分佈在田地裡助威。總之，讓麻雀在同一天裡沒有地方歇腳，除非可以飛越國境叛逃，否則必然筋疲力盡累死掉地爲止。看來這也是偉大的人海戰術，只是第二年開始的饑荒，有部分原因就是生態失去平衡，害蟲失去麻雀天敵所致。

一九五八年九月，正式推出毛澤東「教育要爲無產階級政治服務，教育要與生產勞動相結合」的教育方針，勞動就成爲家常便飯了。

半工半讀

一九五八年八月，我們從海運倉遷到西郊。因爲「大躍進」的需要，從五年制改爲四年制。歷史系的兩個專業分爲各自獨立的兩個系，中國革命史專業改爲中共黨史系，馬列主義基礎專業改爲國際共產主義運動史系；黨史系主任是何幹之，共運史系系主任是原來馬列主義基礎教研室主任雲光。

雲光是河北遵化人，那裡有個毛澤東批示過的模範樣板王國藩農業生產合作社，所以共運史系下放到那裡。（文革期間王國藩被批得不堪入目。）

黨史系下鄉地點在北京市近郊。我們一班到三班在風景秀麗的香山，我們班入住在玉泉山與萬安公墓之間玉泉山道上的普安店寺廟裡，進門的門樑上有乾隆的御筆匾額。但是我們那時對這些古蹟並不在意，也不敢在意，滿腦子都是政治。

我們住在廟裡的廂房，大家睡在鋪了草墊的地上。那裡有一口井，解決我們的用水。我勞動的地方叫做豐戶營，玉泉山腳下，邊上就是玉泉山的圍牆。玉泉山是中央軍委所在地，每天看到玉泉塔。圍牆下面常常見到有解放軍站崗。

從普安店到豐戶營之間，有北洋軍閥吳佩孚的圓包形墳墓。那時對北洋軍閥印象很壞，其實吳佩孚是很開明的軍閥，中共創始人李大釗與他關係不錯。反方向從普安店到香山管理站之間，有萬安公墓，內有中共創始人李大釗之墓，我們曾去憑弔過。再過去，是袁世凱九姨太之墓，那是比較大的陵園。附近有一條往正藍旗與青龍橋方向，應該就是現在三三一公車路線，線路上附近有幾個荒廢的皇陵，記得其中一個景泰陵，是明英宗之弟明代宗朱祁鈺的陵園。不過外面看來很荒蕪，我們那時也沒有進去看過。

我們上午讀書，下午勞動。吃飯主要到豐戶營生產小隊的食堂，主食是窩窩頭，夏天每天喝冬瓜湯，秋收以後就每天吃大白菜，當然都沒什麼油水。如果農忙，勞動一整天，午飯送到地裡，吃窩窩頭加鹹蘿蔔乾。廟裡也有食堂，星期天或過節，會吃點肉或餃子。

我們讀書頭一課，是中共發動炮擊金門的「八二三炮戰」。當時學習毛澤東「論帝國主義和一切反動派都是紙老虎」的理論，也就是後來編入《毛澤東選集》第四卷毛澤東在一九四六年對美國記者安娜．路易斯．斯特朗的談話。當然還有其他有關的毛語錄，如集中優勢兵力各個殲滅敵人的理論，也就是所謂的「敢於鬥爭，善於鬥爭」的思想，戰略上藐視敵人，戰術上重視敵人。後來有個中央首長的傳達報告說，炮擊金門的每發炮彈等於四戶中農的一年收入。

比較認眞讀書的，是後來成爲「四人幫」之一的張春橋在十月十三日《人民日報》發表的〈破除資產階級的法權思想〉。文章對戰爭時期的「供給制」大加稱讚，似乎暗示中國要回到供給制的時代，當然那時因爲貧窮才實行共產主義供給制。我們集中討論眞正的共產主義標準，亦即物質的豐富與人民覺悟兩大標準，尤其是「各盡所能，按需分配」的原則，原來的「各盡所能，各取所需」被指翻譯不準確。

雖然我們要讀的馬克思、恩格斯、列寧的原著（斯大林在被赫魯雪夫批判以後，權威性大大降落），但是最主要的就是馬克思的〈哥達綱領批判〉。這也是在我所閱讀的馬克思主義經典著作中印象最深刻的其中一篇。當時我覺得最大的收益有兩個：

第一，馬克思說：「在共產主義社會高級階段上，在迫使人們奴隸般地服從分工的情形已經消失，從而腦力勞動和體力勞動的對立也隨之消失之後；在勞動已經不僅僅是謀生的手段，而且本身成了生活的第一需要之後；在隨著個人的全面發展生產力也增長起來，而集體財富的一切源泉都充分湧流之後，……只有在那個時候，才能完全超出資產階級法權的狹隘眼界，社會才能在自己的旗幟上寫上：各盡所能，按需分配！」

第二，是關於「平等」的論述，也就是天下沒有絕對的平等，尤其是分配上的不平等。馬克思認為，「平等的權利還仍然被限制在一個資產階級的框框裡」，也就是資產階級的法權。他具體的分析說，「一個人在體力或智力上勝過另一個人，因此在同一時間內提供較多的勞動，或者能夠勞動較長的時間；而勞動，為了要使它能夠成為一種尺度，就必須按照它的時間或強度來確定，不然它就不成其為尺度了。這種平等的權利，對不同等的勞動來說是不平等的權利。」這與什麼階級並不相干。

馬克思的這些理論，本來是遏制狂熱「共產風」的有利武器，但是當時安排我們學習，似乎也有「收」的意思。然而我們在學習時，居然倒過來為共產風助威。也就是因為要讓「集體財富的一切源泉都充分湧流」而必須大辦鋼鐵，大辦農業。明明還不可能「按需分配」，卻因為現實的「資產階級法權」成為革命對象而必須樹立共產主義思想來提前終結資產階級法權。

於是不但不是冷靜我們的頭腦，反而在行動中「超前」。當時傳達我們下鄉「先進事蹟」時，有一則就是新聞系同學把他們的大衣集中起來，放在一起，哪個同學出門時，喜歡哪一件就穿哪一件。依此標準，我的手風琴、腳踏車在班級裡公用，是最共產主義了。

我們還負責文藝宣傳的任務，剛剛被批判鬥爭的黃方平會拉手風琴，有文藝宣傳的才能，我的手風琴等於他在用，常常在地頭演出。蘇叔陽更是文藝天才，尤其是他的山東快書，還有隨時創作的快板：「竹板響，……」。當時流行一些歌頌大躍進的歌曲，名字忘記了，例如「超英趕美」的歌曲，歌頌共產主義風格的「人人為我，我為人人」，後來說「人人為我」不對，這首歌就不唱了。

大躍進還有一個特點，就是牆上畫上許多歌頌大煉鋼鐵與大辦農業，以及農業豐收的壁畫，還題上許多詩歌。爲此又發動寫詩歌的群眾運動，每天要創作一些新的詩歌，「共產主義是天堂，人民公社是橋樑」，以及「要讓高山低頭，要讓河水讓路」等等豪言壯語就是這個時候出現的。

在那裡半年，只洗過兩次澡，一次是利用星期天休息到頤和園附近的西苑，找一個澡堂洗澡。還有一次是去香山飯店洗的。隨我們下鄉的除了有年輕的助教曹老師做我們的班主任，黨史教研室主任胡華也與我們一起到香山。因爲他身體不好，所以住在香山飯店，就是這個關係，通融我們匆匆去洗一次澡。

胡華到我們班裡來過幾次，參加小組討論，他知道我是僑生，而且在鄉下掏大糞施肥，很感興趣，但是我們並沒有機會聊天。大概是一九六二年，他與助手到上海，住在延安飯店，我們幾個人大校友去見他，他還認得我。這趟上海之行後來被極左的上海市委批判，因爲人大比較講究資料研究，上海是強調政治觀點，因此胡華被上海市委視爲「白專」。

三面紅旗

三面紅旗是指大躍進、人民公社、社會主義建設總路線。一九五八年三月成都會議提出了

「鼓足幹勁，力爭上游，多快好省地建設社會主義」的總路線，於是發動了「反浪費、反保守」運動。按照毛澤東的理論，這也是反右派的政治思想戰線上的社會主義革命以後，精神力量必然要變成物質力量。

一九五八年《人民日報》元旦社論〈乘風破浪〉，就意味著這是不平凡的一年。這年春天開始，就出現「大躍進」的氣氛。《人民日報》頭版扮演「輿論先行」的角色。例如四月五日〈十分指標，十二分措施，二十四分幹勁〉，六月十七日〈煉鋼不神秘 小爐顯神通〉就是爲「大辦農業」與「大辦鋼鐵」製造輿論。八月上旬毛澤東視察河北省的徐水、安國、定縣，是「人民公社好」的先聲。八月十三日《人民日報》頭條〈早稻畝產三萬六千九百多斤〉，一連串的大放「衛星」。八月十八日則是以〈人民公社好〉作爲頭條，以「工農商學兵五位一體 政治經濟文化軍事全面結合」，宣告「人民公社」運動的開展。原來「人民公社好」是毛澤東視察河北、山東農村時的「最高指示」。

然而不能不提的，卻是一九五八年五月召開的中共八大二次會議。中共的歷次代表大會只有一次，只有八大，在一九五六年開了以後，一九五八年竟然開了第二次。八大路線穩健，二次會議推翻了穩健路線，毛澤東講了三次話，痛批「反冒進」，拔白旗、插紅旗是這時提出來的，大躍進的局面也初步形成並被肯定。然而爲了掩蓋毛澤東的罪惡，新華社的中共代表大會與中央全會的歷史資料中，八大二次會議已經不見蹤跡，在中共黨史中消失。

但是作爲「運動」號角的，還是當年八月十七日至三十日毛澤東主持的北戴河會議所發表的公報。會議通過「中共中央政治局擴大會議號召全黨全民爲生產一〇七〇萬噸鋼而奮鬥」的決定，通過「中共中央關於在農村建立人民公社問題的決議」，通過「關於一九五九年計劃和第二個五年計劃問題的決定」、「關於今冬明春在農村中普遍展開社會主義和共產主義教育運動的指示」等四十項決議。

這其實就包括三個方面：一是工農業經濟，二是組織形式，三是思想教育。我們的半工半讀就圍繞這三項。

一〇七〇萬噸是一年內產量翻一倍，怎不振奮人心？加上「衛星田」紛至沓來，腦袋都熱昏了，於是出現「大辦鋼鐵」、「大辦農業」的口號。我們下鄉，不在工業戰線，雖然農村也有用小高爐的「大煉鋼鐵」，到底不如城市，農村主要還是「大辦農業」，而大辦農業最主要還是大辦糧食。

我們雖然半工半讀，但是農忙時我們一樣要披星戴月下地。由於農民參與大型水利建設，勞動力緊張，我們等於是一支塡補眞空的生力軍。例如當時認爲「深翻地」是豐收的保證。一把鐵鍬深度不到一尺，要挖兩鍬深，才能撒種子。

有一度深挖地到了走火入魔的程度。當時種試驗田是中央指示的工作方法，各級領導必須種試驗田，並推廣成功經驗。當時報紙說深度一米撒下的種子產量更高，於是我們這裡找了一條已經乾涸的深度半米的小溝，再挖深半米就可以了。至於以後這個試驗成果如何，已經不關我們的事了，也沒有人去問。

還有一個農忙時分大白菜的收割，要忙好幾天。白菜收好後要藏到地窖裡，避過嚴冬的摧殘，一直吃到第二年春天新菜上市。再晚一點，番薯挖出後也是收藏在地窖裡慢慢吃，彌補糧食的不足。在市場上，一斤糧票可以買六斤番薯，糧食不夠的人，買番薯頂糧食最划算。

勞動力不夠的時候，這些工作都要挑燈夜戰，因爲只要晚一天、兩天，可能因爲寒流來襲而造成無可挽回的損失。所幸當時年輕，即使力氣不夠、腰酸背痛，缺少睡眠，也都熬過來了。

我們八月下鄉，那時也是毛澤東與黨中央號召成立人民公社的時候。北京西郊（近郊）成立了四季青人民公社，由原來的四季青農業生產合作社社長李墨林擔任社主任；我們所在的香山農業生產合作社就改名爲該公社的香山管理站。

我在第一線參與人民公社的成立，有點兒戲。我們下鄉沒有多久，突然來個任務，每個同學分頭去一個村子幫助組織人民公社，因爲毛主席視察外地時說了「人民公社好」。人民公社是什麼東西我們也不太清楚，只是從報章上知道是「一大二公」，不但黨政合一，而且工農商學兵，五位一體。反正是越大越有力量、越公越革命。我一個人被分配到西郊的羅道莊，在八里莊的北京師範學院（現改名首都師範大學）附近，打好行軍背包揹在背上就走了，一切都是軍事化。這是我一生中第一次單槍匹馬去執行「革命任務」，我膽子小，不善言詞，也缺乏思想準備，心裡發毛，怕出問題。但又想我是犯過錯誤的人，如今組織信任，讓我一個人出去執行任務，又覺得「光榮」。

其實這個任務沒有想像中那樣複雜。到了那裡找上生產隊長，晚上村民開會，隊長宣佈要成立人民公社，是毛主席的號召，問村民有什麼意見，旁邊的大學生就是來幫助成立人民公社的。毛主席的號召，誰會有什麼意見？於是鼓掌通過。我在那裡，扮演上頭來的協助角色，把報上看到的人民公社的優越性宣傳一遍就是了。當晚在村子裡睡，第二天就回到自己的駐地。

當然，事情沒有完結，我們還要討論所在的人民公社的許多具體政策，讓人民公社的優越性可以眞正體現出來。我們半工半讀的「讀」，也用來討論這些。

我們的「讀書」，包括了閱讀馬克思、恩格斯、列寧、斯大林有關論述共產主義與人民公社的語錄。當時我們要協助香山管理站制定人民公社的未來規劃，印象所及，包括若干年後每天有牛奶喝，有雞蛋吃。還有其他的勞保福利，例如公社將照顧「五保戶」（台灣稱爲「長照」）等。

當時「共產風」大事刮起，包括徐水縣（毛澤東視察過）七年進入共產主義的規劃，全國「跑步進入共產主義」等等。但是眞正的共產風不是我們對共產主義社會的期盼，而是現實生活中的「共產」。班級裡就傳達我們生產隊裡的一個富裕中農把狗殺了吃，怕被「共產」，不過我們只當笑話。其他地方還有砍掉自家的樹當柴火燒。由於大放衛星田，一度宣傳吃飯不要錢。我們只是享受過國慶假期在食堂的吃飯不要錢，因爲我們是外來者。但是很快沒有再提起這件事情。

這年的十一月底到十二月上旬，中共中央召開了八屆六中全會，公報提及：「會議在通過的〈關於人民公社若干問題的決議〉中指出，人民公社仍然是集體所有制的經濟組織，無根據地宣佈立即實行全民所有制，甚至進入共產主義的做法，不僅是一種輕率的表現，而且將大大降低共產主義在人們心目中的標準，使共產主義的理想受到歪曲和庸俗化，助長小資產階級的平均主義傾向，不利於社會主義建設的發展。」

無疑這是一盆冷水，但是對我們學習黨史的人來說，居然還澆不熄我們的狂熱心態，別人繼續狂熱，我也不敢冷下來。尤其八個月後的八屆八中全會批判右傾，讓共產風再度飆高。當時我們更看不出這是黨內高層鬥爭的不同起伏。

下鄉整社

一九五九年春節前我們回到學校，再度正式上課。這年暑假，可以回到上海休息了，但是期間報章刊出中共召開八屆八中全會（廬山會議）的消息。全會公報痛斥右傾機會主義思想：「他們對於幾億勞動人民和革命知識分子在大躍進運動和人民公社運動中所取得的偉大成績估計過低，而對於這兩個運動中由於經驗不足而產生並且已經迅速克服的若干缺點，則估計過於嚴重。他們對於在黨的領導下幾億勞動人民轟轟烈烈地進行的大躍進和人民公社運動，污蔑為『小資產階級狂熱性運動』。這是完全錯誤的。」

我從公報中又嗅出火藥味，抱著戰戰兢兢的心情回校上課。當時學校已經出現比較詭異的氣氛，但是「右傾機會主義」是黨內的事情，我們這些黨外人士暫時沒有受到牽連。當時彭德懷被罷免國防部長職務，但是我們也沒有吃準是否就是右傾機會主義，這樣勞苦功高的高層怎麼可能？黨員們個個守口如瓶，當時的「保密」觀念很嚴格。但是正式知道是針對彭德懷，還是從人大畢業以後老同學之間才敢說起。

不久，全校大會上，宣佈調到北大擔任副校長的鄒魯風，帶領北大、人大調查團在河北、河南考察人民公社時因爲右傾機會主義被批判而自殺，讓我大吃一驚，因爲詭異的背後，還出現人命！可見這場鬥爭還蠻血腥。

但是我的班級裡有沒有右傾機會主義分子或者右傾機會主義思潮，我不知道。畢業後接觸其他班級的黨員同學，才知道三班的聞立樹被批判，他是中共所崇敬的、被國民黨特務殺害的民主人士聞一多的侄兒，在來人大讀書前擔任北京市副市長吳晗的秘書。吳晗是民主黨派「民盟」的領導人之一，反右時是左派，後來寫的《海瑞罷官》卻被指爲彭德懷鳴冤叫屈，文革期間被批鬥而家破人亡。但是當時吳晗這個劇本還沒有出來，他的前秘書已經被批判了，是「前奏」嗎？

一九六〇年剛過完元旦，我們又下鄉了，地點是北京東北郊順義縣的張鎮公社（張各莊），靠近平谷縣了。這次說是去整社，但又要我們向貧下中農學習，改造世界觀，還要通過農村調查寫畢業論文。反正我抱著去改造自己的目的，總沒錯，至於整別人是班裡黨員的事，我不去理它。

這個地區是冀東老根據地，還有些被封閉後的地道；第四野戰軍進關時林彪和聶榮臻在附近住過。公社的一位書記帶我上山，是他們打過抗日遊擊戰的地區。仰望「白鴿洞」，他們當年躲避日軍掃蕩的山洞。我隨他上山，走在峭壁上，臉對著山壁，兩臂伸開、全身貼在山壁橫行，否則勢必掉在山谷裡。我也沒有想到那時怎麼膽子那樣大，是革命激情嗎？而「白鴿洞」者，只有白鴿才能飛進去，日軍都沒辦法去，我當然也不敢爬。

我除了採訪這些革命事跡，就是籌備農村的新舊對比展覽會，以示共產黨的英明偉大。我的照相機發揮了作用。我找已經廢棄的破舊房子拍下說明是舊社會遺留下來的，再找條件好的農戶拍下他們的新被子、熱水瓶以及新糊的紙窗說明他們「翻身得解放」，提高了生活水平，藉以宣示社會主義制度優越性。在過年前，要宣示「專政」威力，我們還到地主家門口及其附近張貼「無產階級專政萬歲」等長條小標語，警告他們不可亂說亂動。

有事需要回學校或城裡，例如沖印膠卷，我的腳踏車派上用場，從張鎮騎回去，忘了要幾個小時，當天來回。這是我騎過最長的路程。在天氣開始回暖時，地面出現融冰，一片泥漿，是最難騎車的時候。

由於是冬天，順義又在遠郊，比香山窮，所以生活比在香山苦。有時開會要走好幾里地。那時懂得計算路程了，一小時可以走八到十華里。晚上走在空曠的野地，西北風吹到電線上的呼嘯聲，相當恐怖，很像狼嚎，還好沒有狼群出沒。

因爲是冬天，沒有什麼農活，主要是積肥，拿了洋鎬去劈豬圈裡地上的豬糞。因爲豬屎與豬尿混在一起已經凍結，所以要敲開才能挖走。洋鎬敲到堅硬的結冰豬屎上，火花四濺，虎口都震痛。當用力把洋鎬敲到冰屎上，嘴巴也因此張開喘氣時，飛濺的豬屎豬尿也濺到我的嘴巴裡，鹹鹹的，才發現那是豬的屎尿，只能趕緊吐出來。

在那裡，我們的糧食定量沒大問題，比城裏多些，算「照顧」，記得有次過節吃羊肉餡餅，一頓吃了十二兩（一斤十六兩制）糧票，那時定量是一個月三十斤。農民情況不清楚，不敢打聽，因爲這是犯忌的事。有一次，一頭驢子死了，擺在村子的主要街道上開膛，腸子流了一地，非常噁心。但村子裏有肉吃是高興事，我們也分到一點，但我還缺乏貧下中農的思想感情，竟然不敢吃。

不過那時的豬隻已不行了。農村裡規定豬要長到一百四十斤才可宰殺，但那時長到了一百斤就不再長膘了，老鄉說「僵掉了」，玉米、黑豆都給人吃了，哪還有豬的份？我們從室外空地的廁所（兩塊磚墊腳，周圍用高粱稈子圍住）裡拉好屎走出來，豬就走進去吃我們的排泄物。以往只聽說「狗吃屎」，如今是豬也吃屎了。所以那時就是難得吃上豬肉，味道也不好，肉質沒有彈性，眞是僵掉了。

三個月很快混過去，班級裡所寫的人民公社的調查報告就等於是同學們集體創作。報告由理論水平高的同學執筆，自然主要是黨員，我們只是參與討論，這種討論我們也不宜提什麼意見。天可憐見，這些報告什麼內容我一點都記不起。進校時發下來的成績冊上寫的「國家考試」等項目在政治運動中被沖掉了。

迎接畢業

三月底我們一回學校後又有新的政治運動，那就是批判現代修正主義思潮，因爲那時中蘇分歧已經出現，而我們還糊里糊塗，以爲只是南斯拉夫的修正主義而已。當時主要批判「人性論」。除了批判南斯拉夫現代修正主義者，國內一批作家也被點名，包括《洞簫橫吹》的劇作家海默，責問他吹的是什麼調；詩人郭小川仰望天空，感嘆星空的偉大和自己的渺小則是悲觀主義情緒；連我在印尼時的中國駐印尼大使王任叔（筆名「巴人」）也被批。他們的共同罪名是資產階級人性論，批判他們的超階級人性。於是一大堆馬恩列斯毛論資產階級人性論的出版物發給我們學習。雖然我認爲不可能沒有超階級的人性和超階級的審美觀，但哪裏敢說出來，只能人云亦云，改造自己去迎合黨。其中最典型的，就是說，我們嫌大便臭，捂著鼻子遠離它，但是它們是肥料，農民歡迎它們。香臭有階級性，因此人性也有階級性云云。

到那年暑假畢業時，北京還看不大出饑荒的跡象，只是買食品排隊的現象越來越嚴重。在一九五九年初農村回來後，學校已關照黨團員革命群眾要起帶頭作用，不要在外面排隊去吃東西和買東西。平時我們也以「艱苦樸素」要求自己，不亂上館子。但臨畢業前想想在北京居住多年，鼎鼎大名的東來順涮羊肉都沒吃過，畢業後離開北京，再也吃不到太沒意思了，於是和平時相處較好、也還比較有人性的黨員團支部書記王欽民「串通」，幾個「知己」在某個星期天早早進城到東來順排隊，總算吃到了仰慕已久的涮羊肉。當然，把平時引以自豪的校徽拿了下來，免得被人打小報告。

一九六〇年六、七月，開始準備畢業分配了。我們到人民大會堂聽北京市委書記彭眞所做的動員報告，內容主要反帝反修。那時他剛隨鄧小平從羅馬尼亞布加勒斯特會議「反修」回來，充滿革命激情。這與第二年全國大饑荒時由外交部長陳毅以感性打動人心的報告氣氛不同。經過這次會議，開始感到中共與「蘇修」的矛盾已經很尖銳了。

那時工作職業全是「組織分配」，個人找不到機會；因爲全是國營企業、事業單位，或者集體所有制，不服從分配就找不到工作。因此本來坐著等分配工作就是了，但是共產黨要體現是畢業生自願去的，不是組織強迫的，因此聽完報告，就要學習、表態。於是就有積極分子立即貼出大紅紙的決心書，無非表示堅決服從組織分配，願意到最艱苦、最遙遠的邊疆去，爲黨和國家立新功。積極分子貼了，我們當然要響應，否則就是落後分子了。雖然表態的內容大同小異，但是對我們這些「非黨人士」來說，還要加上一條接受「黨組織的考驗」之類話語。大家表完態，都是自願的啊，等到宣佈以後，心裡再不高興，也不能「討價還價」了。

還好，我們系是培養理論教師，所以大部分分配到大城市裡。除了學校認爲最優秀的留校以外，能夠回自己家鄉的，都盡量分配回去，基本上還比較有人性。我與陳如璧分到上海，因爲我在上海有親戚，而如璧與我都是僑生，關係不錯，避免他孤單。我直接分配到當時全國二十六所重點大學之一的華東師範大學，如璧則分到上海市高教局，再由高教局分配到具體單位。

這裡還要插一句，臨畢業前，黨支部突然找如璧去談話，我以爲出了什麼大事，原來他一直申請助學金，日子過得清苦，想想畢業就有薪資可拿，因此賣掉自己的手錶以便有些錢花。因爲這是進口手錶，稅務局隨即追稅追到學校裡來。可見當時「資本主義」沒有漏洞可鑽。

我們班級分配情況：黨支部書記陶雲祿到新華社總社，支部副書記王洪謨是濟南山東大學，組織委員李惠賢與她的男朋友吳序光（二班學習班長）一起分到北京師範大學，宣傳委員于乃敏與她的先生（其他科系，我們叫「馬大個」）都留校，王欽民也留校。團組織委員郭玉運是北京人，丈夫是普通戰士，她沒有因爲讀大學就拋棄丈夫，接受過採訪，畢業分配到中央團校。我們「反黨小集團」其他成員，楊樂茂回廣東，韓平希回四川，楊子緯是貴陽人，因爲我們班貴州沒有名額，分到河南；黃方平好像是山西；班主席牟敏昌是四川人，被分到高教部，許光根分到南京大學。上海考上的一位高中生女同學陳妙翠分到新疆，與她的研究班畢業的男朋友一起，武漢來的高中畢業生駱美玲回到武漢。鄧小平被槍斃的大姨子（卓琳的姐姐）的女兒劉京華分回四川，她是三班的。

在北京讀書期間，買了不少書，冬天的衣物也置了一些，怎麼運到上海？跑了好幾家茶葉店買他們裝運茶葉的四方形木板箱，裝我的書籍。因爲對政治運動的恐懼，我以木箱裝不下爲由，把我的五大本《美術日記》日記本在宿舍前的空地上當眾全部燒光，從此不再記日記。

七，爲人師表

一九六〇年八月，我從北京到了上海，正式參加工作。一住就是十六年，成為我在中國居住時間最長的城市。雖然上海是我在中國的家，以前也來過多次，但這個時候還是有幾個重大變化：第一，我從學生變為教師；第二，正逢中國的「三年困難時期」；第三，我在上海建立了家庭；第四，經歷了史無前例的無產階級文化大革命。

華東師大

到了上海，就到華東師範大學報到。學校在普陀區，與復旦大學的寶山縣（現在的寶山區）有一段距離，普陀區是工業區，過去我幾乎沒有來過。不過華東師大接近比較高級住宅區的長寧區，校園有很好的風景，麗娃河穿過，綠草樹蔭，宛若花園，校後面還有一個花圃。華師大前身是大夏大學，一九五二年院系調整後大夏與聖約翰大學部分院系合併成立華東師範大學，而其他科系在聖約翰的原地成立華東政法學院，位於長寧區中山公園的後面。麗娃河北面是舊校舍，文科（中文、歷史、政教、外語）所在地；理工科在河的南面。大食堂與大部分學生宿舍也在南面。

我被分配在政治教育系的中國革命史教研組。辦公室在河北，但是學生住在河南。我被安排住在學生宿舍，與部分政教系的青年教師住在一起。吃飯也與學生在大食堂一起排隊。政教系是政治教育，要與學生同吃同住同勞動也。豈止三同，下午四點以後，學生下課，我也參與他們的文娛體育活動。不論什麼科系，每個年級都有專職的政治輔導員，由黨員出任，幾乎都是本校本系畢業留校的。我們要上課的政治課教師，是兼職輔導員，做學生的政治思想工作，只是一般性的關心而已。

上海與北京氣氛不同。從社會上來說，北京注重政治與文化，上海注重吃穿；但是奇怪的是，上海市委比北京市委「左」，也就是與它的經濟基礎不合。相信是柯慶施這個「左王」擔任市委書記的關係，他被稱爲「柯老」，外號「柯大鼻子」，是少數幾個見過列寧的中共領導人。這種政治氣氛的不合，也反映到學校裡來。也許，師範院校本身與其他大學不同的是，學生比較清寒，全是領取國家助學金，所以有許多農村來的學生。福建來的學生，夏天有的就赤腳上課。「思想覺悟」高的，留校擔任教師與政治輔導員，政教系尤其如此。

政教系按照四門政治理論課分爲四個教研組，即中國革命史、馬列主義基礎、政治經濟學、哲學。我在中國革命史，組長是王愛玲，幾位資格較深的老師該都是當年參加愛國學生運動而轉任政治教師的。系主任林遠，我一直搞不清他的來歷。因爲即使老師之間，講話都很謹慎，不像人大，不但有老革命，還有調幹生，因爲「老資格」而講話比較隨便。資深的學術權威，有政治經濟教研組的陳彪如教授，哲學的馮契教授。

按照規矩，我們畢業後應該是十三級助教，在上海拿六十元工資。但是後來規定要一年實習期才可以轉正，所以先拿四十八元五角。從「六〇炮」變爲「四八五〇部隊」。十三級助教不必上課，協助主講老師給學生做輔導。

但是對我的安排非常奇特。政教系負責本系的四門理論課，也負責外系的四門理論課，叫做「公共課」，全校一年級都是學革命史。除了政治理論課，政教系的其他課程由其他系的老師來教。但是這一年，本系的中國近代史課程不是歷史系的教師來教，而由自己系來上課，由周子東與我來教。

政教系的老師幾乎全是黨團員，我們教研組只有一位「群眾」，也就是已經超齡（二十八歲）退團、但是還沒有資格入黨的，就是周子東。中國近代史具有強烈的愛國主義色彩，表面上說是自己來教比歷史系的老師來教更可以掌控「觀點」，但是在我看來，可能是安排周子東的「出路」，因爲非黨非團的「群眾」怎麼適合教黨史啊？而我有反右錯誤的記錄，可能也要考驗我一下，看是否合適。

但是本來我就是喜歡歷史而不喜歡政治，是陰錯陽差讓我進入政治理論這一行；因此讓我教近代史我更有興趣，也難不倒我。但一想到這個特殊安排，心裡終究不是滋味。雖然如此，我們兩個還是分工各教幾段。當然，通過教學，在當時能夠看到的材料中，我的「反帝」觀念也加強了。但是我喜歡看原始資料，從中也看到林則徐的某些迂腐、無知，然而在那個環境下，我也不敢講。

那時有個幹部參加勞動的制度，我們逢星期四勞動。有一次，我們被分配到圖書館整理圖書，是院系調整後圖書館有些書（社會科學部分）還沒有歸類。整理過程，看到有《周佛海日記》，很好奇，因爲他曾經在陳獨秀於廣州做官時代理中共總書記，後來做了漢奸。還看到一本「解放前」的雜誌，有圖片說共軍攻佔張家口時如何屠殺平民。當時我不相信國民黨的造謠，但是也好奇的多看了幾眼，第二個星期就沒有再安排我們做這些事情了。當時我還很乖，沒有多想，離開中國對自己的一生進行回顧的時候，才想起有人警覺到這一點，不容許我再接觸這些「異類」。

福州路有許多書店，其中在舊書店樓上有內部書店，憑校黨委宣傳部的介紹信可以在那裡買書。我開過介紹信去買，看到一本精裝的《金瓶梅》，不敢在那裡翻，那時也不知道還有潔本與原本之分，不知是哪一類，只想買回家看，但是最後不敢買。因爲我不是中文系的，擔心上頭一查，又因爲「資產階級腐朽思想」被批判。結果只買了《丘吉爾回憶錄》，但僅僅是「解放前」翻譯的部分。此外還買了蘇聯作家柯切托夫的《葉爾紹夫兄弟》。當時我很欣賞他的「反修」立場，後來在其他場合還買了他的《州委書記》，《落角》等。

教了一年的中國近代史後，第二年回到本系給同學做輔導，第三年、第四年則到外系上課，也就是教他們一九四九年以前的黨史，包括外語系、化學系、地理系。其中，當時外語系的課代表華君鐸後來擔任了中國駐澳洲大使。地理系則有一位僑生林瓊椿，是印尼泗水的僑生，當時華東師大的校籃球隊隊員，九七後我一到紐約，有一次演講，他到現場來見我，大家不勝感慨。

華東師大的革命史課，要求鑽研毛澤東著作，與人大看重史料不一樣。有時要集體備課，寫文章則是集體創作，我不喜歡「集體」，但要假裝投入，很難受。還好，我不需要執筆。

革命史教研組的同事很拘謹，彼此無法談心或開玩笑，我不喜歡。看到同事備課很辛苦的樣子，言語間似乎時間都不夠分配。可是我備課很快，因此不明白他們是怎麼一回事，但也要裝出很忙的樣子，唯有常常鑽到系裡的閱覽室，翻閱中共革命時期的出版物，例如大革命時期的《嚮導》雜誌與延安時期的《解放日報》影印本，了解一些我原先了解不到的東西。不過我想，這也是犯忌的事情，因爲上面一直教導，最要緊是讀毛澤東的原著，我卻到處涉獵，非常不符合他們的保守心理。

我住在學生宿舍不久，知道師大一邨（一邨在側門，二邨在後門，都是教工宿舍）有空位，趕緊搬了過去。一個房間三個人，一位是李志鴻，蘇南金壇人，系辦公室的職員，比我大十幾歲，群眾，屬於「舊職員」，講話比較謹慎；另一位是吳克，馬列主義教研組的，蘇南宜興人，雖然是黨員，但是農村出身，爲人爽朗。兩位都不是打小報告那種人，所以與他們住在一起很愉快。經常來聊天的，不是我的教研組同事，而是其他教研組的，例如馬列教研組組長姜琦，黨員，爲人隨和，可以海闊天空的交談；政治經濟學教研組的沈仲棻，很有男生脾氣，打扮就不是工農幹部，已超齡退團；該系的陳錦屏是廣東人，也常來。

我在上海買了一個相當好的收音機，聽新聞與音樂，室友沒有排斥。那時中國乒乓球隊在國外表現出色，我們常常聽實況轉播；也常常聽中央台播送中共中央批判蘇共修正主義的文章。也是在這裡，我比較多的拉手風琴，但是我只拉外國曲子，當時還比較寬鬆。

與我一起分到華東師大政教系革命史教研組的，還有一位汪梅琪，她是五班的，調幹生，因爲是上海人而分配到上海；原來似乎在軍隊做譯電員，丈夫是軍人。我們不是華東師大自己培養出來的，也不大馴服，因此都有被排擠的感覺。不過不久她就被調到北京中央民族學院，與原本在新疆的丈夫團聚。

除了分配在上海的同學偶爾會見面以外，我與如璧在第一個寒假就到南京探望許光根，他是結婚以後考上人大的，太太虞舜華考上南京大學中文系，到過人大探親，所以我們都認識。他回浙江老家，也會經過上海敘舊。二班有位田式祖分配在安徽合肥，他是轉業軍人，媽媽在上海，寒暑假也會在上海見面。我們除了互相轉抄黨史方面的內部資料，還交流聽來的小道消息。上海在這方面扣得很緊，幾乎沒有直接傳達過中央領導人的講話，即使傳達，也已經被市委消化，聽不到原意。例如劉少奇對大饑荒的「三分天災，七分人禍」評價，就是老同學敘舊時聽來的。還有就是中央領導人對中蘇關係的內部講話，當時中共發表〈列寧主義萬歲〉公開中蘇分歧，因此我們政治學習要討論中蘇分歧對國際共產主義運動是前進了，還是倒退了？這些上海一概沒有傳達。

但是也有例外，難得聽過華東局（不是上海市委）宣傳部副部長俞銘璜的報告，挖苦極左路線，妙趣橫生。例如他說：枕頭套也繡上「鼓足幹勁，力爭上游」的總路線，我們上床就是要休息睡覺，鼓什麼勁啊？聽眾當然大笑。後來文革爆發，我首先想到他，一定挨批。但是沒有看到他的消息。

我在政治學習時不小心會說出對這些問題的看法，實際上反映了黨內高層的鬥爭。當時華東師大黨委書記常溪萍有時也會來聽。他是艱苦樸素、深入基層的領導幹部，山東人，也是上海市委教育衛生部副部長（部長是復旦大學黨委書記楊西光），我的思想一貫右傾，對保衛「三面紅旗」態度不鮮明，可能也成爲我後來被調走的禍根之一。

飢寒上海

在北京的最後一年，因爲是學校生活，脫離外界社會，加上國家政策對城市的照顧，所以對大饑荒的感覺還不深刻。但是到了上海，「飢寒交迫」似乎就迎面而來。

我住的學生宿舍朝北，冬天很冷。當時有個規定，黃河以北，冬天供應暖氣或生煤爐，黃河以南沒有。所謂供應，暖氣是政府統一提供，而煤爐所需要的煤球或煤餅，也要憑證供應。上海不但在黃河以南，還是江南，所以冬天再冷，乃至下雪，也沒有任何取暖設施。加上因爲大饑荒到來，缺少食物，尤其油水，所以那個冬天簡直是飢寒交迫。因此除了原有的絲棉襖，還穿上絲棉褲，以及棉鞋。這都是在北京所沒有過的。

更糟糕的是，我被分配到學生宿舍，與學生「同吃同住同勞動」。在學生食堂吃，沒有什麼問題；住學生宿舍，指的是與學生住在同個樓房裡，是幾位年輕教師合住一個房間，晚上十點鐘以後還要巡視，看學生關燈睡覺了沒有。還好學期結束後搬進師大一邨朝南的教工宿舍。

在師大一邨雖然吃飯在教工食堂，吃的與學生也沒有兩樣。那時的飯叫做「雙蒸飯」，比一般煮出來的米飯更加膨脹，似乎多了一些，但那是心理因素。實際上這種飯鬆鬆的，也缺少米香，營養是否打折扣，不知道。除了雙蒸飯，就是「爛糊麵」，也就是水煮麵條，加點黃爛菜葉，把麵煮成糊狀。爲了防餓，食堂擺了幾大桶醬油湯，任灌，可以把肚子撐飽，當然也很快就餓。不過那時大豆要出口換外匯，我們的醬油據說是頭髮做的，所幸「身體髮膚，受之父母」，因而也沒有怎樣排斥。這種醬油兩角四分一斤，裝在桶子裡，我們拿著一斤裝的空瓶子去油醬店零買。註明黃豆做的醬油，七角多一瓶，瓶子有商標，一般在食品公司買。當時我們在市場是買不到黃豆的，要十七級（科長）以上幹部才有配給。

還好我們一人有四兩的糖票，買砂糖是四兩，買糖果可以買半斤。所以我是買了糖果，每頓飯後再吃一粒糖果墊肚子。

那時除了糧食、糖，油與肉也是憑票供應。我們單身漢是集體戶口，油與肉就混到食堂裡去了，好像是一人一個月半斤油、半斤肉。當然吃進肚裡的一定比定量少。

據說，飄在水面像浮萍一樣的小球藻高蛋白，因此麗娃河上遍佈此類植物，最後有沒有給我們吃，我不知道。因爲肉類缺乏，鼓吹養兔子，黨報介紹兔子肉高蛋白，簡直就是天上有、地下無的好東西，熟食店也賣兔子肉，不必肉票，但是還是沒有多少人去吃。

一九六一年初的春節，我與如璧去南京玩，與許光棖相聚時，在新街口的大三元居然可以吃到芝麻湯糰，一碗四粒兩塊錢，也就是超過我們一天的薪資收入，我們還是眼睛發直叫來吃了。

不久主管經濟的中共元老陳雲推出「三高」（高價糖果點心、高價飯館、高檔的高價工業品）政策來回籠貨幣，減輕市場壓力。

高價買得到好過什麼都買不到。於是高級館子、高級食品紛紛出籠。雞蛋一隻五角，水晶包子（白糖豬油餡）也是五角一個。有一次我與如璧到南京東路，也是大三元解饞，原來叫了清炒牛肉四元一碟，後來看到駱駝肉只要兩元六，於是改叫駱駝肉，這是我第一次，也可能是最後一次吃駱駝肉，比牛肉粗，羶味重。當時貧富差距不算太大，但是我與如璧算是「菁英階層」，也只捨得吃這一次而已。

因爲營養不足，很多人得了浮腫病。我沒有，因爲我算是「特權階層」。我在復旦大學的姨丈周同慶是一級教授、學部委員，不但薪資高，還有特殊優待，可以到錦江飯店附近的政協俱樂部進餐，那裡不收糧票，還有許多美食。週末我從華東師大回到復旦，常常隨他們到政協俱樂部吃飯，最常點的菜是紅燒蹄膀。因爲六天沒油，星期六晚上加油，星期天晚上回學校後就常常瀉肚子。但是這點完全不能阻擋我的胃口。

再者，我的華僑身份後來也成爲特權階層，當然，要有「外匯」。所謂外匯，就是海外寄來的外幣，兌換人民幣後可以得到一定比例的布票、糧票、肉票、油票、糖票等等。另外上海市還開了一家華僑商店，後來也叫友誼商店，座落在南京東路、浙江中路口的第一醫藥公司樓上。當然是要憑證入場。裡面可以買到外面買不到的物品，價格當然也可觀，如果有票無錢，去了也沒用。

除此之外，媽媽從印尼回國，通過香港帶來一大籐籃的物質，那個籃子有一米多高，直徑也近一米，上寬下窄。裡面主要是吃的東西。其中我最歡迎的是一罐罐豬油，撒到爛糊麵上，香氣撲鼻。其他有奶粉、可可粉、砂糖、糖果、還有維他命、魚肝油等。還有一些日用的「奇技淫巧」。姨媽他們不大肯拿這些東西，我拿了會與同事與朋友共享，尤其是食品。那時，同事中的王松老師因爲肺病在虹橋療養院療養，我就把五百粒裝的魚肝油送給他。

這些東西要抽很重的稅不必說，那些罐裝的東西被打開檢查以後，還會沒有蓋緊而倒出來，不但心疼，也把整個籃子的東西都搞髒了。我心裡只是認爲海關關員不小心，但是郵包常常這樣，我就覺得他們有意這樣做。即使不是政策，也是嫉妒心使然。

那時，因爲印尼排華，我的弟弟也在一九六〇年夏天回中國了，他被分配在福建的集美補校。好不容易，也是透過楊新容校長（那時他已調到集美補校當校長），將他調來上海，就讀於閘北區延長路的上海機械工業學校。

在大量物資寄來後，媽媽也在一九六一年夏天再次來上海探親。那時很多華僑或僑眷因爲熬不住饑荒而申請出國，媽媽問我要不要出國，我拒絕了，發出要與祖國同胞共患難的豪言壯語。弟弟沒有我「革命」，自然不習慣這樣的生活，加上他剛到集美補校時，有一個同學丟了錢，懷疑是他拿的，班級裡「幫助」他，當然就是批鬥形式，讓他非常寒心，所以由媽媽幫助他申請出國，到了香港。當時我的處境很尷尬，因爲他出國，即使是正式申請，也類同「叛國」，有這樣一個弟弟，會影響我的「進步」，因此自然不會表示同意，但是到底是自己的弟弟，也沒有強力攔阻。不過後來我出國與弟弟重逢時，他還抱怨我罵他「叛國」，我可是記不起，可能言不由衷，只是爲了表態而已。

媽媽這次回來，給我帶了一部大概只有三、四吋長、一吋多厚的索尼半導體收音機，這是我第一次見到的半導體收音機，非常高興。後來看到中國把一切成就都歸功於「毛澤東思想」，非常反感。因爲一九五五年我離開印尼時，出口到印尼的日本製品主要是模仿西方先進國家的產品，例如樣子很像派克筆的鋼筆，價格非常低廉。六年後卻有了我以往從來沒有見到過的半導體收音機。

但是收音機電池很快就沒電了，那是長方形電池，在中國沒有見到過，自然也買不到。我要求媽媽寄電池給我，她寄來了，同時也有一些肉鬆。海關通知我，電池被扣，只能繳稅領取食品。我向黨支部的同事投訴，既然收音機可以進口，不讓電池進口什麼意思？於是我連肉鬆也沒有去領，以示抗議。可能也因爲這次闖禍，讓「組織」覺得我沒有與黨一條心。

當時上海的供應好過其他地區，因爲要保證工業生產，而上海是全國最大的工業城市，所以中央政府不但要保證供應，上海也以特有的經濟優勢，以自己的工業品交換其他地區的農副產品，尤其是上海外圍的江蘇省。即使當時是計劃經濟，還是有些可以私下交換的漏洞。所以當時上海的供應算是全國最好的，連北京都比不上。

那時上館子吃東西時，外面還是有乞丐等著，例如吃餛飩，一離開他們就衝進來，端起已經被吃光的碗碟去舔剩下的「油水」，當時我覺得很噁心，聽同事說，很多都是安徽來的乞丐，還得公社批准開介紹信才能出來行乞。我在北京讀書時，也聽說天津附近的寶坻有專門冬天農閒時出來行乞的，那時說他們不是窮，而是習慣。因此我也以爲安徽來的，還得有特權才能出來行乞，根本不知道哪裡已經餓死許多人。

我們教研組的一位黨支部委員是安徽碭山人，皖北是重災區，他不可能不知道家鄉餓死人，但是沒有人對我說。一直到一九七六年我到了香港後，才逐漸了解到大饑荒的慘狀，而且根本不是什麼自然災害與蘇修撤走專家。我不但因爲被騙而憤怒，也爲那時享受特權而不安。

有一次，許光根從天台的鄉下回南京，在上海與我們見面，他憂鬱的說，自己的妹妹出嫁了，因爲家裡沒有吃的，只能嫁出去。這種嫁法，自然不是自由戀愛，也談不到幸福，才會引起身爲哥哥的痛苦。

一九六四年暑假，教研組長王愛玲找我，說化工局的一個學校亟需政治教師，要調我去那裡，還說那裡缺少骨幹云云，意思我去那裡將承擔大任也。我對是否做骨幹並沒有什麼興趣，但這是「組織分配」的革命需要，我豈能抗拒？我二話不說，第二天就到新單位報到。

我寫信告訴許光根，他把他們學校傳達的中宣部文件抄了一份給我。那是關於清理政治教師隊伍的通知。我明白，我被華東師大清理了。那時大饑荒已過，階級鬥爭的聲浪遂日益高漲，我這樣一個比較「自由主義」的人，自然難逃清理，何況還有反右的污點。雖然無可奈何，但是我一向是去適應環境的，也就逆來順受了。

也就是這一年春天，我在華師大幹部參加勞動時，在食堂爬梯子打掃天花板的灰塵後，引發我的哮喘重發，是回國後的第一次，可能是灰塵引發，也可能是集聚在上面的一氧化碳引發。總之，以後每年發作幾回，非常辛苦，嚴重時幾乎想跳樓解脫，因爲那時中國還沒有可以緩解氣管痙攣的腎上腺素噴霧器。

化工學校

新的學校叫做半工半讀化工機械學校，是新的校名，原來叫化工技工學校，前身是冶金技工學校，再前是司法幹部學校。總之，從司法局轉到冶金局，再轉到化工局，是隨著黨的中心任務轉變學校性質：在中共八大「階級鬥爭熄滅論」以後，司法學校解散，輪到大煉鋼鐵發威，鋼鐵退燒後，就轉到新興的化學工業了，它是爲化學工業製造機械。

學校地點在北寶興路三三一號，屬虹口區；對面雙號則是閘北區。不過因爲是虹口區的邊緣，因此也屬於工業區了，虹口區原是日租界，多爲住宅區。學校門口有一條小河，因爲周圍都是工廠，因此河水很髒，生物無法存活。因爲要過橋才能進學校的大門，也就比較「壯觀」，就像有一條護城河。

所謂半工半讀，就是一半是上課的教室，一半是工廠的車間，學生從初中畢業生招進，讀三年畢業成爲技術工人。學生一個星期上課，一個星期實習。培養的技術工種包括鉗工、管工、儀表工。但是車間裡還有車床、刨床、磨床等設備。除了技術課，「理論課」上數理化、製圖、語文、政治課。

文科教師主要從司法學校遺留下來的。其中我所在的政治教研組有四位女性，組長是黨員，其他不是，還有老教師，大家相處都還可以，但很沉悶。每個年級還有政治輔導員，都由團員出任，與我們在一個大教室辦公，他們幾乎都是留下來的本校畢業生，所以都很年輕。

比較重要的是語文教研組，全是男性，彼此可以高談闊論。但是兩位是「摘帽右派」，比較寡言，一位是華東師大教育系畢業的張一川，一位是年紀最大的蕭開權，四川人，是台灣共產黨黨員，二二八後逃回來，不幸反右時只是一句無關緊要的話就被打成右派。廖開銓則是解放前的律師。唐先瑨是湖南人，弟弟據說叫做唐先球，已是國民黨的將軍。還有一位朱湫元是蘇北靖江人，爲人爽朗，與我最談得來。組長是華東師大中文系畢業的季忠仁，蘇北人，團員，住在浦東的棚戶區，根正苗紅。按照中共的政治標準，這個教研組情況複雜。我開始還有戒心，但是文革當中與他們觀點相同，所以後來關係不錯。

學校的黨組織是黨總支。黨員裡有兩位特別人物，一個是副校長凌文英，聽說是陳毅元帥的警衛隊長，因爲在無錫太湖的幹部療養院擁吻女同志，犯了錯誤才調來我們這裡。但是二〇一二年第二期《炎黃春秋》的〈知情者談饒漱石〉一文，看到他們訪問凌文英，才知道他原來是饒漱石的警衛隊長，也許後來調到陳毅那裡。另外一位團總支書記杜貴珍，則是文革期間林彪愛將、空四軍政委王維國的妻子，山東人，文工團出身，熱衷文娛活動，曾經排演當時紅極一時的歌劇《江姐》，她後來隨著林彪的下台而消失。

與華東師大不同，這間學校有較重的本土氣息：第一，屬於上海本地的基層單位，與華東師大的象牙塔不同，教育水準比較低，可以接觸許多工人與小市民；第二，彼此間交談多用上海話而不是普通話；第三，政治氣氛沒有那樣濃厚，較多談吃談穿。工人談男女關係比較隨便，不像知識分子那樣虛僞。還有一位教技術的車間老師在大饑荒時，憤於食堂炊事員在賣飯菜時同一樣多的糧票給幹部大的饅頭，給他小的，於是把大小饅頭拿去秤，比較不同重量掛出來寫大字報表示不滿，轟動全校。這些，都讓我世俗化，包括可以說些粗口，這是難得的經歷。

成家無室

我於一九六六年一月結婚，妻子名叫濮洪平。這段婚姻靠「媒妁之言」。媒人是她的姑媽濮之珍，當時是復旦大學中文系講師，因爲與姨媽認識而談起。那時候洪平還在上海師範學院中文系讀書，我是一九六二年她讀三年級時開始交往。她長得不錯，鼻子很挺，我的同事問我她是不是新疆人？她的姓氏雖然少見，卻沒有表明與少數民族有關。她出生在一九四一年，爲何叫「平」而不是女性常用的「萍」？原來那年因爲抗戰，他們從安徽老家一路輾轉到四川，輪船在萬縣遇到日軍空襲，死裡逃生平安產下了她。我也是重慶出生，說來也有緣份了。

我們當時對婚姻的看法很簡單，那是公式化的教育，叫做建立社會主義新家庭。因此所謂志同道合者，只要不是反革命或不革命，都是志同道合可以結爲「革命伴侶」。因此長得漂亮自然最好，而她的家庭也不錯，爸爸章荑蓀（隨母姓）是上海師範學院（現在的上海師範大學）中文系的副教授，元曲專家，因此我也滿意，雙方就開始交往。

洪平小學、中學都在師院的附小、附中就讀，可說沒有離開過家庭，因此對家庭的依賴性比較強，性格內向，沒有那樣能幹、精明，但是老實、正直。那時什麼都是「依靠組織」，又不要向上爬，是否能幹、精明有何關係？交往期間我從大學被降職到半工半讀學校，她完全沒有任何計較與牢騷，讓我很放心。要緊的是她性格溫和，所以我們的關係順利發展。

洪平一九六四年畢業，上海師院培養本市教師，沒有分配到外地的問題，她就分配在盧灣區南塘中學，其實已經是接近環境比較差的南市區工業區，那裡只有初中，她的性格適於與小朋友打交道，所以對這個工作也沒有什麼好挑剔的。

我們談戀愛不久，中共又開始抓階級鬥爭，連篇累牘批判資產階級思想，小說裡有些非常微小的色情暗示，也被批判。所以即使是情人，在外也不敢手牽手，唯恐被說成是「流氓」。還好他們家裡比較寬敞，有時就在她爸爸的書房裡聊天談情。所謂「婚前性行爲」，那個年代很難發生，不但被認爲是流氓行爲、亂搞男女關係，會被公開，受到嚴厲批判，也幾乎沒有可以提供的場所。要解決性問題，就得趕快結婚。

我們決定一九六六年春節結婚。我向學校申請房子。不像華東師大有自己的宿舍，我們學校向化工局要，雖然我是僑生有「照顧」，卻分配在西藏南路上，也是靠近南市區的地方。那時結婚都是分配一間房間，因爲是舊的石庫門房子，沒有廁所，大小便用木製馬桶，每天一早有人推著車子搖鈴來收屎尿。這是我沒有經歷過的事情，所以沒有接受「組織」的好意而情願再等待有抽水馬桶的房子。洪平家裡就讓出一間房給我們當新房。他們家是高級知識分子，有一套房子，兩大間一小間，還有廚房與大衛生間（有浴缸）。原來一個大間是她爸的書房兼客廳，書房就搬到只有一坪多大的小房間裡，還擺上一張小床給她讀大學的妹妹週末回來睡。

結婚很簡單，就在家裡邀請親戚吃頓喜宴而已。我是大姨作爲代表，他們除了家人，還有姑母姑父（蔣孔陽，文革前就以修正主義美學被批判），叔叔嬸嬸。同事與朋友都是分喜糖而已。

那時「革命婚禮」沒有送金飾的習慣，可是我的僑生身份，媽媽託人帶了金戒指、金手鍊與金項鍊給洪平，乾媽也送一個金戒指給洪平。（那時中國的政策，金飾准進不准出。）我們在南京東路最著名的王開照相館拍了婚照。那時也不興婚紗與西裝領帶，洪平做了一件桃紅色的絲棉襖，我則在最好的服裝店培羅蒙（南京西路大光明電影院後面）做了一套藏青色的呢製中山裝。家具是在南京東路有名的家具店水明昌買的。

上海師院屬上海縣，算郊區戶口，憑票的物質供應比市區差，而且郊區戶口不能轉入市區，所以我沒有把戶口遷到師院，而是留在學校的集體戶口裡。爲表示自己結了婚卻沒有房子，所以在學校的集體宿舍佔了一個床位，與朱湫元共住一室。雖然大部分時間沒有來，因爲有這個房間，可以睡午覺，如果開大會要逃會，也可以窩在房間裡，所以好處很多。

不過從師院到學校上班，路程可長了。雖然只搭兩部車，可是幾乎是兩路車的全程。經過上海縣、徐滙區、盧灣區、南市區、黃浦區、閘北區、虹口區。也就是要穿過七個區縣，單程路要走一個多小時。還要經過漕溪路龍華火葬場與化工學校附近的西寶興路火葬場，因此我每天上下班要經過四次火葬場，閻王爺大概對我也不感興趣了。

文革期間當工人時，還要做早中班，中班半夜十一點下班，工廠附近有公興橋菜場，轉車地方有大興街菜場，都有半夜照顧中班工人的攤檔，有時還可以買到平時不易買到的魚類、豬肝等。因此買菜也成爲我的任務。

本來我以爲這是暫時住在女方家，因爲社會主義的光明前途難道沒有我一個不必用木製馬桶的宿舍？哪裡想到半年後爆發無產階級文化大革命，眞的就此沒有我的家「室」。

八，文革狂飆

結婚後我只滿足於娶個好妻子，過自己的小日子。當時最高的精神生活也只是想買一部唱機。結婚以前就在西藏中路的音樂書店買了好幾張唱片。然而一九六二年九月中共八屆十中全會上，毛澤東再次強調階級鬥爭，諸如「階級鬥爭，一抓就靈」，「階級鬥爭要年年講、月月講、天天講」的《毛語錄》鋪天蓋地。對我們這些犯過右傾錯誤的人來說，一聽心裡就發毛。尤其在開展「社會主義教育運動」，以及毛澤東對文藝工作的多項批示發表以後。

點燃引線

一九六三年夏天，一位同學寄來手抄的〈關於目前農村工作中若干問題的決定（草案）〉（簡稱〈前十條〉）；認爲當時中國農村中出現了嚴重的尖銳的階級鬥爭情況，要求重新組織革命的階級隊伍，開展大規模的群眾運動，打退資本主義和封建勢力的猖狂進攻。不久又傳來〈關於農村社會主義教育運動中一些具體政策的規定（草案）〉（簡稱〈後十條〉），一方面強調「以階級鬥爭爲綱」，另一方面又指出團結百分之九十五以上的農民群眾和農村幹部的重要性，規定依靠基層組織和基層幹部，以及正確對待地主、富農子女等政策。從政策角度看，後者又有點在糾正前者的「左」。

社會主義教育運動也叫「四清運動」。前十條叫「小四清」，即清賬目、清倉庫、清財物、清工分、清工作。後十條強調階級鬥爭，「四清」內容變爲清政治、清經濟、清組織、清思想。這是明確的政治運動，帶有反右的性質，但也防左，這是中共一向的「辯證法」，由當權者來決定該突出哪一點。這些文件我在上海都沒有聽到傳達，好心的同學怕我跟不上形勢而寄給我看。爲此，我隱約感到中央有鬥爭。

化工技校後來傳達了劉少奇妻子王光美「桃園經驗」的報告，感覺也是反左，雖然本身也是左的。但是當時沒有意識到這是毛澤東與劉少奇之間的鬥爭，而且這場鬥爭也很快捲到城市裡來。因爲毛澤東接連發表對文藝工作的批示，例如「許多共產黨人熱心提倡封建主義和資本主義的藝術，卻不熱心提倡社會主義的藝術，豈非咄咄怪事」。用詞之刻薄，讓人心裡不安，到底發生了什麼事情？

也是這段時間，例如一九六三年號召學習雷鋒，次年學習河南蘭考縣委書記焦裕祿，他們的共同點都是學習毛澤東著作。此外還大樹一堆學習毛澤東著作的標兵，以及《毛主席語錄》的出版，還有《毛澤東著作選讀》甲種本、乙種本的出版，在社會上掀起毛澤東的造神運動。主管軍隊的林彪也聲望日隆。

一九六五年一月〈農村社會主義教育運動中目前提出的一些問題〉的通知（簡稱〈二十三條〉），明確提出「這次運動的重點是整黨內那些走資本主義道路的當權派」。自己還暗自慶幸不在農村，也非當權派，或可避過一劫。但是誰也沒有想到，運動很快從農村發展到城市來了。十一月姚文元的〈評新編歷史劇《海瑞罷官》〉出籠，顯然指向文化藝術界。但是我們學校基本上是工業部門，所以並沒有像文教單位那樣產生強烈的反應。

在農村派工作隊進行社教運動後，城市的工廠企業也派工作隊進駐。一九六六年春，化工局的四清工作隊也進駐我們學校開展社教運動。工作隊由一位局領導帶隊，但是成員也有外單位的，因爲有一位成員是五七〇三廠的，這種用數字標識的單位是軍事單位，該廠在上海很著名。那位成員姓王，戴副眼鏡，知識分子樣子。

工作隊進駐本校，意味著學校的領導全部「靠邊」，只能從事維持日常運作的工作。依照以前的規矩，我們都是被審查的對象。我剛來不久，人事不熟，謹言慎行，應該不會挨整，但是我不知道我調來這裡時，會不會有我在華東師大的「黑材料」放在檔案裡一起過來。因此我主動找工作隊的這位成員，談我對「三面紅旗」的看法，包括天災人禍的問題，承認自己對「三面紅旗」有糊塗認識。奇怪的是這位隊員完全沒有「教育」我，談完後大家和和氣氣分手。莫非他自己心裡也知道「三面紅旗」闖了大禍，只是對外還要硬撐？

但是工作隊進駐不久，還在摸底階段，沒有好好開展工作，五月二十五日就爆發北京大學聶元梓等七人的所謂全國第一張馬列主義大字報，緊接著清華大學附屬中學成立了紅衛兵。六月一日，《人民日報》發表〈橫掃一切牛鬼蛇神〉的社論。同日，經毛澤東批准，新華社播發聶元梓那張大字報，讓全國充滿緊張氣氛，因為誰也不知道，到底哪些人是「牛鬼蛇神」，既然需要「橫掃」，人數自然不在少數，自己會不會被捲入？

這個關鍵時候，毛澤東有意離開北京，讓主持中央工作的劉少奇、鄧小平抽調中央各部委幹部組成工作組進駐各個大學來控制局面，連劉少奇夫人王光美也帶隊進駐清華大學。他們遵照一九五七年的反右模式，對「出洞」的「反動學生」與「資產階級知識分子」進行鎮壓。因為我們學校的性質，加上本來就有工作隊，因此雖然也略有波動，反應並不強烈。緊接下來就是毛澤東出來批判資產階級反動路線，八月五日發表著名的〈炮打司令部〉，不點名炮打劉少奇。劉少奇也自稱「老革命遇到新問題」做檢討，學校的工作組全部撤走，我們學校的工作隊也撤走，於是進入「群眾自己教育自己」的「自己鬧革命」階段。

牛鬼蛇神

八月八日通過並發佈〈中國共產黨中央委員會關於無產階級文化大革命的決定〉（簡稱〈十六條〉），規定了文革的目的與基本方針政策：「這次運動的目的，是鬥垮走資本主義道路的當權派，批判資產階級的反動學術『權威』，批判資產階級和一切剝削階級的意識形態，改革教育，改革文藝，改革一切不適應社會主義經濟基礎的上層建築，以利於鞏固和發展社會主義制度。」並做出了「『敢』字當頭，放手發動群眾」，「讓群眾在運動中自己教育自己」。與〈二十三條〉一樣，〈十六條〉明確提出「這次運動的重點是整那些走資本主義道路的當權派」。〈十六條〉也主張「要用文鬥，不用武鬥」，大多數幹部是好的與比較好的。我最關心這點，是因為要評估自己是否會成為這次運動的對象，甚至受皮肉之苦。但是在洶湧澎湃的群眾運動面前，任何規限都被打破。

各個單位的當權派，為了避免自己成為「走資派」，根據他們掌握的人事檔案材料，抛出一批「牛鬼蛇神」做替死鬼給民眾批鬥。所謂「劉鄧資產階級反動路線」就是這樣做的，以便自己可以逃之夭夭。造反派則「牢牢掌握鬥爭大方向」，抓住「走資派」猛打。這當然就是毛澤東為打倒「劉鄧黑線」的手段，客觀上也符合我們小民的利益。同時，我也真的希望中國會出現一個公平、正義的社會，這也是當時毛澤東的號召得到熱烈響應的重要原因。

但是看到文革那種過激做法，不但對付走資派，尤其強調階級成分，什麼「老子英雄兒好漢，老子反動兒混蛋」，心裡也不爽。當時中央文革小組也不贊成這個口號，所以北京市高幹子弟組成的「聯動」、「西城區糾察隊」等紅衛兵組織被打壓，因爲他們阻礙了毛澤東奪權的戰略部署，所以那時我對毛澤東還是寄予期望，希望文革走上正軌。

七、八月間，北京紅衛兵到上海煽風點火，所以上海各個學校紛紛模仿北京模式，成立紅衛兵組織與「戰鬥隊」。我們政治教師不可能無動於衷，於是我與辦公室裡的幾位「紅五類」的年輕政治輔導員成立「千鈞棒戰鬥隊」，取毛澤東詩詞裡的「金猴奮起千鈞棒，玉宇澄清萬里埃」的造反精神。

我們學校的性質與規模，決定不會太快反映社會上的文革情況，也不會參與社會上的大型事件。但是以我的經歷，不可能對文革漠不關心，而是密切關注北京的情況與社會上的反應，從批判「三家村」，批判「清官」，橫掃一切牛鬼蛇神，到毛澤東的「炮打司令部」，我都密切觀察，做出應有的判斷，並且把「自保」作爲最高原則。因此不可能不參與，但也非常小心，避免太出頭而身陷險境；基本上是「隨大流」，但也謹守良心的本分。

那時，因爲停課鬧革命，上下班比較自由，我還是準時上班，下班有時就會提早一些。八月下旬，北京紅衛兵走上街頭「破四舊」，二十三日《人民日報》發表社論說「好得很」，當天上海紅衛兵上街破四舊，有同事上班對我說，路上有人剪行人的小褲腳管（被認爲是流氓阿飛穿的「奇裝異服」）。於是我下午提前下班，在北京路河南路口下車，走到南京東路，再一路走到南京西路，觀看紅衛兵的「戰績」。

這時只見一些老字號的商店招牌都被卸下，有的被敲爛，有的燒成灰燼，另外貼上一堆標語與新的革命招牌，琳瑯滿目。給我印象較深的是，協大祥綢布莊的大牌子被丟在地上，絲綢被當作是資產階級的用品；在永安公司貼出的大標語是「有資本家的永安，就沒有工人階級的永安」；在南京西路的上海市政協長長的鐵欄杆上，掛出的橫幅標語記得是：「政治豈可協商？政治是階級對階級的鬥爭。」淮海路我沒有去，後來知道我最喜歡的西式點心店「哈爾濱」先被改成「工農兵」，後來再改成「井岡山」。還有一家著名售賣中式點心店的喬家柵，也幾經改名為「江南春」。

當時一些寺廟、古蹟被封起來保護，例如城隍廟的豫園。但是徐家匯的教堂，頂尖部分與十字架被剷平。與其他地方比較，上海的破壞還是比較小，大概因為文化程度較高，是舊「十里洋場」的原因吧。

破四舊掀起改名風潮，北京東交民巷因為是使館區而被改名為「反修路」（當時只有「社會主義國家」的使館，沒有與西方國家建交）。香港則被改名為「驅帝城」。更有紅衛兵認為紅色象徵革命，因此要扭轉交通號誌的觀念，紅燈應該通行無阻，綠燈則是停車。正在人們猶豫不決是否該這樣做的時候，總理周恩來親自出面阻止，才避免釀成交通大亂而出人命。

當時無限上綱到什麼程度呢？大字報與紅衛兵小報不斷出現通緝令。例如那時中國剛會製造塑膠鞋，尤其是夏天流行塑膠涼鞋。紅衛兵發現鞋底的圖案有個「工字」，便說這是把工人階級踩在腳底下，於是通緝鞋子的設計者。又如，某圖畫的旗桿上有一面紅旗，但是旗幟是向東飄的，與毛澤東「東風壓倒西風」的最高指示唱反調，作畫的也被揪出批鬥。總之那時人心浮動，不知道什麼時候禍從天降。

我能控制我自己，但是無法掌控我的岳父那裡，他成爲「反動學術權威」。他與師院中文系的唐詩專家馬茂元是好朋友，馬茂元名氣很大，常在《新民晚報》寫文章評論唐詩，因此最早受到衝擊；他們系裡很早挨鬥的還有《上海：冒險家的樂園》譯者包玉珂，他在內部鬥爭會上，已經被迫在地上爬行一圈。

相對北京，上海算是文明了。根據紅衛兵小報的報導，北京的大學「反動學術權威」是被迫爬進飯堂裡，在痛罵自己一頓後，才由紅衛兵「賞飯」給他們吃。批鬥會上，還要他們跪在碎玻璃上加以凌虐。接著北京就出現打死人事件，然後傳出不知眞假的林彪講話：「好人打好人，誤會；好人打壞人，活該。」紅衛兵當然是好人，既然是誤會或活該，武鬥風氣怎能制止？

我的岳父章荑蓀罪名起初是「漏網右派」，據說一九五七年有一張六人大字報向黨進攻，被師院黨委書記陳雲濤所包庇。還揭發他說過：毛澤東是集古今中外皇帝之大成。此外，解放前他在政治大學教書，政大校長是蔣介石，因此要他交代爲何蔣介石會看中他？加上他把當年學校的聘書放在蕪湖老家，因爲一九五四年的長江大水而被沖走，交不出來，被認爲是窩藏「變天賬」，等待蔣介石回來。鬥他的有紅衛兵，也有本系的青年教師。

這些學者很快被打成「牛鬼蛇神」，每天一早到校門口毛澤東雕像前掛牌彎腰請罪，然後勞動，中午回家吃飯，下午再勞動，晚上回家寫檢討與認罪書，每天在家唉聲嘆氣。我們住在第三宿舍樓下，每當宿舍前面有紅衛兵敲鑼打鼓喊口號走過時，全家神經緊繃會不會到我們家來揪鬥。要到鑼鼓聲逐漸遠去，才放下心來。有幾次果然是來家裡，只有硬著頭皮、低聲下氣的面對「教育、批判」。

由於這些刺激，我的大孩子在這年中秋節生下，比預產期早了三星期，是男孩。文革期間爲孩子取名要很小心，不能有「封資修」的內容，還要防止被人擴大解釋，所以許多取單名以自保。許多家長爲表革命而用「紅」、「軍」、「小兵」、「衛東」等字眼。我不甘這樣做，不想「政治化」，但又不能不顧及當時的社會氛圍，所以爲兒子取單名「斌」，文武雙全之意。

就在洪平做月子期間的一個夜裡，紅衛兵光臨我們家，全家排隊聽訓話，包括教訓我身爲華僑，必須愛國云云。另外有紅衛兵指著我才沒有幾天的兒子是「小牛鬼蛇神」。不過沒有動手，也沒有那麼聲色俱厲，已經大幸。

社會運動自然也捲進我的學校。當時流行「早請示，晚匯報」，學校無法免俗，每天早上八點，大家集合在操場「早請示」，合唱〈敬祝毛主席萬壽無疆〉後，才正式上班工作。至於「晚匯報」，因爲已經回到家裡，鬼才去做。

當時打聽到華東師大文革情況，一些同事被打成牛鬼蛇神，包括與我同一年從北京大學分配到哲學教研組的趙修義。人大共運系一起分配來的施子年是南越僑生，很會拍領導馬屁，我不喜歡他；因爲娶了一位新加坡僑生，比較張揚，被紅衛兵抄家，他的「資產階級生活方式」被拿出來展覽。我想，如果我還在華東師大，肯定也是第一批被拋出來的批鬥對象。所以我被調到外單位，豈不是「因禍得福」？從此我對禍福相倚的「辯證法」有了更深刻的認識。

岳父挨鬥的情況，沒有敢讓我學校裡的人知道，以免受到兩面夾擊。不過，我學校裡的學生也貼老師的大字報了。當時流行「劉少奇反黨反社會主義反毛澤東思想一百條」的大字報或紅衛兵小報，各單位的牛鬼蛇神也紛紛出現×××的一百條。我們學校鉗工班的史姓輔導員因爲平時訓人太多，學生不滿，第一個達標，被學生揪出來戴高帽子遊校園批鬥。我不大罵人，所以大字報只羅列二十三條時，正好毛澤東號召學生進行革命大串連，幾位年輕的輔導員想趁機外出走走，我也熟悉北京，他們要我一起走，和家裡商量後，我也出去串連，那是十月中旬。

「革命大串聯」交通住宿全免費，於是全國學校的師生都出來了。我們搭去北京的火車，本來一天多的行程走了兩天，因爲是加班車。車廂裡擠到無立錐之地，走道站滿人，廁所也站人，有的還爬到行李架上。我們上廁所，是在火車停站時從窗口跳到站台上，用完廁所再爬進來。

到北京後，運氣不佳，沒有分配住在市區的學校裡，而是在德勝門外北郊的沙河鎮農民家裡，不但路遠，我還得根據多年在農村的做法，每天早上到井裡打水裝滿農家的水缸，這時叫做「學雷鋒」了。

從沙河進城的公車，排隊人數嚇死人，我很會走路，就乾脆從沙河走到西單的教育部，找到原來我們班的班主席牟敏昌。這是我們畢業後第一次見面，除了看他們部的大字報，還暢談許多見聞。他後來還被派到中國駐阿爾及利亞大使館工作。

其他同事到處亂跑，我只與牟敏昌見面，也沒有去看其他地方與其他人，人大都沒有去，因為北京擠滿紅衛兵，交通太不方便。重點是參加十月十八日毛澤東第三次接見紅衛兵。我有以前很多次的遊行經驗，所以更多是感受這個「儀式」。很多紅衛兵第一次到北京，第一次見到毛澤東，所以激動到落淚。

這個「盛會」完成後，我就南下武漢。我們班比較要好的同學陳震東分配在那裡的武漢機械工業學院，去找過他。到武漢串連的人沒有北京多，所以舒適多了，這是我第一次到武漢，所以除了去珞珈山武漢大學看看，還去其他地方玩，包括黃鶴樓，東湖。但是因為對家裡不太放心，所以沒有再去其他地方就回上海了。由於火車太擠，也由於天冷了，在火車站廣場的人都頂著棉被在寒風中等候火車。我靈機一動，決定自掏腰包坐船回上海，不必受罪。這個「大串連」不到十天。

兩次抄家

回學校後不久，運動進入「清理階級隊伍」階段。那時近四十歲的人，在一九四九年前已經成年，因此幾乎經過全面的審查，有沒有歷史問題，有歷史問題的，即使以前已經交代過，入了檔案，一樣重新接受審查，甚至再被批鬥。像我們這種基層單位，情況遠比大學知識分子成堆的地方，品流更加複雜，包含社會上奇奇怪怪的經歷，例如參加過三青團與蔣經國的「大上海青年服務隊」，還有小業主、資本家，乃至去過香港的，都被批鬥，可說是人心惶惶。

在鬥爭中，人性的善惡也充分展現出來。尤其是有「問題」而苦惱被批鬥者，會以極左面貌揭發、鬥爭別人來保自己，或者叫做「反戈一擊有功」而出賣別人，我很討厭這種人，尤其是其中的黨員。

群眾運動不但是成人參與，連小孩子也被捲入，因爲階級鬥爭不分年齡、無孔不入。岳父這些人被打成「牛鬼蛇神」後，每天「掛牌」或上衣縫上「反革命分子」、「反動學術權威」等標誌走來走去，無人不知，不但被人指指點點，尤其更是頑童的凌辱對象，在後面吐口水、丟石子。我們住在三層樓宿舍的底層，玻璃窗多次被頑童扔進來的石頭打爛，以發洩他們的「階級仇恨」。我們沒有立即修復，因爲修好後再被打爛。最厲害的一次，房間裡丟進來一枚炮仗，把床單都燒焦了，還好沒有釀成火災。

宿舍的公用電箱在樓梯的轉角處，電閘的保險絲也多次被頑童拔掉。我也因此買好鉛絲，學會如何接上保險絲恢復屋內的供電。

帶頭的是二樓一位黨員、別系系主任的兒子，因爲他們自以爲是「紅五類」。在我們非常窘迫的時候，住在對面的校車司機李師傅見義勇爲，找來木板幫我們把已被打爛玻璃的窗子釘上，他在讀初中的兒子喝住那些頑童，才逐步停止這種惡行。一直到那位系主任被造反的紅衛兵當走資派揪出批鬥後，他們的兒子才老實了，因此我們站在造反派一邊也很自然。

相對這種無組織的破壞，文革初期盛行有組織的「抄家」。目的據說是查抄武器、變天賬等等，但是實際上最有興趣的應該是財寶。這是後來我對文革進行反思後，想到紅軍當年「打土豪，分浮財」，再到「解放」後的「沒收官僚資本」與「三大改造」奪走城鄉有產者的生產資料，現在轉移到比較富裕階層在自己家裡的生活資料，實現社會財產的大轉移。實際上，這當然是「革命」名義下一種光天化日的掠奪行爲。

在岳父受到衝擊以後，知道抄家不可避免，擔心金飾被紅衛兵抄走，因此把結婚的金飾全存到銀行了，留下唯一的項鍊，放在如璧家裡。那時在銀行存金飾，並不是有個人保管箱，而是交給銀行職員，他們寫下收據。所以我們有什麼家底，銀行（當時只有國有的中國人民銀行）瞭然於胸。後來家裡果然被抄家。當時我在上班，完全不知道。抄家是抄我岳父，但是因爲我住在他的家裡，即使在不同房間，有向抄家者說明，也不可避免被株連，抄走我的幾本《新華月報》，我是長期訂戶，文革前的有劉少奇的照片，說我留著準備劉少奇「反革命復辟」而抄走。

但是不久，銀行來電，動員我們賣掉金飾，爲國家做出貢獻云云。我們哪敢不賣，價格由銀行來定，三枚金戒指，以及金手鏈，全部折價九十幾元人民幣，是我的一個半月薪資而已。我們不敢有異議，也等於被國家合法的變相抄走，只留下放在如璧家裡的金項鍊作爲結婚的唯一紀念品，洪平去世後，留給女兒。

復旦大學的姨丈自然也是「反動學術權威」被批鬥，但是沒有師院激烈，家裡也被抄家，抄走好幾隻手錶。但是姨媽沒有對我說什麼。我到了香港以後，媽媽才跟我說，手錶是她們爸媽留下來給她們姐妹的寶物，就像故宮裡展出的那些國寶一樣。文革後期「落實政策」，根據抄走物件時留下的清單記錄，說手錶找不到了，每隻賠人民幣一百元。

一九六八年夏天，全國推行「革命大聯合」，形勢沒有初期那樣混亂，但是家裡居然第二次被抄家，當時我被關進毛澤東思想學習班一個月「學習」，一個星期才能回家一次。有一次回到家，說家裡又被抄了。這次，我的照相機與手風琴都被抄走，幾年後「落實政策」還給我，照相機的鏡頭已經發霉，手風琴也因爲潮濕而走音。只要保住生命，這些都是身外物，我沒有任何計較，逆來順受。

在家裡擺「空城計」的時候，有一次回來，發現被小偷潛入，開始沒有發現丟了什麼東西。直到收音機打不開時，才發現裡面的電子管全部被卸走。後來再發現，我的《水滸傳》（一百二十回全本）也被偷走。知道進來的是「雅賊」。魯迅的〈孔乙己〉裡說了，偷書不算賊啊。

當時上海舉辦了資本家的抄家展覽，我們也有組織的去參觀。紅衛兵抄家，連資本家房子的地板都挖開，看有沒有搜藏武器與寶物。紅衛兵抄家還會在抄家對象家裡留守幾天。因爲資本家的少奶奶把珠寶吞下，由於一直沒有大便而引起懷疑，到她去大便以後，才發現糞堆裡藏有珠寶云云。

奪權內戰

「大串連」回到上海後，學校幾乎成爲空城，學生即使沒有去串連，也不大到學校來。但是不久爆發安亭事件，上海工人革命造反總司令部（工總司）北上告舊市委的狀得到中央文革小組的支持，立即揚威上海，甚至影響全國。造反派得到肯定以後，緊接著就是「一月風暴」，以工總司爲主體奪上海市委的權，開始取名「上海人民公社」，但是毛澤東認爲還是叫做「革命委員會」好，於是全國造反派出來奪權，文革進入新階段，舊的黨委已經不是「靠邊」問題，而是被奪權。上海的老保組織赤衛隊被鬥垮，上海市委書記陳丕顯、市長曹荻秋在市體育館批鬥，實況轉播。那時大家還沒有電視，只能聽廣播。

工總司屬下有三個「北上返滬兵團」，我們學校的同事與第一兵團掛鉤，成立紅衛兵以外的「造反隊」。最有影響力的是第二兵團的耿金章。但是這些山頭後來都被削平，先是潘司令（國平）最大名氣，後來則是王洪文第一，因爲他是共產黨員，參加過韓戰。潘司令後來娶了個主演《白毛女》芭蕾舞劇的女演員。文革結束後，他被當作「三種人」判刑，出獄後移民美國，在紐約第六大道的一間商場裡有古董店。我們見過幾次面，二〇一四年他在紐約病逝。

因爲對造反派的肯定，所以率先起來造反的上海大專院校紅衛兵革命委員會（紅革會）也是聲勢大漲，與工總司參與奪權。市紅革會的五個常委中，第一把手趙基會是復旦的，另一位勞元一（中央組織部的高幹子弟）也是復旦的，師院也有兩位常委，負責人是繆財生，但是很活躍的則是是李功佐（女）。可見上海高等院校的文革，聚焦這兩個大學，尤其是復旦。

一月底，紅革會炮打中央文革的張春橋、姚文元，被指爲「炮打無產階級司令部」，由於毛澤東親自保張、姚而受壓。對此，我有強烈的看法：既然是大民主，爲何有些人可以炮打，有的不可以？那還不是被操控下的民主嗎？從此，我對張春橋、姚文元印象極壞。姚文元的爸爸叫姚蓬子，原來也在師院教書，是魯迅筆下的「叛徒」，因此被「保護」離開師院。

工總司與紅革會有造反的「革命友誼」，因爲要對付紅革會，於是上海市委機關「革命造反聯絡站」興起，牽制他們。負責人是徐景賢，南洋模範中學畢業，父親也是師院的老師。徐景賢因爲出身機關幹部，比較聽話，剷平多次出現的內部造反行爲，很得張、姚的信任而被謔稱「徐老三」。上海還成立寫作班子，成爲僅次於北京「梁效」（北大、清華「兩校」諧音的寫作班子）的文革路線積極鼓吹者。

對文革爆發以來出現的過火行爲，我都不斷在說服自己，要看群眾運動的「大方向」，群眾可以通過自己教育自己改正錯誤缺點。但是來自上面的許多矛盾的指示，讓我對中央文革小組出現更多的疑問。

因爲紅革會受到打壓，師院的保守派紅衛兵組織趁機翻身，組織井岡山兵團，以造反派自居。但是這兩個不同紅衛兵組織的行事風格，我也看得很清楚。保守派秉承舊當權派的旨意，鬥爭矛頭指向他們根據黑材料拋出的「牛鬼蛇神」，主要就是「反動學術權威」，還有一些有歷史問題的人；而紅革會則是根據〈十六條〉精神，矛頭針對「黨內走資本主義道路的當權派」。中共權力鬥爭讓我們無辜遭殃，對「老保」自有一股氣，但是中央文革同樣難以信任；到底什麼是「正確路線」？

在中共的觀念裡，權力是命根子，因此造反派必須奪權；二月雖然出現了所謂「全國山河一片紅」，但也出現了老帥們的「二月逆流」。中央的鬥爭也反映到基層。奪權刺激了當年身爲「積極分子」的保守派，因爲贏者全拿，保守派失去一切，怎麼會甘心？因此兩派爆發大鬥爭，由於「老保」名聲很臭，所以許多保守派改頭換面，以造反派面目出現，使局勢更加渾沌不清。

但是更令中共擔心的，卻是由復員、轉業軍人跨行業所成立的「紅衛軍」。這個組織在一九六六年年底前就被宣佈爲「非法組織」而取締。現在的文革研究史料很少談到它，因爲是敏感的議題。中共之所以忌諱這點，因爲復員、轉業軍人都會用槍，也懂打仗的組織訓練與戰略戰術，他們一旦全國性的武裝起來，才是中共的眞正心腹大患。

兩派鬥爭涉及切身利益，因此武鬥開始蔓延。這時的武鬥，與文革初期，只是毆打走資派、反動學術權威不同，而是兩大派的群眾之間的武鬥，因此傷亡更大。加上軍隊以「支左」爲名的介入（雖然明文禁止打一派、拉一派），以致連武器都用上了。這年夏天，江青提出「文攻武衛」的口號，更成爲武鬥的藉口。我熱衷於獲取全國各地出版的紅衛兵小報與不同單位出版的一本本「中央首長講話」，來了解各地的文革情況。對各地出現類似戰爭場面的武鬥感到震驚，尤其是四川，因爲有許多兵工廠，連還沒有給越南的最新高射炮都流出介入武鬥，還有嘉陵江上的水軍武鬥。

師院的兩派鬥爭，井岡山贏不了紅革會，遂拿「反動學術權威」出氣，加強對他們的批鬥。老丈人頂不住而外逃，先到南京，藏匿在我的表姐周憶雲與表姐夫奚樹祥家裡一個多星期。他們夫婦是一九六三年從內蒙調到南京工學院（現在的南京東南大學）。但是那時南京的內戰已經很激烈，樹祥是該校教職員工造反派「南工東方紅」的作戰部部長，當時當頭頭本身就不安全，所以老丈人再逃往北京。

他到北京，找國務院告狀。他的兒子，也是我的大舅子在煤炭科學院工作，他是共產黨員，人緣不錯，沒有怎麼捲入兩派鬥爭，所以岳父就住在他的家裡。但是他走了以後，紅衛兵向我們要人，常常來鬧，於是岳母帶著我的兒子也上北京避難，順便也可以照顧丈人。剩下我們夫婦，爲了避免紅衛兵來要人，洪平住到學校的集體宿舍，我有一陣住到如璧家裡（他的太太回娘家讓位，因爲那時一個房間就是一戶），後來我住到學校的集體宿舍。如璧在我最困難的關頭伸出援手，可謂生死之交。

因爲上海出身的張春橋、姚文元在中央文革小組，上海市革委會都是由他們的人掌控，主管經濟的市委書記馬天水進入「三結合」班子，所以除了基層單位，市一級沒有兩派，經濟活動也是全國最正常的。但是一九六七年夏天，上海柴油機廠的「上柴聯司」與「東方紅」的兩派鬥爭因爲爭取外界的支持而發展爲全市性的事件，結果市革委會表態支持東方紅，出動戴上藤帽、手持棍棒的隊伍，進到上柴蕩平聯司，然後一部部卡車在全市遊行，展示「文攻武衛」的成果。從此，上海牢牢掌握在「無產階級司令部」手裡。

我們學校太小，無法參與社會上的大事件，學校裡雖然也因爲奪權分成兩派，相對沒有那樣激烈。學校的兩派，一派是過去的人事保衛幹部爲主的保守派；另一派是造反派，語文教研組能說能寫，被責爲「右派翻天」，我自然不滿意那些喜歡抛黑材料的黨政幹部，所以參與造反派。但是我的華僑身份相當敏感，所以比較謹慎，沒有站在第一線，主要寫寫揭發走資派的大字報。戰友們很諒解我的處境，由他人把我的草稿重抄一遍，再找人抄成大字報張貼，我的原稿立即銷毀。

語文教研組組長季忠仁是出身貧困的紅五類，因此也進入學校的革委會。他爲人仗義，我們這些「臭知識分子」常常到他的浦東家裡喝酒言歡，談論政治。在熱烈的氣氛中，我也喝上白乾，只要避免空肚子下肚，慢慢喝，我也可以喝上幾兩。我也在那裡吞雲吐霧，感受到「研究研究」與「煙酒煙酒」的眞諦。因爲那個區塊都是蘇北來的無產階級，彼此相處和諧，沒有「小腳偵緝隊」，我們在那裡開「秘密會議」最安全。

各派都要顯示自己是毛澤東的「無產階級革命派」，所以必須揪出走資派來鬥爭。而爲了「大聯合」而組織老中青「三結合」的領導班子，也必須「解放」一批老幹部進入革委會。不同的派系打倒與解放不同的幹部，幹部爲了自保，也傾向不同的派系。兩大派爲了奪權，勢同水火。

我們這一派只打擊名字叫做劉長熙的校長，其他領導幹部是我們的爭取與團結對象。紅衛兵去抄家時，抄到劉長熙的一本日記，就交給我整理批判。他是山東人，一九三八年參軍，「解放後」在蘇州步兵學校任職，他的日記裡有記述他在蘇州城裡，看到穿旗袍與高跟鞋走起路來屁股一扭一扭的女人的描述，非常動心，我們如獲至寶，這是搞臭他「反革命修正主義分子」的最犀利武器。當然還有其他「封資修」東西。這個「重任」交給我，這是比較隱秘的工作，我也樂得做這個不必拋頭露面的事情。

當時學校兩派大打內戰，沒有一張平靜的書桌給我做事情，也不想給人看到我在整理這些材料而成爲對手的主要打擊目標。而我也不敢住在師院，怕紅衛兵來騷擾乃至搶走資料，當時洪平也住在她的學校裡的集體宿舍，她與學生、同事關係不錯，在學校裡非常安全，於是我靈機一動，決定到南京去。

我與憶雲、樹祥關係很好，如同親兄弟姐妹，而且他們家是套房，有我容身之地，所以我決定去南京「度假」後，他們非常歡迎。

我對任何事物都有好奇心理，即使在亂世中也想嚐嚐坐飛機的滋味。那時飛機票雖然很貴，但是上海到南京，比到杭州的更短航程還便宜，想來因爲南京是南京軍區所在地，高級幹部常來回上海，所以飛機班次多，空位也多，遂以便宜價格吸客，票價只要人民幣十一元（到杭州是十三元），我有能力負擔。

搭上飛機後，每人送了一枚毛澤東像章（當時已經相當流行，但是他們送的是很普通的長方形像章），還有一隻蘋果，如此而已。

我在南京住了三個月，秋天過去，冬天回來。除了與表姐、表姐夫相處，也常到南京大學許光棖那裡聊天，還到新街口品享南京的香肚、香腸、臭豆腐。南京的許多風景名勝也都去過了，是我在中國期間，除了上海、北京之外最熟悉的城市。包括遠至燕子磯、棲霞山，我都去過；城內的玄武湖更是去過多次，很喜歡那裡雄偉的城牆；當然也去過中山陵與明孝陵以及太平天國的古蹟。

南京在奪權當中分爲「好派」與「屁派」，造反派認爲「好得很」，保守派認爲「好個屁」，這是當時全國比較普遍的現象。我的親戚與朋友都屬於「好派」，樹祥因爲「東方紅」的作戰部長，後來大聯合需要打擊兩派頭頭而被「隔離審查」關了兩年多，他得以背誦英文字典而在英語方面「大躍進」。

那時南京剛過「八月黑風」，也就是南京軍區司令許世友接下反對「揪軍內一小撮」的口號對造反派反攻倒算的一場激烈內鬥，許世友被稱爲「許大馬棒」（文革前當紅小說《林海雪原》裡一個土匪頭子的名字）。

比起外地的內戰與武鬥，上海眞是小兒科，我們學校也更是小兒科了。學校爆發過小規模武鬥，我因爲沒有在第一線，有驚無險的避過。朱湫元因爲文筆犀利，自稱「鍔未殘」而敢說敢做，被打到鼻青臉腫。我對他也更加敬佩。

而文革對我們學校的最大「好處」，卻是從學校改爲工廠。由學校辦工廠變爲工廠辦學校。這是因爲這時「工人階級領導一切」，工廠比知識分子成堆的學校吃香，學校裡不論哪一派，都贊成學校改爲工廠。學校改爲工廠的更大好處就是，教師與幹部因此每個月都可以像工人階級那樣領取「獎金」。每個人四塊幾，等於變相加了接近一級的薪資，這才是最實惠的好處。在全校師生員工努力下，我們學校遂改名「上海市化工機修二廠」，爲此還從化工機修總廠調了一批老師傅過來，加強我們的技術力量。我們的學校也因爲文革沒有再招生而「消亡」。

九，欲收不能

毛澤東發動文革，在清除劉少奇的勢力後，就在思考如何收場。他以為靠他的個人崇拜建立起來的威信就可以做到。問題是，這個史無前例的群眾運動，就如潘朵拉盒子被打開後，要收場可不是那樣容易了。當時只要毛澤東有一個「最新指示」從「紅色電波」傳來，小者大家寫大字報或開會表示擁護，大者敲鑼打鼓組織遊行，高喊「毛主席萬歲」。但是無論如何歡呼擁護，文革還是收不了場。

九大前後

一九六七年一月風暴以後，毛澤東提出大聯合以及成立「三結合」的革命委員會，還不惜「反左」，借反對「揪出軍內一小撮」而罷免了中央文革小組「王關戚」（王力、關鋒、戚本禹）的官，還是遏制不住文革左風。因爲「寧左勿右」與「越左越革命」乃是中共的革命傳統。尤其在文革小組的江青等人慫恿下，被毛澤東肯定過的紅衛兵天不怕、地不怕，讓毛澤東傷透腦筋。總算心生一計，派「毛澤東思想工人宣傳隊」進駐學校，用戰無不勝的「毛澤東思想」與「領導一切」的工人階級，應該可以制服紅衛兵吧？

一九六八年七月二十七日，工人毛澤東思想宣傳隊進駐清華大學。因爲清華大學原先是劉少奇派他的夫人王光美帶領工作組進駐的學校，也是北京市高校「造反」與「內戰」最激烈的學校，有指標作用。到工宣隊進駐時爲止，已經有十三人死亡，四百多人受傷，三十餘人終生殘疾，全校一萬多名師生逃離學校。

工宣隊（中央警衛團也有參與）約一千人進駐清華大學制止武鬥時，十幾小時內被紅衛兵打死五名工人，打傷七百三十一名工人和解放軍官兵。這是因爲清華紅衛兵恃寵而驕的結果。消息震驚中南海，毛澤東遂把非洲人送給他的芒果轉送給工宣隊來撫慰他們。區區幾隻芒果怎抵得上人命？於是媒體大作芒果文章，比作「聖物」，尤其經過毛澤東這個聖人轉手之後。芒果是熱帶水果，那些北方人一生也沒有見過這個玩意，一經媒體造神，那些工宣隊員居然排隊向芒果致敬朝拜，進而推廣到全民朝拜。夏天芒果很快腐爛，於是用蠟複製假芒果供全國愚民朝拜，成爲當時文革的一大奇觀。我在印尼吃過不少芒果，看到這個奇景，只覺好笑，卻不敢出聲，否則勢必成爲現行反革命不可。

芒果塑造工宣隊成爲權威，制止某些地區的內戰與武鬥，但是像四川等地方，武鬥仍然激烈。爲了收，文革小組還推出「六廠兩校」經驗。這六個工廠是北京針織總廠、北京新華印刷廠、北京二七機車車輛廠、北京南口機車車輛機械廠、北京化工三廠、北京北郊木材廠；兩所學校是清華大學、北京大學。在江青等人直接指揮下，由八三四一部隊（中央警衛團）蹲點，總結關於建立三結合革委會、大批判、清理階級隊伍、整黨、精簡機構、改革不合理的規章制度，下放科室人員等「鬥批改」經驗，由中共中央轉發全國，作爲樣板。現在指責這些是「左」的產物，但是在當時卻是終止亂象、落實政策之舉。對「牛鬼蛇神」來說，是比「群眾專政」爲好的結局。

更重大的決策，卻是一九六八年十二月二十二日，毛澤東發動了全國範圍大規模的知識青年上山下鄉的政治運動。這以前，已經完成大學畢業生的畢業分配工作，現在則是把中學紅衛兵送到鄉下。這樣，紅衛兵運動因爲後繼無人而自動消亡，成爲毛澤東結束文革的絕招。也就是在這個情況下，中共才可以召開第九次全國代表大會，爲文革畫上句點。

中共的「八大」是一九五六年九月召開的，「九大」則是一九六九年四月召開，中間隔了十三年。顯然，「八大」是劉少奇主導的，不但降低階級鬥爭的調子，聲稱大規模的階級鬥爭已經基本結束，還因爲蘇聯共產黨的教訓而反對個人崇拜，把一九四五年「七大」劉少奇自己製造的「毛澤東思想」也取消了。因此，從那時開始，毛澤東已經立意要向劉少奇算賬，經過長期策劃，總算用文革的手段剷除了劉少奇及其勢力，因此才有可能召開毛自己屬意的「九大」。

這之前，毛澤東已經利用江青與林彪把自己塑造成爲至高無上的權威，「偉大的導師，偉大的領袖，偉大的統帥，偉大的舵手毛主席」從一九六六年八月提出，八個月後由林彪題詞成爲經典。到了九大，黨章就史無前例的規定：「林彪同志一貫高舉毛澤東思想偉大紅旗，最忠誠、最堅定地執行和捍衛毛澤東同志的無產階級革命路線。林彪同志是毛澤東同志的親密戰友和接班人。」毛林體制正式確立。

「九大」於一九六九年四月召開，但是這年三月卻發生珍寶島事件，也就是中蘇的邊界衝突。一九六〇年中共公開「反修」以來，彼此唇槍舌劍，在文革的鬥爭年代，爆發武裝衝突也就不奇怪了。但是後來想想，在「九大」前夕爆發武裝衝突，就不能不認識到這是毛澤東又一傑作，目的是將焦點轉移到國外，以促進黨內國內團結的必要手段。當時因爲毛澤東發出「備戰備荒爲人民」的最高指示而使全國充滿戰爭氣氛，也因爲文革嚴重影響經濟發展而開始勒緊褲帶。

爲了這個「九大」，媒體的宣傳、輿論不必說了。會議情況後來聽傳達，以及日後的反思，有幾點印象比較深刻：

第一，毛澤東說，吃飯時就要想到拉屎。這似乎意味著文革發動了以後，也要有收場的時候。可見他也急著要收場，並且「吹風」。但是由於當時全國因爲奪權而造成的利益衝突還很混亂，我根本還看不到已經到了可以收場的時刻。

第二，九大結束一年後就批判文革小組組長陳伯達，透露九大由林彪所做的政治報告原先由陳伯達起草，被批判爲「唯生產力論」，遂改由張春橋重寫。陳伯達是林彪的人，那時毛澤東明知林彪已經不合拍了，卻還在黨章規定林彪是黨的唯一副主席與接班人。這種權謀也太可怕了。

第三，中共許多老幹部對文革很有意見，尤其是心直口快的外交部長陳毅元帥，是「二月逆流」的代表人物。毛澤東說陳毅是「右派」的代表，是「好同志」，仍然接納陳毅成爲九屆中共中央委員，營造團結的現象；也可能保留未來反制林彪的力量。

第四，會議的公報說這是一個「團結的大會，勝利的大會」，這個說法以後相當長期成爲中共會議公報的公式。但是第二年批判陳伯達，再一年林彪出逃摔死，這個「團結、勝利」成爲自欺欺人的笑柄。不過，如果從打倒了劉少奇這點來說，「九大」的確是團結的大會，勝利的大會，因爲沒有人敢對毛澤東說「不」了。

然而團結談何容易？群眾組織掌握了權力之後，嚐到了權力的甜頭，豈肯輕易與他人分享，遑論放棄。即使黨報一再呼籲「緊緊掌握鬥爭大方向」而不要群眾鬥群眾，計較個人與派系利益的個人與組織都當耳邊風，何況正是聖君的「以夷制夷」，成爲內鬥不休的必然結果。中共高層對權力的渴望更是如此。

從我個人角度來說，也希望「九大」團結、勝利，這樣文革可以趕快落幕，社會恢復安定，不必繼續過著心驚肉跳的日子。但是正如當時中共常在宣傳中所說的，「樹欲靜而風不止」，後面居然還出現許多驚濤駭浪。

上山下鄉

「紅衛兵」是毛澤東大加肯定的「新生事物」，但是如果熟知希特勒上台的歷史，這個紅衛兵也就相當於「衝鋒隊」（褐衫軍）而已，而其命運，也很像衝鋒隊，被利用後失寵。

毛澤東利用紅衛兵打擊劉少奇的勢力，把他們打成叛徒、特務、走資派。然而紅衛兵的「一反到底，就是勝利」，威脅到毛澤東的「無產階級司令部」其他成員；無休無止的造反與「懷疑一切」，也影響社會安定，更讓毛澤東的收場安排屢受干擾。

因爲北京高校紅衛兵阻止工宣隊進駐，因此一九六八年七月二十八日，毛澤東、林彪、周恩來、陳伯達、康生和中央文革小組成員接見了北京紅衛兵分屬「天派」、「地派」的五大領袖，時間長達五個小時之久，中心意思就是批評紅衛兵，要他們聽從指揮。但是紅衛兵已經尾大不掉，對毛澤東的「最高指示」都可以各取所需的解釋，何況「最高指示」也會前後矛盾或前言不對後語。

紅衛兵停課鬧革命要鬧到什麼時候？他們還畢不畢業？沒有讀書，又怎麼畢業？畢業後到哪裡去？加上當時社會生產處於半停頓狀態，城市裡無法解決紅衛兵的就業問題。毛澤東遂下令把紅衛兵全部送到農村，即可解決就業問題，也避免他們繼續在城市裡搗亂，使文革無法收場。

一九六八年十二月二十二日，《人民日報》引述毛澤東的指示：「知識青年到農村去，接受貧下中農再教育，很有必要。要說服城裡幹部和其他人，把自己初中、高中、大學畢業的子女送到鄉下去，來一個動員。各地農村的同志應當歡迎他們去。」

這個指示之後，全國掀起「上山下鄉」運動，它所產生的深遠影響，至今還在發生，還在探討中。至少，從中國社會公德的沉淪，以及目前中國執政者都是紅衛兵知青一代，他們所執行的政策對未來中國的影響，絕對不可以忽視。

一九五〇年代中期，中共中央已經提倡知青上山下鄉，出現邢燕子、侯雋等被塑造出來的代表人物。上海是全國最大城市，因此也是知青最多的城市，上海知青支援新疆，也出現魚姍玲等代表人物。但是與文革的「一鍋端」，還是小巫見大巫，因為文革期間上山下鄉人數達到一千六百萬人，佔當時城市人口的一成。因此對整個社會生活產生巨大影響。

大批知青下鄉表面上支援農村，但是他們從來沒有從事過農村體力勞動，所以無法自力更生，不但無助勞動力的補充，還增加政府與農村的負擔；而他們下鄉的物質準備，更是對他們家庭的沉重負擔；再加上他們在農村出現的種種問題，讓社會的積怨加深，這是普及全民的積怨，不只是地富反壞右與叛徒特務走資派，而是包括許許多多的城市無產者與小資產階級，從而讓文革成為負面的名詞。文革發動時說是觸及人們靈魂的大革命，果不其然，上山下鄉觸及許多家庭，觸及每個人的親戚朋友。

我們學校在兩年的無政府狀態後，因為工宣隊的進駐，尤其是毛澤東號召知青上山下鄉，於是學生被召回學校，教師也被安排要動員學生下鄉。在工宣隊對教師進行動員後，我發言表示，我無法勝任這個工作，理由有兩個：第一，要我下鄉，我自己都想不通，因此我無法對學生做這樣的思想工作；第二，學校開展文革以後，學生也貼我的大字報，我問題很多，也沒有資格出來做學生的思想工作。因此我要求下放勞動，接受工人階級再教育。

後來回想，當時對「最高指示」如此公開表達抵觸情緒，風險的確很高。還好工宣隊沒有為難我，就安排我到車間勞動。工宣隊沒有整我，估計兩個原因，一個是當時第一批派出的工宣隊，素質還比較好，不像後來烏七八糟的亂來；一個是這些工宣隊隊員很多都有子女也在下鄉之列，他們自己思想也不通，所以同情我的想法。

當時車間裡也有兩派，我們這一派就盡量安排我做比較輕鬆的工作，因為體諒我不熟悉這些工作，不能讓我吃太多苦；我也可以有餘力為本派寫大字報；我所在部門也必須是本派人士較多的，避免被對立派整蠱。

因此，我被派去開刨床。刨床有大、中、小三種，我開大型的龍門刨，兩個人管一部，雖然加工的物件很大，主要是車床的床身，但是都有電動纜車裝運，何況因為兩個人在做，必要時我可以離開做其他事情。我就這樣做了四年。當然，有時生產需要時，或者他人有事離開時，我也學開中型龍門刨或小型的牛頭刨。

後來倉庫缺人，我再被調到倉庫，主管鋼材與半成品的進出，還管幾部鋸床。幾個保管員可以相互照應，人身更加自由，我還有一張寫字桌可以寫寫東西。這樣又做了四年，一直到離開工廠，離開中國。

後期，有一位姓鄭（忘了名字）的中年人被分配來我這裡開鋸床。我是這裡唯一的「高級知識分子」（大學畢業生），所以他很願意與我談天。原來他是鄭孝胥（出任滿洲國總理）的孫子。據說長期肝炎養病，現在好一些來上班了。還好我們這個單位文化程度低，所以誰也不注意他這個人，假設在大學裡，那可是每次運動的「對象」。如果加上林彪死黨王維國的夫人杜貴珍也在我們工廠裡，還有饒漱石的警衛隊長凌文英，那我們單位可是「池淺王八多」了。

雖然我在車間勞動，但是與學生還有接觸，因爲我曾經是老師；而且學校的兩派，也有許多學生在我們這一派，所以我還是關心學生的下鄉情況。而洪平雖然教的是初中，即使年齡很小，也一樣要面臨下鄉問題，從她那裡也了解下鄉的情況，並且與她的學生有接觸。這些讓我很爲這些學生扼腕。所以林彪事件爆發，公開了他們的〈五七一工程紀要〉，其中指責紅衛兵下鄉是毛澤東利用完他們以後的「變相勞改」很得我心，讓我一直對林彪抱同情態度。

學生的上山下鄉運動面臨下面的問題：

第一，學生年紀輕輕離開家庭遠走他鄉，即使宣傳上如何美化這個運動，也面臨親情之間的割捨問題。

第二，每家要負擔不少的置裝費，尤其如果兄弟姐妹連著的，要負責幾個人的置裝費，一般家庭難以承擔，即使補助也有限。

第三，分配給上海市上山下鄉地區，主要在黑龍江的插隊落戶（安插在生產隊裡）與軍墾農場，那裡已是中蘇邊界天寒地凍的漠河地區。還有雲南接近緬甸邊界的軍墾農場，江蘇北部大豐農場，江西、安徽是插隊落戶，最近的是長江口崇明島的農場。偏遠地區回來探親的費用又是一筆可觀負擔。

第四，探親回來再回所在地區，除了要攜帶自己所需要的生活物質以外，還要給領導進貢禮物，以便獲得較好的工作待遇，這又是一筆費用。

第五，學生到那些地區，政府有補貼安家費，但是有些被貪污掉。即使身強力壯的學生，也難適應農活，掙來的工分很多都養不活自己。因此對當地農村的生產力發展並沒有帶來積極作用。有些人轉行做赤腳醫生與會計、廣播員，但畢竟是少數人。

第六；雖然毛澤東說「農村是廣闊的天地」，知青也自嘲是「修理地球」，宣傳上報喜不報憂，但是早去的寫信回來說不是那麼一回事情，就帶來更大的抗拒情緒，動員工作越來越難做，只是恐嚇「要聽毛主席的話」越來越不管用，毛的威信越來越低。

第七，本來下鄉是全部要去，沒有人性；後來改爲「獨生子女」可以不去；有幾個兄弟姐妹的，可以留下一個在家裡；有嚴重疾病的可以不去。最早去的還不懂作假，後來的裝病成爲時尚，手段不一而足，尤其如何在量血壓時讓血壓飆升，或如何使自己血尿，以及如何裝成關節炎（醫生敲擊關節時會有如何的反應）等等。不會作假的，個別有自殘現象，讓我想到白居易的「新豐折臂翁」。

這些情況到後期的累積越來越普遍。尤其女知青在當地受到性侵犯的情況越來越嚴重，引起公憤。其實就在洪平所在的學校裡，他們的工宣隊長，一個麻子，就藉找女同學做思想工作而姦污了女生，導致懷孕。如果在堂堂大上海的「工人階級」都敢這樣，那些窮鄉僻壤的土皇帝更不知道會做出什麼事情了。果然，他們壞事做絕，包括軍墾農場的負責人被高幹子女檢舉（小民沒有這個管道），終於發出中央文件，周恩來出來講話，有幾個被當作典型槍斃了。但是也只能如此嚇嚇人而已，不可能全面檢查。

插隊落戶，到後期也有收場的問題。那就是「上調」，就是離開「修理地球」的崗位。上調有幾個層次，在本單位從體力勞動轉爲腦力勞動；到本地的企業或事業單位；到省裡的企業或事業單位；回到上海。其中的企業、事業單位又有國營與集體事業之別，待遇差很大。人們上調自然希望能上調到最好的單位，爲此要向領導進貢，回家籌辦「貢品」時，知青之間還相互保密，唯恐被別人知道底牌，其他人會超越自己的「貢品」。知青之間的這種競爭發展到相互算計。有的女性還不惜犧牲自己的肉體。因此我們看到中國人彼此間競爭的不擇手段也就不奇怪了，導致如今的道德沉淪。

比較「幸運」的是高幹子弟，尤其是軍幹子弟，許多都靠關係參軍，避免了下鄉的痛苦，還鍍了金。

一直到毛澤東死掉，文革被否定，大批知青才能回到自己的家鄉。然而有些女生因爲下鄉太苦而被迫下嫁當地農民者，就只能留在當地當一輩子農民了。太多的故事描述其中的許多悲劇，也影響中國的幾代人。只是越到後來，有些人好了瘡疤忘了痛，去歌頌當年的知青生活，甚至歌頌共產黨、毛澤東，那是忘本。

林彪事件

「九大」以後，團結勝利的大會表明原先的路線鬥爭結束了，社會將恢復穩定。然而這年十月，據說林彪背著中共中央、毛澤東，藉口「加強戰備，防止敵人突然襲擊」，讓其秘書張雲生向總參謀長黃永勝傳達了「緊急指示」。這個「緊急指示」遂被定名為「林副主席指示第一號命令」，也就是著名的「第一號命令」。

根據這個命令，以「備戰」為名，北京舉行大疏散，大批國家幹部、大學師生下放全國各地好多年。我的母校中國人民大學就下放到江西新餘縣。本來在北京被「群眾專政」的當權派全被移送出去，包括劉少奇送到河南，不久就以「劉衛黃」的名字死在那裡，無人聞問。

批判林彪時，說這是林彪在測試自己的權力，說明他的野心。但是這樣大的動作，我認為毛澤東不可能不知道，也符合毛澤東的「備戰」思維，由於這個動作造成的大搬家與「妻離子散」，破壞了許多家庭生活，因此造成很大的民怨。毛澤東為擺脫干係，讓怒火燒到林彪頭上。

更沒有想到的是，第二年九月上旬結束的九屆二中全會，是另一個廬山會議，披露出新的政治鬥爭，開始是以「理論鬥爭」的面貌出現，批判「唯心論的先驗論」，沒有點名「政治騙子」。當批判內容又涉及一九三〇年代「國防文學」與「人民大眾文學」的爭論時，我一查手邊資料，竟然目標是文革小組組長陳伯達！

「先驗論」的具體內容是「天才論」，印發「馬恩列斯論天才」。批判「天才論」讓人驚訝，因爲整個文革塑造對毛澤東的個人崇拜不就是歌頌他是偉大天才嗎？可見又是一個欲加之罪，何患無詞。這一段的「批陳整風」，名稱並未公開。

其實廬山會議上，林彪主張毛澤東出任國家主席（劉少奇被鬥倒後國家主席就空缺了，於憲法不合），毛澤東爲了要鬥倒林彪，就誣指是林彪自己想當國家主席，是向毛澤東「搶班奪權」。這個邏輯是怎麼推論出來的，沒有人清楚，但是因爲是毛澤東說的，後來大家也只能這樣去批判林彪「搶班奪權」的野心。

爲了把火燒到林彪頭上，會後，對陳伯達的批判逐漸演變到了對中央軍委辦事組成員的批判，也就是林彪死黨的黃永勝、吳法憲、葉群、李作鵬、邱會作等人。毛澤東更表示：「我一向不贊成自己的老婆當自己工作單位的辦公室主任。」直指擔任軍委辦公室主任的林彪妻子葉群。一九七〇年國慶節在天安門城樓會見美國記者斯諾（《西行漫記》作者）時，更公開說：「什麼四個偉大，討嫌。」毛澤東默認並且竊喜多年的「四個偉大」，此時突然變成罪狀了。

毛澤東遂在一九七一年夏天進行南巡，發表重要講話。其中大事宣揚「拋石子、摻沙子、挖牆腳」等做法，明白指向林彪及其所掌控的部門。毛澤東將這些話故意講給那些地區裡林彪的黨羽聽，他們也勢必向林彪報告。林彪明知自己鬥不過已經上了神壇的毛澤東，在被指控要暗殺毛澤東而被毛澤東避過之後，他唯有在九月十三日匆匆出逃保住自己性命。這場鬥爭就以林彪「自我爆炸」結束，妻子葉群與兒子林立果及幾個屬下陪葬在蒙古的溫都爾汗沙漠。因爲他搭乘的是三叉戟飛機，故曰「折戟沉沙」。

叛國投敵的大罪名，讓毛澤東鬥掉林彪有了合法性。是林彪自絕於人民，而不是毛澤東清除林彪，也讓眞相長期難以釐清。

批判陳伯達與毛澤東南巡講話，讓我感到政壇的怪異氣氛，但是沒有料到是林彪出問題，因爲陳伯達當過毛澤東秘書，深受重用而被委任爲中央文革小組組長，而文革小組是取代政治局的權力機構，怎麼突然他變成了林彪的人？而且距離九大才兩年，林彪不可能這樣快出事。

爲了保密，這年國慶取消遊行，否則天安門城樓沒有林彪必然引發軒然大波。但是進入冬天的某一天我回到師院的家裡，一位過去在部隊裡轉業到儀錶廠的好朋友突然來訪，告訴我他們儀錶局已經傳達，林彪出事了，摔死了。我雖然有些吃驚，但是文革已經經歷了幾年，什麼事情都可能發生，因此很快就感到正常了。尤其當時林彪表現出來的是「左」的一面，因此也暗忖或許因此可以扭轉文革的極左路線。

第二天，我在上班時，與開刨床的同事談起林彪的事情，結果差一點因此出事。因爲那天我們工廠的工宣隊隊長（已經換另外一批）到化工局開會，聽的就是傳達林彪摔死的中央文件。沒有想到回來後，發現我居然比他們早知道，所以一度要把我隔離審查。這是我事後才知道的，還冒出一身冷汗。

其後，傳出不少笑話，例如某某人因爲攻擊林彪被當作「反革命」逮捕，但是隔幾天傳達了林彪的反革命事件，這個人成爲英雄而獲釋。但也有類似案件的當權者礙於面子而不肯放人，受害者家屬還要奔走爭取平反。至於因爲攻擊林彪而被槍斃的，也只能怪自己爲何比毛澤東更加英明。

後來工廠裡連續傳達與學習中央文件，相當長的時間來解釋與批判林彪事件。哪裡想到越批判，我越同情林彪，而且佩服黨內至少有人敢和毛澤東對抗。這有兩個原因：

第一，傳達了林彪的謀反綱領〈「五七一工程」紀要〉，五七一是「武裝起義」的諧音。裡面有許多觀點與我暗地裡的想法一致，尤其「青年知識分子上山下鄉，等於變相勞改」，「紅衛兵初期受騙被利用，已經發（配）充當炮灰，後期被壓制變成了替罪羔羊」更是如此。雖然後來了解林彪本人並不知道有這個紀要，但是裡面有他的一定想法。二〇一四年十一月號的《炎黃春秋》有一篇〈林彪『散記』中對毛澤東的思考〉披露林彪對毛澤東的有些觀點並不認同，但是更主要是「伴君如伴虎」的思想。又因爲他「不參加會議，不看報紙，不聽廣播，不接觸群眾」，葉群又不把負面新聞傳達給他，因此他的謹慎小心總是認爲「事情壞不到哪裡去」，所以即使最後恐怕也搞不大清楚到底發生了什麼事情而被妻兒「挾持」出逃。

第二，傳達了毛澤東在「文革」初期（一九六六年七月八日）給江青的一封信。信中說他當時就看出林彪有問題，第一次違心的被迫同意林彪在該年五月份有關政變的講話，以及林彪吹捧毛澤東的做法。發表這封信自然是要說明毛澤東仍然英明偉大、洞悉一切。後來有人懷疑這是中共炮製的假信，但是不論眞假，當時我的看法，卻是毛澤東非常權謀，哪裡是什麼「無產階級革命家」，而是集古今大成的帝王，也更應證〈「五七一工程」紀要〉裡所說的：「他們一批今天利用這個打擊那個；明天利用那個打擊這個。今天一小撮，明天一小撮，加起來就是一大批。」這個政權只是「掛著社會主義招牌的封建王朝」。

人們雖然有很多疑問，但是後來學習主題卻被轉到林立果選妃子的問題上，人們大肆八卦，正經的思考被忽略了。至於林彪爲何會折戟沉沙，中共否認是他們打下來的，我們雖然有很大的懷疑，也只能姑妄聽之。也許，歷史眞相永遠不會水落石出。

林彪事件後，中共開始反左，《人民日報》評論版帶頭，當時我對此寄予很大期望；不幸不久之後，林彪的「左」卻變成「形左實右」，因此又轉而反右，於是越批越左，後來發展成爲「批林批孔批周公」（周恩來），而這出自毛澤東的指示，讓我相當反感。遂有不如歸去的想法。

期待光明

「九大」後當局再次祭出「抓革命，促生產」，企圖遏制亂局，上海是「無產階級革命派」掌控的地區，也是全國最穩定的地區，因此作爲示範區。一九七〇年，上海市發起「單晶爐會戰」，居然會選擇我們學校（當時還沒有改爲工廠），其他單位配合。因爲這是比較先進的產品，所以全市「開綠燈」，也就是爲它讓路。爲了搞好宣傳工作，我從車間裡調去搞宣傳。在大功告成後，當時擔任上海市革命委員會主任的王洪文親自來我們學校，我在接待現場還與他握了手。當時我對王洪文還比較有好感。

後來批判「四人幫」，完全沒有提到這場會戰，在其他文革資料中也沒有看到，因爲這是正面的信息。倒是在網路上的二〇〇二年《大公報》百年展中，看到有關報導。其中有一段是根據新華社這樣報導的：

「當國家提出建設中國式的單晶爐這一任務時，上海許多工廠的工人積極響應，他們決心自己設計，大膽創造，依靠自己的力量，爲發展我國電子工業貢獻力量。」

報導還說：「直接參加會戰的有十多個單位，其中有：上海半工半讀化工機械學校、上海無線電專用機械廠、中國科學院華東分院大木橋工場、上海半工半讀師範學院附屬工廠、上海冶金一技校、玻璃儀器三廠、實驗電爐廠、上海冶煉廠、九〇一廠、機電產品設計院、電器科學研究所等。」

第一個單位就是我們學校。

「九大」結束後不到一年，還展開「一打三反」運動，即中共中央發出的〈關於打擊反革命破壞活動的指示〉與〈關於反對鋪張浪費的通知〉和〈關於反對貪污盜竊、投機倒把的指示〉。

由開始恢復的中共黨的各級組織正式領導，以政治運動的方式，對相當多的人判處死刑、有期徒刑和剝奪政治權利的刑罰。在該運動中以現行反革命分子罪名被判處死刑的，包括北京反對以家庭出身決定人的前途與命運而著有《出身論》的學徒工遇羅克，他是在十萬人公審大會上被判死刑的。

我們單位召開動員大會時，黨總支書記聲色俱厲的聲稱掌握了階級敵人的資料，如果自己出來交代，就可以從寬處理；否則，就要點名，那就要嚴懲了。這時大家都屏息靜氣，眼睛都不敢亂瞄。像我這樣，自信不是反革命，但是如果有人陷害我，做一份假資料，又有誰說得清？因此也很緊張，心裡都在盤算那最壞的可能，一旦點到名，自己該怎樣應付。這些經歷，都養成我凡事做最壞打算的心理準備。

但是，後來果然點名要我參加落實政策的「毛澤東思想學習班」。原來當時有「對立派」貼出大字報，說我乘船回國時，在船上對美國記者「發表不可告人的演說」，因此組織上通過學習班要我把事情說清楚，我就可以「放下包袱，輕裝前進」。

我只好把當年回國在船上的情況再說一遍，主要是在新加坡與舅公接觸的情況。後來一定要牽扯到記者，才想起爸媽陪同我上船時，遇到爸爸採訪亞非會議時認識的香港《大公報》駐地記者周昌明，他給我們三人照了一張相，後來媽媽還把那照片放大寄給我。當時我怎麼也不會想到香港的親共記者怎麼會變成美國記者？而既然是公開演說，怎麼又是「不可告人」？

因爲負責學習班的兩派都有，我這一派的人才告訴我，在我出去大串聯時，學校接待外來的大串連者，有一位在大字報上看到我的名字，就說他是與我同時上船回國的，見到有記者給我們拍照。到了對立派手裡，就扭曲變成美國記者了。還好這是文革中期，如果是初期，我立刻就會被揪出批鬥，甚至長期關入牛棚。由此可見文革會有多少冤假錯案。

當時車間裡的團小組長，化工機修總廠來的一位年輕女工就問我：「再教育（當時熟悉的工人同事開玩笑的這樣稱呼我，表示我是接受他們的「再教育」），你們在外國過得好好的，怎麼會回來？」工人說話很直率，爲我不值；但是如果換上從事階級鬥爭的黨幹部，也這樣想的話，當然會懷疑我是外國派來的特務了，雖然回國時我才十七歲。

當時工廠裡的政治學習常常是討論司法機關發下的文件，每次文件列出一堆犯人的資料與「罪行」，資料包括他們的成份或家庭出身，罪行除了政治罪行之外，還有盜竊或投機倒把，其中的「反革命罪行」花樣繁多，包括以戲弄的形式來唱「革命樣板戲」。最敏感的是攻擊「偉大領袖毛主席」，爲此就說是該反革命分子用「畜生般」的語言攻擊毛主席，但是內容卻保密，不可重複，否則重複者就是犯第二次攻擊毛澤東的罪行。例如，如果標語是「打倒毛主席」，你說出這句話，意味著你也「打倒毛主席」而成爲攻擊毛澤東的反革命分子。因此我們很好奇這些「反革命分子」是如何攻擊毛澤東的，但是誰也不敢問起內容；如果表示了絲毫的興趣，也會淪爲「嫌犯」。

在每個人的資料與罪行公佈後，要大家發言主張給予怎麼樣的判決，美其名曰「群眾專政」，司法機關就會參考民眾的意見云云。我們這些沒有法律知識的「群眾」就根據那份資料的口氣，提出判刑意見，而且是整個小組的一致意見。在那個氛圍下，當然是「寧左勿右」，避免有包庇壞人之嫌。至於是否槍斃，就看資料上如果寫上「民憤極大」，我們就高喊「槍斃」，只要有人喊「槍斃」，沒有人會提出不同意見。

並不是殺人犯才槍斃，許多政治犯都槍斃，尤其是攻擊毛澤東者，甚至所謂「腐蝕青少年」。印象最深的是有一個號稱「人民大道一隻鼎」者的「姚先生」，人民大道在人民廣場，夏天許多人在那裡乘涼聊天，此人「與共產黨爭奪青少年」，也就是向青少年說些據稱是色情（當時連一般的擁抱接吻也叫做色情）的內容，「腐蝕」幾十個青少年而「民憤極大」，被大家大喊槍斃，果然不久之後的公審大會，就有他被槍斃的消息。四十年後，旅美中國作家李劼在台灣出版他描寫知青生活的作品《上海故事之毛時代》，居然也提到這位被槍斃的姚先生，可見對我們印象至深，也可見中共「法治」的野蠻與荒唐。

在文革欲收不能的時候，我的家庭繼續發生變化。因爲岳父是走資派包庇下的「反動學術權威」，青年教師「造反有理」，我又是「外來人」，於是有一位青年教師帶了太太與兩個兒子搬進來，住進原先岳父母的房間。兩家更共用一個廚房與一個浴室而增加不少麻煩與摩擦。岳父從北京回來後，住進小房間，岳母則是帶著我的兒子繼續住在北京的大舅家裡。苦了洪平每天中午要從學校趕回家裡煮午飯給她爸爸吃，再趕回學校上班。所幸文革期間比較散漫，上下班比較自由，她在學校的「群眾關係」也比較好，學生也喜歡她，所以也沒有人因爲她是「黑五類」而刁難她。

期間，因爲岳父成爲「牛鬼蛇神」，「革命群眾」採取「革命行動」下令扣發他的薪資，每個月的二一八元薪資改爲十五元的生活費。還好我還是有些積蓄，仍然可以維持。但是不知道這個「革命行動」會維持多久，因此採取節衣縮食的手段，老丈人每天抽的幾包煙，從「大前門」改抽便宜的香煙。

所幸落實六廠兩校經驗以後，上海大規模的群眾運動冷卻，亂批亂鬥的情況也有改善。在這個情況下，我第二次不小心又讓洪平懷孕。這之前，在文革最混亂的狀態（清理階級隊伍）時，我已經犯過一次「錯誤」而讓她進行人工流產，因爲此時文革有「收」的跡象，讓我對生下小孩有些信心。一九六九年十一月一個月滿的夜晚，我送洪平走到桂林路路口的四十三號公車站上車去醫院，迎面是深秋的明月，第二天孩子在婦幼和平醫院生下的時候，是女兒，一男一女讓我們十分滿足，於是取名爲「明」，期望光明的未來。

但是這次生下林明的時候，醫生檢查出洪平有先天性的心臟兩尖瓣狹窄，以後不適宜再生孩子了。還好這個時候檢查出，如果生林斌前就查出，勸告我們不能生下，那我就是「無後」了。雖然我不是「不孝有三，無後爲大」的信徒，但是如果膝下無兒女，或者也是人生的一個缺憾。洪平爲何這時才查出她的心臟病，我想與文革的心理壓力，以及每天中午趕來趕去的疲累有關。

但也因爲她的身體狀況，加上住家擠迫，以及岳父一直處於被批鬥的情況，因此女兒在斷奶後，送到洪平在常州戚墅堰的表叔家裡帶，表叔在全國著名的戚墅堰機車製造廠工作，表嬸在家裡，還有一位表妹也可以協助，小明就這樣在那裡過了一兩年。

我與洪平從結婚不到半年就爆發文革，到避難各自住到自己的單位，兒子、女兒也先後送到外地，可謂沒有一個平靜可以享受家庭樂趣的環境。但是想到與其他因文革而「家破人亡」的家庭，我們還算幸運的捱過來了，因爲即使是「妻離子散」，也是暫時的。

可是我們的確盼望岳父能早點「落實政策」，讓生活恢復平靜，對「左」是越來越深惡痛絕了。

十，離經叛道

林彪事件爆發後，中國的外交發生重大轉折，開始拉攏美國與西方國家。我們在國內也開始「沾光」，由於對毛澤東與共產黨有了進一步認識，經過反覆考慮，我決定離開中國，背棄過去因為歷史的誤會而形成的「理想」，追求新的生活。

拉攏美國

靠槍桿子奪取政權的毛澤東，深信槍桿子萬能，因此也很擔心別人用槍桿子對付他。國內他可以控制，國外他可控制不了。他的「反對帝修反」政策讓中國陷於孤立，文革拉高「鬥爭哲學」，更是到處樹敵，因此伴隨文革，全國大城市都在挖防空洞，進行民兵訓練，乃至推廣防止核戰知識。珍寶島事件後，更是有一股戰爭歇斯底里的氣氛。

林彪逃亡路線是逃往蘇聯，飛機墜落在當時是蘇聯衛星國的蒙古人民共和國溫都爾汗沙漠。蘇聯從林彪在蘇聯衛國戰爭期間所留下的牙齒印判斷到林彪的身份，相信還有其他資料，都讓蘇聯了解到中共黨內爆發了激烈的權力鬥爭。這個「社會帝國主義」當然意識到這是對中國採取行動的機會，尤其蘇聯還握有比中國強大許多的核武器。毛澤東當然也不是省油的燈，認爲「蘇修亡我之心不死」而開展縱橫捭闔手段，何況延安時代就有統戰美國、欺騙美國的成功經驗。

一九七二年十二月，傳達了毛澤東「深挖洞、廣積糧、不稱霸」的最新指示。這是改自朱元璋的「築高牆，廣積糧，緩稱王」。「深挖洞」就是鼓勵挖防空洞，深度一米以下以避開核輻射；「廣積糧」與「九大」前說的「備荒」，已經暗示中國出現了經濟困難；「不稱霸」則是拉攏美國與西方國家的需要，以擺脫外交孤立的處境。

毛澤東這個思想有形成的過程，因此在公佈以前，他已經在做了。那就是透過秘密外交邀請美國總統尼克森訪問中國，之前就進行了「乒乓外交」，邀請美國乒乓球國手科恩訪問中國，表達中共對美國的善意。

利用體育賽事從事外交活動不奇怪，因爲中國的政治一向介入各個領域。當時以「友誼第一，比賽第二」爲由，在國際賽事公然讓球，來討好某些需要拉攏的國家，不但爆發國際醜聞，也導致內部的不滿，何智麗就是這樣下嫁日本，卻被中國罵爲「漢奸」。但是乒乓外交的政治效果也不容置疑。總理周恩來親自主導這個國際外交。

一九七二年二月美國總統尼克森訪問中國，萬惡的美帝國主義突然變成中國的朋友，對長期相信中共宣傳的愚民，反正就是聽黨的話，倒也沒有因爲這個急轉彎而出軌，而作爲當年十里洋場的上海，民眾自然高興於這種轉彎，那意味著「社會主義對資本主義」的鬥爭將有所緩和。

除了北京，上海是尼克森訪問的另一個城市，上海市民相當興奮，也領略到中共弄虛作假的本事。這些行爲透過「小道消息」，在全市全國傳播，讓中國人認識共產黨的面目。「小道消息」是中共嚴密新聞封鎖下民間新聞的特殊傳播手段，耳語口傳，速度也相當迅速。而且事後許多都得到印證。

爲了顯示共產黨的「偉光正」（偉大、光榮、正確），在尼克森訪問上海期間，製造市場繁榮的假象，不但給尼克森看，更給外國媒體看，以便外國人對中國與文革有個好印象，駁斥外界流傳的「謠言」。

上海普陀區有個曹楊新邨，就在華東師大的後面，是「解放後」新建的工人新邨。中共以此表明它重視勞動人民的福祉，並且成爲外賓參觀的樣板；被參觀的單位也經過訓練該如何應對外賓的詢問來展示自己的「幸福生活」。一九五〇年代開始，先後接待一百五十多個國家的首腦、政要與旅遊團。

小道消息的故事說，那一天，那裡的市場物質特別豐富，因爲尼克森與記者們都來了，平時看不到的橘子都有出售了。有一位家庭主婦就興匆匆買了一袋回家，商家沒有阻攔。但是這位主婦剛把家門關上，就有人跟進來，向她直白這是給人參觀用的，必須送回去。於是那位主婦只能把橘子送回去，白高興一場，也空忙一場。人們都以此作爲笑談。由於我從幾個朋友那裡聽到相同的故事，加上愈來愈多看到中共的行事方式，因此對此深信不疑。

另一個故事發生在自己的身邊。也就是上海師院的第四宿舍，我們家旁邊的宿舍。那裡二樓住了一家人，他們的親戚是美國夏威夷州的華裔參議員鄺友良，鄺友良隨尼克森訪問中國。中國當局安排鄺友良來探望。那時，原先這個親戚並不知道，完全是「組織」方面安排，顯示中國的「開放」。

爲了迎接鄺議員駕到，這家對面的住戶被趕走，然後讓這家把一些東西搬到那個空屋子，使自家顯得寬敞，有客廳安置送來的沙發接待客人。一樓到二樓的牆壁也粉刷一新。離譜的是，二樓到三樓的樓梯，牆壁只粉刷下半截，轉彎後的上半截因爲外賓從二樓看不到，就免了。這個宿舍也不過三層樓高，白石灰與人工也不要多少錢，居然就留下上半截那一小段不刷。弄虛作假都小器到這種程度，簡直是笑話。

意識放寬

但是不管怎樣，因爲尼克森訪問中國，國內的氣氛是比較寬鬆了，同事之間、朋友之間，比較敢講話了，各種怪話開始出現，尤其小道消息瘋傳。那都是對江青不利的消息。包括一九七二年美國學者維克特女士來中國，江青接見多次，出版《紅都女皇》引來毛澤東大怒的故事；還有鄧小平復出抗衡江青等等。我們工廠裡一個「舊社會」過來的女會計，居然在我面前低聲哼出當年江青在上海主演電影《王老五》的主題曲，那是我第一次知道這個事情，幾乎讓我笑痛肚子，但是還是忍住了，因爲不能太過張揚。

在一九七三年鄧小平正式復出後，我們似乎看到中國可能恢復穩定的跡象，人們盼望文革快點結束，恢復正常生活。

這時意識形態開始放寬。原來只出版《毛澤東選集》與《赤腳醫生手冊》，這時居然出版了郭沫若的《李白與杜甫》，我如飢似渴立即買了一本來看，雖然明顯迎合毛澤東而捧李壓杜，好在我一直很欣賞李白的狂放不羈，所以還能夠接受。當時我們對書籍飢渴到什麼程度呢？最早第一批還出版一本有關雲彩不同形狀的彩色小畫冊，用新聞紙印刷，色彩普通，只有十幾頁，我也買來看。

那時上映的電影只有八個樣板戲，上班時間組織我們去看。一九七〇年柬埔寨首相兼武裝部隊司令龍諾發動政變，西哈努克親王在蘇聯避難被冷遇，中國伸出友誼之手收容他長期居留，於是他成爲中國電影的男主角。那就是周恩來等中國官員陪他們到處遊山玩水，這些紀錄片就成爲中國人得以欣賞的彩色旅遊風景片。女主角是親王的漂亮太太莫尼克王妃。他的流亡政府首相賓努親王有病，一直歪著頭，不時還會顫抖，成爲電影中的配角。

接著開始放映一些外國片。最早放映一部介紹火山爆發的外國紀錄片。還有蘇聯故事片的《列寧在一九一八》，間接指責蘇共領導人已經背叛列寧，但是觀眾欣賞的卻是有一小節芭蕾舞劇《天鵝湖》中四隻小天鵝的舞台場景。後來逐漸有「兄弟國家」的電影，如北韓的《摘蘋果的日子》、《賣花姑娘》（主題曲偷自美國民歌 **Clementine**，因爲調子我熟悉，到香港後，買到 **Pete Seeger** 的 **The "American Folk Song" Collection** 才查出名字）。

那時就流行一則順口溜：朝鮮的哭哭笑笑（電影裡一講到「慈父」金日成，其場景必然是大家感動流淚），越南的飛機大炮（越戰），阿爾巴尼亞的摟摟抱抱（它是歐洲國家而還有摟抱的鏡頭）。但我印象最深的是有一部羅馬尼亞電影，輪船在多瑙河上航行時，船員用手風琴演奏〈多瑙河之波〉，我聽到心醉。

一九七四年以後，還有內部放映的三部日本電影《山本五十六》、《啊！海軍》等。但是只給老師看，我因爲在車間勞動變成「工人階級」，被說成沒有批判能力而不能看這些資產階級電影。共產黨的價值觀念不斷在變，我也無可奈何。與此相關的，《參考消息》這時也向學校開放了，我也因爲成爲工人階級不能看，只給老師看。

這時還出版了一些內部雜誌與內部書籍，我都沒有資格看，只是因爲我交友廣泛而可以借到，加上從被封閉的圖書館裡被紅衛兵偷出來的書籍開始在外面流傳，我有時候充當「掮客」幫朋友兩邊交換，我做中間人，趁機「抽水」，請病假，不睡覺把書看完。中間也有失誤，把一本書（俄羅斯作家愛倫堡在法國的生活）弄丟了，根本無法賠償，只能一再道歉。

這期間有新雜誌出版，專門介紹西方國家新的文化資訊，我知道有《教父》與《愛的故事》的電影在美國很受歡迎。

但是影響最大的是美國記者威廉．夏伊勒的《第三帝國的興亡》和《赫魯雪夫回憶錄》的出版。前者從我的小姨子內兄、江南造船廠造反派頭頭那裡借來的，後者是從蘇州市革委會流出來的。

前者我在一九六〇年代初在華東師大見到過，那時不以爲意，沒有借來看。此時重版。我把毛澤東和希特勒對照，除了「種族主義」改爲「階級主義」之外，希、毛在好些方面都可以「等量齊觀」，例如謊話說三遍變成眞理，衝鋒隊與紅衛兵，掌握軍隊與排擠知識分子等。於是毛澤東從「無產階級革命家」的雲端墜落下來，頂多只是農民革命家，再墮落成爲獨裁者。此外，也讓我補充了一段歷史空白，那就是蘇聯與芬蘭的那場戰爭，蘇聯與德國瓜分波蘭，以及侵占波羅的海三國的可恥行徑。我那時就想，是誰敢於決定出版這些書？是周恩來嗎？

我看了《赫魯雪夫回憶錄》，進一步認清斯大林共產黨的專橫、腐敗，蘇共如此，「以俄爲師」的中共焉能例外？那時出版的這本回憶錄，還把中蘇關係那一章刪除，更加顯示中共的心虛。而赫魯雪夫肯定韓戰是北韓的金日成先發動的，更使我進一步認識共產黨的欺騙本質並非文革才有，遠至五十年代初就是。而「解放前」的國共鬥爭，中共不會欺騙嗎？於是我得出結論，對中國現代史，都要重新認識與評價，不可以用以前學到的東西來認識歷史，認識現實，被顚倒的歷史要再顚倒過來，我也要重新做人。

當時還流傳所謂「手抄本」。《少女的心》是最出名的黃色小說，傳抄的要判刑，不過我沒有看到。我看到過的手抄本是無名氏（卜乃夫）《塔裡的女人》，是同事朱湫元給我看的，並非色情小說。

媽媽再來

對我來說，最重要的是，在中國的僑生可以出國了。這也是通過小道消息傳播的，說是毛澤東有個批示：「華僑來者歡迎，去者歡送。」我們將信將疑，因爲始終沒有正式文件傳達。不過後來有人信誓旦旦，的確有朋友出國，我們就逐漸相信了。我與僑生之間的來往日益熱絡，因爲我們的親屬也開始從海外回來探視我們，大家都在交流被封閉多年的海外資訊，尤其是香港的情況，因爲那是中轉站，甚至因爲我們還不可能回到印尼（當年都蓋上手指印宣誓過永遠不回印尼），所以都倒流而聚集在香港。

一九七二年夏天，也就是尼克森訪問中國以後的幾個月，媽媽再次來上海。這次她是從香港來的。一九六五年印尼發生「九三〇」事件，殺了許多親共華人，掀起大規模排華事件，媽媽不願意回到中國，而是來到香港，從印尼改名換姓為國英芝，也就是假冒國懷芝還有另一個妹妹從中國偷渡來香港，才得而入籍。也正好弟弟福華在香港，雖然住在一起，不過他們兩個長期合不來。媽媽性格強硬，長期在一起難以適應。

媽媽來的主要任務就是問我要不要出國，因為她知道僑生可以申請出國了。那時我還下不了決心，原因有幾點：第一，對中共還存有「反左」的幻想；第二，不了解像我學黨史的，是否准許我出國，因為一旦不讓我走，將來每次政治運動我一定被當作「叛徒」鬥爭；第三，不曉得我在香港，有什麼可以勝任的工作，而在中國，我還是相對的「高薪」階層，雖然已經十幾年沒有提升薪資。

因為我無意出國，只想安定生活，因此第二年媽媽再來。那時香港股市熱潮，弟弟賺了不少錢，買了當時在司徒拔道新蓋好的豪宅松柏新邨。他要我放心，到了香港後，他可以負責我的生活。但是我還是猶豫不決，媽媽沒有辦法，就幫我申請房子，解決安居問題。

當時中國為取悅西方國家聯合「反蘇」，也希望爭取多一點外匯，所以重新啓動統戰手段，大事邀請有名望的華裔，尤其是西方發達國家的華裔回國觀光，讓人家知道文革並不如西方媒體所渲染的那樣可怕。因此諾貝爾獎獲得者楊振寧、李政道被邀請回國觀光，他們的家人立即安排好的工作，好的房子。果然，他們回到美國後對共產黨大加讚揚。當時類似的還有趙浩生、何炳棣、王浩等等，還有那個無恥的韓素音。《參考消息》刊出他們在海外的言論，把我們氣得不得了，眞要吐血。我把他們的「愛國言論」當作垃圾看待。

那時盛行「拉關係」，因此媽媽想動用她的燕京大學關係爲我搞個安身之地。那時她的同宿舍同學，擔任過周恩來秘書的龔澎（維航）已經去世，我們就到北京找她的姐姐龔普生，她那時擔任外交部條法司司長。但是媽媽打電話到外交部，無法直接與她通話而只能留言，對方傳話無意見面。後來找到另外一個並不熟悉的同學，官位更低，只是處長，也就一般聊聊而已，也才知道龔普生的丈夫章漢夫（外交部副部長）因爲還靠邊沒有「解放」，估計龔普生因此不敢見我們，怕惹上是非。

「關係」找不到，回上海後我就憑自己的本事奔走找關係。我從許多人那裡了解到那時已經盛行賄賂，當然那時價碼不高。媽媽回來，帶來當時中國完全沒有的過濾嘴香煙，那是賄賂的武器。還有各種精美包裝的糖果，我都捨不得全給孩子吃，留下來作爲行賄用。那時中國太窮，哪裡見到這種進口食品？即使沒有拿來行賄，也是拿來與同事們分享，搞好「群眾關係」。

媽媽還帶來一些我沒有見過的除了食品以外生活用品上的「奇技淫巧」，讓我驚嘆外面世界的進步。手錶帶來幾隻日本手錶，我才知道手錶已經不是瑞士的專利，連日本也大量生產了。手錶分送給太太家人，我自己還戴著當年回國帶來的手錶。當時買錶、買自行車都要憑票供應，單位裡根據需要，大家輪著來。

我更興奮的是帶來的彩色膠卷，我的相機鏡頭雖然因爲被抄已經發霉，還是到杭州拍到非常漂亮的照片。不過全上海只有一家可以沖印，在南京東路，要一個月才能取貨。想來是拍彩照的人不多，要累積一定數量才開工沖印。

媽媽還給我帶來比較大的Panasonic半導體收音機，長度接近一尺，尤其是可以聽到短波，從此我開始冒著成爲「現行反革命」的風險，收聽「敵台」，了解外界對中國事務的評論。

媽媽回來，也產生新的問題，那就是婆媳關係。這是中華文化中的深沉問題。但是她的問題還不只是這個。媽媽非常能幹，洪平卻是不善操持家務與對外應酬，也使她不滿。更有甚者，媽媽是老上海，又是權貴出身，對外地人，尤其是蘇北人看不起。洪平是安徽人，雖然是皖南的蕪湖，也是書香世家，卻也被列爲老土。這點我非常不認同，但是無力改變這個狀況。

不得安居

媽媽離開後，我跑到延安東路一號的上海市房管局申請住房，見到接待員，我手足無措，不知道該怎樣賄賂。我先拿出過濾嘴香煙請他抽，他睬都不睬，一本正經的樣子。我只好把來意說明，結婚後多年沒有房子，也說明我的華僑身份（當然還得有工廠革命委員會的介紹信）。他劈頭問我，我的父母在海外的「影響力」大不大，我只能據實回答「一般」。於是他問我：你承認不承認，現在住房困難是國民黨遺留下來的問題？我當然點頭，因爲如果不是國民黨留下來的問題，難道是共產黨製造出來的問題？那不是「現行反革命」嗎？於是他就表示，既然是國民黨遺留下來的，共產黨也不可能馬上解決，只能耐心等待。

於是我明白那是大難題了。但是我還是不死心，到處找關係，也有送上行賄禮物而沒有下文的。而有關房子的小道消息也滿天飛，好幾個朋友向我表示，只要可以從外國進口一部吊車，某某建築公司馬上就可以分配一套房子給我。天呀，我哪有這個本事。

不過因爲這些努力，雖然房子沒有搞到，卻看到中國社會的黑暗面！哪裡是什麼社會主義？文革尋求公平正義？帶來的是更加的腐敗，有的新官僚比舊官僚還要腐敗、大膽。還有的華僑朋友更對我說，申請房子？不如申請出國更快。

這時還傳來毛澤東的批示：「走後門的不一定是壞人，走前門的不一定是好人。」啊，原來這個歪風邪氣背後，有偉大領袖在撐腰。

那時，我認識了在僑界很活躍的林金家，他的太太黃瑞蘭是梭羅福清人組織玉融公會負責人陳澤太的小姨子，住在徐匯區烏魯木齊路一套漂亮的洋房裡。同是梭羅人自然更加親近，我後來常到那裡聚會，了解「行情」，認識一批華僑朋友與他們的家屬。就是在那裡認識了郭億群。他是文革初期回國的，年紀輕，一聽到可以出國的消息，立即申請獲准。他孤家寡人，不知憑什麼本事被分配到一間房子（其實就是一個房間），地點好得不得了，就在淮海中路淮海公園後面一條弄堂裡，現在「新天地」附近。

他們同情我結婚後還「無家可歸」，億群就把他的房子讓給我。那是三層樓的第二層，亮晶晶的打蠟地板，大玻璃窗，還有壁櫥。這個「解放前」的建築物比復旦、師院的新宿舍更漂亮，屋主當然是資本家。老太太住在三樓，一樓是女兒女婿，都是上海的中共喉舌《解放日報》的編輯，另外北京還有女兒，嫁給全國人大副委員長、被稱爲「無恥文人」的郭沫若的兒子。但是即使如此，文革期間，還是要讓出房子，就是二樓的兩個房間、一個廚房、一個大衛生間（有浴缸）。一間房子分給億群，另一件大的分給王老師一家。

他們對我替代郭億群入住很歡迎，因爲我是知識分子，不會亂來，而且只有我一個人。然而因爲是「非法」的自相授受，洪平不敢來住，因此平時只有我一個人，不會與王家搶廚房與衛生間。但是卻惹惱了管轄這個地區的濟南路房管所，因爲如果房子還給他們，他們再分配給他人，就可以撈取很大利益。哪裡想到半路殺出一個程咬金來截胡，是可忍，孰不可忍？而我到文革後期，看到社會亂象與腐敗，也天不怕、地不怕，敢如此「犯法」，也是藉各行其是的「落實政策」行事。

有一天，我下班回家，發現房門四邊全部被釘上板條，無法開門。還好我有一把菜刀在廚房裡，在工廠裡接受過「工人階級再教育」後，也不是當年吳下阿蒙，手無縛雞之力的乖乖牌，而是堂堂工人階級的一分子，於是我用菜刀把每根板條撬開，照樣入住。

第二天，我報告廠裡的革委會。雖然工廠裡還是兩派格格不入，我們這一派的頭頭還是很幫忙，蓋上大印，由能說會道的頭頭到房管所去交涉。雖然房管所沒有答應給我，但是也沒有再來騷擾，因爲他們也怕一旦干擾「統戰」，不知會有什麼後果，何況我也有「單位」出面，不是單純的私人行爲。但是心裡始終不安，擔心他們動用民兵對我強行驅離，還好沒有發生。

我一個人住在那裡，最大的好處就是可以安靜看書，發哮喘不能躺下時，就到淮海公園坐坐，邊呼吸新鮮空氣。好些書都是我不睡覺而讀完的。還要默背要點，在朋友聚會時轉述給他們聽。再就是半夜一個人打開半導體收音機聽美國之音與BBC的中國評論。也試圖聽古典音樂，只有在莫斯科電台聽到過，但是次數很少。

住在那裡兩三年，對附近的環境也比較熟悉，很喜歡那個氛圍，上班也近很多，尤其晚上常常到朋友家裡聊天，也認識了一些文化藝術界的朋友，包括上海戲劇學院的朋友，消息就更靈通了，聽到各種北京來的小道消息。當然都是對現實不滿的，思想也就越來越反叛。

一九七六年一月，見到一位北京來的導演都郁與一位也是導演的高幹子弟彭寧，在談論元旦發表的毛澤東詩詞〈水調歌頭·重上井岡山〉與〈念奴嬌·鳥兒問答〉時，彭寧這位紅二代以不屑口吻論及毛澤東，同時說：你看，那個簽字，手都抖了，快死了。如此放肆的談論毛澤東讓我驚訝，也預感到中共高層的分裂，中國快要變天了。從他們那裡，也了解到中共高層為電影《創業》所出現的鬥爭；賀龍元帥的長女賀捷生與文藝界關係良好，支持對文革派的抗爭，進一步了解紅二代裡的反毛情緒。彭寧後來成為白樺的作品《苦戀》改編成為電影《太陽與人》的導演，並且引發爭議，也就不奇怪了。

這個時候，我的朋友裡面主要有幾個圈子：第一個是自己工廠裡的同事；第二是華僑圈子裡的朋友；第三是來自其他各個領域的朋友。我喜歡看描寫中共地下工作與蘇聯的反特小說，再經歷這些年階級鬥爭的經驗，不同圈子的朋友我不會相互介紹，以免出事情時扯上一大片而被「一網打盡」，害了別人。

批林批孔

一九七三年中共召開第十次黨代表大會，補足林彪事件後所失去的領導人，除毛澤東繼續擔任主席外，還選出周恩來、王洪文、康生、葉劍英、李德生爲副主席，玩左右派平衡。毛澤東親自介紹王洪文當過農民（東北老家）、軍人（志願軍）、工人（上海國棉十七廠），所以破格提拔爲接班人。文革後王洪文被譏笑爲坐直升飛機上來的。然而開飛機的不是毛澤東嗎？他不過是毛澤東的棋子而已。放過毛澤東不批判來批判王洪文，只是出於某些人的妒忌心而已。說實在話，即使後來清算王洪文，也舉不出他多少劣行。但是他高升後沒有忘本，回上海時還與過去的「小兄弟」相聚，這種義氣，卻是過去封建帝王、現代政客與中共的所謂「老革命」所沒有的。五十七歲時他在獄中病逝，想來有病也沒給他好好治，甚至被毒死都說不定，因爲他們的年齡比老革命佔優勢。

批判林彪後來發展成爲「批林批孔」。林彪深知毛澤東的心態，與周恩來一樣，把江青推到台前，因此江青與林彪表面關係是不錯的。《人民畫報》和《解放軍畫報》在一九七一年七月與八月合刊中，以〈數風流人物還看今朝〉爲攝影主題，刊登了江青署名「峻岭」發表的攝影作品「孜孜不倦」，是林彪正在看《毛澤東選集》的彩色照片。江青當時爲了避免臉部陰影，大膽的把林彪的軍帽摘掉。沒想到兩個月後林彪就成爲叛徒、賣國賊，社會上當然有不少質疑，江青把林彪當作封面人物是怎麼一回事？上頭的回答是：江青拍出林彪的光頭，是在告訴大家他與蔣光頭（蔣介石）、赫禿（赫魯雪夫）一樣，是大壞蛋。聽到這種辯解，我們都哭笑不得，也佩服共產黨的詭辯。

當時《人民日報》理論部由王若水負責，開始批判林彪的左傾路線，讓人看到一線希望。但是一九七二年十二月，毛澤東親自做出林彪是「極右」的批示。雖然當時我們還不知道，只是發現報章上的言論轉向了，感到很不安。開始還以為只是江青、張春橋與周恩來的鬥爭，但是後來聽到是毛澤東親自做出的批示，也就大感失望。

當時左、右的鬥爭還表現在老幹部的復出上。文革初期，每次的公開政治活動，我們注意到領導人哪些消失，哪些排位有變，來看政治鬥爭。當時最可笑的是，在亮相名單讀完後，最後加一個「還有余秋里同志」。余秋里的老上司賀龍，是最早揪出打倒的黑幫，余秋里也早應該打倒，只是他在一九六〇年代初期的大慶石油會戰有功，因此本應打倒而不打倒，因此放在亮相名單單獨列出的最後一位，成為邊緣人。在林彪事件後，每次活動有哪些老幹部復出，也成為人們關注的對象。

中共的高級幹部，大多數都是軍隊裡打出來的，林彪得勢時，第一野戰軍、二野、三野的人馬都受到壓抑和打擊，林彪出事後，輪到四野的幹部倒下一串，如果不「解放」原先被打倒的幹部，那就無可用的幹部了，因為「三結合」必須有老幹部在內，而有些老幹部也進入死亡階段，陳毅元帥就在一九七二年年初病逝，有些是被迫害死的，如彭德懷、賀龍。因此解放還活著的老幹部就成爲迫切的問題，以致被毛澤東指爲「劉鄧路線」的鄧小平，趁機上書毛澤東，表示深切悔改與「永不翻案」而被毛澤東在一九七三年欽點復出並且重用，說他是「難得的人才」。鄧小平復出後，協助周恩來恢復經濟，獲得很高的民望，但也因爲與江青「對著幹」，而在政壇引發風風雨雨，都成爲小道消息的內容與我們觀察的指標。

文革進行了多年以後，因爲坐吃山空，把家底都吃掉了，急死周恩來的國務院團隊，但是毛澤東卻熱衷於樹立自己爲全世界的「燈塔」，大手筆援助外國，尤其是「亞非拉」中的非洲，例如修建「坦贊鐵路」（坦桑尼亞到贊比亞）花掉了兩百億人民幣，爲了「抗美援越」，據說花了兩百億美金。某次支援一個發展中小國家，在國務院提出報告中的支援款項，毛澤東加了一個「零」字。中國的收買，雖然因此取得了聯合國的席位，但是苦了中國老百姓。國內的物質供應越來越缺乏，要我們勒緊肚皮。有一次我的另一位表姐夫李道恆（李鴻章的後裔，共產黨員，留蘇學生，在總參工作），從四川三線到上海，對我說，他在四川看到農民在街頭賣兒女的事，我相信這位忠貞黨員說的話，讓我對毛澤東與文革更採取否定的態度。

十幾年薪資完全沒有調漲也惹出民怨。剛走上工作崗位，從農村上調到企業事業單位的，薪資一律三十六元，不管工作性質如何，個人表現如何而採絕對平均主義態度，因此「做也三十六，不做也三十六」的順口溜盛行。當時淮海中路近陝西南路路口有一家賣餛飩的大眾飲食店，生意很好，在裡面工作的一個小青年認爲工作太累，在他負責用絞肉機將豬肉絞成肉末時，把家裡帶來的一包大便丟進去，企圖讓餛飩變味而減少顧客人數。事發被逮捕，消息很快傳遍全上海，生意立刻一落千丈。

這時，恢復經濟與堅持文革形成新的路線鬥爭，一方的代表是周恩來、鄧小平，另一方是後來被毛澤東稱之爲「四人幫」的江青、王洪文、張春橋、姚文元，毛澤東則玩弄「平衡」，但是更倚重江青，以便權力可以傳給自家人（江青與侄子毛遠新），但也要利用周恩來與鄧小平恢復經濟。周恩來比較謹慎，不敢得罪江青，因爲他太了解毛澤東的手段；鄧小平則大膽挑戰江青。

爲此，在復課鬧革命與工農兵上大學的同時，「四人幫」也製造黃帥罵老師與張鐵生考試交白卷的樣板，批判「尊師重道」與宣揚「反潮流」精神，但也越引發民眾對文革派的不滿，助長反文革的思潮蔓延。

一九七四年春節，在首都體育館接連召開中央軍委機關、駐京部隊和中共中央直屬機關、國家機關的兩次萬人「批林批孔」動員大會。雖然報紙沒有刊登，小道消息還是很快傳來了。那時報章上出現許多「影射史學」，以古非今。其實一九六五年姚文元批判《海瑞罷官》就說吳晗以海瑞影射彭德懷。吳晗在一九四〇年代寫的《朱元璋傳》，明明那時是影射蔣介石的獨裁專制，但是到了文革，居然也是禁書，因爲也可以影射毛澤東！這是毛澤東的心虛。那時比較明顯的影射，就是把毛澤東比作劉邦，江青就是呂后。而「批林批孔」引申到儒家與法家的鬥爭，肯定法家，否定儒家，而在批判儒家時，特別批判他們的和稀泥折衷主義，那是周恩來的特色，於是「批林批孔」的另一個叫法就是「批林批孔批周公」。

批周公的目的是要捍衛文化大革命的成果，不許和稀泥。除了連篇累牘的文章，尤其是中央有個寫作班子「梁效」（清華、北大「兩校」的諧音），上海市委的寫作班子也很賣力，如羅思鼎（螺絲釘）、丁學雷（一定學習雷鋒）等等。最離譜的是有一首〈無產階級文化大革命就是好〉的新創作歌曲，把這句話連唱幾遍，最後再連呼幾遍「就是好」！我們唱的時候，最後撕破喉嚨怪叫「就是好」，以醜化文革。

一九七六年一月八日周恩來病逝。當時民眾的情緒是「反毛擁周」，把中國的希望放在周恩來身上，我也沒有擺脫人治的意識。因此我們都很悲傷，四人幫打壓民眾的弔唁活動，只准戴三天的黑紗，我就對著幹，戴了一個月。因爲民眾都同情周恩來，所以沒有人批鬥我。

周恩來逝世不久，市面上傳出他的遺言，我也看到了，大家抄來抄去到處傳播。我有寫字桌，因此上班時也用複寫紙複寫了幾份，因爲當時影印機還沒有傳到中國。除了抄周恩來遺囑，還抄過陳毅的詩詞，陳毅也是因爲反對文革，成爲人們懷念的老幹部。

然而在我把周恩來的遺囑帶回師院，給鄰居看了以後，隔了兩天被廠裡的人民武裝部負責人找去談話，原因是師院那個朋友再傳出去，被人檢舉，查到我的頭上。幸好這位找我談話的是我們這一派的人，我做了口頭檢討，他要我注意，就放過我了。我嚇得出了一身冷汗，那時我已申請出國，擔心不要因此影響我的出國大事。

那時還傳達中央文件有關毛澤東的一系列最新指示，包括對鄧小平「永不翻案」的保證：「說永不翻案，靠不住啊。」不過我從小道消息聽來的則是毛澤東講話已經口齒不清，只有侄子毛遠新與貼身秘書張玉鳳才可以從他口唇的變化分辨出他說什麼話。天呀，如果他們兩個「假傳聖旨」，又有誰會知道？

三月二十五日，上海《文匯報》的一篇報導說：「黨內那個走資派要把被打倒的至今不肯改悔的走資派扶上台。」一看就知道前者指的是周恩來，後者指的是鄧小平，從而引發民間的怒火，不但有民眾上街，南京開到上海的火車車廂還被塗上反對張春橋的標語，我們聽到消息非常興奮，因爲終於有人行動了。

這一年的清明節前夕，我從短波聽到了天安門前人民集聚悼念周恩來，情況很緊張，我偷偷的告訴幾位華僑朋友。我也做了「離場」準備，四月八日《人民日報》刊出〈天安門廣場的反革命政治事件〉一文後，我立即到廠裡的醫務室，說晚上氣喘病又發作了，醫生給我休息三天，我完全避開那幾天的「聲討大會」。後來，如果不得不出席大會，大家喊「打倒鄧小平」時，我跟大家一起舉手，但是嘴巴動動而沒有出聲。

「四五」天安門事件以後，鄧小平下台，華國鋒代總理，滬語中，「華代總理」與「下台總理」諧音，又成爲人們戲謔的對象。果然後來他被鄧小平搞掉了。

大概一個月後，北京大學生物系教授張景鉞、崔芝蘭夫婦的兒子張啓明出差來上海，他見到我，與我談及四五事件前後的詳細情況，我努力背下，成爲一年後我在香港《明報月刊》所寫天安門事件經過的藍本。

天安門事件後，雖然毛澤東還出來接見外賓，黨的喉舌還用「紅光滿面」之類形容他的健康，但是明眼人都看到他的每下愈況。七月六日，「朱毛」的朱德去世。七月二十七日，唐山大地震，但是當局隱瞞死傷情況，還在鼓吹以階級鬥爭爲綱來救災。八月上旬，河南暴雨成災，聽到上海派醫護人員前去救災，但是也看不到有關情況的報導。總之，這是多災多難的中國。

文革到了後期逐漸有所謂「落實政策」，就是還在勞動的知識分子恢復原來的職務。如璧與我很要好，也知道我準備出國，便拜託同學能否幫忙我「落實政策」，不用繼續勞動改造，回到大學任職來挽回我出國的打算。我們分配到上海的黨史系同學有二班的吳雲鄉，她分配到復旦大學，她的先生俞雲波也是僑生，從福建考上人大黨史系的，分配在山西太原。一九七四年「批林批孔」，復旦大學學報《學習與批判》受到重視，升格由市委寫作組直接領導，吳雲鄉也到淮海中路的上海社科院上班成爲「紅人」，俞雲波也得以從山西調到復旦大學。但是如璧拜託她得到的回覆卻是，林保華現在的工作不是很合適嘛！

俞雲波後來加入中國致公黨，平步青雲，做到上海市政協副主席、中國僑聯副主席，上海人民檢察院副檢察長。

政局沒有好轉的希望，我在這一年的夏天決定申請出國。與自己過去的信仰訣別，離開居住二十年的祖國，是一個非常痛苦的決定。一九七五年的春節，一批華僑朋友在金家家裡聚會，酒不醉人人自醉，第一次因爲百感交集而喝醉了，也哭了。所幸醉得不厲害，沒有嘔吐，只是搭公車回師院時，走起路來搖搖晃晃。

申請出國

那兩年中國政治生態沒有向前走的跡象，各種極左口號越叫越響。我那時還是人治意識，把希望寄託在周恩來身上，希望毛澤東先死，讓周恩來收拾殘局。但是一九七四年夏初，馬來西亞總理拉扎克訪問北京，應該由周恩來主持的國宴，卻因爲健康原因不能出來主持，對我是很大的打擊，從而很快做出申請出國的決定。

出國問題，當然與洪平及她的家人商量。岳父已經「落實政策」，再度成爲統戰對象，當上上海市的人大代表，因此反對我帶妻兒出國；岳母的話更加難聽，上升到政治高度。從這裡，我看到某些中國知識分子的不爭氣，被迫害時很可憐，到了共產黨給點甜頭時，就好了傷疤忘了痛，甚至幫共產黨講話。而他們的兒子，也就是我在北京的大舅子，是單位的領導幹部（後來做到中紀委委員），話講得更絕，他說：如果我出去後處境不好，洪平就跟著我倒霉；如果我處境好，就會拋棄洪平另娶新歡。總之，反對我出國就是。他們都很善良，就是思想保守。

當然關鍵在洪平本人。她自小沒有離開過家，到香港是不可知的未來，何況看到媽媽的強勢。到香港後，沒有家人在身邊，處境孤立而有顧慮，這點我理解。我也無法給她做保證，說出去後生活一定會很好。但是她了解我對共產黨的失望乃至絕望，非走不可，阻擋也沒有用，所以她同意我走，但是不能帶孩子走。我因爲對「前途」也沒有把握，因此同意這個辦法，就由我個人先申請。

一九七四年八月，爸爸第一次回到中國。爸爸在印尼的經濟狀況並不好，這次能來，據說是他在菲律賓當過議員的表舅資助的。爸爸先回廈門老家，然後由廈門老同學的女兒方再秀陪他到上海。我帶爸爸到工廠裡，直接見工廠領導，表達要我出國繼承家業的意見。在上海住了幾天，見了我的太太孩子，也是唯一的一次，他就回印尼了。我也正式遞交了出國申請書，在單位批准後，再交到公安局。

這年十月，我回廈門一趟，作為對家鄉的告別。住在再秀的鼓浪嶼家裡，祖母也在鼓浪嶼，探視方便，這時祖父已經去世。方家幾個兄弟姐妹陪我到處走，包括去探視祖父墳地。他們還特別帶我去看文革武鬥的紅衛兵墳場，這時我已經認識到他們都是毛澤東爭權奪利的炮灰。他們不管是造反派還是保守派，死前都以為自己在捍衛毛主席革命路線，這才是真正的悲劇。福建武鬥還不是最激烈的地區，其他地方更加悲慘。我有幸還活下來認清毛澤東的真面目，面對這種欺世盜名大悲劇，我豈可沉默不語？

方家大女兒早年移居洛杉磯，在大醫院擔任護士長，認識美國國會議員，因此積極為他們全家做移民手續。一九七五年春天，我陪再秀到北京辦移民手續。他們全家果然很快都從全國各地獲准移民美國。也讓我進一步認識到中共統戰的急功近利，我輩東南亞華僑的統戰價值幾乎烏有，美歐日等國則急升。

去北京的列車經過山東某地時，半路莫名其妙停車，接著旁邊有三部列車飛馳過去，雖然沒有人說話，但是經過林彪企圖謀刺毛澤東「專列」的教育，我一下警覺這是毛澤東的「專列」，他就坐在中間那部列車裡。果然幾天後報紙刊載毛澤東在北京接見北韓獨裁者金日成的消息。

金日成來北京前，北韓報章又大肆鼓吹不惜一戰「統一」南韓，金日成回去後，好戰言論偃旗息鼓。看來他藉此訛詐中國。毛澤東已經被文革搞得焦頭爛額，豈有餘力再次「抗美援朝」？那麼金日成此行得到什麼呢？不久之後北京朋友告訴我，北京地鐵工程停擺，人員都去北韓修建平壤地鐵。至此，我對這兩個朋比爲奸的獨裁者更加憎惡，對中共不顧人民死活的「援外」更加反感。

共產黨要求我們對組織「忠誠」，我在申請出國後就「欺騙組織」，因爲爸媽並不是有錢人，也沒有「事業」要我繼承；但是爲了讓我能順利出國，就欺騙說他們在國外有事業需要我去繼承，媽媽還在香港找律師開了一個證明，由我交給組織。在走出第一步以後，就等於做了過河卒子，只有拚命向前，走上不歸路。

大概一年後，虹口區公安局約我去見，說不批准我出國。什麼原因也不說，就是不批准。我急了，甚至急得哭了，所以回去以後，立即寫上第二次的申請書。

一九七六年五月三十日，虹口區公安局電話通知已經批准我出國了；六月二十六日我到虹口區公安局拿到單程出境證。前一個日期是我的生日，後一個日期是爸爸的生日。莫不是天助我也？

六月二十六日，我到虹口區公安局領取出境證。接見的是一位姓史的工作人員，我也預料到他會對我進行國內外大好形勢的教育。但是我最在意的是，他警告我說：我在外面做的任何事情，他們都會知道；報紙上沒有說的事情，我不可以說。我心中暗想，如果我家裡有人生病，報紙沒有說，我也不可以說嗎？可是，我也只能嗯嗯表示聽話，避免出現任何枝節。還有印象較深的一句話：香港是中國的領土，他們一定要接受你。

有關出外噤聲的事，在僑生圈子裡傳出許多故事。最流行的是，文革一爆發，音樂家馬思聰逃亡國外，到處發表反共演說，在某地演講時，被中共的特工一槍暗殺斃命。後來到香港，才知道完全沒有這種事情，可見是有意識的警告。還有一則流言，是說進入香港時，香港入境處官員會進行問話，有的僑生以為到了自由世界，於是大罵共產黨。但是他一到香港的住處，馬上接到電話，警告他不可再亂說，否則對他不利。這個傳說很難判斷眞假，但是我相信，以中共做地下工作的能耐，香港政府裡面潛伏有中共特務不會意外。

拿到單程出境證後，到銀行領取我的退職金一千多元人民幣，得以按照官價的匯率兌換四千多元港幣。這是我前半生最富有的時候。這個退休金政策還是剛剛實施的，算我好運氣。

由於政局動盪，僑生怕政策隨時會變，一般人拿到出境證後，就立即出國。但是我因為家人沒有跟我同時出去，這次離開，不知何年何月才能重逢？因此沒有立即離開。何況到底在中國住了二十一年，眞的要離開，還是有點感情上的不捨。但是出境的單程證有效期是三個月，不能拖太久，所以我在八月十七日離開。在延安中路的中國旅行社搭航空公司的大客車，到虹橋飛機場上機。因為暑假期間憶雲、樹祥在上海，周曦也在，他們送我上車。家人因為不想太傷心而沒有來。

回國時，我帶了十大箱東西，離開時有的還沒有用完，起碼那隻手錶還在用，留給了兒子。離開時，只帶了背心內褲各一件，供在廣州過一夜時替換，再帶了兩包紫菜，那不需要「憑票供應」，價格比香港便宜，其他什麼都不帶了。但是臨走前，一位朋友林遂榮（印尼龍目僑生）說他的妹妹到了香港，買不到菜刀，託我帶一把給她。雖然買不到之說不可思議，我還是在隨身包裡給他帶了。如果是現在，勢必成爲恐怖分子。

我在廣州住了一晚，住在瑞蘭姐姐的家裡。第二天一早就搭乘火車到深圳，沒有排多久隊，午後就出關走上羅湖橋，二十一年前我走進來的同一座橋。

在中國住了二十一年，最後能夠全身而退沒有遇上大的災難，事後我也反覆總結，除了上天給的好運以外，也是我的做人原則。我待人謙卑，不撒謊，不做作，所以群眾關係良好。對待反右以後的連續不斷的政治運動，我也以保護自己爲主，講話、寫東西注意拿捏分寸，因此沒有出大亂子。按照毛澤東的說法，叫做保存了有生力量，才能在以後開展我的第二個人生。

十一，初到貴境

一九八〇年代中英簽署關於香港前途的聯合聲明以後，大批中國人移居香港，他們聲稱是「初到貴境」，這個詞在香港《信報》首先使用，並且流傳，顯然是以「客人」身份到達香港。但是在這以前，捷足先登的則是我們這一批僑生，雖然是以香港為「中轉」，也算是過客，但是因為到原來僑居地非常困難，而香港的自由與法治環境給我們打開一個新的天地，至少對我來說，我盡量讓自己融化在香港之中，把香港當成自己的國家那樣去熱愛，去愛護。

踏足香港

我離開中國到香港時，非常明白香港是英國殖民地，我們來香港是充當「三等公民」，但是這三等公民，也比在中國充當「主人翁」卻要天天擔驚受怕來得實在。當然，我也不曉得要多少日子才能適應香港的生活，尤其如何謀生，那得靠自己的努力。

走過羅湖橋，一陣驚喜，我終於擺脫「危邦」，得以自由了。

進入香港，由入境處的工作人員在小房間裡與我談話。因爲事先有其他僑生傳授的經驗，所以我沒有講出大學畢業的身份，怕因此被問許多問題，製造麻煩，因此是以上海化工機修二廠的工人身份來回答問題的。工作人員詢問有關唐山大地震與河南大水的問題，我就根據報章上的消息來回答，他們追問工廠機械產品的產量，我也模模糊糊的回答。期間，一位英國上司走進來，用英文與我打招呼，我能聽懂一點，他很高興，沒有問我什麼就走掉了。總之，過關很順利。

走到香港境內的羅湖車站時，看到月台上有人賣可口可樂，在印尼時已有這玩意，所以認得出，也因此感到格外口渴，因爲天氣很熱。正想買來喝，卻看到那不是瓶裝，而是罐裝，在上海華僑飯店也沒有見到過，不知道該怎樣打開來喝。那時深圳、香港兩地來往的人很少，沒有看到有其他人買來喝，我又不好意思問，怕被當作鄉巴佬，於是只好忍住口渴上了火車，直奔紅磡車站。那裡由我的表弟劉光熙來接我。

這時，我弟弟因爲經歷一九七三年的股市暴跌，幾經折騰，離開了香港。光熙比我早兩年離開中國，到了香港，由我弟弟接待，並在弟弟原來的船務公司任職，因此弟弟離開後，由他來具體接待我。

光熙把我帶到媽媽那裡。因爲要爲我「脫胎換骨」，媽和我暫時住在在印尼早就認識的金咸和先生夫婦那裡，在九龍窩打老道的太子道口，屬於高尚住宅區，就在著名的王仁曼芭蕾舞學校隔壁。「窩打老」其實就是英文「滑鐵盧」的粵語譯法，廣東話發音不準的上海人就讀成「我打老豆」而淪爲笑話，因爲粵語的老豆就是老爸的意思。金先生夫婦對共產黨很有戒心，所以一直沒有在香港買房子，隨時做跑路的準備。每次見面，他都要與我討論中國的形勢。

我在他們家裡住了兩個星期，稍微熟悉周圍環境，才搬到同一條街的曾榕大廈，在培正道路口，更爲熱鬧，靠近旺角與油麻地的地區。媽媽租了兩個房間，有一個衛生間，二房東離了婚，帶了一位小女孩住，還有一位妗婆爲他們服務。兩個房間月租八百港幣，我算了一下，我的退休金只能付五個月的房租，不禁爲之乍舌。

客廳雖號稱公用，我從來不去，也沒有看他們的電視，因此廣東話學得很慢。當時電視台正在播出周潤發、繆騫人演出的《狂潮》長篇劇，非常轟動，但是我沒有機會看。

「新移民」當然是敏感的字眼，有什麼治安新聞，如果犯事的是新移民，必然點出這個身份。然而我是自願來香港的，所以決心融入這個社會，我的語言能力很差，也很膽怯，只能硬著頭皮學粵語。就像回國後不想別人認出我是僑生那樣，我也不想香港人認出我是新移民。所以買衣服情願貴點的香港出品，不要便宜的大陸貨，以免被人一眼看出是「大陸佬」。當時流行的是寬褲腳管，也留較長的頭髮，我也要跟隨潮流。

我來沒有幾天，不想閒著，就到太子道的一間英文補習學校補習英文，但是因爲用廣東話授課，所以很吃力。半年後我去工作，就沒有再補習了。不過認識了幾位同學，有本地的，也有中國出來的，中國出來的後來大多去了美國。

剛到香港，媽媽與親友們自然來接風，給我見世面。媽媽帶我到九龍的半島酒店與港島富麗華酒店的旋轉餐廳吃自助餐，這是一生中第一次接觸到這個「新生事物」。想起在中國挨餓的日子，體驗資本主義的「幸福」。聽他們說，當年日惹的朋友葉常青在中國是網球教練，所以飯量很大，剛到香港時，福華第一次帶他吃自助餐，他可以吃下七片牛排。我自然沒有這個本事。金先生也帶我到九龍會大吃。我自己出門，因爲廣東話不會說，怕出洋相，加上爲了省錢，只學會「牛腩麵」與「牛丸麵」兩個詞，而且只到大排檔吃。當時一碗兩元（港幣，下同）。

上海姚家一個比我早出來的親戚「包子」開車帶我到中文大學欣賞吐露港美景。在咖啡室裡居然聽到播送的是〈淮河兩岸鮮花開〉，讓我覺得不可思議。當然後來逐漸明白香港專上學聯曾經流行的左翼思潮。包子的太太給我看掌相算命，這是反對迷信的我第一次接受算命。她說我一生勞碌命，沒有橫財運，五十五歲以後命運才會好轉。

離開工廠後的失業期間，住在新都城大廈樓上的朋友也鼓動我去算命，他是北京人，在華潤的廣告公司工作，太太是僑生，也因此來到香港。我們到黃大仙找盲人算命，他說我適合與

「金」有關的工作。我也到黃大仙求籤，求得還不錯。

我對算命本來不相信，但是香港很流行，我也就姑妄聽之，何況我被批准出國的日期是那麼奇怪。後來我的人生際遇，也的確過了五十歲，經濟狀況才比較穩定，並且得以出國到俄羅斯、印尼、歐洲，過著中產階級的生活。而橫財運也的確沒有，買六合彩、只中過一次一百元。到賭場也沒有贏過錢，當然也因爲自我約束，沒有輸大錢。

由於新家離開旺角、油麻地比較近，所以夜晚我就會散步認識周圍的環境，居然找到旺角的女人街（通菜街）與油麻地的榕樹頭與廟街（男人街），榕樹頭號稱平民夜總會，有人唱粵曲，當然還有販賣一些廉價商品以及色情玩意。初到香港，對這些很新鮮。

搭公共汽車主要到尖沙咀，那時一趟三角錢。到中環就從尖沙咀碼頭坐渡輪過去。那時還去了山頂、大嶼山寶蓮寺，不久海洋公園開張，也去了。

到香港不久，我買了一部日立的卡式機，準備聽久違的西洋音樂。我貪便宜，在廟街買了一餅（粵語稱法）施特勞斯的圓舞曲集。不料拿回家放，一首曲子還沒有聽完就捲帶了，大爲掃興，以後只能到唱片店買貴一倍（約三十元）的錄音帶了。

在中國過著沒有文化的生活，因此來了不久就想看電影。第一部是光熙帶我看的《中途島海戰》，第二部是媽媽帶我去看的《窈窕淑女》。第三部就是我自己去看了，看到報章上的廣告，禁不住好奇與誘惑，去看「脫片」，也就是有床上戲的成人片，是愛雲芬芝主演的意大利色情片。在印尼時，百老匯的跳舞片被左派痛斥爲「大腿片」，不准我們看；如今更是脫光光，這幾年的「進步」眞是恍如隔世也。

不過後來最感動我的還是《齊瓦哥醫生》，我看到哭了，因爲也想到自己的命運。多少知識分子因爲「歷史的誤會」（中共烈士瞿秋白在行刑前留下的《多餘的話》所言）而賠掉自己的一生。這部電影我看了兩遍，接著在電視又看了一遍。我還因此再回憶起當年看過的小托爾斯泰小說《苦難的歷程》，對知識分子在共產革命中的不幸遭遇而爲之唏噓。我能夠全身而退，算是幸運的了。

到了香港的第二年年初，經再秀哥哥的介紹，到灣仔一家書店上班。老闆是廈門人，到香港不久就自己創業。我的工作是幫顧客影印。我在中國沒有見到過影印機，在香港見到這個「奇技淫巧」，不勝感慨，半年多前還在手抄周恩來的遺囑。後來也學用柯式印刷。這裡一天上班十一個小時，薪水七百元。因爲工作需要，會推小車在街上運送紙張，對此我毫不在意，在中國什麼沒有做過？

我印象最深的是清明節前來個老頭要我印一批宣傳品，我一看，居然是紀念「四五天安門事件」。我臨來香港前，樹祥對我說，他從北京那裡聽來的消息，香港有組織出來反對天安門事件的鎮壓，中共非常在意，他要我注意。到了香港後，我在尖沙咀的地下行人隧道，還看見黑油漆抗議四五鎮壓的標語，署名是「革命馬克思主義者聯盟」（革馬盟），現在，他們的人就站在我面前了。我很好奇，但也很小心，不曉得他們的背後是什麼樣的政治勢力，會不會是「蘇修」？當時雖然對資本主義不再敵視，但對「蘇修」卻還特別警覺。

在那裡才上幾個月班，金太太告訴一個信息，她從中文大學新亞書院孫國棟教授那裡聽來的消息說，歷史系正在招收研究生，問我有沒有意願去報考。她鼓勵我去考，要我不必考慮經濟問題，即使考不上，也沒有什麼損失。

在金先生、金太太的熱情鼓勵下，我立即辭職在家準備考試。金太太親自陪我到中大報名，因爲好多表格我都不會塡，尤其涉及英文的，她都幫我塡。我主要閱讀范文瀾的《中國通史簡編》。當然，我不會傻到套用他的馬克思主義觀點。

歷史題目記得是唐代的歷史與文化方面的，這正是我比較熟悉的，因此自認考得還不錯。但是英文糟透，不要說作文，就連英翻中也很糟糕，因爲內容是一九六六年香港天星碼頭加價的騷亂事件。當時我對這段歷史毫無所知，內容連猜都猜不出來。後來接到面試的通知，沒有問我什麼，只問我，除了英文，我還會哪一種外語？我說印尼語。那位老師聽不懂，再問我一次，我說印度尼西亞語。他才明白，以後果然沒有錄取我，看來就是外語方面無法過關。

不久，因爲包從興先生、尤紹增先生與金先生合組新公司，包先生是大老闆，他們全是江浙人士，都熱心幫助我這個回頭浪子，讓我盡快融入香港社會，所以安排我先到尤先生的西德ＡＥＧ電器代理公司裡上班，懂得公司運作與熟悉廣東話。公司在葵涌，我上了接近一年的班，直到新公司正式開張。

評論中國

一到香港，我最有興趣的是看香港的報紙。那時一份三角錢。由於在《參考消息》上看到過介紹《明報》老闆查良鏞（金庸）的文章，因此一來就看《明報》，相當認同它的觀點。那時下午四點鐘以後會出現「拍拖報」（香港人把男女手牽手叫做「拍拖」，意即兩份報紙疊在一起賣），兩份才三角錢，所以我會再去買一些來看，這樣就熟悉香港的各種報章內容立場，連黃色報章，例如《今夜報》也買，就是沒有買過單純馬經的報紙，因為完全看不懂。

當時只有《明報》有中國版，因此我每天看。大概兩個星期後，就給它寫稿。當時有「讀者報導」的專欄，我們作為讀者，可以投稿報導外界所不知道的中國的內部消息、奇聞軼事，但是不能評論，寫評論的是那時身為副總編輯兼中國版主任的丁望。我寫過多篇報導，每篇八百字左右，二十塊錢稿費。但是我覺得我的擅長是評論。我不敢用眞名，唯恐害到還留在上海的家人。

由於想知道外界對天安門事件是怎麼報導的，我也注意有什麼政論雜誌，因此買了《明報月刊》來看，還買過司馬璐主編的《展望》。在尖沙咀的《南北極》雜誌的書店「文藝書屋」，看到有一期刊有天安門事件中民眾在烈士紀念碑為周恩來獻花圈的彩照，這是我第一次看到有關照片，於是立即買下。後來在那裡還買了幾本介紹香港富豪的書籍，以增加我對香港社會、經濟的了解。

剛到香港那年的中秋節翌日，是香港的假期，與媽媽、表弟到銅鑼灣印尼餐廳吃飯，表弟告訴我毛澤東逝世的消息。那天無線電視新聞主播劉家傑說全香港都在流淚，引發抗議。我也是非常不滿，這個魔頭終於死了，我都希望他早死，怎麼會流淚？

毛澤東死後第二天，香港報攤就售賣毛澤東逝世特刊，圖文並茂，尤其是江青當年在上海十里洋場當明星的照片。特輯裡居然還有民眾排隊弔唁毛澤東的照片，報紙上還沒有，他們怎麼有了？仔細一看，原來是在勞動人民文化宮門口排隊弔唁周恩來的，而毛澤東的遺體是放在人民大會堂供民眾弔唁的。可見香港出版商的拚勁與不擇手段。

由於香港愛國人士對失去「偉大領袖」的盛大悼念活動，香港菊花全部售罄，結果由台灣空運來應急。台灣也顧不得「通匪」而爲匪酋壯色。

中國的變局更引發我寫評論的衝動。於是，我寫信給查良鏞與《明報月刊》總編輯胡菊人，做了自我介紹，並且表示寫評論的意願。很快，我收到電話，約我見面。是《明月》編輯孫淡寧打來的，與我約在北角砲台山的一間酒樓見面。她見到我說，查良鏞不在，胡菊人派她來見我。經過我的自我介紹後，她當場就叫我給《明月》寫稿。當年十月號我就寫了一篇。我在《明報》、《明月》用的筆名是「周懷」，有兩層意思，當時我還崇敬周恩來，就像參與天安門事件似的；再就是姨丈家裡就像我的家，也懷念他們。後來還用林念、周坦等筆名。

我稱呼孫淡寧爲「孫大姐」，她在《明報周刊》的筆名是「農婦」，是著名作家，爲人非常熱情。我因爲交稿，拜訪了在北角的《明報》，與明月的辦公室，認識了胡菊人，還有當時是明報出版社經理的許國，許國就是後來寫怪論非常著名的「哈公」，他在「解放」初期一頭熱情在廣州「參幹」，後來轉到香港的長城電影公司，對老共非常了解，因此下筆非常「生鬼」。他是福建惠安人，但是運用粵語寫怪論，眞是令人叫絕。我與他很談得來，常常在閒談中就中國的新聞發出怪論而哈哈大笑。

十月七日，中國發生逮捕「四人幫」的政變，中國政局引發關注。在孫大姐幫助下，她介紹我認識《明報晚報》（財經報紙）總編輯潘粵生，我遂在該報章開闢我人生第一個專欄《中國問題隨筆》，於十月二十三日開張，不定期，開始一星期有三、四篇，第一篇是「張春橋的兩個女兒」、第二篇是「江青眾叛親離」。

當時八百字左右一篇，稿費二十元，一個月幾百塊錢，對窮困的我不無小補。本來想用「念朱」的筆名，即懷念朱德，與周懷對應，但覺得怎麼還擺不脫共產黨，就改爲「念珠」，讓人以爲我是珠江三角洲出來的。後來中國新聞熱度下降，加上財經報章不大願意觸碰太多政治議題，頻率就少到一星期一、兩次，寫到一九八〇年年底。隔了一陣，在哈公協助下重新到《明晚》副刊開張，每天一小篇，由哈公幫我取專欄名「水滾茶靚」，筆名「水仙」，並畫版頭。哈公圖章刻得很好，許多文化名人找他刻。可惜他早逝，我沒有來得及請他給我刻一枚。

那時還沒有傳眞機。交稿，可以郵局寄，但是要晚一天收到。我寫的時事評論自然見報越快越好。所幸我後來住在北角與鰂魚涌，《明報》在北角近鰂魚涌，所以每次我走到報社放進信箱裡，這也不會丟失。

因爲不想被人知道我在寫稿罵共產黨，影響還留在中國的家人，所以我的稿費都由孫大姐代領，我利用上班午休時間到明報找她拿稿費。幾年後稿費要報稅，非得報上眞姓名與身份證副本，那時家人也出來了，我就不再麻煩孫大姐了。

也是那個時候，金太太告訴我，她從中文大學金耀基教授的朋友那裡，知道美國來了個研究中國問題的教授，想接觸新從中國出來的人士，了解中國的最新情況，問我願不願意去見。我因爲急於想讓全世界知道中國的黑幕，強迫中國改革，所以很願意去見。他們就安排了我見他們，談話地點就在他們所住的半島酒店房間裡。

他們是紐約市立大學布魯克林學院（Brooklyn College of the City University of New York）的倫敦教授（Ivan D. London）與他的作家夫人。他們原先是研究蘇聯的學者，後來改爲研究中國，已經多次來香港，以前接觸的主要是紅衛兵，例如《天讎——一個中國青年的自述》，後來出了英文版。

見面時，充當翻譯的是陳先生，他是我在印尼巴中的學弟，但是以前不認識。他後來在美國駐香港總領事館工作，擔任文字翻譯。

他們了解的層面非常廣泛，不但政治問題，還有許多社會問題，包括毒品。他們把一些在中國經常食用的藥品也當作與毒品有關，例如苯巴比妥、非那根，把我嚇了一跳，因爲我也用過。

他們來過香港幾次，每次都見我。因爲談話「浪費」了我的時間，所以談一次給我五十元。這是我意想不到的。他們後來來的時候，會把他們發表過的學術論文，包括引用我提供的資訊影印給我看。他們認為我對中國的了解與認識很有水準，勸我移民美國。他們說，香港是殖民地，不是典型的資本主義社會，我在香港不合適。後來，他們還把他們的稅務資料寄給我，可以充當我的移民保證人。但是因為我的家人還在中國，我對自己的英文毫無信心，所以沒有辦移民。沒有幾年倫敦教授心臟病突發去世，一九九七年我移民美國後，才再度見到倫敦夫人。她也在前幾年去世了。我在上海的表弟到美國後，與倫敦夫人常有聯絡。

他們夫婦都是共和黨的支持者，非常反共。後來，他們的朋友，康乃狄克大學歷史系李大凌教授夫婦來香港，我們也有見面，移民紐約後也有來往。此外，與他們認識後來成為朋友的，還有徐世棠，台灣的外省人，英文非常出色，一九八四年我第一次來台灣，見到他了。不幸，我到美國不久，他也去世了。還認識的一位就是後來在自由亞洲電台工作的梁冬，那時看過這批從中國偷渡來香港的「文藝青年」出版的《反修樓》。

倉庫主任

一九七八年，包先生、尤先生、金先生的塑膠玩具廠開張，地點在柴灣利眾街。金先生問我，能在這個廠子裡擔任什麼工作？我說，我在上海的工廠裡管過倉庫。於是他們安排我擔任工廠的倉庫主任。薪水給我一千五百元。金先生說，雖然我是熟人，但是行業有行業的規矩，這個職務就是這些錢，如果超過，其他人會不服。我是感謝都來不及，哪會計較這些？尤其我這個

「主任」，沒有香港經驗，即使中國的經驗，也很不足，中國的管理遠遠落後於香港呀。

說老實話，我還是蠻心虛的，因爲這是香港的工廠，不是中國的工廠；而且這是塑膠玩具廠，並非我熟悉的五金。爲此我必須虛心學習，請教別人，何況還有與同事在語言溝通上的困難。

工廠生產遙控的塑膠玩具汽車，廠房有三萬呎。廠長管生產，下設生產部與工程部，還有我這個倉庫。廠長葉邦典是上海人，與那幾個老闆是舊識。他知道我是上海出來的，很談得來。他家原來在靜安區銅仁路一帶，擁有許多那裡的房產，那是高級住宅區，與著名的猶太商人哈同熟悉。他說，解放後中共並沒有沒收他們的房子，但是課以重稅，重到他們繳不起，唯有乖乖把那些住宅「自動」上繳給政府，還得求政府收下。於是他們流亡到香港。工廠生產車間的班子主要幹部都是他請來的，我們關係都不錯，我不懂的事情都向他們請教。

倉庫最多的物料就是塑膠粒，一包五十五磅，手下有兩個幫手。我都會參與搬運；整理它們也需要付出較大的體力。其他就是ＩＣ（晶片）、小五金、文具、包裝材料等。還好廠長了解要到哪些廠商訂購這些物品。尤其那些小五金，都是向「山寨廠」訂貨。我那時才知道這個新名詞，亦即簡陋的小廠。

我與那裡的工人打交道，才學會一些廣東話。也發現廣東話裡的一些外來語。例如「賴長」，我搞不清楚什麼意思，後來才了解是「line長」，生產線的組長。文具店送來的文具中有「快勞」，我也不清楚是什麼東西，後來才知道是 file（紙夾）。

後來問題出在台灣買來的ＩＣ。其他貨品再貴，也不如遙控必須用的ＩＣ。但是送來的ＩＣ次品太多。本來只是抽查，改爲每一隻都必須質檢部門驗收，我才能收貨，退回去的次品幾乎一半，令人相當困擾，還浪費大量人力、物力。而負責訂這個貨的是經理。經理是請來的本地人，負責對外，主要是接訂單，但是最貴的ＩＣ由他進貨。

經理與廠長有矛盾，經常對廠長挑剔。他對我也不友好，會挖苦我，我感覺得出。因爲我是老闆的熟人，對我很提防。包先生的總公司有一位年輕會計派到廠裡，雖然很忠心，與我也很合得來，但是年輕人不知道世道險惡，加上他還有上級，所以無法防範可能出現的問題。

我與媽媽私下與金先生、金太太來往時，有向金先生說過，他總是說，我是中國來的，不習慣香港的工作方式。因此後來我也不講什麼了。後來聽說向台灣進口ＩＣ的香港公司，是經理的朋友在我們廠開廠後成立的，也就是爲承接我們廠的訂單而成立的。他們之間有何勾當，天曉得？

香港的廉政公署不但要查公務員的貪污，即使私人企業也禁止收回扣。雖然我只有小量的訂貨，也很注意與客戶的關係，只有一位山寨廠小老闆百般要求，我才答應他在酒樓飲最簡單的早茶。

我在這個工廠工作，一直覺得不是長遠之計，一方面我不熟悉這個行業，另一方面也不是我的興趣所在。後來有機會轉到媒體時，我就向老闆辭職。但是工廠一直虧本，這時包老闆也開始認爲經理有問題，派大舅子來接手，因爲必須清查，要我再做半年，接管完畢再走，我怎能不答應？但是金先生還私底下給我加薪，他透露給我說，買來的那些ＩＣ，採購單都是包先生準備出國時（他們在非洲奈及利亞也有紡織廠），經理才匆匆忙忙拿了採購單趕到飛機場要包先生簽字，包先生根本就無暇看清就簽字才上飛機。

我離開工廠後，雖然換了包先生的大舅子來管，最後還是做不下去。因爲老闆對這些都是外行。不久還是關門了。金先生一家後來移民舊金山，孩子是在美國讀書後就在美國工作。九七後我移民美國，有到舊金山看他們，金先生已經失智。他們對我的幫助，像挽救迷途少年一樣，是我的大貴人，讓我一輩子不會忘記。

家庭團聚

一九七九年初夏，我太太帶著兒子和女兒出來了。這是我出來三年之後。三年期間我沒有回去，一來很怕因爲寫「反共文章」被扣，我很了解中共的諜報能力，很難瞞過他們；二來經濟狀況不好，回去勢必要攜帶電器等等，開銷太大，我需要儲蓄準備家人的到來。因此我在紅磡車站接到他們時，三年不見，正是百感交集。尤其是活潑可愛的兩個小傢伙，他們到新地方，感到很新鮮，感謝太太與他們家裡的辛苦。

我在柴灣上班後，就搬到北角的新都城大廈住。三個房間，媽媽一間，表弟光熙一間，我一間。家人出來，我搬出去。我在鰂魚涌的惠安苑租了一間套房。這是怡和屬下置地公司興建的住家樓宇，質量很好。我要找房子的消息一出來，正好有華僑朋友介紹他的朋友要從這裡搬出，我看了一次就訂下。房東是一對年輕的楊姓萬隆僑生夫婦，兩個小孩。正是在家靠父母，出外靠朋友。

這間房子一千呎，三房兩廳，還有工人房。我那個套房是主人房，房間一百二十呎，包括一個大衛生間，再加一個狹長的小間，正好放進一個上下鋪的「碌架床」，女兒睡下鋪，兒子睡上鋪。我最看重有自己的衛生設備，要不然一家四口早上上班與房東搶衛生間，必然會有很多矛盾。「正房」裡一張留下來的大床，我買了一個冰箱，還買了二十吋的彩色電視機，這是吸引兒女的法寶，因爲那時中國的彩電還很罕有。我很擔心兒女不適應香港生活而吵著要回上海。家具是一個台灣做的可以折疊的簡易塑膠面衣櫃，飯桌則是折疊小方桌與折疊凳子，吃飯打開，一邊得坐床上。晚上兩個小孩用這個桌子做功課，我也用這個桌子寫稿賺錢。

房租九百塊，我的薪資一千五百，加上三四百元的稿費，房租是我收入的一半，要非常省吃儉用。如果只是日常開支，還可以。但是小孩入學，要學費、課本、還有校服，相當一筆。這時，金先生送來兩萬元，正是雪中送炭，爲我解困，眞是大恩大德。不過我還是每天看著銀行存摺還有多少錢過日子，夏天過了，又要買秋季的校服，還有冬天的校服……，一般存款維持在兩三千元，有時只有幾百元。房間很擠，生活壓力很大，有一次小孩子吵，我不打孩子，但是一怒之下只能摔東西，這是我的第一次。

因爲小孩完全不懂廣東話，所以找上講普通話的福建小學。我很不願進左派學校，沒有辦法，進去再說。每天早上第一個工作，就是把小孩送上校車，才去上班。

爲了討小孩子高興，當然帶他們出去玩。第一次去就是山頂。平時不坐計程車的我，爲了讓小孩子開洋葷，特地坐了計程車到纜車站，在纜車站的麥當勞讓他們第一次吃到漢堡。第二次，帶他們到兵頭花園看動物，當然，遠遠比不上上海的西郊公園。

當時還有一個麻煩問題就是到移民局申請繼續居留。我到香港時，拿到臨時身份證，一年續一次，七年後就成爲永久居民。但是家人出來的一九七九年，對新來者突然改變政策，每三個月就要申請續留一次。這也許是因爲「四人幫」倒台後，中國進入改革開放時期，移民香港的人更多，已經不限僑生了，而偷渡的人也大增，因爲訊息比過去靈通，讓中國老百姓更加羨慕資本主義的香港。

當時香港處於經濟起飛階段，需要勞動力，所以一九七四年開始對偷渡者採取抵壘政策，就是偷渡客只要有本事進入香港九龍市區（九龍界限街以南），就給予身份證，否則就遣送回去。這等於「考」偷渡者的能力，優秀的留下，能力差的請回。一九七九年與一九八〇年，廣東約有七十萬人偷渡進入香港，循合法途徑進入香港的也達十萬人，估計香港承受了壓力而開始刁難，受不了的就請回去。

因爲申請延續居留的大增，於是把金鐘的域多利兵營（現在的太古廣場）開闢成爲申請地區。根據指定日期每三個月去申請一次，這天，全家一早起床，到那裡排隊。那時，裡面沒有什麼設備，一旦資料準備不足，例如照片不夠，或文件需要影印，就要跑到灣仔去找快速照相館與影印店，再趕回來，每次都要耗時一整天。大概做了一年，政策又改回一年一次。每次申請延期都要付費，又是一筆開支。

洪平因爲有心臟病，加上完全不懂廣東話與英文，難以出去工作，雖然有朋友介紹她到附近的工廠做簡單的工作，每天上下班也夠累，何況家裡需要有人照顧，所以上班沒多久就不給她去了。小孩子剛來，迷上電視，尤其是小明，很喜歡電視裡那些女星的服裝，很擔心影響功課，媽媽在家就可以多管管。

不過小孩子很快就熟悉環境，學會廣東話。因此第二年，就給他們轉學。因爲英文程度還是不夠，我也沒有錢幫他們請補習老師，所以就轉學到也是在北角的蘇浙，林斌進入蘇浙公學，小明也進蘇浙小學再升中學。金先生是蘇浙同鄉會的會員，所以也是在他的一手幫助下，沒有經過繁瑣的程序解決了入學問題。蘇浙在香港算是名校，解決了入學問題，放下心頭大石，就專注我的工作了。

在公司增加我的薪資後，我搬回新都城大廈，媽媽一個房間，我與洪平一個房間，兩個小孩一個房間。住房寬敞好多了。小孩子上學也近了很多，走路就可以到達。

僑生回流

我們在中國拿到出境單程證到香港，表面上是經過香港到印尼。但是因爲我們離開印尼時都宣誓不再回去，因此其實我們都回不到印尼，除非有特殊手段與管道，有人的確回去，但是極個別，大部分都停留在香港，形成大會師的局面，許多同學、老師，在中國沒有見上一面，可是在香港見面了。

香港不承認中國的文憑，因此無法憑文憑找工作，許多都到工廠工作，我在工廠時，就介紹幾位同學與朋友工作。由於房租很貴，如果沒有家庭支持，根本就難以撐下去。根據我知道的，北大歷史系考古專業一位僑生，中文大學願意接納，因爲香港沒有考古專業，亟需這個人才。巴中的物理助教潘志強後來在南開大學物理系畢業，在中大物理系只能當教輔人員。香港地產業非常紅火，清華土木系畢業的，可以到地產公司工作，薪資則不能跟外國或本地畢業的比，但是已經不錯了。最慘的是許多醫學院畢業的，須參加考試及格才可以執業，但是因爲用英文考，所以能及格的很少。因此許多中國的專業人士到香港後，只能到大樓裡當「看更」，就是大廈的保全人員。

一些找不到工作，也沒有家裡支持的僑生，或者受不起苦與放不下架子的，就再回到中國去。這些都是可以理解的。那時中國剛剛開始改革開放，思想還很保守，便把回去的有些僑生組織起來，到各單位發表演說，控訴殖民地對他們的歧視與資本主義的罪惡，說明社會主義的優越性，來挽救文革以後在中國出現的三信危機（信仰、信任、信心）。

我的同學當中，原來的副班長，當過天津市人民代表的林梅蘭全家出來，她的先生是清華大學土木系畢業，因此雖然無法同工同酬，但是至少收入比我們改行的要好；他們比較早在鰂魚涌的南豐新邨買房子，令人羨慕。班長鄺達盛比我晚一點出來，他是學工的，所以還可以找到對口的工作，後來工廠往中國發展，他被派到廣東工作。李新時也出來，工作改行，因爲英文不錯，找到貿易行，後來到澳門工作。新華的同學楊郁梨在錄音帶工廠工作，做管工，做到六十幾歲；她的妹妹郁磐是媽媽的學生，像女兒那樣照顧我媽媽，所以來往較多；開始她在我工廠裡做，後來先生生意做得不錯，也就不必做了。當時這些僑生做的生意，都是趁中國改革開放，利用在中國的老關係做生意，這是他們的優勢。

我們的老師中，當時在巴中作爲青年教師「進步樣板」的，黃天美痛定思痛，出來後竟然完全不與老同學來往，就此神秘失蹤，我在香港二十一年，再沒有見到他，只聽說他住在美孚新邨。

梁英明在我出來幾年後也出來了。夫婦帶兩個女兒，兩個弟弟英華、英豪比他早出來。他的太太是北京人，到了香港很不適應，因此不久就回去，小女兒跟他們回去，大女兒留在香港，由弟弟照顧。梁英明已經擺脫「梁效」的陰影，加上他的才華，不久被派到美國的哈佛大學進修，來回經過香港，我都有與他見面。他回來時，我已在《中報》工作，他肯定該報評論中國事務的小專欄「長城內外」作者王山就是我。太厲害了。他對我說，他在哈佛看遍有關韓戰的資料，肯定韓戰是北韓發動的。雖然我早就知道了，但是他的「證據」更多了。這是當年我們被欺騙後必須釐清的眞相。如今他八十多歲了，已經退休，我在台北的秋水堂還買到他在二〇一〇年由人民出版社出版的著作《東南亞史》，在谷歌看到他還在打羽毛球，健康不錯。

另一位是曹輝賢。達盛是一九七七年到香港的。他說，臨出來時，在北京見到曹輝賢，當時曹在湖南省公安廳工作（僑生能夠在公安廳工作，可見他的政治身份了），聽到達盛要出國，立即批評他怎麼對祖國失去信心。可是沒有幾個月，曹居然也到了香港。有一天，我去探望新華的幾何老師陳炳輝，那天他家裡聚集一批他們的巴中同屆同學，因爲高我好幾屆，他們在巴中讀書時我還剛進新華，所以都不認得我。可是陳炳輝還沒有介紹我，曹就出來說：他叫林保華，爸爸是林維新，媽媽是國懷暎。曹沒有教過我，在巴中我們也沒有打過交道，居然對我這樣熟悉，怎不把我嚇了一跳？

後來我把此事告訴梅蘭，她說，曹對她進行過幾次「家訪」，在她發牢騷罵毛澤東害人時，他居然批評她的言論。這樣的人來香港做什麼？不是派出來做地下工作的嗎？

我在新華的歷史老師、在北京大學任教的印尼史專家吳世璜居然也出來了，他年紀已經不小了，那時至少也近六十歲了，怎麼能夠適應香港的環境？看來是爲了帶女兒出來。由於他找不到工作，於是由曹輝賢介紹到油麻地一間書店工作。有同學告訴我，書店大老闆是華豐國貨老闆許乃昌的女婿。曹在那裡搞讀書會。我一聽，讀書會不是共產黨搞地下工作的形式嗎？不過吳老師在那裡上班，月薪才一千元，怎麼過日子？因此掙扎一段時間後，吳老師也回北京了，至於女兒，則留了下來。

還有一位畢業於武漢師範學院中文系的同班同學，來香港後到新創辦的《爭鳴》雜誌工作，還向我邀稿，我寫了一篇，不過他在《爭鳴》沒有做多久。後來有同學告訴我，他對他們說，在香港也應該靠攏組織，也把我嚇了一下。後來果然爲《文匯報》的「讀者來論」寫馬屁文章，筆名至少四、五個，有巴中或老九者，還有林有凌，一看都知道是他寫的，甚至還讚揚李鵬。

另外，梭羅的林瑞謨也出來了，他做中國生意，因爲交友廣泛，梭羅僑生之間的訊息他最靈通。他也常來看媽媽。梭羅的阿瑤，以及我的小學老師張錦珠都出來了，我們都是三十多年沒有見面。

我們同學間交流相當頻繁，互通聲息，相互幫助。但是也有個別品德不好的，來時間長一點的，欺負新來的。華人移民中不乏這種例子，我很討厭這種人。

十二，立足香港

到香港五年後，終於了了心願，轉行到了媒體，可以發揮自己的所長，也為自己的未來增加信心。經過多年努力，到香港十年之後，終於買了房子，基本上可以「安居樂業」了，雖然九七陰影一直揮之不去。

涉入股市

到香港後，我一直想進入媒體工作，那是我的興趣，也是理想，尤其是到中國版。那時只有《明報》有中國版，但是沒有請人。孫大姐了解我的心思，有一次《明報》請編輯，她就要我去應徵。但那是港聞版，而且要我試工，我沒有把握是否可以獲聘，所以不敢辭掉工廠的工作。港聞版的負責人是後來號稱「紫微楊」的楊君澤。試工兩個星期，我每天從工廠下班後立即趕到《明報》上班，好在是回家必經的路上。一般到半夜一兩點鐘下班，第二天一早再去工廠上班。但是同時試工的還有一位，原是《明報週刊》的編輯，他的人事關係不但比我好得多，而且是香港本地人，對香港情況的熟悉遠遠超過我。因此第一天我就知道我沒有希望，但是因為我從來沒有在媒體工作過，很想知道編輯工作如何運作，以及報紙出版的流程，因此有這樣的機會我當然也不會放過。果然，我下的標題他們很不滿意，這是做編輯最重要的一課，標題必須最具概括性又能吸引讀者，因此要了解讀者的心態。

香港有個笑話說，只要發現有女屍，報章的標題一定要用「艷屍」才能吸引讀者的目光，哪怕那是老太婆的屍體。《明報》報格高，不會這樣做。總之，我剛到香港沒有幾年，對社會的了解與語言的運用都不如他人，所以實習結束後沒有聘用我，我毫無怨言，繼續在工廠裡做。

一九八〇年，台灣報人傅朝樞帶了一筆軍方收購他《台灣日報》的數千萬美元資金，雄心勃勃來香港創辦《中報》，創辦時以《明報》作爲對手，聲勢很大，挖了《明報》一批人，例如胡菊人、圓圓等。由胡菊人出任總編輯，一九七八年被中共放到香港的著名報人，前《中央日報》副總編輯陸鏗擔任總主筆。陸鏗曾在《明報月刊》寫了篇〈三十年大夢將醒乎〉而活躍文壇。但是《中報》的陣容沒能撼動《明報》。

當時中共爲了進行統戰分化，還由鄧小平分別接見《明報》社長查良鏞與《中報》社長傅朝樞。據說傅在報社高層以鄧小平接見他的時間比查良鏞多一些而自得，暗示鄧小平重視他超過查良鏞。

《中報》辦了一兩年虧本，辭掉一些高薪挖來的員工，再請來薪水低一些的。當時有人介紹我給他們的二公子傅獻堂認識，有一次他問我是否有意做中國版編輯。在這個情況下，我就向工廠請辭，但是因爲工廠正好要查賬、改組，金先生要我多做幾個月，因此我就沒有去《中報》做。我讓太太去做，下班時我去幫忙。等到我辭職已經是半年後的事情，中報沒有其他空缺，於是我陷於「失業」狀態。不過廠方對我很好，我主動辭職，還給我遣散費，而且給的不少，這當然是金先生的意思。於是我手裡就有一兩萬元的現金。

當時除了寫點稿，還有許多時間。雅加達新華學校的同學李健輝當時在一家股票行做經紀，便邀請我去看看。我是一個很好奇的人，也想了解股票是怎麼一回事，因爲「新中國」完全沒有這個東西，只有在茅盾的小說《子夜》有提過，那是「舊中國」的資本主義玩意，我既然生活在現代資本主義社會金融中心的香港，就必須入境問俗，長長見識。當時還沒有聯合交易所，而是四個「會」分開經營，我去的是遠東會，李福兆是遠東會「校長」。當時股價顯現在股票行大堂（台灣叫「號子」）不斷流動的大螢幕上。看了以後，雖然沒有什麼認識，去了幾次以後，還是禁不起誘惑，心癢試試「投資」。當時李嘉誠在北角新蓋的「城市花園」剛剛出售，新聞很大，而且有單獨的股票上市，叫做「國際城市」，因此我第一次買的股票就是它。我之所以買地產股（台灣叫「營建股」）是因爲買不起一間房子，而房價一直在漲，那麼我就從小股東做起買房子的一小塊。

當時在華僑補校同宿舍的日本僑生文慶添與姜一郎已經在一九六〇年代初到了香港。我曾經請教有參與投資的姜一郎投資股票的要訣，他簡單回一句：「要看大戶怎麼做。」我後來「小本經營」玩了幾十年股票，眞的了解這句話非常經典。什麼利多利空，全看大戶怎麼操作再由股評家進行事後的解釋而跟著做。所以香港人叫「跟紅頂白」。但是問題在我們不知道大戶想怎麼做，何況還會有許多假資訊與假動作誤導，豈可亂跟？不過，我是一直在努力從種種資訊中揣測大戶在做什麼打算，來檢視自己的智慧，像賭博一樣也會上癮。

當時糊里糊塗進場（香港叫做「入市」），進出幾手，有點小贏。但是接著一九八二年秋天英國首相柴契爾（港譯「戴卓爾」、中譯「撒切爾」）夫人訪問北京，中國決定收回香港，她在人民大會堂門口幾乎摔了一跤，港股暴跌。我相信中國政府必然要製造「大好形勢」，但是忽視大戶從中造勢賺錢，所以跌勢比我想像的厲害，在被嚇壞以後，把手上股票清掉，資金所剩無幾。那時我已經在《中報》工作，一次在同仁的宴席上，與《中報月刊》的主編壽孝椿（後來去了美國《僑報》）與編輯裴立平（都是中國出來的，所以比較有「共同語言」）喝了點酒，想起好不容易掙到一點錢就如此灰飛湮滅，不禁悲從中來而傷感流淚。這是我的第二次酒後失態，也許也是此生的最後一次了。

但是我不會怪任何人，只怪我自己失去警覺，判斷錯誤。我更努力工作與寫稿，重新累計資金，當形勢開始好轉，再度投入。當時中國派駐香港成立光大集團的劉少奇妻舅王光英卻錯判形勢，以樓市「死水一潭」爲由，把買來的幾幢城市花園房子「退貨」給李嘉誠（還虧王光英是什麼資本家，居然因爲看淡前景而可以退貨）後，股市反而逐漸復甦，尤其跌得最慘的地產股很快漲起，這次我賺到錢了，加上我的工作薪資並在多家報刊雜誌寫專欄的稿費收入，遂在一九八六年十二月，也就是我來到香港後的第十年，付了首期買了一個七百呎（不到二十坪）的二手樓，總算給自己一家四口有個安身之地。

也因爲涉足股市，經常看本來沒有去看的財經專業報章《信報》，發現它有高質素的政治評論版而去投稿，從此進一步改變了我的命運。

轉行媒體

我在《明報晚報》的專欄寫到一九八〇年底。但是天無絕人之路，來香港幾年，逐漸認識中國回流香港的媒體朋友，最早認識的是辜健，馬來西亞僑生，他在《新報》編新開設的中國版，邀請我寫不定期的專欄，他喜歡變花樣，於是我用林念、周坦、林尖等筆名寫了「民主牆」、「風雲人物」、「人物素描」、「特區動態」、「大陸生意經」、「知無不言集」等。

辜健是學文學的，並不喜歡政治，但是生活所逼，也得從事這一行。我與他最「深交」的一次談話，就是討論寫政治文章的風險，後來得出一個結論，不要怕東怕西而不敢寫，下決心就去做，要做「反革命」，就做大一點，否則成不了事。但是政治並非他的愛好，所以最後因爲所學「專業」而做「反革命」的是我。

後來復旦大學新聞系畢業的蘇州人吳偉華擔任《新報》副刊編輯，我在那裡開了每天一篇的專欄，開始欄名是「彈嘆譚」，筆名是海木（上海阿木林），寫了多年。一九九〇年代再用凌鋒的筆名寫「界內界外」專欄幾年。《新報》換了好幾個老闆後，終於在二〇一五年七月十二日停刊。

在這期間，我在《明報》蔡炎培主編的副刊以周懷的筆名寫了一些散文，不過少之又少，因爲那裡是人們搶投的園地。

進入《中報》以前，已經與傅獻堂比較熟悉了。因爲他們需要人而我一時來不了，就讓我太太去做中國版。她對媒體認識很少，對政治也不感興趣，但是爲了生計，雖然身體不好，還是上班了。我在下班後趕來幫她做，因此她主要負責中國版的校對工作。我也寫相關專欄，從一九八〇年九月一日開始，用「林念」的筆名每天寫一篇「人物」專欄。當時中共政壇因爲要清算文革而人事大動盪，尤其大批老幹部平反復職，我對他們的生平與文革的遭遇相當熟悉，因此每天有東西可寫。到了第二年，改爲比較靈活、不限於人物的「新聞述評」，再後來用王山筆名寫「長城內外」專欄。

爲了寫政治專欄，我買了許多參考書與政論雜誌。其中最重要的是買了台灣政治大學國際關係研究中心出版的《中共人名錄》，定價美金四十元，加上運費，似乎接近五百港元，是我的月薪三分之一。又買了黃震遐編著的《中共軍人誌》。我除了個人訂了北京出版的《新華月報》，還訂了好多年台灣出版的《中共研究》雜誌，但是我主要並非看他們的評論，而是關注裡面報導的台灣監聽中國地方電台的相關內容，尤其人事。對中共的觀察，最重要的是人事變化，因爲「幹部決定一切」也。隨著個人經濟情況逐漸好轉，我買了許多工具書，以後我的寫作，都是靠自己的小圖書館，不必依賴他人。

一九八二年，我正式進入《中報》，編副刊，也就是具有香港特色的幾百字小方塊專欄副刊，位置固定，比較好編。其他時間幫助太太編中國版。當時編輯月薪一千五百元，另外給我寫每天一篇的副刊專欄，每月七百元。這是我有每天一篇小方塊副刊專欄的開始，內容海闊天空。專欄定名爲「無爲集」，因爲我欣賞老子的放任無爲，用的筆名是「林樺」，比較接近眞名，希望有比較固定的筆名來逐漸打響名號。我在《中報月刊》也有每一期的專欄，筆名是「馬木」，暗批中共的「不仁」。

《中報》後來也有台灣式的副刊，接納比較長的文章與詩歌，也由我擔任編輯，自然有些「請託」的稿子，不過我很謹慎，不能因爲講人情而敗壞水準。請託的多爲中國來香港的新移民。其中朋友轉來過當時在《人民日報》任職的徐剛（六四後曾流亡法國，但也有很大爭議）。自動投稿的有後來出任天地圖書公司總編輯的顏純鈎（慕羽）的文章。

因為擔任副刊編輯，也認識一些香港土生土長與上海南遷香港的專欄作者。當時稿費高低看名氣大小。南下文人中有過來人、鳳三等作者，已經垂垂老矣，靠這些微薄的稿費維持晚年生活。由於他們寫的有許多都是上海的陳年往事，也在各報有許多重複而逐漸過氣被淘汰，後來聽聞過來人還曾因為希望留下專欄維持生活而給編輯下跪，聞之唏噓，也為自己敲下警鐘。

也在這一年，認識了《星島晚報》的文壇前輩董千里，他是副刊編輯，因此我也用不同筆名寫不同文章，「周懷」政治性，「浮生」是散文，「木佬」寫怪論。這期間，還有《財經日報》創刊，負責人是來自《明報》的黃揚烈，我也寫過幾篇，報紙沒有維持太久。黃揚烈後來進入《經濟日報》。

因為編副刊，也認識了李默。她從事電影評論與宣傳工作，負責找些作者觀看即將上映的試片，我是外行，也缺乏知名度，她沒有嫌棄，經常通知我去看。她是台灣師範大學中文系畢業的，因此可以用普通話與我溝通。據說有的娛樂版專業作者會收紅包，但是我從來沒有，因為是外行，即使寫些電影評論，也是在副刊專欄而非娛樂版的專業評論。聽聞即使電影差勁而無法稱讚，也得在電影落畫前一天才批評，避免影響票房。我看過好幾部台灣電影的試片，例如《玉卿嫂》、《竹籬笆外的春天》等，也寫影評。有一次梁英明來香港，我還帶他看了《金大班的最後一夜》的試片，他很高興，那時在中國是沒有機會看到的。

《中報》後來辦美國版，有的版面在香港編輯，因爲香港的人工比美國低。於是我被調去編美國版的副刊。美國《中報》的班底都是台灣人，因此我得以接觸一些台灣人，副總編輯李義仁從美國紐約來香港坐鎮。香港是廣東話的世界，尤其是「報紙佬」，他與我可以用普通話溝通，我也協助他與香港本地的報人溝通，因此我們接觸較多。《中報》總編輯俞國基從美國來香港考察多次，我們也交談甚歡，尤其他講話風趣，不時爆出笑料，例如傅朝樞爲了說明他比查良鏞更受鄧小平重視，指著手錶說鄧小平接見他的時間比查多了幾分鐘。其實這不就是中共利用人性中「爭寵」的劣根性對媒體進行「分而治之」的統戰手段嗎？

在編美國副刊的過程中，我了解了一些台灣的文化界情況，例如台灣的鄉土文學，第一次接觸到楊逵的名字。我也在美洲版的中報寫專欄，介紹香港，筆名「孫耳」，取「順風耳」的諧音。我還在副刊寫了一篇很長的書評介紹中國作家張潔的長篇小說《沉重的翅膀》，那是難得描述中國經濟改革起步的作品。張潔是我在人大的同屆同學，不過她讀的是計劃統計系，當時並不認識她。在香港《大公報》工作、也是人大僑生的薛瑞珍是她同學，所以我也了解有關她的一些資訊。

我的同班同學蘇叔陽也在差不多時候寫了《丹心譜》（歌頌周恩來）而出名，我也在《明報》副刊寫了介紹他的短文。

俞國基、李義仁在一九八三年離開美國《中報》，去了美洲《中國時報》，我也跟著在美洲中時以「李明」的筆名寫評論香港的專欄。後期在美國的《中時周刊》寫評論，用的是在《信報》的筆名「凌鋒」。這些都讓我存了一些美元稿費，但也被香港新華社扣上「台灣背景」的政治帽子。

我在《中報》工作最重要的是接觸了台灣黨外思想，因爲俞、李都是同情台灣黨外，批判國民黨的專制制度。當時我在香港與右派關係不錯，因爲有「反共」的共同點，但是並沒有因此就敵視黨外，只希望台灣能團結抗共。

在《中報》時，內部有規定國民黨有五個人不能罵，共產黨也有五個人不能罵。因爲一直賠本而不斷改版，越改越失去讀者，香港《中報》先關門。後來傳說美洲《中報》還接受中共的金援，六四後站在中共屠城立場也不奇怪了，以致在美國也失去讀者，這是後話。傅朝樞去世時，我已經移居紐約，到底有一場賓主關係，雖然他不認識我，但是與傅獻堂及他的幾個妹妹都熟悉，所以參加他的告別式，見到傅家幾位兄妹，他們自是感到意外。

任職信報

當時報章中國版最好的是《明報》，負責人是丁望。聽說是一九六〇年代從武漢來香港的，原先在公安機關工作，所以對中共很了解。當時在報章寫中國評論還有一位很出色的是《東方日報》的繆雨專欄，他是演員繆騫人的爸爸，他寫得很生動，我很喜歡看，有些好文章還剪下來保存。

一九八二年九月，英國首相柴契爾夫人訪問北京，確實了中國一定要收回香港。我的第一個反應就是，我好不容易離開中國到了香港，生活才比較安定，共產黨又從後面追來而滿腔悲憤，於是決定多寫揭露批判共產黨的文章，讓香港人了解他們面臨的險境。當時我發現《信報》的評論版水準很高、包容性很強，不止評論中國事務，還有香港事務，於是我試著用在《明報》用過的「周懷」筆名去投稿，居然被採用了，於是投了好幾篇。

《信報》老闆林山木是《明報晚報》出來的報人，以林行止的筆名每天寫一篇相當於社論的「政經縱橫」。林老闆因為從《明報》出來，所以也與孫大姐熟悉。有一次林老闆出國，孫大姐到機場送行，那時是在九龍城的啓德機場，非常方便，她也叫我去，在那裡認識了林老闆。談到中國問題時，正好我口袋裡有剪下來的繆雨文章，我立即拿出來介紹。隔了一段時候，林老闆約我到報館與他見面，問我願不願意到《信報》工作。我聽了很高興，但是也怕難以勝任，我說，在《中報》做編輯，編的是一個個板塊，不懂排字的工序；而且我的英文很差。他說，把我當新手看，也不要求我懂英文。給我月薪三千元，另外讓我寫個專欄（除了星期天，每天一篇八百字），一個月兩千八百元。《信報》有年終獎金，每年還調薪，是個有歸屬感的企業。

當時我與洪平在《中報》，月薪各一千五百元，專欄是七百元，合共三千七百元。當時正好洪平心臟開刀，我一人做兩人的工作。《信報》給我的報酬等於我們兩人的總和，稿費更高。加上《信報》的名聲比《中報》高很多，自然欣然接受，於是在一九八三年的九月一日開始上班。

我在《信報》的專欄也是那天開始，專欄名字叫做「人在香港」，取了個新的筆名「凌鋒」，擺明要用凌厲的筆鋒來寫這個專欄。我很珍惜這個專欄，所以這個筆名沒有在香港其他報章用。一直到一九八七年一月哈公、金鐘、許行創辦《解放》月刊（《開放》前身），爲了表示大力支持，我才在那裡每個月的文章用一次。

《信報》是香港人的報紙，整個報館都是「老香港」，即使老闆本人，也是來香港多年，很少像我這樣的新移民，因此在那裡也適合我的「香港化」，尤其《信報》的香港本位立場，以香港利益爲優先，我很認同，因爲我也是香港人呀。

《信報》的同事，例如趙士英、周錫坤等，對我都很照顧，幫助我熟悉環境、協助我解決困難。當時還是用鉛字排版，需要搞好與排字房的關係，關係好，小問題他們可以幫你解決；關係不好，動不動來「請示」。我不善於交際，粵語又說不好，所以這方面麻煩比較多，還好有同事協助我解決，我也盡量謙卑搞好關係。個別上司與我關係比較緊張，言語間會奚落我，我有點感覺到。後來反而是外面的朋友告訴我，有人傳說我將取代他的副總編地位。天呀，我何德何能可以坐上這個高位？首先我的英文就沒有辦法勝任；而我的個性更是沒有任何野心，不想承擔重大責任，只要做做有興趣的工作，日子寫意一點就可以了。

我也一度與趙來發編娛樂版，對此我也是外行。後來才集中編評論版。評論版的稿件都由老闆本人決定發給我排版，許多都是筆名，我也不知道作者本人是什麼人，也從來沒有打聽。當時我認識的記者曾慧燕的先生陳江南用葉知秋的筆名寫，也是後來我到香港大學工作以後離開他們家較近，中午一起在西環飲茶才知道的，他以爲我早知道。那時他在中新社工作，在《信報》爆內幕被單位調查過。

由於稿子用不用都由老闆決定，就是星期天的「讀者之聲」（沒有稿費）稿件也是老闆決定的，我反而省事，否則很擔心外來的「人情稿」。有一篇朋友的來稿被放在「讀者之聲」，沒有稿費，還引發這位朋友的誤會，這是我從另一位在《百姓》擔任編輯的許桂林那裡聽來的。後來這位朋友也到《信報》工作，我也就不用解釋了。對批評《信報》的讀者來信，林行止也給予刊出，體現民主的風範。

同事中幾位寫評論的朋友，有本來在《七十年代》雜誌擔任編輯，筆名是吳默然的黎庭瑤，當時的「香港脈搏」專欄主要由他執筆。還有著名「托派」的吳仲賢；一九八一年三月，吳仲賢因回中國與民運人士串連被捕，寫悔過書後獲釋，回港後疑因他被捕期間向中共交代問題被開除黨籍。他在一九八二年加入《信報》，當時美國《新聞周刊》訪問他對中國收回香港的態度，他表示支持，但是八九民運後移民澳洲，然後再回香港。這點我對他不大諒解。近年我與梁國雄（長毛）談起他，長毛說吳被捕過，所以非移民不可，爲此我也諒解他了。不過他還是在一九九四年因爲癌症而早逝。與他關係不錯的黎則奮，三十年後第一個承認當時主張「民主回歸」的錯誤。《信報》當時的採訪主任陳早標在我離開後被《經濟日報》挖角，後來成爲該報總編輯。

我在《信報》工作近三年，那是中國與英國政府談判香港前途問題最緊張的時候。當時《信報》言論最大膽，林行止的名言就是「英國不可靠，中國不可信」。我相當認同。但是我對英國的不可靠有相當諒解，那是因爲英國的國力無法與中國抗衡，應該說，在中國排斥了香港人不可參與談判後，英國還是爲香港爭取不少權益。問題是中國沒有信用。

當時香港人當中，如我這樣長期在中國生活而又了解中共的不多，因爲《信報》言論的開放，所以我的專欄大鳴大放，對中共進行毫不留情的批判，以致有些人認爲我「偏激」，因爲我連「民主回歸」都不信，對當時在《信報》也有「磨斧集」專欄的艾凡（後來出任全國政協委員的劉廼強）的觀點很不認同，但是當時我覺得他只是對中共不了解，加上我自己身爲編輯，不便與他論戰。

我在中國住了二十一年，了解中共所謂「民族主義」的眞諦，所以在批判中共時，沒有民族主義的框框而站在英國人一邊，也是普世價值一邊。所以港府也重視我的言論，有一次老闆給我看港府每天編印的一本小冊子，內容都是每天報章上的重要文章發給高層官員看的，我的文章列在其中。

我在《信報》工作，引起我在左派機構工作的朋友的興趣，有的稱讚我能進入這樣一個機構，言語間似乎是我可以充當他們的情報員。他們喜歡打聽的是那些專欄作者的眞實身份。我都推說不知道，因爲爲了保護他們，有的我的確也不知道，知道的也不說，除非是大家都知道的公眾人物。左派朋友中，有些是要打聽一些資訊向上邀功，有的卻是與我有同樣的理念，反而告訴我他們裡面的資訊，例如告訴我，他們每天翻看香港報章的所有專欄，根據內容把那些作者按照左中右排隊，便於如何統戰。這些不同態度的朋友，我當然也以不同態度與他們交往，有些眞心，有些敷衍。

家庭變化

因爲不小心，洪平到達香港不久又懷了孕。香港的人工流產並非像中國那樣「自由」，要向醫院說明理由。她不能再生產，是因爲在上海權威的胸科醫院查出有先天性的心臟兩尖瓣狹窄。爲此在般含道的那打素醫院再檢查，也在那裡進行人工流產手術。那時，我在《中報》工作，收入不高，經過社工了解，費用給予減免。但是更重要的，我第一次與香港的醫院打交道，看到他們的服務態度，而且我們講話一聽就是新移民，但是他們沒有歧視，服務態度令我十分感動。那是在中國即使「學雷鋒」也是學不到的。

更令人感動的是，因爲有心臟病的記錄，所以後來再把她的病歷轉到一九七八年新建成的葛量洪醫院治療，這座醫院是胸科專門醫院，以第二十二任港督名字命名，座落在港島南區的黃竹坑。一九八三年夏天醫院決定要她開刀，由最好的莫志強醫生執刀。在手術前幾天，通知我找三個人獻血，就是一邊動手術，旁邊的人立即爲她輸送鮮血，不是用血漿。我的血型與洪平不同，孩子太小，熟悉朋友中多爲年紀較大的華僑，國內出來的人，沒有爲別人獻血的觀念，正當我非常苦惱的時候，一位年輕的香港同事，幫我找了成報一位姓麥的年輕朋友，他再找一位朋友在開刀那天去獻血。最後來不及找第三位，醫院找了他們備用名單裡一位外國人來獻血。

手術進行了一個上午，在醫院住了一個月，本來不必住那樣長，但是因爲我要上班，家裡缺人照顧，所以通融一些。除了住院費花了幾百塊錢，其他都是馬會負擔。這種利用博弈進行慈善事業，也讓我對資本主義有更多的認識，沒有以假道學來反對這種賭博。通過這個事件，我一方面感到香港人情操的高尚，也對什麼「炎黃子孫，血濃於水」很反感，我太太血液裡就有其他種族的血液，還要講什麼血統嗎？當時我在《明報》的副刊寫了篇短文感謝香港，感謝香港的資本主義制度讓我這個平民家庭受惠。

洪平心臟裝了人造瓣膜，那時醫學水平，是不銹鋼的瓣膜，爲了擔心血液過濃而凝結在瓣膜上，所以每天要吃抗凝劑，每個月去複查檢查血液的濃度，不斷以吃藥多少調整濃度。因爲吃了抗凝劑，皮肉不能碰破出血，否則會血流不止無法凝結，甚至月事也會大量流血。

因爲走路、上樓梯都不會氣喘了，所以一九八五年帶她去泰國旅遊，這是她第一次出國。在曼谷找到開珠寶店的一位叔公。他們送她一枚戒指，也是她唯一的戒指。以前的都被人民銀行強迫收購了。

我也是第一次住上泰國海邊的豪華酒店。更大開眼界的是在芭提雅不但觀看人妖模仿鄧麗君的演唱，還看了所謂「眞人表演」，就是男女在台上性交與女性利用生殖器耍魔術式的技術表演，只能說「嘆爲觀止」。

我剛在《信報》上班不到一個星期，突然接到爸爸肝硬化昏迷的消息，是不是立即回去探望，讓我非常煎熬。因爲當時我們的華僑身份還不能回去，不是沒有人回去的先例，但是相當個別，我的小學同學中大概也只有一個回得去。那是採用非法手段，例如改名換姓，或其他手段，這些都需要錢，而且更是冒風險，因爲到了那裡如果行事不慎或有人檢舉，後果難以想像。而我對印尼已經很生疏，印尼話也幾乎忘光了。當時剛到《信報》上班，立即請假，也說不出口。加上即使找關係偷渡回去，也費時日，不一定趕得上見最後一面，因此最終放棄回印尼的想法。

爸爸拖了一些時間，終於去世。我與他只是相處十七年，後來他回到中國一趟，爲我申請出國，也只是相處幾天。不過我年輕時的長相很像他，老了以後才像媽媽；他的性格有些也遺傳給我，比較懦弱而不如媽媽倔強，尤其都喜歡寫作，不過晚年我的性格也變了。當時印尼很難看到中文書刊，但看到林念的文章後，爸爸立即寫信給我，斷定是我寫的。這種感應也是天生的吧。

在新都城大廈，我們與媽媽住在一起。媽媽回國時，與洪平相處得並不和諧，既有成見，「婆媳關係」很難處理，我工作太忙也無暇顧及，因此矛盾日益激化，只有分開才能解決問題，因此另覓新居成爲我急於處理的事。

其實，在洪平到來之後，雖然我在香港沒有住滿七年，還沒有申請公屋的資格，但是我住在惠安苑的時候，就提出申請了，我想先排隊，可以及早得以分配到。在我搬到新都城後，有些信件還是寄到惠安苑，因爲信件很少，所以我也沒有在意。有一次在中環見到惠安苑的房東，他說我有一封信，我跑去拿，居然是房屋署的信件，給我分配到北角新邨的公屋，不但在市區，也是當時最好的公屋。但是要我去登記的時間因爲我耽誤拿到這封信而已經過了幾個星期。我做人可能太一板一眼，因爲時間已過，當是我自己放棄，也沒有想到去求情爭取而放棄這個「福利」。

當時我在香港還沒有住滿七年，可能當時房屋署覺得我們一家四人住在一百二十呎（三坪三）的房子太狹小而優先照顧？我不知道，但是眞的我很感謝香港政府給我的這個福利。雖然失去這個機會是個「禍事」，但是如果住下就可能會安於現狀，不去積極努力掙錢買房子等於變相投資，日後就不會因爲房價飛漲賣出移民而成爲我的「養老金」，也可見人的所謂禍福實在難料。

洪平因爲有段時間沒有工作，瞞著我寫信給香港總督尤德，希望政府協助能夠爲她找到工作。這種信件，居然也得到回信，雖然不是港督親筆回信，也沒有做任何承諾，只是做些如何找工作的輔導而已。這也使我非常感動了，尤其尤德一九八六年在北京談判時鞠躬盡瘁於賓館裡猝逝，不勝哀悼。

十三，中英談判

對於剛剛離開中國大牢獄的我，對中英談判前途問題自然格外關注，那關係到個人未來的前途，未來我還能不能繼續自由生活的問題；也是整個香港市民的前途問題。而我的評論工作使我的關注更加深入，因為還必須寫出評論讓大家知道我的看法。因為我就讀的專業與我的人生經歷，與普通的香港人相比有更特別的看法。

開。

人心浮動

一九八三年七月，中英兩國開始正式談判香港前途問題。採用的方式是輪流在北京與香港召開。

談判一開始，英國根本不是中國的對手，雖然英國的外交策略在西方國家中也很有一套。例如代表團成員本來有一位擔任港府新聞處處長的曹廣榮，但是中共以英國企圖製造「三腳櫈」，假造香港民意而不准他參與。但這個「不准」不是事先照會，而是他在隨代表團抵達北京時被拒絕入境，給了英國下馬威。這不但非常沒有禮貌，也讓英國人措手不及。英國人不敢停止談判，全團召回，只能讓步。從此香港人的民意被排斥在外。因此中國一再宣傳收回香港是「還政於中」而不是「還政於民」，種下日後香港無法實現民主的嚴重後果。

八月，中國外交部副部長、代表團團長姚廣在香港對記者提出的問題避而不答，卻大談「我們都是中國人」。並且「同胞」長，「同胞」短。面目十分可憎。我氣不過，立即給《信報》投稿「我們都是中國人」，痛批國共內戰就是中國人打中國人，中共建國後一連串的政治運動也是中國人打中國人，「至今，中國人還要去膜拜鬥爭中國人的毛澤東的屍體！」

我也列舉中國把在中國的人士分成幾等：第一等外國朋友；第二等外籍華人；第三等台灣同胞（可以根據需要躍上第一等）；第四等港澳同胞；第五等是已經被「統一」在大陸內的同胞。

以此揭穿他的假惺惺。二十五年後在台灣看到中國海協會會長陳雲林再彈此調，欺騙台灣人，怎不怒火中燒？共產黨就是以此騙來騙去，不幸就是有低能的中國人願意被騙，還有奴才爲自己的利益去配合。

那時每一次談判結束時，發表的新聞公報都要加上「有益的有建設性的」，有一次沒有這個字眼，說明談判氣氛不佳，金融市場立即大動盪，所以後來每次都加上這個字眼，即使吵翻天也是「有益的有建設性的」，一時它成爲口頭禪，也成爲笑話。就如毛澤東死後華國鋒接班，毛澤東那句「你辦事，我放心」。

談判期間最緊張的一段日子是九月。那時中國收回香港已經是定局，各種方案北京都拒絕，例如中國收回主權英國保留治權、英國向中國繳納租金等等，甚至將香港「公司化」，中國做董事長，英國做總經理等等。由於中國態度強硬，因此港元匯率狂跌。我因爲有美元稿費，對匯率有些了解，在中國決定收回香港前，本來一美元可以兌換港元五元多。但是因爲對中國收回香港缺乏信心，港元一直貶值，港元匯率逐漸跌到一美元兌六元多。

進入一九八三年九月下旬，因爲擔心港元貶值，香港出現搶購潮，不但搶購大米，連衛生紙都搶購，寸土尺金的香港，囤積衛生紙能保值嗎？可見無助的香港人可憐到什麼程度？

那年九月二十四日是星期六（那時尚未實行週休兩日的制度），媒體公佈的中英會談公報就是缺了「有益的有建設性的」，於是港元更是狂瀉到一美元兌九點六港元。我不相信港英政府會讓港幣如此下瀉，讓搶購潮持續下去，於是那天上午我做了重要決定，到住家新都城大廈隔壁的交通銀行賣掉我的大部分美元，換取港元。

那時排隊的人都在搶購美元，只有我「反潮流」，連銀行行員都感到奇怪。結果星期天，財政司彭勵治宣佈港元與美元掛鉤，實行聯繫匯率，定在一美元兌換七點八港元。這一次，我賺了三千多港元，等於一個月的薪資。這是我有生以來最「英明」的決定，也讓我對金融市場增加興趣。但是除了股票，外匯與黃金的炒賣因爲槓桿比例太大，一直不敢嘗試。就是後來的恆生期指，試了幾天，因爲壓力太大，而且輸錢，也立即刹車。

中資競逐

但是人心並沒有完全穩定下來。一九八四年一月就因爲的士（計程車）加首次登記稅與牌照稅爆發罷工與騷亂。中國一方面揚言如果發生騷亂將提前收回香港，同時也採取一些穩定人心的措施，那就是擴大中資在香港的投資。

改革開放以前，香港的四大中資企業是華潤集團、中國銀行集團、中旅集團、招商局集團。改革開放後則來了中信與光大。前面幾個是老派經營手法，後者要體現中共對資本主義的認同，行事高調，作風海派。但是不同集團之間也有矛盾鬥爭。

例如一九八三年五月中國國務院在香港開設的光大集團，董事長是前國家主席劉少奇妻舅王光英。因爲記者張立在媒體大事鼓吹而著名。張立是我的人大學弟，文革期間畢業。一九八〇年代初期來香港，說是北大經濟系畢業的，剛剛由中國來香港，因此他的報導引起注意，尤其他從內部消息得知中國一定收回香港得到證實。因此他在《星島日報》介紹光大集團，使之一舉成名，王光英也利用他造勢，一直自詡自己是資本家，擺出資本家花錢的派頭，相當張狂，令人側目。

其實以前他這個資本家大不到哪裡去，遠遠比不上榮毅仁家族，但是行事比榮家還高調。他對香港與資本主義了解不多，卻假裝很懂。中英談判大致底定，所謂利空出盡後，經濟應該翻轉，他卻在一九八四年以香港「一潭死水」爲理由，退訂向李嘉誠買來的北角城市花園的八座大樓，李嘉誠哪敢不接受，連訂金都退還給他。但是退貨後香港樓價開始上漲，王光英成了被香港人嘲笑的對象。於是另一家中資公司崛起。

一九七九年，鄧小平親自指示成立中國國際信託投資公司，由中共秘密黨員，後來出任國家副主席的榮毅仁擔任董事長。榮毅仁家族是「舊中國」著名的資本家，家族已散居海外，他獨自留在中國而成爲奇貨可居的統戰對象，乃至被吸收入黨。一九八四年十月，該公司在香港爲公司成立五週年與香港分公司新任總經理米國鈞的到任舉行酒會，南下出席的是總公司副董事長熊向暉，這以前不久榮毅仁在北京接見《人民日報》記者，對光大進行含沙射影的攻擊。

熊向暉曾經擔任中共中央調查部與統戰部副部長，就知道他是搞諜報工作的，從中信退休後，他出版《我的情報與外交生涯》，大爆他長期在駐守於西北陝西的國民黨將軍胡宗南的身邊臥底，充當他的機要秘書的事蹟，讓國民黨收復延安成爲笑話，因爲擺明掉進共軍的口袋裡而被殲滅。事後熊向暉還被胡宗南送到美國深造。國民黨後來查出熊向暉的共諜身份，丟臉到不敢公佈出來。加上榮毅仁本身的秘密黨員身份（死後才曝光），可見這家公司的性質。

當時我已經覺察到這一點，寫了一篇〈政治味濃的公司〉，背景比王光英更加有力，因此提出「王光英將如何自處」？何況王光英公司也內鬥不休，高幹子弟李新時、孔丹根本對王光英不服。孔丹更是中共另一特務頭子孔原的兒子，後轉投中信。王光英後來升爲名譽董事長，到一九八九年離開光大。

一九八六年，榮毅仁兒子榮智健出掌中信香港，大展拳腳，從英資手中收購香港電訊、國泰航空的部分股權，再收購空殼公司改名中信泰富上市。這是後話。

由於人心浮動，一些銀行因爲傳出不利消息被擠兌，或者經營不善，或者被大股東有心掏空而頻臨倒閉，爲避免存戶損失，有的政府接管，有的中資接管。例如海外信託銀行、恆隆銀行政府接管；嘉華銀行是中信接管，友聯銀行是招商局接管。

一些老牌中資公司不甘落後，也開展收購行動以示對香港前途信心，並且擴大公司規模。但是最可笑、可悲的是華潤收購康力的事件。

中國決定收回香港以後，冒出一批「愛國商人」到中國投資，有的眞心，有的假意。當時到中國投資而名氣響噹噹的有合和胡應湘、妙麗劉天就、康力柯俊文等。合和現在還是「健在」的上市公司，後兩個就是曇花一現。當時中國爲了宣傳有許多「愛國商人」到中國投資來拋磚引玉，不惜由中資銀行借錢給他們到中國投資，有的玩金錢遊戲，公司虧蝕倒閉，無法還債，個人則發大財，損失由貸款的中資銀行承擔。

康力集團是著名電子廠，老闆柯俊文因爲愛國，到廈門湖里投資開廠，中國政府就邀請他到處演講，宣傳他的愛國事跡。於是華潤屬下的新瓊公司在一九八四年收購康力。因爲收購消息曝光，康力股價暴漲，柯俊文賺了一筆。賣給新瓊時，有兩筆借據是柯俊文控制的公司向康力借的，共兩億一千萬港元，沒有抵押品，柯俊文答應會還錢。但是成交後柯俊文不還債了，人還逃到台灣，新瓊白白損失，康力股價也大跌，變成一場笑話，又算付了「學費」。但是柯俊文在台灣，被黑道挾持榨取，被迫要求與華潤講和回香港，但沒有什麼結果。

中資的競逐還夾雜不同利益集團之間的鬥爭，反映到胡耀邦夫人李昭對香港的訪問。訪問保密，在參觀亞洲電視時也禁止電視台拍下訪問片段。是我一位左派朋友告訴我的。我在《信報》一九八四年十一月七日的專欄裡獨家報導：〈胡耀邦夫人訪問香港〉。那時李昭已經回到廣州。十一月十九日，我公佈了代表團的全名是「北京市兒童玩具協會考察團」，以及成員名單。李昭以該協會的高級顧問身份擔任團長。

這以前的八月，鄧小平兒子鄧樸方已經訪問香港，新聞大肆炒作，名人倒屣相迎，他還觀看賽馬並且投注，以示鄧小平對「馬照跑」的支持。與李昭的低調完全相反。這也反映了胡耀邦家族與鄧小平家族的不同作風。鄧樸方是華潤出面邀請，李昭則是王光英，因此可能有不同集團之間的角力。但使我更驚異的，副團長宋汀是當時最高人民檢察院檢察長鄭天翔（文革前是北京副市長）夫人，回北京後檢舉李昭沒有上報人家送的一隻手錶。李昭檢查說是漏報。由此可見中共的內部鬥爭非我等外人所可以想像得到的。

政策百態

為了穩住投資信心，中共一再宣示他們的政策如何寬大，如何五十年不變。總之，說盡各種好話。開始說，香港只要改換一面旗子就可以了；後來又說，還要換一個總督。為了安撫香港人，鄧小平解釋「港人治港」，只要愛國，奴隸主、封建主都可以治港。由於擔心黑社會搗亂，一九八四年的幾個月裡，鄧小平三次接見美籍華人與香港名流時，大讚黑社會也有愛國者。中共更編出故事說鄧小平訪美時，那裡黑社會裡就有「八百壯士」保護鄧小平的安全。

為了避免資金撤離香港，鄧小平表示中國有能力管治好香港。外國人做得到的事情，中國人一定做得到；外國人做不到的，中國人也做得到。果然，九七前英國人保持了香港的穩定，九七後中國人破壞了香港的穩定。

一九八三年中國邀請香港的市政局議員黃夢花到中國訪問，承諾解放軍不會進駐香港，但是一九八四年五月二十五日上午，鄧小平在接見港澳區的人大代表與政協委員時，大罵當時的人大副委員長黃華與耿飆「胡說八道」，香港怎麼可以不駐軍？因為駐軍才可以體現主權。到底黃華、耿飆說了什麼惹惱鄧小平，至今還是一個謎團。

鄧小平越講越起勁，坐在鄧小平旁邊的《大公報》社長、人大代表費彝民非常緊張，又不敢制止。到鄧小平罵完後，香港新華社社長許家屯出來關照記者不要傳回香港，但那時香港在中午前都已經看到新聞的實況轉播，股市立即暴跌。當時香港有個大大公司，居然以「胡說八道」在各大報章刊登大廣告來宣傳自己的公司。

鄧小平當時指定四個人有權可以代表中央講香港問題，但是居然沒有黨的總書記胡耀邦。當時我預感是不是鄧小平對胡耀邦不信任了？

對鄧小平這次的大發作，許多人從慣性思維，認爲是黨內鬥爭的反映。但是我最近從香港的急劇變化重新檢視，我認爲鄧小平把不駐軍的承諾借裝瘋賣傻推翻了。看到鄧小平對自己人都發這樣大的脾氣，沒有人敢再質疑駐軍問題。

到了一九八四年六月，中國乾脆宣佈，如果中英談判沒有結果，中國將在九月自行宣佈收回香港的辦法，迫使英國在限期以前的九月二十六日與中國簽訂協議草案。

爲了孤立英國，中國大搞統戰，一種是邀請名人到北京，由鄧小平親自威脅利誘，當時有「十二金釵」之說。有耳語說，李嘉誠被召見以後，還沒有回到香港，就從北京打長途電話回香港要手下出清股票。哪裡知道所有電話都被中共監聽，消息洩露出來，更讓那些名人不敢亂說亂動，只能講中共的好話，穩住投資信心。「安定繁榮」成爲中共的口號。中共紀念改革開放四十週年，李嘉誠榜上無名，也許這是原因之一。

另外，新來的新華社香港分社社長許家屯大肆請名人吃飯進行統戰。爲此我寫了一篇〈革命就是請客吃飯〉，將毛澤東的「革命不是請客吃飯」反其道來戲謔許家屯，許家屯的回憶錄中也記下這一段。當時除了國民黨的《香港時報》爲反共而反共外，《信報》也是反共的，影響比《香港時報》大許多。即使如此，到了夏天，許家屯一樣派人送荔枝到報館來進行統戰。傳說許家屯也請林山木、駱友梅（發行人）夫婦吃飯，起初被拒絕。《明報》著名的反共怪論作家哈公，許家屯也請吃飯，哈公沒有拒絕，飯後他對我說：「飯照吃，共照反。」我引爲經典之言。這是呼應中共所謂五十年不變的「馬照跑、股照炒、舞照跳」。

中共爲了顯示尊重資本主義制度，美國飛虎隊隊長陳納德遺孀陳香梅參與的大富豪夜總會一九八四年十二月十二日在尖東開幕，本來許家屯要親自出席，臨時覺得不妥，才改派副社長李儲文，在那裡宣傳「舞照跳」，但是被挖苦爲「雞照叫」，因爲有人戲稱那裡是「高級雞竇」。

李儲文是中共地下黨員，卻在上海國際禮拜堂（衡山路烏魯木齊路路口）擔任牧師，不知道多少同行與教友被他出賣。文革期間紅衛兵抄家才抄到他的眞實身份，後來只能調到上海市革委會的外事處，許家屯來香港後，他被派來香港擔任新華社副社長。但是對這樣長期隱藏的地下特務，我怎麼會有好感？他的話，能相信嗎？包爾漢、趙樸初、傅鐵山等都是隱藏在宗教界裡的共產黨地下黨員。中共的這種做法，我是非常非常的反感，所以我從來不相信中共統治下的宗教是眞正的宗教，而是中共的統戰機構、間諜機構。

大富豪也極盡豪華之能事，根據我從左派朋友那裡聽來的消息，當時經過香港出國或回國的紅二代，都找機會去「見識」，包括賀龍、廖承志的後人，他們說，「太子女」也進去，使那裡的小姐不知如何是好，因爲她們接受的是爲男性服務的訓練。香港的中資機構，來香港的中國招商團，也都紛紛以「認識資本主義」爲由到大富豪「腐化」一下。

當時另一位在左派機構工作的朋友告訴我，她的一位在國內退休出來而有一定級別的朋友在灣景中心的華潤招待所工作，擔任樓下大堂的管理員，上司叫他在客人離開後，要搜查他們的房間裡有沒有留下反動雜誌或色情刊物，以便上報。這位管理員發怒說：「一個月才兩千塊錢的人工，還要我兼做特務？」

當時左派機構多在灣仔，例如華潤、文匯報、大公報等，中國派來的代表團都在這些地區居住與活動。這些地區街道的垃圾桶裡面丟進去最多的雜誌是色情雜誌《龍虎豹》。

不信中共

當中英談判完成於十二月正式簽訂協議後，中共的統戰也有了一定成果。所以以《明報》爲首，大事讚揚中英簽署有關香港前途的聯合聲明，說香港人要什麼就有什麼，但是中共是否會信守承諾，卻避而不談。而我在專欄裡，主要講的就是中共歷來的過橋抽板、不可信任。包括趙紫陽回覆香港大學學生會的信件承諾「民主治港」我都不相信。但是許多人說，中共已經改革開放，與以前不同了，還認爲我「過激」。

中共即使改革開放了，也經歷了「實踐是檢驗眞理唯一標準」的討論，但是左傾思潮無法克服。一九八一年六月中共十一屆六中全會通過的〈關於建國以來黨的若干歷史問題的決議〉，對毛澤東的批判非常膚淺。對「四人幫」的電視公審也沒有說服力，因爲沒有審訊「幫主」毛澤東。所以我反而佩服江青在法庭裡公開說：「我是毛主席的一條狗，他叫咬誰就咬誰。」張春橋始終保持沉默，也是一種骨氣。我反而討厭那些隨風倒來倒去沒有骨氣的奴才。

在西單民主牆被鎮壓後，又出現對白樺《苦戀》的批判，再就是清除精神污染運動。鄧小平還提出「堅持四項基本原則」，是什麼「四根擎天柱」，尤其是「黨的領導」那根嚇人的擎天柱。共產黨還有改革的意圖嗎？共產黨還把「堅持四項基本原則」與「堅持改革開放」當作並行的兩手，其實是自己打架的兩手，也注定改革無法成功。

但是在當時民族主義的氛圍下，我不敢說反對中共收回香港，只能說反對九七收回香港，因爲中國既然不承認不平等條約，怎麼可以承認「九七」這個新界租約的大限？而中共作惡多時，應該以更長時間來觀察中共是否眞的改惡從善，那時離開九七時間太短，無法證明。

當時中共一直宣傳香港的繁榮靠的是中國的支持，例如食物的供應，我則反駁說，北京、上海也是中共提供食物，怎麼沒有繁榮？因此關鍵在於制度！中共還一直宣傳鴉片戰爭、英法聯軍、八國聯軍對中國的侵略，著名導演李翰祥拍了電影迎合中共，所以我很討厭他。我說，圓明園雖然被破壞了，但英國人建造香港這個「現代圓明園」更加偉大，是東方明珠，全世界華人最自由的地區，它的價値無可估量。但是，這一切很可能在九七後被共產黨破壞。

但是既然中英簽署協議，我們小民能夠怎麼辦？只能接受，然後監督中共，不許他們違背承諾。但是我們有這個能力嗎？我寫過一篇文章說，中共保證五十年不變，其實九七前的十三年，香港肯定已經大變，果不其然乎？

因為從談判開始，香港就開始變了。本來香港只有港英政府一個權力中心，但是香港新華社也成為另一個權力中心。許家屯的一言一行就會導致股市上落，例如有一次他拿著中英聯合聲明，摘下眼鏡，以眼鏡敲著桌子指責英國人「不按本子辦事」，股市立即大跌；有一次他在新界錦繡花園讚揚香港，股市立即上升。因此輿論說港英已經成為跛腳鴨。

在新華社的強大壓力與統戰下，被許家屯指責的港英「孤臣孽子」（指行政局、立法局議員與政府高級官員）逐漸轉軚，程度不同。有的繼續效忠港英，最早被統戰的是行政局議員羅德丞，一度傳說他可能出任第一屆特首，但是最後被中共拋棄，鬱鬱而終。最保守的行政局首席議員鍾士元被戲稱粵語諧音的「終是完」，也逐漸變成「一僕二主」。還有乾脆徹底轉軚，例如譚惠珠、范徐麗泰，被稱為「舊電池」。但是英國人還是努力維持香港的穩定與秩序。

首次赴台

一九八四年九月下旬中英簽署有關香港前途協議的草案後，政局有片刻的寧靜。我在《信報》工作也正好滿一年，有一個星期的假期，於是我決定離開香港外遊台灣，時間是十一月中下旬。離開前，我把一個星期的稿都寫好，沒有空窗期。

那時，俞國基、李義仁已經離開美洲《中報》，到了美洲《中國時報》，但是李義仁因為太太在紐約水土不服，辭職回到台灣，因此由他接待。

當時中國到香港的新移民，要住滿五年才可以申請去台灣，但是還需台灣方面的政治審查。據說政治審查是到你家裡，與你談話，了解思想狀況，還有沒有經常回中國，家裡的擺設有沒有問題。例如是否掛中國領導人的照片，或者你看什麼書籍等等。我因爲給《中國時報》寫稿，與當時中時駐香港特派員江素惠關係不錯，常常到他們在灣仔的辦公室交稿，許多國民黨人都知道我的反共立場，因此免去「審查」步驟拿到入台證。

那時台灣在政治、經濟方面都落後香港許多，也比較封閉。當時經營台灣旅行團有個「行規」，會託遊客攜帶一批台灣需要而遊客帶去可以免稅的物品，記得的有棉襖與一些中藥成品。到了旅館後，打電話給旅行社的「線人」，他們就會拿現款根據原先訂好的價格收購。如果帶滿名單上所有物品，利潤接近來回的飛機票費用。但是我嫌麻煩，只帶幾樣簡單的。其實這也算是「水貨客」了。當時沒有想到，如果有人塞進毒品進去，被查出來還得了？也許那時人心還沒有那樣壞。

我住在博愛路上的一個賓館裡。下午李義仁就帶我逛龍山寺。那時外面還有許多攤位，相當熱鬧。第二天一天，我去故宮參觀，能夠看到這些珍品自然十分高興，但是我對那些展品也沒有特別的興趣，即使是眞品。因爲我更加關注的還是現實與政治。當時還有「瓷器上龍紋特展」，不幸我很不喜歡「龍」這個怪物，更討厭以龍進行統戰。

除此，其他時間我接觸一些朋友，再就是自己到處亂逛的「自由行」。朋友中見到了倫敦教授介紹的徐世棠，他請我在老爺飯店吃飯，還從當時是新聞局長宋楚瑜秘書那裡要到兩張金馬獎頒獎儀式的票子，我和李義仁去了。我也去了李義仁在中和的老家，見了他的家人。此外，江素惠也約了中時集團的太子女余範英在來來飯店喝咖啡。表弟周曦也介紹我認識在中央研究院工作的柏楊兒子。

我因爲住在博愛路，除了去重慶南路的書店看書，因爲離開西門町很近，所以常常去逛，包括看了一場電影，不過放映前要起立唱國歌，讓我覺得這點比中國還差勁，另外就是有太多的政治口號。在香港住了幾年，對此已經不習慣了。在西門町還被人「阻街」去馬殺雞，嚇到我。賓館晚上還有小姐敲門要陪伴我。這都是我沒有過的人身經歷。

我還到第一飯店找一家旅行社去花蓮玩。但是到了花蓮，一部計程車來接我，在花蓮住了一晚。因爲只有我一個團員，司機兼做導遊，走橫貫公路到天祥。回來半途又接了一位東南亞華僑。除了旅遊勝地，自然還有購物，我知道這些玩意，所以除了買點貓眼戒指，其他什麼都不買。

我最有興趣的還是黨外刊物，買了一批，有《鐘鼓鑼》、《蓬萊島》、《亞洲人》、《雷聲》、《時代》、《西北雨》等等。不過回去過海關時還有點提心吊膽會不會查行李。

回香港後我用新筆名在《爭鳴》雜誌寫了長篇感想，分兩期刊出。但是我故弄玄虛以便老共猜不到作者的身份，避免被套上「國民黨反動派」的帽子。我一直記得，我在中國那個年代，偷渡到香港被遣送回去，是經濟問題而「勞教」，但是偷渡到金門是「叛國投敵」而槍斃。但是這時我還是以中國人身份到中國的台灣來旅遊，還談對「統一」的看法，雖然批判中共的武力統一。

十四，任職港大

一九八〇年代初期，香港大學經濟系主任張五常教授在《信報》的「論衡」專欄，以他的經濟學理論縱談中國、香港與世界的經濟問題，行文通俗流暢，深受讀者歡迎而聲名鵲起，後來集結成《賣桔者言》。這當然與他的經濟學學養與中文根底有關。我也因為在《信報》的專欄，被他看上，邀請我做他的研究助理。我在考慮幾天後答應了。在港大一待就是十一年，是我在香港居留期間的一半以上。

結緣五常

一九八六年初，江素惠告訴我，張五常想見我。我受寵若驚，哪有拒絕之理？後來在江素惠安排下，在一個飯局裡與張教授見面。他們遂坦言問我要不要去港大做他的助理研究員。

於是我去港大見張教授，那時經濟系還在鈕魯詩樓。他問我在《信報》的工資多少（那時已經是四千元），給我相同的工資。因爲是學校，不是私人企業，所以沒有年終雙薪與獎金，但是不必坐班制，只要完成工作，外面寫稿隨我的便。他還覺得把我從《信報》挖過去，對林老闆不好意思，要我說是我聽說他要請人而去找他的。但是我向林老闆請辭時，他也沒有多說什麼。

我是一九八六年三月份到港大正式上班的，離開《信報》卻是不好意思，也依依不捨。《信報》有位北京出來做校對的張大姐接我的班，她不是學文科的，因此我沒有一走了之，而是下班後再來一段時間讓她比較熟悉後才離開。

張五常之所以請我，乃是因爲他對中國的經濟改革極爲看好，一位江浙籍的著名商人查濟民便捐了一筆錢給他，讓他做研究。他在香港請了兩位助理研究員，在深圳請了三位。他請我也徵求過當時《七十年代》主編李怡的意見，李怡在《信報》逢星期一有個署名「齊辛」的評論文章。教授請我不是我懂得經濟，而是我很了解中國；另外聘請了他的老朋友王深泉，也就是香港著名的散文大家舒巷城，幫他潤飾文章，他也以非政治、非經濟人物的眼光是否看得懂教授的經濟專論。另外透過深圳市委，也請了劉姓、楊姓、盧姓三位助理研究員，因爲我們研究的重點，放在中國改革開放最前沿的深圳。教授有個他在廣州讀書時的學姐，在香港新華社協調部（統戰部）工作。深圳那條線應該就是通過她。

他的這位學姐知道他聘請我之後，責難他爲何用我。但是張五常是美國自由派作風，不認爲用我有何問題。不過後來還是有某位在左派雜誌任高職的李姓政協委員寫信給深圳市委，揭發我的「台灣背景」，說我的子女都送到台灣讀書去了。這根本是個謊言。當時我的兒女連台灣都沒有去過。這個情況，是我在深圳的一位朋友告訴我的。

也因爲如此，我隨張五常多次到中國做考察訪問，但是很低調，起初沒有寫訪問經過，避免影響我們後來的工作，即使寫，也是用遊記形式而避免與考察有關，包括與官方的接觸。對這些訪問，張五常從他的角度寫了一些，我也沒有寫日記，時間一長，有些記不住了，非常可惜。例如一九八六年底訪問福建，我個人以遊記形式寫了〈故鄉三點行〉，但是避掉了在鼓浪嶼與當時是廈門市副市長習近平的見面。在福州去見改革派理論家李洪林，在福州東湖飯店吃早餐時見到作家白樺，因爲他們政治處境不佳，都沒有寫出來。

教授常常到深圳，眼觀六路、耳聽八方，馬上就可以對中國的改革狀況做出判斷。他的敏感、他的細密讓我非常佩服。教授形容佛利民（台譯傅利曼，中譯弗里德曼，一九七六年的諾貝爾經濟學獎得主）的思想「快如閃電」，其實張五常自己不遑多讓。

作爲一位經濟學者，他做買賣也很精明。他喜歡蒐集奇石，尤其是壽山石與雞血石。我看他的殺價功夫，讓我都同情那個賣家。所以我知道我不是做生意的料子，如果做生意，一定貴買賤賣，最後破產。

張五常古文根底之好，使我非常意外，可以背出許多古典詩詞，這也得益於他的記憶力。他尤其喜歡蘇東坡。因爲這個底子，因此雖然在美國許多年沒有運用中文，但是回到香港，用中文寫文章並不費力。後來每星期一篇的專欄文章，外界有傳言說是我協助他寫的，我趕忙否認，心裡也很不安，怕他知道，以爲是我在外面吹噓的。還好，他一直很信任我。

在工作上，教授是我的老闆，但是，在其他方面，他是把我當朋友看待，會邀請參加他的一些私人活動，包括與他的家人相處。甚至一些私密的話也會告訴我。所以我們關係很融洽。

不懂經濟的我，當然膺服教授的自由經濟理論。雖然也覺得他的自由有時太絕對，對社會福利極爲反對。政治上，他對民主的態度，我也不認同，但是這些沒有影響我們的工作與友誼。這點，他是美國人的作風。當然，他也勸過我，幾百人遊行，你去參與不妨，只有幾個人，就不要去了。這當然是對我的愛護，因爲有一次電視播出我與幾位朋友在新華社門口抗議，只有七八個人。

我的工作同事王深泉也是一位奇人，更響亮的是他的筆名舒巷城。他的文學修養極高，對古詩詞，尤其粵語、粵劇功底非常深厚，是香港著名的散文大師，《鯉魚門之霧》是他的香港鄉土文學代表作。二戰期間他從香港逃難到雲南，還擔任過美軍翻譯。戰後他與教授，還有曾經連任幾屆世界乒乓球冠軍的榮國團當年都是港島筲箕灣的街坊。他處世低調，爲人敦厚，難怪教授非常相信他，相交數十年。因爲他的年紀比我們大十幾歲，沒有子女，教授曾經要我告訴他，他的餘生，甚至以後的一切，教授都會包下來，讓他安心工作。果然教授也實現了他的諾言。

深泉爲人十分理性、冷靜，幫教授潤飾文章，是要保持文章的「香港味」。如有偏激的地方，他也會建議教授修改。

深泉是一位任何一個人都不會感到他的威脅的人，十分好相處，也非常坦白。我與他在一個辦公室裡，完全沒有「辦公室政治」可言，加上教授的信任，所以我可以一做十一年，到我九七移民外國自動辭職。深泉在我離開香港後兩年去世，享年七十八歲，他是坐在沒有扶手的椅子上安詳的走了。我在《信報》寫了一篇悼念文章：〈瀟灑的活，瀟灑的走〉。

研究中國

當時張五常對中國的最大貢獻，應該是不但寫文章鼓吹「出賣國土」，而且在一九八六年夏天就到深圳市政府演講「出賣國土」的好處，以解決中國改革開放所缺乏的資金；同時，也詳述土地轉讓的細節規則。爲了避免出賣國土而成爲「漢奸」的恐懼，我有建議教授向中國提出學習香港出賣官方土地的九十九年期。所以後來他把所有權與經營權分開，以避免觸犯中國的憲法。當時會議的主持人就是後來出任副市長的王炬，不幸後來他成爲貪官。

一九八七年十二月一日，深圳會堂舉行「深圳經濟特區土地使用權首次公開拍賣」的活動，其實豈止是深圳，而是全國的首次公開拍賣，成爲中國經濟體制改革的一個重要里程碑。我有去與會，並與深圳副市長的深港人大校友會會長朱悅寧打招呼，所以後來胡菊人、陸鏗主辦的《百姓》半月刊邀我寫一篇，我就以「周懷」的老筆名寫了一篇〈拍賣官地——中國經濟的里程碑〉，在十二月中旬出版的該刊刊出，非常詳細敘述拍賣的理論與實踐。因爲是首次拍賣，所以內部都做了詳細安排，等於內定。

經過這次突破，以後拍賣官地成爲常態。中國現在很多貪官，都是因爲他們掌握國有土地而在土地交易中獲取暴利，他們眞要感謝張五常也。一笑。

當時對中國的經改爭議很多，我們私底下在閒談中也談論一些議題。例如從經改開始，當時說法是從中國「走資」開始，貪污問題就提到日程上來了。當時張五常認爲這不是壞事，過去中共的統治鐵板一塊，奈何它不得，如今貪污現象的出現，鬆動了它的統治；甚至就像潤滑劑那樣，可以提高它的經濟效率。後來中國的一些人將它發展爲「貪污有益論」，自是一種扭曲。

這個議題，也引申到他認爲讓共產黨員看到經濟改革的利益，他們做生意了，就可以不去管政治了，讓別人管政治。但就是不知道共產黨要多少經濟利益才願意放棄他們的政治權力。一直到了六四以後，他才認爲他原先的看法錯了。共產黨不但要經濟利益，政治上的好處也不放棄。其實這就是共產黨的貪婪本性，政治權力保障了他們的經濟利益。

我在港大的工作，除了看稿，更是隨教授到國內考察，隨時提供中國的有關資訊，並且協助他與中國的經濟學界接觸。他是產權專家，他的交易費用理論也很著名，所以許多中國的年輕學者常常寫信給他，或者路經香港來拜訪他，著名的有張維迎、華生、曹思源等，現在在美國的趙穗生則來過信。再就是我們邀請國內著名的經濟學家來香港講課，先後有楊培新、厲以寧、董輔礽等。一九八〇年代中國知識分子還很貧窮，厲以寧、楊培新的講學費用，以及在香港的稿費，都由我保管，還寄給他們在國外留學的子女。

爲了讓張五常的理論能夠在中國傳播，在楊培新與厲以寧於港大講學期間，以他爲主，與楊培新合寫〈解決中國金融財政困難的十個建議〉，與厲以寧合寫〈關於中國推行股份制的一些建議〉；分別在一九八八年與一九八九年發表。

我們訪問北京時認識了金觀濤、劉青峰夫婦。當時金觀濤有「青年導師」之稱，也編有《走向未來叢書》（曾任中共政治局常委的王岐山是其中一位編委），有意幫張教授出文集，但是礙於有些內容在中國過不了關，例如《賣桔者言》中「向港英致敬」那一篇。對這些「刪除」，教授也都抱著理解與寬容的心情，默認但假裝不知道。目的只是想讓中國的年輕人多接受他的思想，正確認識世界。

當時中國的意識形態很保守，張五常的產權理論被中國官方詮釋爲「私有化」而頗有敵意。但是他不顧這一點，熱情接待中國的年輕朋友，希望他們能爲中國的未來貢獻他們的才華。

一些在中國學經濟而在香港新華社與中資企業工作的年輕朋友，也很想見他，有的就來做他的助理研究員，例如原來在華潤工作的王建國與在新華社工作的高海燕。他們也協助張五常到國內進行參訪。

張教授對中國國內出現引發熱議的新理論，都回以在美國，某某年就有了。他最欣賞而認爲有成就的，是楊小凱。

楊小凱本名楊曦光，文革初期以一位中學生的身份寫了〈中國到何處去〉而知名，也因此坐了十年監獄。後來得到美國普林斯頓大學華裔教授鄒至莊的賞識與推薦，從武漢大學到普林斯頓大學學習，卓有成就。但是他在理念上倒是與張五常更爲接近。

一九八六年夏天，楊小凱作爲留美中國學者所組織的經濟學會會長，路過香港，《爭鳴》雜誌總編輯溫煇請他吃飯，因爲我是《爭鳴》的專欄作者，所以邀我作陪。飯後我與他繼續聊天，他很敬仰教授有關產權與交易費用的理論。不過當時教授不在香港，我送了他教授的兩本著作《賣桔者言》與《中國的前途》。他回美國後，就與教授聯絡，並且提出中國經濟改革中的若干問題，希望教授答覆，刊登於當時在美國由杜念中主編的《知識分子》雜誌，收錄在《再論中國》裡。但是我與杜念中見面，卻在十幾年後我移民美國回到台灣觀光時，他請我和月清在凱悅飯店吃自助餐，那是當時相當高檔的自助餐。

楊小凱回美國後，介紹過于大海路經香港時來看望教授。楊與于都是非常關心中國政治問題的經濟學者。沒有想到的卻是于大海後來居然出任民運雜誌《北京之春》的社長。

一九八八年底，香港大學邀請楊小凱做短期的訪問學者。聖誕節他在香港沒有親友，所以平安夜我邀請他到我家吃飯。我與太太都不諳烹煮，所以去外面買了一套沙拉與火雞的聖誕餐。他說起第一晚在港大招待所睡覺時，居然做了回到中國的噩夢，把他驚醒。可見共產黨的殘暴統治在我們這一代人留下無法磨滅的烙印。

一九九〇年代，楊小凱也應邀到中文大學做訪問學者，時間比較長，我有參加他們「海歸」之間的一些聚會。我移民美國後，他正好在波士頓，也見了幾面，還到過紐約我們的家裡。不幸，他過早的在二〇〇四年因爲癌症在澳洲家裡去世，這是經濟學界，尤其是華裔經濟學界的重大損失。

人大校友

文革後期與結束後，大批僑生回流，滯留香港，當然也包括人大校友。我到香港不久，接觸到的就有卓寶琴、薛瑞珍、李紹基、黃華榮、鄭遂源、饒由基（在香港改名爲饒熾烽）等，散佈在各行各業。他們都是一九五〇年代考進人大的，並非都在同一個系。

一九八五年，林希翎獲准到台灣探訪她的父親（一九四九年到台灣後另娶），路經香港時，我通過媒體找到她，約她在新都城酒樓飲茶，也請了在港的人大校友。大部分校友都來了，但是當時出任中國通訊社負責人的熊斐文（原名熊懷濟，黨史系十班，入學時是預備黨員，反右時是堅定左派得以轉正）則推說有事情沒有來。我約大家集會，也就是大家表個心，對她當年成爲大右派表示慰問之意，因此也沒有深談。

其後，林希翎去了台灣，鬧了不少新聞，回來香港成爲媒體追逐的對象。當時主要兩個問題：一個是，台灣不承認「兩個中國」，但是顧及她的過去，因此雖然她持有中華人民共和國護照，還是給她發了中華民國護照入境，但是關照她不要說出來；可是偏偏她在記者會上展示兩個護照給記者拍照，表示她是唯一的一個。另一個是她到了台灣，被國民黨當作「反共義士」，台灣最反共的組織「救總」負責人谷正綱送給她一隻手錶做紀念品，她居然參與反對國民黨的「黨外」集會時，拍賣捐助給黨外。

這些舉動除了是她個人作風以外，我後來還聽人說，爲何她突然反對國民黨？是因爲她在浙江勞動改造時，認識了著名作家無名氏，就是卜乃夫，他是香港區的國民黨立委卜少夫的弟弟。共產黨後來放他到台灣。據稱林希翎與卜乃夫有段情，也許是林希翎自作多情，總之以爲到了台灣兩人可以共偕連理，哪裡知道卜乃夫娶了一位年輕太太，因而讓她恨死國民黨云云。這個說法是否是事實，不得而知。

爲此，林希翎想再回台灣被拒絕。她又成爲熱門新聞人物。但是，總有冷下來的一天。也只有這個時候，她才打電話給我，她送了一本她的自選集給我。我向《七十年代》執行編輯方蘇說起時，他居然說，林希翎要送書給他們，他們不敢要，怕將來無法「回報」她的要求。我才知道她在媒體已經造成不良的印象。以後她移民法國，我才爲她鬆一口氣。但是接下來聽到許多不可思議的傳聞，說她在巴黎給《鏡報》月刊寫稿，竟是在招待她的華僑家裡打電話口述，香港這裡一字一字給她記下。接待她的華僑直到收到電話費賬單時，才嚇了一大跳。

法國領事館很盡責，在她去了法國，不管留在香港的兩個兒子後，領事館人員主動到她在大坑的房子，幫小孩辦好手續，把兒子送到法國。但是據說她沒有與兒子好好溝通，其中一位自殺。而法國科學院與她簽的三年合約，要她把中國的經歷寫出來，但是她一個字也沒有寫而難以再續約，以後她就靠難民的待遇過活。

民進黨執政，感念當年她對黨外的支持，請她出席陳水扁總統就職典禮，但是她又參加新黨的活動，聲稱如果民進黨搞台獨，她要率領紅色娘子軍解放台灣。她在法國也有脫序的行為，被美國民運人士請到美國參加紀念反右活動後又不肯回法國，在此不細說了。這一切不可思議的事情，想來是被共產黨關了十五年，出了些問題，是個悲劇人物。

大約一九八六年，深圳與香港的人大校友組織「深港人大校友會」，這是深圳與香港提早「統一」。理由是香港的人大校友太少，而深圳因為是改革前沿，許多國營或民營企業裡有許多人大校友，因為有關的財經科系，人大最多，所以人才輩出。

校友會的香港負責人是饒熾烽，他自己做生意，也是《鏡報》的董事，在《大公報》工作的薛瑞珍也是熱心人士，因為她與左派機構接觸多。我們都經歷過文革，所以在觀念上沒有太多歧義。第一屆理事會中，我也是理事。國內來一些人大的老師，老饒都會約我一起飲茶聊天，幾乎都是他付賬。例如「四大護法」中的許崇德教授來香港開會，我們也會聚會見面，但是避免談政治，也就比較沒有爭議。袁寶華擔任校長時來過香港，我們也談過話，他記住此「保」非他「寶」，他觀念開放，我對他印象不錯。

有一次的活動，香港新華社的三位成員出席，他們問凌鋒是哪一個？老饒做了介紹，我們就認得了。當時他們的薪資還很低，我也願意彼此溝通，加強相互了解，所以我在灣仔的普通酒樓請過他們兩次飲茶，拉拉家常。

這三位是劉再明、丁補天、力文。劉再明當時是副社長張浚生手下的宣傳處長，丁補天（女）是攝影記者，力文在研究處。其中力文是東北人，給我憨直的印象，不久調回北京社科院美國研究所；劉再明升任香港《文匯報》總編輯，代張浚生直接控制《文匯報》；丁補天是攝影記者，但是來頭似乎不小，後來到由政協委員翟暖暉早期創辦的《廣角鏡》雜誌出任高層職務。

當時我認識的還有幾位在香港新華社與中資機構工作的年輕朋友，改革開放初期，思想都比較活躍，與他們有許多話題可談。他們喜歡香港，但是對夫妻分居也很苦惱。有一次我在專欄說，中資機構要處長級以上才可以攜帶家眷來香港，但是他們年紀比較大，不如年輕人有迫切的性需求，因此建議更應該讓年輕人的配偶一起來香港團聚。這篇文章出來，那些年輕人大讚我寫得好，力文則一本正經的對我說，你寫什麼都可以，怎麼寫這、這東西呢。可見他的古板腦筋。

有一次，劉再明約我在灣仔的軒尼詩道萬禧樓（現在已經關門，在大公報的斜對面）吃飯。我想，他們何必這樣客氣？因為當時外派人員的收入並不高，相對國內雖然高，但是比較香港的水準，還是很低。但是既然約了還是去吧。但是到場一看，只有我們兩人，點菜時，居然有魚翅。我一想，這是公款請吃飯，必然有「公事」，果然，他問我是不是政策沒有落實？啊，原來認為我嚴厲批判共產黨是因為政策沒有落實而發洩怨氣？

於是我向他解釋，與其他國人比較，我可說沒有受到什麼迫害。（這是因為我還沒有被打進牛棚與發生家破人亡的慘劇而這樣說的。）但是我看到許多問題才批判共產黨，不關我個人事情。後來這段話被記錄在案，成爲多年後批判我沒有被迫害卻忘恩負義的根據。

人大校友會中有法律系畢業的同學，有的開了諮詢公司。他們無法在香港開業做律師，但是人大法律系在中國的司法界有豐厚的人脈。所謂諮詢，就是港商在中國遇到有難題時，找他們諮詢一下，就可以利用在中國的人脈協助解決問題。據說，因此賺了不少錢。

卓寶琴不想做這種事情，她丈夫陳炳輝老師則做石油生意。我到過他們在上環的小公司聊天，陳老師說，我們只是把過去被共產黨吃進去的東西挖一點出來而已。他們夫婦都很正直，可惜都因病早逝。

人大校友會後來增加了年輕一點的校友，與我們的想法不太一樣了，慢慢出現變化。

樂業安居

洪平心臟開了刀，身體狀況暫時穩定。我在港大工作，研究中國的改革議題，與我寫的政治評論也是一致的，不至於一心兩用。

我在《信報》有了專欄以後，其他報章也找我寫專欄，有的是每天一篇的小方塊，有的是一個星期一篇較長的評論。在民辦的報章中，只有《成報》我沒有寫過。

政論雜誌中，左派的有《鏡報》月刊與《廣角鏡》月刊，我都沒有寫。最早找我寫的是同一個老闆的《爭鳴》與《動向》，我的主要筆名是艾克思，不但有「X」光透視之意，也是以馬克思「近親」的身份來透視。這兩份雜誌我寫的評論很多，有時一期有三篇，包括用「楊格斯」、「屠力」的筆名。《爭鳴》走尖銳批判的路線，所以我的文風也比較尖銳。《七十年代》大概是一九八四年找我寫的，筆名是「林衛」，與「凌鋒」有前鋒與後衛之別，文風比較穩健。《七十年代》改名《九十年代》後我繼續寫，寫到九七後結業爲止；《爭鳴》、《動向》更寫到二〇一七年停刊爲止，長達三十三年。

一九八七年一月，《解放》創刊，主要由哈公投資，還有金鐘（冉懋華）、與老牌的政治評論家許行。哈公以怪論聞名，許多是反話正說，因此取了《解放》之名來迎接九七。因此我的文章也多反諷形式，甚至撒點鹽花；除了用凌鋒筆名，有時也用「李三綱」的筆名，與「張五常」對應。不幸哈公幾個月後因爲肝硬化病逝，雜誌由總編輯金鐘主持。台灣方面對《解放》很不理解，以爲是親共刊物，爲了考慮台灣的銷路，遂改名爲《開放》。《開放》紙本也維持到二〇一四年年底結束。《前哨》雜誌則是在六四後香港新華社社長周南痛斥香港的反共「前哨陣地」而取名，老闆是劉達文，移民美國前我也常撰稿。反共的雜誌雖然理念基本一致，難免還有業務上的競爭，加上一些人事上的恩恩怨怨，我抱著「中立」態度。

那時反共的文化人，面對九七的壓力，也尋找應對之法。這些玩世不恭的文化人想出，九七後，中國作家協會必然會在香港成立分會，我們便搶先成立一個「香港作家協會」，堵住他們的路。核心人物是倪匡、胡菊人、哈公等。張文達出任秘書長，我是副秘書長，李默等人是理事。

這些文人忙著自己的事情，根本理不了會務，因此聘請的總幹事有些濫用職權。如何處理此人分爲兩派導致分裂。也由於缺乏經費，後來被親共商人控制，我們也都退出。李默等成立香港文聯（也堵住中國文聯的路），成員擴大到文化藝術界人士。不過搞團體很複雜，不如「單幹」自由，從此我對團體都敬而遠之。

在忙著工作之外，也得考慮「安居」的問題了。當時股市、樓價都復甦，我徵求了新華學校的學弟吳協建的意見，他早從中國出來，在香港成功經商，除了從事電影業，對地產股票投資也很有心得。他也認爲是入市的時候。但是我沒有買過房子，不懂怎樣的手續，也怕被騙。還好當時經朋友的介紹，認識在銅鑼灣一帶做地產中介的蕭姓年輕僑生，給我詳細解釋手續，讓我放心，連律師與貸款銀行他都幫我找好。

因爲我在《信報》的專欄，東亞銀行灣仔分行管房貸的呂姓負責人還給我優惠的利率，不管利息加減，我每個月固定還四千元，只是縮短或延長還款期限，因此即使加息，也不會增加我的負擔。這些讓我非常感激那位呂先生。但我不會做人，也怕打攪他，沒有去向他致謝。我付兩成首期，二十年還清。另外一筆費用是幾萬元的簡單裝修費。我還特別做了佔客廳整整一面牆的大書架，裝我那些書籍與雜誌。付完這些費用，我的股票還不必賣清，還留下兩千股的新世界發展。

房子是當時全香港最熱鬧的百德新街與紀利佐治街口的珠城大廈，我第一個專欄的「念珠」終於念到了。樓齡雖然二十多年，還算不錯。房子在中層，建築面積七百呎，實用面積有五百多呎（十四坪）。客廳、飯廳呈方形，打蠟地板維持得很好，客廳、房間、廚房都有對街的窗口。房間有兩個，小房間給兩個孩子住，裝修時中間隔了一層木板，並各有一張書桌加上層書架作爲區隔，女孩住裡間，男孩住外間。

大樓兩個門，一個對著大丸，一個對著松坂屋，都是日本著名的百貨公司，大丸過去一點則是崇光與三越兩大日本百貨公司，可惜到了一九九八年金融風暴後，只剩崇光一家。交通也非常方便，到地鐵一分鐘走到，還有電車、巴士，大丸當時是小巴與專線小巴的起點站，我搭專線小巴直達港大校門。

大廈下面是商舖，英國的瑪莎百貨曾經在那裡開業，下面還有很大的一間惠康超市，掛八號風球也可以不必冒險出門就解決吃的問題，另外還有酒樓，但是經營得都不是很好，常常易主。倒是二樓當時還有邵氏院線的兩家戲院，翡翠上映港片，明珠上映西片。後來流行迷你戲院，就全部改爲商場了。

香港電影在正式上映前一個星期有所謂「午夜場」，是九點鐘那場散場後才上映，大約十一點多，看到一點多。午夜場的觀眾三教九流，對電影好惡的反應形諸於色，或高聲喊叫，或粗口連篇，因此是電影「上片」時間長短的試探。一九八〇年代初期台灣反共影片《皇天后土》就是在翡翠演午夜場，當時我出於敏感的政治觸角，第一次去看午夜場，果然後來被港英政府禁止上映，因爲怕得罪中共。但是我對這部電影評價不高，它是文革電影，但是場景、動作我們過來人一看就不像。其中有一個是影射郭沫若，一聽那個四川鄉音與科學院身份就知道了。

一九八六年十二月房子買賣交易成功，第二年一月入住，隨之過春節，這個春節自然非常興奮。算算到香港十年，從無到有，買了我一生中的第一間房子，也算是「成功人士」。不久房價一直在漲，我很快成為「百萬富翁」，雖然還要每月還四千元的房貸，上下班還靠公共交通。無論怎樣，未來不必為房東的加租或逼遷而煩惱，可以安安定定住上多年，因為搬一次家是非常辛苦的事情。中國給香港的口號是「安定繁榮」，我只追求「安定」，這已經讓我滿足了。

不過好景不常。一九八七年十月一日，恆生指數創下接近四千點的歷史新高，次日，成交金額也創歷史新高。十月中旬，美國股市暴跌，也影響了香港，十月二十日，聯交所在取得財政司與金融司同意後，以讓投資者冷靜為名，宣佈停市四天，由於破壞了自由市場的原則而受到輿論抨擊，二十六日復市時恆生指數一天暴跌一千多點，幅度約三分之一，那天我在場觀看，臉色發白，因為我的孖展（融資）滿額，而且有兩間公司的戶頭，其中一間沒有找我而自行給我以最低價斬倉（斷頭），我賣光所有，還欠了一萬多元。因為沒有通知我補錢而斬倉，所以我拒絕補錢，他們雖然給我發律師信，我沒有理睬，最後因為款項實在太少，所以沒有提告。這次我損失十幾萬，一度找兩位朋友各借了一萬多塊錢補倉。但是我沒有退縮，在薪資、稿費進來以後還了欠款再逐步入市，很快恢復元氣。

這次沒有動到我的房子，保住了底子，也給我教訓，以後更加量力而行，雖然後來在美國也還有重大挫折，但是已經練就一身處變不驚的功力了。

一九八八年三月一日，香港再創辦一家財經報章《經濟日報》（這以前查良鏞的秘書黃揚烈創辦過《財經日報》，漫畫家黃玉郎也創辦過《金融日報》，但都維持不長，後者更是只有幾個月時間），董事會主席馮紹波，總經理麥華章，都是香港大學畢業的。創辦前的一月，他們約張教授與我吃飯，張教授答應停掉《信報》的專欄，轉移到《經濟日報》，他的理由：其一，他們都是港大畢業的，他身爲老師，要支持他們；其二，《信報》的稿費一篇六百元，《經濟日報》則是兩千元。但我沒有答應，因爲我覺得《信報》對我有恩。

但是一月底，《信報》經理趙士英給我電話，說副刊三月一日改版，停掉我的專欄，嚇了我一大跳，我以爲大概他們知道《經濟日報》請我吃飯的事情，但是我沒有答應呀。然而這種事情我不方便問，也不會有答案。但是一般停專欄是三天前通知，《信報》一個月前通知，讓我有準備，另找出路，也算有情有義。所以二月二十九日的最後一天，我寫了〈告別辭〉說：

「感謝《信報》給我機會在這個專欄裡得以指點江山，並能一吐胸中塊壘，而且從來不干預我的言論，使我能將看到、聽到、想到的，一股腦兒寫出來，希望讀者能夠分擔我的喜怒哀樂；但客觀效果如何，就不得而知了。感謝這段時間內一些讀者來信對我的鼓勵、鞭策，甚至關心我的健康和信仰；也感謝一些讀者對我的批評、指教。至於那些攻擊和恐嚇，也是心中坦然，因爲這也是預料到的。

有人以爲我過去在中國一定吃了很多苦，所以文字上才比較『激烈』。事實並非如此，雖然前半生並非坦途，但和其他同胞比較還算幸運，還從來沒有當過『階級敵人』；但是看到的事情太多，需要反思的更多，以致無法在香港這個自由社會裡再沉默下去。」

我把情況告訴張教授，他馬上與《經濟日報》聯絡。《經濟日報》立即給我寫一個專欄，三月一日開始寫，等於是「直通車」，因此沒有影響我的收入。

我的《信報》專欄停止後，當時身爲香港記者協會主席的劉慧卿（後來棄文從政，擔任多屆立法局與立法會議員）打電話問張教授是怎麼一回事，是不是《信報》轉軚？當然不是。好多年之後，我從一位資深媒體人那裡聽到，張教授想給我增加收入，但是他的研究經費有限，便對林行止太太駱友梅說，除了齊辛和我的，《信報》沒有什麼好的評論文章看，要他們給我加稿費。駱友梅聽到很不高興，加上張教授與《信報》因爲出書問題有時也有小矛盾，於是《信報》便停掉我的專欄，看看《信報》是否辦不下去。實情是否如此，我也不知道。不過對我來說，這的確是大憾事。

十五，六四屠殺

要真正「安居樂業」談何容易？因為共黨就在你身邊。當共產黨出來阻止改革導致矛盾激化而發生激烈衝突時，難免波及香港，因為香港不但在共產黨身邊，而且即將被共產黨統治。

暗潮洶湧

中國政制改革的啓動，其「理論根據」是一九八〇年八月十八日鄧小平在中央政治局擴大會議上的〈黨和國家領導制度的改革〉講話，也得到政治局的通過。中心是解決權力過度集中的問題，即使談不上自由民主，也必須權力制衡。但是隨著一大批老幹部平反復出，進入權力中心，政治改革的聲浪就越來越小，因爲他們要「補償」文革期間大權旁落的「損失」，因而對「資產階級」的鬥爭就日益加強，以「清除精神污染」與「反對資產階級自由化」，作爲加強「黨的領導」的合理藉口。

政改的遲緩，以及因爲經濟改革帶來的金權交易，引發青年學生的不滿。這時文革剛剛過去不久，創傷仍新，甚至還沒有癒合。媒體因爲對文革的反思，在意識形態上也就比較活躍，也引發老幹部的不滿，尤其某些老幹部及其子女要大撈一把的惡形惡狀引來抨擊。所以一九八五年開始陸陸續續引發各地的學潮，尤其北京一九八六年元旦的示威。

當時也有一批老幹部是同情這些學生的，因爲他們經過文革的教訓，進行了比較徹底的反省，以胡耀邦、趙紫陽、陸定一等爲代表。就是被稱爲「第二神學院」的中國人民大學，學生運動也很活躍，我的老師胡華，這位延安的老革命，也站在校門口迎接遊行回來的學生。

一九八六年的學潮，也產生了影響學潮的精神領袖，以當時在安徽合肥的中國科技大學副校長方勵之爲代表。一九八七年一月香港《解放》雜誌的創刊號，就放上方勵之的頭像。那時，從廣東移居香港的記者曾慧燕採訪中國學潮，也首次訪問了方勵之。

當時反對改革最力的是陳雲，他主要在經濟問題上抹黑，例如出現僞劣商品；反對政改最力的是王震、薄一波，乃至李先念。包括鄧小平子女在內的紅二代，都開始在商場大展拳腳，他們的父兄怎麼願意削弱他們高度集中的權力？

一九八六年，鄧小平號召「打虎」，胡耀邦拿了紅二代開刀，例如人大副委員長葉飛的女兒葉之楓（十六年徒刑）、上海市委書記胡立教的兒子胡曉陽（槍決），葉案首犯張長勝父親也是將軍，向老上司李先念求救，還是沒有辦法。政治局委員胡喬木的兒子胡世英也被胡耀邦用計調開胡喬木而在家裡被捕；當時盛傳的還有人大委員長彭眞的女兒傅燕、薄一波小兒子薄熙成也都有事。而鄧小平大兒子鄧樸方成立的康華集團更是遠近聞名。胡耀邦敢於觸及這些權貴，是他必將下台的重要原因。

此外，一九八六年，鄧小平爲廢除終身制造輿論，就像鄧小平「打虎」那樣，胡耀邦也信以爲眞，竟然表示，鄧小平先退休，他接著也會退休，從此失去了鄧小平對他的最後信任。一九八七年中共十三大前夕，鄧小平動員老幹部葉劍英、陳雲、彭眞等主動寫信請辭帶動廢除領導人的終身制。但是他自己例外。

一九八六年九月的中共十二屆六中全會上通過的〈中共中央關於社會主義精神文明建設指導方針的決議〉，關於是否把「反對資產階級自由化」放進去，文革前長期擔任中共中央宣傳部長的陸定一堅決反對，在相持不下之後，鄧小平親自拍板施壓而加進去，最後暴露鄧小平反對政治改革的眞面目。陸定一也從此被鄧小平冷藏在政協裡。

陸定一於一九九六年病逝，我還在香港《經濟日報》寫文章紀念。文革考驗了許多中共老幹部，當年是眞正爲理念而參加革命，還是爲個人利益；當然，革命過程中有人由理念變爲利益，有的人由利益進步爲理念。最後的表現是主要的標誌。陸定一最後的表現，乃至周揚最後的表現，我都給予肯定與諒解。反之，鄧小平就走回頭路；王震則一向就是土匪。

一九八七年一月，中共總書記胡耀邦在「生活會」上被批鬥而辭職，宣告政治改革的破產。同時，鄧小平還親自點名方勵之、劉賓雁、王若望三人是資產階級自由化分子而開除他們的黨籍；據說鄧小平是把《人民日報》的王若水搞錯爲王若望，所幸兩人也都是自由化分子，所以也不算是冤案。

中國改革與保守的鬥爭在文藝界尤其引起我的關注。因爲我本身愛好文藝，也因而看了許多人的作品，而文藝界正是改革與反改革勢力交鋒的「風口」。例如我一直關注劉賓雁、王蒙、白樺三位老右派的動向，後來還冒出引起很大爭議的張賢亮等等。

因爲中國的改革開放，一些著名的文藝界人士開始出訪，香港是一個重要出訪點，所以我也有機會與他們接觸。最早接觸的是白樺，他於一九八七年十一月應邀到中文大學發表演講。因爲在福州見過他，在香港接上線也就容易了，香港作家協會請他吃過飯。我更帶他到香港的國民黨反共堡壘調景嶺遊覽，其後我還寫了篇〈調景嶺的冬天——陪白樺「三通」〉，刊在香港作家協會的《作家月刊》創刊號上。白樺後來還來過多次。

接著而來的是張潔，因爲薛瑞珍介紹而認識了。那時出訪還有「監軍」，例如他們的一個代表團就有一個非文藝界人士一齊出來擔任要職。我以很隱秘的筆法在《信報》寫出，此人立即在團內進行批判。我在《信報》專欄寫了好幾篇介紹張潔，包括她的婚姻。張潔以《愛是不能忘記的》而出名，在當時中國的封閉社會裡有所突破。在香港算不了什麼，在中國卻是了不起的事，她也以自己的行動來實踐，與已經退休並且大她二十歲卻已經人財兩空的退休老幹部孫友餘結婚。他是第一個被點名執行劉鄧資產階級反動路線而進駐高校的工作隊隊長。

一九八四年認識了上海作家戴厚英，那時她以個人歷程爲背景的新作《流淚的淮河》第一部《往事難忘》在香港出版。她畢業於華東師範大學中文系，我去華師大教書時，她畢業了，完全沒有交集。她一度是文革的爭議人物，初期很左，被叫做「左棍」，但是在負責詩人聞捷的專案組時，思想有了改變，甚至與聞捷戀愛。與自己的「專政對象」談戀愛，當然是大逆不道、喪失政治立場的大事情。她受處分，聞捷自殺。她寫了《詩人之死》、《人啊，人！》、《空谷足音》等，展現了她的人道主義觀念。但是還有人一直抓住她的「左棍」不放。我爲她打抱不平。

當時華東師大同學會有一個聚餐歡迎華師大四位代表訪問香港，也有人通知我，除了吃飯費用，還要集資買禮物給他們。因爲後者，我不贊成這種強迫性質，所以沒有參加。戴厚英出席了，回來後在我面前大罵他們，原來四位代表沒有一位是教師，全是黨政幹部，因爲由他們自己決定出訪名單。不但如此，這些幹部發言還要華師大的校友們在香港必須愛國云云。戴厚英當場跟他們幹上。我慶幸沒有去，否則花了錢還要聽他們的訓話，何苦來哉？

八九學運爆發時，戴厚英在上海，戴厚英抨擊上海市委查封《世界經濟導報》。我給她寫了信，她也有回信，為胡耀邦的逝世失聲痛哭。一九九六年八月她被歹徒殺害，我卻忙著應對九七到美國與加拿大為自己的移民探路，沒有時間為她寫悼文，內心一直感到歉疚。

一九八八年八月，劉賓雁與台灣的陳映真在香港大學對話，戴晴也來了。香港人很熟悉劉賓雁，甚至有計程車司機載了他不肯收費。但是我更關注的是戴晴，這從她與歷史學家黎澍的對話開始，後來陸續看到她在《世界經濟導報》的政論文章，以及她的一些文藝作品，加上她是葉劍英乾女兒的身份讓我好奇，因此決定採訪她。文章定名為「追蹤戴晴」，刊於九月號的《明報月刊》。此後與戴晴還有多次接觸，尤其在關注建設三峽大壩的爭議。

後來有人說戴晴是國安部特務，我也毫不諱言問她這點。她說那是她在哈爾濱工程學院畢業後到總參三部工作時，那是從事技術情報。她後來轉行寫作，支持中國的政治改革，但是支持新權威主義，以及對六四的看法，也引發許多爭議。

改革派與保守派在意識形態上的激烈交鋒沒有停止過。一九八八年六月播出六集電視紀錄片《河殤》是主要標誌。它由中央電視台製作，對中國的改革進行文化上的反思，在社會上產生重大反響。當時身為政治局委員的王震多次痛批該劇，甚至揚言共產黨用兩千萬人頭拿下江山，誰要顛覆，也得拿出兩千萬人頭。王震還把矛頭指向接任總書記才一年多的趙紫陽，成為後來六四殘殺的序曲。這期間，我對王震的批判也不遺餘力。

六四序曲

一九八九年四月十五日北京公佈胡耀邦逝世的消息時，我與張五常教授正好在深圳。與往常一樣，我們在深圳是住在新都酒店，那是比較新的酒店，一位叫做梁太的香港人經營，而且離火車站很近，走幾分鐘就到了。那天中午，我們在新都的酒樓飲茶後，就準備退房回香港。但就在飲茶當中，深圳的一位同事趕來告訴我們，胡耀邦逝世了。

張教授隨即回房間打電話給方勵之。方勵之那時已經從合肥調回北京。我們一九八八年訪問北京時，見到過他。鑑於當時中國的改革已經走不下去，民心浮動，張教授已經敏感的擔心北京將發生大事件。當時美國總統老布希在該年三月訪問北京時，北京不顧國際禮儀，以流氓手段阻止方勵之出席布希的國宴，可見他們對方勵之已經仇視到什麼程度，因此張教授擔心中共會拿方勵之開刀。爲此，電話中希望方勵之無論中國發生什麼事情，都不要出來講話，以免遭殃。

回到香港後，一路注視北京事件的發展，香港不斷有大大小小的遊行。我住在珠城大廈，是遊行隊伍進入維多利亞公園集合必經之路。也是那時，對長毛（梁國雄）有更多認識，因爲他一定帶領一個小隊伍從樓下高呼口號走過，一聽到他的聲音，我就知道有遊行了，就會趕快收拾東西，然後趕去維園。我也是熱血沸騰，幾乎沒有一次缺席。包括五月二十日八號風球（強烈颱風全城放假）高掛的那場遊行。

那時，有兩批北京的朋友正好在香港。一個是我們請來的中國社會經濟系統分析研究會的朋友李忠凡與王麗莉，張五常教授與傅利曼教授夫婦一九八八年訪問北京時，就是他們接待的，我們成為很要好的朋友。因此我們也邀請他們訪問香港，了解香港。因為北京的事變，我們邀請的代表團無暇遊覽香港，很多時間都在電視前面關注北京局勢的變化。五月三十日是我的生日，本來準備請他們好好吃一頓，至少吃個生日蛋糕。但是我們毫無心情，結果是在一家麵館隨便吃吃過了我的生日。他們在六四屠殺前就回北京了。

還有就是金觀濤、劉青峰夫婦應邀到中文大學做訪問學者。金觀濤夫婦訪問時間較長，在香港的電視看到北京的屠殺情況。北京說金觀濤指揮了那場學生運動，根本是胡說，因為學運期間他們在香港。

當時我的忙碌，就是幫他們「翻譯」香港有關學運的電視新聞，因為他們聽不懂廣東話，我幾乎每天給他們翻譯，那時新聞有許多的重播，我們不斷重複的看，唯恐遺漏什麼。五月下旬，有一天帶他們在中環匯豐銀行總部參觀時，銀行電視螢幕上股市報價突然暴跌，原來那時香港記者致電住在北京天安門附近南池子的張朗朗（中央工藝美術學院院長張汀之子，也是高幹子弟），這時正好國安敲門進來找他，他在電話裡就說：「他們進來抓我了。」消息傳出，以為北京開始抓人了，導致股市暴跌。其實國安只是找他了解情況，並未抓人。後來張朗朗來香港，我還拿這事開他的玩笑。

五月下旬，香港有兩次百萬人大遊行，一是五月二十一日，因為五月二十日晚總理李鵬宣佈北京戒嚴，香港直播那晚的黨政軍大會，李鵬的惡形惡狀導致第二天全城爆炸。第二次是五月二十八日，那是全球華人大遊行，所以香港人也傾巢而出。這兩次遊行我都有參加。香港支聯會就在五月二十一日那天成立，那時關注的各界社會人士很多，最後還是長期從事社會運動、而且具有組織能力的司徒華掌控了這個組織。

香港人會這樣關心中國的政治問題，有兩個原因：一個是香港人約有一半來自中國，幾乎都是逃難來的，自然與中國人有同命運、共呼吸的感覺；一個是九七年香港即將「回歸」，所以香港人急切希望中國民主化，否則香港將凶多吉少。

胡耀邦逝世後，面對中國政情的急劇變化，我寫了好多文章，都是激烈抨擊中共的強硬派，因此爲了自身的安全，我也很知趣的沒有再踏進中國的大門，我不願意用自己的人身安全做賭注。有一位到北京洽談生意的港商，某晚看到中央電視台的聯播節目批判「外部勢力」如何煽風點火時，列出幾篇香港報章上刊登的文章，其中有一篇是我以「凌鋒」筆名刊於四月二十七日《明報》的文章〈胡耀邦祭〉。他回到香港後，立即打電話給我的一位朋友，叫他轉告我，絕對不要進去。

夜半槍聲

學運爆發後，《人民日報》「四二六」社論發表，定性爲「動亂」，我遂肯定中共必然會秋後算帳。因此已經無法「見好就收」，除非中共做明顯的讓步。我也認為中共會鎮壓，但是沒有想到是出動野戰軍包圍北京，以戰爭的方式來解決問題。

六月三日晚，接到中資公司一位王姓朋友的電話，告訴我四通社會發展研究所所長曹思源，於六月三日中午從家裡出去買菜後就一去不復返了。這是從北京傳來的捲入學運的中國知識分子中第一宗的失蹤消息。第二天我在凌鋒專欄之外用本名給《經濟日報》寫了曹思源在屠殺前就失蹤的消息，以免在混亂中說他是被亂槍打死的。文章於六月六日刊出。

夜裡，北京響起槍聲，十點以後電視台報導一批死傷者送入復興醫院，接著其他醫院也有類似消息。那時醫院還比較敢講話，哪裡像後來遇到某些事情就推說不知。這不可能造假，就憑這點，就知道所謂沒有死人，與後來國務院發言人袁木說只死了二十三人是滿口謊言。

凌晨，除了在沙發上打一下瞌睡外，一直開著電視機觀看新聞。然後看到一早北京市民湧到街上，當然繼續被槍殺，使人寒心。下午，再接到那位王姓朋友的電話，告訴我他的一位北京朋友冒險出去繞了一圈，看到西郊木樨地一排空無一人的軍車被人放火燒了。我們估計木樨地事件是官方所為，用以栽贓給市民，果然後來確是如此。這天，電視還報導坦克從人身上輾壓過去的消息，更使人吃驚。後來我專門求證，的確有朋友的朋友親眼看到那些「肉醬」。

六月四日上午還傳出天安門廣場火燒屍體、焦味四佈的消息。我打電話給戴晴，確認她的安全，她告訴我她退黨了。戴厚英那天不在，第二天才通上話。六月四日下午，支聯會在跑馬地馬場召開大會，我雖然有許多稿子要寫，還是出席了。這是我到香港十幾年來第一次進入馬場，不是爲了賭錢，而是政治議題。

我寫評論很快，因爲以我在中國居住二十一年的經驗，以及我對中共的認識，所以反應迅速。六四前後，我每天的凌鋒專欄有《經濟日報》與《東方日報》，此外，在《經濟日報》、《明報》、《星島日報》、《快報》的評論版也用凌鋒與林保華的名字寫較長篇的評論，第二天就可以見報，比副刊小方塊的專欄及時。

隔了一陣，支聯會參與救援的六四學生與知識分子陸續抵達香港，他們有學運領袖吾爾開希與四通公司負責人萬潤南。第二天我從那位王姓朋友那裡知道了。因爲許多人還沒有來到，所以我沒有「獨家」報導這則消息，擔心地下通道被中共堵死而危及其他人的安全。但是隔了幾天，消息還是走漏了。美國一家通訊社刊登了獨家消息。爲此，我在六月二十八日的《明報》寫了篇〈新聞從業員要顧大局〉，說：「如果我們搶先發表消息而導致其他民運人士因而無法逃離大陸，甚至在離開前的一剎那而功敗垂成，甚至喪失他們的寶貴生命，不知諸位新聞工作者，心裡會有何感受？」

又隔了一陣，亞洲電視新聞部的戚香蓮打電話給我，說她拿到了嚴家祺的一則聲明，不知眞假，問我能否認出他的筆跡？我沒有看過他的字跡，所以推薦她去中文大學找金觀濤。

但是那時逃到了香港的「名人」，港府與支聯會都不願他們曝光，因爲中國政府會向港府施壓要人，使他們很爲難。當時港府的第一責任是爲他們在國外尋找落腳的地方。當時主要由法國來收容。不過他們後來在法國也出現許多紛擾。

六四爆發時，中國一位游泳選手楊洋正好在香港，他在電視上看到那種屠殺場面，怎麼敢回去，便向港府尋求政治庇護。正在港府爲他尋找願意接受的國家時，一位在香港的汪姓海外民運人士召開記者招待會宣佈此事，藉以表明這是民運「策反」的功勞。事情一公開，中國政府的壓力就來了，因爲香港與中國政府有個協議，在香港逾期居留的中國來客或偷渡客，被捕後第二天就要被遣送回去，中國政府一定得接收。於是中國要求港府遣送逾期居留的楊洋。港府基於人權考慮，更不能遣送回去，於是中國拒絕接收其他被遣返的偷渡客。當時每天遣送回去的偷渡客大約有一千人左右，幾天下來，幾千人就把香港全部拘留所與監獄占滿。經過名人斡旋，中國也不想給港人壞印象，最後是中國讓步，再度接收這些偷渡客，否則香港必然大亂。

當時我在深圳報界的一位胡姓朋友，很崇拜張五常而與我認識了。六四後，張教授也在陳希同的報告中被不點名批判，這位朋友因爲也曾經寫文章讚揚教授，緊張之下，到了香港向我求救。當時我認識支聯會成員的郭少棠教授，就找他想辦法，由他介紹到支聯會，後來去了法國，因爲精通法語而進入法國國際廣播電台工作。他不是北京民運圈裡的人，因此到了法國，被民運人士懷疑是特務。

另一位是鄧樸方康華公司的閻淮，原先在中共中央組織部，也說參與民運逃來香港，找到金觀濤要流亡外國，金觀濤找我，我也把他介紹給郭少棠，結果也去了法國。九七後我移民美國，在紐約一次民運會議上，主持人報告我在場，後來我知道他也在場，我一直在想，爲何不來與我這個「救命恩人」打招呼呢？二〇一八年他在境外出版《進出組織部》，提及他在一九九二年就受聘於新加坡第二號人物吳慶瑞創辦的東亞政治經濟研究所，吳慶瑞常讓他分析從中國及時得來的絕密文件，表明在中共核心高層潛伏有新加坡的間諜。閻淮說：「我眞恨這些吃裡扒外的高級蟲。」

讓我清醒的是，某次有朋友介紹我與一位姓鄧的跛腳人士認識。他說是劉賓雁的朋友，還帶有他抗議六四屠殺在香港報章刊登的廣告，他更帶有一批六四屠殺的血腥照片，那是在報章上沒有見過的。所以開始我也很相信他，他也經過我認識了一些我們圈內人，因而也到了法國。我後來懷疑他，是因爲我透過朋友向在美國的劉賓雁求證，他說這人僅僅是他在北京組織的寫作訓練班的一名學員而已。他積極與各界人士接觸也使我產生警覺，而他名片上刊登的公司地址，竟然沒有這個公司。這才使我判定他有問題。我趕緊把情況告訴了司徒華。他說，法國那邊也懷疑他了。

後來我到了美國，才進一步知道，藉「六四血卡」而取得美國居留權的，就有一些中共有意派進來的。其中在華人做到媒體高層的，並且與各界有廣泛接觸的一位，在陳文英雙面諜事件曝光後突然回到了北京，就此沒有再回到美國。

事件後續

戒嚴與屠殺後，香港人紛紛在報章刊出譴責廣告，包括後來擔任特首的梁振英。當時作爲佐丹奴老闆的黎智英也因爲出售印有學運領袖頭像的T恤而爆紅，更因爲認識到媒體的威力而改行，第二年創辦《壹週刊》，成功後在一九九五年再創辦《蘋果日報》。因爲香港媒體多被中共滲透而自律，黎智英的壹傳媒集團因爲大膽敢言而銷量大增。黎智英更因爲寫文章大罵六四劊子手李鵬「仆街」（橫死街頭），他的佐丹奴業務被北京封殺，最後售盡股權。

中共在香港也進行清算。香港新華社社長許家屯因爲支持學運被召回北京，然而擔心在香港引起震盪而沒有立即逮捕他，他則趁機回到香港，再到美國「旅遊休息」。這是一九九〇年的事情。後來他寫了一本回憶錄，但是因爲擔心人身安全，很多關鍵內情沒有說出來，所以中共也放他一馬。

在六四前後，對改革的共同目標，讓我結識了一些左派朋友。例如在宣佈戒嚴後主催香港《文匯報》開天窗書出「痛心疾首」的前總編輯金堯如，成爲忘年之交。

金堯如是「老革命」，本來參加上海的學生運動，後來被派到台灣。他說，一九四七年二二八時是中共台灣省委的宣傳部長，因爲國民黨要來逮捕而跳窗逃走。因爲他在六四的表現，浙江省開除了他的政協委員職務。一九九二年，他移民美國洛杉磯，那是因爲他在北京的友人告訴他，北京準備抓他回去。因爲他喜歡喝酒，可說是無酒不歡，因此準備有人把他灌醉，裝進小轎車的車尾箱裡運回深圳，因爲新華社的公務車海關不必檢查。如果那時超過了海關最後通行時間的半夜十一點鐘，那也沒有問題，因爲招商局有輪船每天半夜十二點開往廣州。

爲何北京對他勢在必得？可能後來他對我說的話揭開答案。許家屯到美國後，香港媒體紛紛猜測哪一位與許家屯有交情的「愛國港商」幫助他？當時傳說最多的是最早到北京投資，並在北京飯店設有辦事處的滬籍港商周安橋，讓他非常緊張。不過金老總後來在美國告訴我，其實是他幫許家屯聯絡上美國駐港總領事館，才讓許家屯到美國的。也許北京後來掌握到這個情報，才要將金老總抓回歸案。

一九九二年金老總也在美國幫助下移民美國，與全國政協常委、民主人士中的經濟學家千家駒、許家屯都住在洛杉磯，每個星期見面打麻將。被《信報》的專欄作者張寬義（中區麗人）稱之為「許千金」。也是在那個時候，許家屯向金老總透露，梁振英是中共地下黨員。我到美國時，金老總也把這一點告訴我，叫我注意這個人。

在這以前，我的兒子讀完中五就去讀葵涌工業學院，減少了家庭的經濟壓力。面對六四，也不能不做最壞打算，因此也讓讀完中五的女兒到澳洲去留學，給我們一家預防「萬一」的後路。

六四屠殺導致民眾噤聲，投機分子轉軚。但是外國人看在眼裡，認識到共產國家的殘暴。因此這年秋天，蘇聯的改革浪潮也激發東歐衛星國出現逃亡潮。十一月，隔絕東西方的柏林圍牆更被東德人民推倒，是為「蘇東波」。在對抗暴政方面，西方人民為何比中國人勇敢，就一直成為我思考的問題。許多人將之歸為「民族性」，成「性」當然因為習慣，而能夠成為習慣，應該就是文化的熏陶所致。然而問題太深奧，不是我的能力所能夠解釋透徹的。

中共對「蘇東波」非常緊張，採取各種措施防範蔓延到中國。也因此加強擺脫外交孤立。美國竟然也派特使與鄧小平接觸，放棄向中國的政制改革施壓，方便跨國公司進入中國賺錢，導致養虎貽患的結果。而台商更是趁虛而入，賺了一些違心錢，結果是被中共反噬了自己。

因爲六四屠殺，我們當然也不敢再到中國去從事研究工作，張五常因爲大讚趙紫陽而受到關注，差點被捲入「保趙倒鄧」的風波中。我們只能在香港密切觀察中國的變化。從新任總書記江澤民的改革倒退，要讓私營企業傾家蕩產，到認爲中國已經面臨「和平演變」的現實威脅。

所幸一九九二年作爲「普通黨員」的鄧小平在風燭殘年中發表南巡講話，聲稱「左」的要他下台，才把江澤民、李鵬的向左轉扭回來。但是鄧小平的「發展是硬道理」掀起的下海潮，又把全民引向「向錢看」。文革期間人們爲爭奪政治權力而不擇手段，如今則爲搶錢騙錢而不擇手段。中國社會爲此而道德沉淪，貽害數代人。不論「左」或「右」，中共都是中國的千古罪人。

十六，胸懷祖國

共產黨對媒體非常敏感，因為他們打天下與坐天下，靠的是「槍桿子」與「筆桿子」。所以我在報章寫文章與在報館任職幾年，都沒有回中國一趟。我不想剛剛得到的自由再度失去。在香港大學任職後，因為從事學術研究工作，也就削減這方面的顧慮，尤其張五常教授有極高學術地位，也是美國籍，更加安全。我們最常去的是深圳，也去過惠州與東莞，後來更去北京與其他地區考察中國的改革開放情況。

繁榮娼盛

我們開始對中國的經濟改革做調查研究，是到深圳，考察當時深圳的外來人口，蒐集一些酒店的資料。由於深圳首先對外開放，又有鄧小平的強力支持，所以表現比較大膽。也是最早「繁榮娼盛」的地區，這點我的感受很明顯，也有意做這方面的了解。

我們開始去深圳，有一次市委接待，住過市政府的招待所，住進總統級套房。當然，「總統」是張教授，我們隨員住旁邊的房間。但是它還是土土的招待所。後來住的是星級的新都酒店，雖然號稱「新都三把刀」，但是消費還是比香港便宜。

那時那裡主要還是境外遊客住的，總經理是香港人梁太。雖然管理比較好，但是難免還是有「性工作者」進駐，還是買通酒店工作人員。所以住客進房，就會有女生打電話來問要不要「服務」。張五常單身住，會有電話，我與另一位同事深泉一個房間，就沒有電話。但後來越來越大膽，有一次國內一個朋友與我同房間，一早有人敲門，我以為是張教授，哪知門一開，一位小姐闖進來，我立即告訴她別亂來，還有另一個人，她居然把我拖進旁邊的洗手間，好不容易掙脫把她請出去。

有時我一個人去深圳找朋友，約他們在新都三樓的咖啡室聊天，那裡有琴師彈些西方的輕音樂，很有情調。不料，那裡也成為小姐的聚集地，我進到裡間打公用電話，有小姐跟進往我上身亂摸。我坐著等朋友時，也會有小姐過來坐下要我請她喝咖啡。這點我倒沒有拒絕，趁機與她們閒聊，主要了解她們的鄉下，來深圳的原因。她們南下有些是男朋友同意的，賺了錢買一批深圳的時裝回家鄉開店，從賣淫女搖身一變成為民企老闆。

有一次在東莞一家台商那裡，看到他們招來的民工名單，許多來自湘贛邊境與四川的老根據地，想想他們當年為「革命」做出的貢獻，現在卻被拋棄，離鄉背井當民工（開始還被稱為「盲流」），只有胡耀邦還想起他們。而所謂「老革命」的王震之流，說什麼深圳是「一朝回到解放前」，那是故意裝腔作勢。正是他們的專制獨裁、貪污掠奪，才不但讓中國回到解放前，甚至比解放前的國民黨還更獨裁、更腐敗！

第一次去東莞是一九八七年，當時是深圳電視台副台長、首任百花獎影后的祝希娟陪我們去，那時東莞剛開始起步。以對外資審批手續簡單快速聞名。我有一位朋友在東莞一家台商打工，還有一位朋友在東莞開廠，所以去了好幾次。

一九九〇年代中期，那裡的性產業已經相當發達了，尤其是「髮廊」遍佈各個角落，甚至街頭也出現一些「阻街女郎」，比深圳集中在酒店或夜總會門外拉客分佈更廣。當時東莞打工女一月收入五、六百元人民幣，兩個星期才休息一天，給她們寄錢回家；但是一夜的性交易收入可達打工女一個月的收入，所以我也敬佩那些情願做苦工而不走捷徑的女性。然而無論如何，這些都是中國可憐的弱勢的族群，鄧小平的三個女兒則可以享受「先富起來」的優惠。

所以我也很欣賞後來流行由民間智慧編出來的順口溜，道盡她們的淒苦與貢獻：

下崗妹，別流淚，挺胸走進夜總會；
陪大款，掙小費，不給國家添累贅；
爹和媽，一生苦，老來待業很悽楚；
弱女子，咋自強，開發身體養爹娘；
無資金，無貸款，自帶設備搞生產；
不占地，不占房，工作只要一張床；
一不偷，二不搶，青春獻給國和黨；
不添女，不生男，不給國家添麻煩；
沒噪音，沒污染，環保產業小聲喊；
……

有一位中資的朋友告訴我，他回到廣州時，在酒店遇到一位性工作者，她抱怨說，你們用腦袋這個器官賺錢，很光榮，我們用另外的器官賺錢，爲什麼被人看不起？看來，中國的資本原始積累就是這樣完成的。

西方的資本原始積累引來馬克思、恩格斯的猛烈抨擊，說成是殘酷的；具有中國特色的原始積累，又該怎樣評價？我很早使用「孔雀東南飛」與「黃色娘子軍」來形容，但是沒有歧視之意，中國女性，爲中國民間的資本原始積累做出了傑出的貢獻。所以中共一再掃黃，我非常憎惡這種做法，因爲只是給公安多一個壓榨這些弱勢女性的藉口而已，而眞正的「黃」是掃不掉的，因爲那是最古老的行業。而性的金錢交易比性的權力交易是進步的。看看毛澤東對女性的霸凌，能夠歧視她們嗎？看看中國的女性官員，有多少也是用原始本錢而爬上高位的？

在珠江三角洲，我也看到官商勾結、腐化墮落的情況，有些看來的，有些聽來的。那些官員明知我是香港的作者也毫不避諱，包括與「三陪女」在卡拉OK房「就地正法」，可見這些行爲的公開與大膽程度。我把情況告訴張五常，他說你千萬不能寫出來，否則沒命。他不講我也不會寫出來，否則害了我的那些朋友與台商，也影響我們的工作。

在東莞，我也明白了有些台商爲何「樂不思蜀」的原因。當時也有很多傳說，例如台商的原配要丈夫結紮以後才可以到中國投資，唯恐未來有其他子女來爭產。有的小三不明所以，把與小王的結晶移花接木給已經結紮的台商而被戳破騙局等等。

有一次朋友帶我到他的工廠生產線參觀，看到一位面孔清秀的女孩子，非常稚嫩，一看就知道是童工，與她聊了幾句。後來我對這位朋友說起她的年齡肯定不夠，但是也勸他就別難爲她了。如果不是家境惡劣，怎麼會出來做童工？但是後來朋友還是把她解除工作了，說的確是冒用姐姐的身份證來應徵的。我心裡非常不安，怪自己多嘴，到底朋友這個廠工作比較輕鬆，環境也還不錯。

中國的民工，爲中國的經濟崛起做出了不可磨滅的貢獻。只是上層那些蛀蟲，吞噬了他們不少勞動成果。這些中國官員，才是眞正的馬克思所指責的「剝削者」。資本家還是付出了自己的勞動，包括資金、技術、知識與管理才能，唯有那些官員，靠著「一黨專政」這個邪惡的制度，不必付出任何代價，只是憑藉權力，就可以享受社會上最多的生產成果。

考察承包

中國經濟改革，主要是改革國有企業，因爲中國是社會主義國家，主要是全民所有制經濟，其次是農村的集體所有制經濟。主導經濟發展的自然是城市的國有企業。改革初期，怎麼改法確實是「摸著石頭過河」。雖然厲以寧提出了股份制，但是被扣上「私有化」以後，就難以推展。所以以「承包制」比較吃香，因爲農村的「三自一包」已經平反與貫徹，所以對國有企業推行承包制也就沒有意識形態上的刁難。承包制當然也有它的問題，那就是如何防止承包者在承包期間殺雞取卵的短線行爲；也有國有企業的高層賤價把企業承包給別人而由自己收取折價的回扣。

當時經濟學界主張承包制的代表人物是楊培新，他是國務院發展研究中心的研究員，主要研究北京市的石景山鋼鐵公司的承包制，也是該廠的顧問。我們在一九八七年十月訪問北京，張五常教授之外，還有散文大家王深泉與來自中資企業的助理王建國。這次到北京，離開我最後一次去北京，已經整整十二年了。

在北京住過幾年，我當然知道石景山這個地區，也知道石景山鋼鐵廠。我們住在廠裡的招待所，當然不如外面的酒店，這點我們並不在乎。看到紅紅熾熱的鐵水流出，就想起當年大躍進年代在鋼鐵廠勞動的日子。

我們只是住了三天，聽了介紹與座談就離開了。我們還去了頤和園，石景山到頤和園的路我不熟，赫然見到中國人民大學的後門還嚇了一跳，但是沒有機會去了。天壇我沒有去，而是利用空檔見了大學同學、作家蘇叔陽與一九七四年在上海見過的導演都郁，他們都在北京電影製片廠工作。我還去了蘇叔陽在地壇的家。想不到我離開不久，都郁居然病逝。

我還想見到的一位是人大老師胡華教授，但是一去人大，要見的人太多，時間擠不出來，因此沒有去。沒有想到，不久胡華教授因癌症去世。改革開放後，聽同學說胡華認爲黨史也要撥亂反正，私下說，他抽屜裡有很多資料，但是還不到「放」的時候。一九八六年元旦的學運，他也是支持的，站在校門口迎接遊行回來的學生。僅僅差一年就見不到他了，這是一件無法彌補的憾事。

我們還見到茅于軾，事先約好在香格里拉酒店喝咖啡。他是堅定的改革者，後來創辦了則天經濟研究所，對毛澤東的批判不遺餘力而被毛左視爲大敵。我們還有一個晚上是到當時很出名的長城飯店喝咖啡，聽菲律賓歌手唱歌，這是「資本主義」的享受。我們還見到一些優秀的專業人士。可惜後來我在報章寫「遊記」時，因爲我的身份太敏感，怕連累他們，所以這些人的名字我都沒有寫上，包括茅于軾。

離開北京，負責接待我們的中國社會經濟系統分析研究會的王麗莉陪同我們南下。杭州本來可去可不去，但是要去溫州，非得先到杭州。在杭州參觀了絲綢廠，當然也遊覽了西湖與靈隱寺。喜歡古典詩詞的張教授，對蘇堤、白堤自然興致很高。靈隱寺則沒有以前清淨，有許多小販破壞了環境。

其後杭州市政府派一部麵包車（休旅車）帶我們去溫州，因為那時溫州還沒有鐵路，也沒有飛機場。去溫州也許是這次到中國考察最有收穫的。我回到香港後，在《爭鳴》雜誌寫了篇〈溫州探資〉，不過也是以遊客身份來寫，忽略很值得記下的一些「公事」。

杭州到溫州，一早八點出發，幾乎半夜才到。經過義烏、東陽，當時還很落後，沒有想到會成為後來的小商品中心。路上風景不錯，尤其麗水一帶。但是晚上在公路上還是有點擔心，因為車禍太多。在一個路邊，村民在那裡圍著一個死者，看了很不舒服。但是後來在香港，聽說有些刁民會把死人往香港來的貨車推撞，然後說被貨車撞死而進行敲詐勒索。這種歪風當時應該還沒有傳到溫州吧。

文革中期，已經有順口溜說：「看社會主義在上海，看資本主義在溫州。」那是因為政府被打倒陷入無政府狀態，路邊攤就在溫州率先出現，並且形成夜市。除了出現手工業產品，還有分配到國營商店的緊缺商品也透過「後門」在夜市高價出售。當時最出名的是溫州皮鞋，但是有人利用夜色看不清楚而以硬紙皮做鞋底，成為資本主義劣跡的證明。

我們到溫州時，經濟剛發展，所以還沒有新起的酒店，我們住的還是接待華僑的舊旅館。不過經濟相當活躍卻是眞的。五馬街的夜市，除了吃的，就是一攤攤的服裝和化妝品。當然遠不如香港的女人街與男人街熱鬧。溫州經濟的特色是以專業市場的形式出現，最著名的是永嘉縣橋頭鎭的鈕扣市場，樂清縣的柳市電器市場等。使這類專業市場內外交流的功臣是行銷人員。溫州地區總人口是六百三十六萬人（市區五十三萬人），其中就有行銷員十四萬人，足跡遍及全國。到後來，是在全國大城市的百貨公司裡設立他們的專櫃。

我們還參觀工廠，如塑膠廠，老闆是黑龍江回來的知識青年，爲此我很有感觸，改革開放總算可以讓他們發揮所長。我們還參觀「農民城」（住宅、手工工廠、餐館等），以及隨著經濟發展出現的信用合作社，聽說還有地下錢莊。溫州民間以組織「會」著稱，雖然也有「倒會」事件，但是總的還是發揮了相當的集資功能。

印象更深的是紅白喜事規模很大。行車時就見到很長的送葬隊伍，最前面就是吹嗩吶的隊伍。農村路邊山腰上的墓塚（椅子墳）已經很多了，後來當然更加不得了。倒是那時沒有見到後來被當局一再強拆的教堂。

市政府請我們吃飯，吃到溫州特有的海鮮，「蝤蠓」就是那裡的螃蟹。接待我們的方姓副市長，上班騎腳踏車，可見那時還多「簡樸」。由於當時還時興「反對資產階級自由化」，因此溫州走資名氣太大，驚動中央大員下來視察，不但體改委主任李鐵映來過，「左王」胡喬木也曾南下，結果半路被截止，以年事已高、舟車勞頓爲由。如果交通方便的話，讓王震也來，溫州的資本主義萌芽就被扼殺在搖籃裡了。在溫州見到許多美女，比蘇杭還多，出乎意料。大概因爲本身經濟發展，不需要靠身體的原始本錢了。

見趙紫陽

經過幾個月的籌備，一九八八年九月我們再赴北京。張五常教授的老朋友、一九七六年諾貝爾經濟學獎得主米爾頓．傅利曼（Milton Friedman）與他的夫人羅絲（Rose）先來香港。他們是第二次去中國，一九八〇年他們訪問過中國，是中國社會科學院經濟研究所邀請的；他們去了北京、長春、上海、蘇州、杭州、桂林、廣州等地。

傅利曼在自傳《兩個幸運的人》中說：「在我們第一次訪問時，還沒有一個共黨國家轉換成較自由的社會。即使是現在，唯一可以做到接近於此的國家都是因爲外力驅使。自從毛澤東過世鄧小平掌權後，中國是第一個敢於向自由市場邁出一小步的國家。」「在我一九八〇年首度訪問時，中國的實驗才剛剛起步，但有一些結果已經開始顯現。對我們來說，它提供了評估未來發展的基礎。」

因此第二次訪問，就是給他做很好的觀察，何況更是中國改革何去何從的關鍵時刻。第二次訪問緣於上海復旦大學校長謝希德的邀請，並且參加由卡圖研究會（Cato Institute）主辦、復旦大學協辦的一場研討會。張教授在得知傅利曼將有這一場中國行之後，我們便決定自費訪問中國，動員所有在中國的關係促使此行能與當時身爲總書記的趙紫陽見面，結果終於成功。

這次訪問，傅利曼夫婦、張五常，還有王深泉和我，先到上海，住在華山路上的希爾頓飯店。除了完成復旦大學的那些活動，還見了《世界經濟導報》的一些高層與同仁，那時他們是中國改革開放的喉舌。第二年就因為學運被當時的市委書記江澤民封殺了，成員流落四方。

在市政府的宴會上，遇到了深圳電視台副台長祝希娟，正在上海拍白先勇的《最後的貴族》，扮演其中的一位太太。宴會上還有原來擔任香港新華社副社長的李儲文，他退休回上海了。我罵過這位特務，所以不便向他披露我的「淩鋒」身份。祝希娟百忙中帶我們逛夜上海。我們看了一下歌舞廳、咖啡室，甚至在長江劇場還進去在門邊站了幾分鐘，看一下正在演出沙葉新的新作《孔子·披頭士·藍儂》。

我也趁一些空檔回到上海師院的老家，這是我第一次離開後回去，一切都沒有大變化。老丈人早已在一九八〇年病逝，只見到丈母娘。但也只是匆匆一見就離開了。另外，化工機修二廠的幾位老同事到酒店來看我，這也應該是我最後一次與他們見面。

上海沒有什麼好玩，那時外灘夜晚還是烏漆麻黑。南京路還是老樣，城隍廟多了一些茶葉蛋的攤子，應驗了當時流行的，「做導彈的不如賣茶葉蛋的」，形容高級知識分子收入還不如個體戶。離開上海十二年，除了新起幾個大酒店，其他方面還沒有什麼大變化，遠遠落後於深圳的發展。因為「八老」的第二號人物、保守派代表陳雲住在上海，在他影響下，夜上海還比較冷清，無法與當年相比。

離開上海後搭汽車與火車往蘇州、無錫與南京。在蘇州、無錫除了遊覽當地的名勝，主要參觀小商品市場。到了南京，住在新蓋的金陵飯店，但是居高臨下，周圍還是破舊的舊房子，不大相稱。

參觀新街口的百貨公司，看見人們搶購商品，一箱箱電器背了走，進一步認證通貨膨脹的加劇，人們憂慮人民幣貶值。跨越價格關是那時鄧小平提出的，當時我已經懷疑鄧小平懂什麼經濟，如果配套沒有做好，引發民怨，就得由領導改革的趙紫陽負責了。那時，保守的總理李鵬正在虎視眈眈看好戲，相信他也不會不在「老人」當中挑撥離間。

我在大學裡最要好的同學許光根就在南京大學，他與太太、女兒來看我。他入了黨，是副教授，而且是政治系副系主任。他與太太每人收入都有近二百元。但是那天一齊吃飯時，才知他太太，這位教了二十七年中學的老師還是第一次喝上罐裝可樂。我當時寫了篇文章說：「看來可口可樂的經濟侵略還沒有落實到每個中國人身上。」

離開南京到了北京，也是此行的重點。深泉先回香港，沒有北上。此行吃住由周安橋安排，他很早就從事中國貿易，在北京飯店有辦事處。當時為住釣魚台賓館還是香格里拉，教授徵求過我的意見。由於住在釣魚台必然受到全面監控，所以我主張住香格里拉。但是教授決定還是住釣魚台，才有「國賓」的身份。

車子開進釣魚台賓館，都要事先報告車牌，警衛用腦子死記這幾個號碼，放車子進入，其他別想。房間的擺設老舊，尤其冰箱裡的飲料，全是瓶裝的老式國產汽水，還放著開瓶蓋的起子。一早起來在屋外散步，空氣倒是很新鮮。我不知道當年江青住在哪一棟樓，但是我沒有去問，也沒有到處亂走，這是我在中國居住二十一年的經驗。

九月十八日到達北京當天下午，王麗莉帶領我們到天安門廣場走了一下，拍了幾張照。晚上是國務院發展中心主任馬洪設宴接待，地點在人大會堂裡。出席的人員基本上就是第二天陪趙紫陽接見的經濟學者與專家。我了解馬洪的背景，一九五〇年代被整肅的高崗五虎將之一。當年吃過苦頭的，對改革多有迫切感。

那晚回到酒店，教授不避監聽，問我，趙紫陽目前處境是否眞正不佳，我給予非常肯定的答覆。這是他代替傅利曼來問我的。

九月十九日一天是忙碌的日子。那天上午，在科學會堂，傅利曼發表「市場對社會發展的貢獻」的演講，《人民日報》海外版對此有報導。傅利曼強調緊縮貨幣是解決中國當前面臨的通貨膨脹問題的唯一辦法。在緊縮的同時，還要放開價格的管制，傅利曼有關外匯管制的弊病和放開外匯管制的建議，也都有報導出來。與會的有兩百多人，由周安橋擔任翻譯，張教授做補充。孫尚清、陳岱蓀、厲以寧、吳敬璉、楊培新、廖季立、于景元、李忠凡、金觀濤、戴晴等學人出席。會上書面提問踴躍，達五十多個，因時間有限只回答了三十個問題。

那天下午，趙紫陽會見我們一行。由於我的「反共」身份，擔心見報會影響當時處境已經困難的趙紫陽，因此與接待單位坦誠商量，我就不參加了，但是他們還是熱情的要我參加。我當然也很想參與這個歷史性的時刻，最後我說，那就不要把我的名字寫進去，避免見報。

會面在中南海紫光閣。會見過程，我做詳細的記錄，王麗莉也做詳細的記錄，最後由我綜合，發表在張五常所著的《存亡之秋》一書。

我個人的觀察，趙紫陽是讀高中時參加革命的，文化程度不高，但是他吸收能力很強，因此手下有一批經濟智囊，尤其是年輕人。所以傅利曼對他評價很高，認爲他具教授的氣質。張教授更是五體投地，成爲「趙紫陽迷」。

最使人感動的是，會見結束後，本來握手散會，但是趙紫陽送客人出接見廳，再送出等候廳，讓熟悉這些禮節的人感到意外。這個依依不捨之情，戴晴認爲是「趙紫陽的傷感」。我聽了之後，也不禁傷感。第二年學運及六四屠殺後，趙紫陽被長期軟禁直至逝世。我想，他在送出傅利曼一行時，大概也感覺到他的總書記日子不長了，再好的理論，已經沒有實現的可能。因爲他比我們任何一人都認識到當時政治局勢的險惡。

中國媒體對這場會見的報導根據開放程度的不同而各有千秋。趙紫陽在會見中所提出的今後任務是：價格改革、治理通貨膨脹，實行以公有制爲主體的企業股分制。總書記的講話，各中央媒體與記者卻有不同的報導，有的乾脆刪除「股份制」，例如國務院屬下的《經濟日報》，因爲那時李鵬爲代表的保守勢力認爲股份制就是私有化。版面最醒目、報導也最詳細的是《人民日報》，它以「本報訊」，由該報記者，曾派駐美國多年的張亮寫了約六百字的報導，篇幅比新華社的電訊多一倍。

當晚，張五常在香格里拉酒店舉行宴會，答謝在這次會面中幫忙的中國朋友。因爲許家屯正好在北京，所以也請他來赴宴。我遞上林保華的名片，他看了名字，表情沒有異樣，我知道他也不知道我就是經常在報章上批評與揶揄他的凌鋒。

回釣魚台後，我剛回到房間休息，張教授突然進來找我說，周安橋來電，約我們去見方勵之教授。當時政治局勢已經很緊張，我已經嗅出那個味道，所以我反對，因爲電話都被監聽。但是教授執意要去，我只能陪他一起去，傅利曼夫婦則在賓館休息。

一會兒，有人開麵包車接我們，到方勵之家裡。那時已經九點半過後，電梯「休息」了。我們只能爬上十一層的高樓。那裡不但有方勵之，還有以間諜罪名被關押後假釋在北京的《新晚報》前總編輯羅孚，還有一位記不得名字的文化界人士。當介紹我的名字時，他們都笑了，因爲我在《信報》寫過〈中國的薩哈羅孚〉一文。方勵之的人權活動被西方媒體稱爲「中國的薩哈羅夫」（台譯：沙哈洛夫，蘇聯原子物理學家，人權鬥士），但是我從中共對方勵之的痛恨，把他寫成「薩哈羅孚」，意即他會像羅孚一樣鋃鐺入獄。他們看得到《信報》？原來剛才開車來接我們的，是羅孚的長子羅海星，他當時是香港貿易發展處駐北京辦事處主任。羅海星後來支援天安門廣場的學生，在協助王軍濤逃亡香港時，中計被捕。這是後話。

這次會見影響之大，在於第二年六四後，也就是一九八九年六月三十日，當時的國務委員兼北京市長陳希同在七屆全國人大常委會第八次會議上作了〈關於制止動亂和平息反革命暴亂的情況報告〉說：「特別引人注目的是，趙紫陽去年九月十九日會見美國一位『極端自由派』，一些據稱與趙紫陽『智囊團』有著密切聯繫的香港報刊，大肆進行宣傳，透露出了北京利用香港傳媒『倒鄧保趙』的政治資訊。」張五常推崇趙紫陽的文章，竟與李怡希望鄧小平退休的文章被扯在一起，被套上「倒鄧保趙」的帽子，這是鄧小平很在意的事情。

見了趙紫陽後，張教授陪傅利曼去遊西安。我則留在北京，搬到人大隔壁雙榆樹的西頤賓館，我在人大讀書時那裡是蘇聯專家招待所，柬埔寨西哈努克親王流亡中國以後，成爲他的官邸；改革開放，它也對外開放了。我多留三天。

我重回人大兩次，這是我離開學校後第一次回來，在校園裡走了一遭，學校還有部分被「外部勢力」佔據，包括二炮與建築公司。我原來的宿舍已經破爛不堪。我見到幾位老同學，主要是王欽民，還有其他班級的，也打了招呼。不過相隔近三十年，又在社會主義與資本主義兩地，人大又號稱「第二神學院」，因此並沒有太多的共同語言了，只能聊聊家常，以及老同學的情況。

我還去看望讀書時專職的黨總支副書記高慶永，原先因爲學生會的工作，我與他最熟悉，我不會因爲自己「反共」而完全丟棄以前的友情。高書記已經滿頭白髮，他請我吃西瓜，聊天。他告訴我，反右劃右派時，他是反對把我劃爲右派的。我當然表示感謝他。但是我對這些已經不在乎了，那時，全國一股左風，這些基層幹部能承擔多大的責任？

此外也去探望經濟系的方生教授。與他是在深圳認識的。一九八三年他被調到深圳大學，因爲他是李登輝的台大農經系同學，到深圳便於就近統戰。有沒有統戰到我不知道，但是當局也安排我們與他認識。因爲我也是人大的，自然別有一番交情。一九八六年他調回人大，所以我也去看他。

在北京還見了幾位朋友，但是最值得一記的，還是在外企工作的一位朋友，開車帶我去玩。

他非常有「大中華」的浪漫情懷，所以會從海外到中國發展。晚上他開車把我載到東華門裡，我們在黑暗中，走出天安門到了金水橋。夜間的天安門廣場，在黑幕下雖有幾盞燈，但抬頭看城牆上的毛澤東像，再遠看人民英雄紀念碑後面更遠一些的毛澤東紀念堂，更有一番鬼影憧憧的感覺。

再一個晚上，這位朋友帶了我與金觀濤夫婦，還有王麗莉，一起去八達嶺。夜遊長城，更可發思古之幽情。我們坐在地上，望著長城就像一條黑蛇蜿蜒在山上。時近中秋，我們「野餐」吃月餅，但是那時北京的月餅還是硬如磚頭，實在不敢恭維。我們以罐裝可樂吞下月餅，破壞了這古老的情趣。

回程途中，我們在居庸關停車，上到居庸關城樓上的雲台。少年時候非常嚮往居庸關、雁門關、嘉峪關等等兵家必爭之地，秋風習習，陣陣涼意，四周一片黑暗，遙望將圓的明月，沖淡了肅殺之氣。

金觀濤是《河殤》的顧問，也讓我想起《河殤》對長城有如下的評價：「它無法代表強大、進取和榮光，它只代表著封閉、保守、無能的防禦和怯弱。由於它的龐大和悠久，它還把自詡自大和自欺欺人深深地烙在我們民族的心靈上。」但在左派看來，這當然是歷史與文化的「虛無主義」。

在夜遊長城的那天上午，我在房間裡接到電話，此人說劉賓雁也很想加入。我知道劉賓雁那時正在美國訪問，怎麼會要加入我們一行？而劉賓雁又怎麼知道我們要夜遊長城？後來才想起，我是在國安監控之下，我與朋友們通過電話相互邀約，全被國安聽進去了，這個電話只是警告我，別胡來！因爲金觀濤也是中共眼中的敏感人物。

海南明珠

一九九三年夏天，張五常教授再帶隊去海南考察。海南省的建立，就是要多一個特區發展經濟，海南是中國最大島嶼，與內陸可以天然區隔，適於做特區。但是後來軍隊參與走私，調用軍艦走私大批汽車，讓「海險」破功。然而因爲這個特區搞得很熱鬧，所以很値得去考察，何況還要參與一個國際會議。

因此，除了參與會議，協助張教授做研究工作的高海燕，尋找一間民間企業三亞東方旅業股份有限公司接待，它是東方實業屬下的一間公司。

這次我從深圳黃田機場起飛，同行的除了高海燕，還有厲以寧的女兒厲放。颱風之後，天氣很不穩定，飛機搖晃厲害。海南機場在省會海口市內，因此很方便。到達海口之後，與張教授會師，我們立即沿環島公路南下三亞市。經瓊山縣，到了瓊海縣的萬泉河旅遊區，也是當年「紅色娘子軍」的所在地。不過想到「到了海南島，才知道自己身體不好」的順口溜，就知道現在中國，「黃色娘子軍」取代了「紅色娘子軍」。

到了萬寧縣，有著名的興隆鎭，想起著名的興隆華僑農場，只有我這個僑生才會有感觸。這裡當年收容了不少來自印尼的華僑。這些華僑被趕回中國，乃是中共推行世界革命的極左路線的惡果。也只有窮華僑才被安排在這裡過苦日子。現在闢爲旅遊區，鎮前有「享受在興隆」的大石碑，與「勞改在興隆」形成明顯對比。

到了三亞，去了仰慕已久的天涯海角。當時我在《爭鳴》雜誌寫的一篇遊記就說：「爬過天涯，雖是海角，但是天外有天，海外也有海。當年書寫『天涯海角』的文人雅士，可能是一個出賣主權的賣國賊，因爲天涯海角之外還有我們的南沙群島哩。對中國來說，眞正的天涯海角應該是南海的曾母暗沙或東海的釣魚列嶼。」可見當時我對中國的擴張野心與後來產生的南海、東海爭議，一直沒有低估過。

七月一日，由中國（海南）改革發展研究院和中國留美經濟學會、中國經濟學會（英國）共同發起主辦的中國市場經濟理論與實際研究會在海口市開幕，中外著名的經濟學家和中國留美、留英學人都有參加。他們包括張五常、鄒至莊、傑弗里·薩克斯、孫尙清、安志文、董輔礽、高尙全、馬凱、童大林、楊啓先、周小川、黃達、王玨、樊鋼、林毅夫、楊小凱、蕭灼基、張維迎、王小強、易剛等等。

討論的主題是未來如何改革。張教授與鄒至莊還出現爭議。時在鄧小平南巡講話之後，「發展是硬道理」甚囂塵上，各路英雄在海南奮力厮殺。會議老早準備，那套理論已經不適應形勢的發展，因爲那天晚上總理朱鎔基下了「宏觀調控」的命令，導致長達多年的經濟緊縮，避免泡沫爆破。

因此那天晚上朋友們私下的討論，才是真實思想的暴露，大家憂心忡忡，尤其是地產發展商。他們的普遍問題是，調控時間多長，一年夠嗎？我們在三亞與海口繞了一圈，可見到處都是工地與吊機，可謂萬丈高樓平地起。據稱當時海南有一千二百家地產公司，海口市人口四十一萬，如果人口不大量增加，將難以消化這些樓房。但要增加人口，需要貿易、工業和旅遊事業的發展。當時民間籌集資金的情況更加可怕，年息已經在二三十厘之高，有些還可以面商，廣告公開在報章登出，看了嚇人。

我們參觀東方實業的一些企業，它是股份公司。當時股份公司是正在摸索的「新生事物」，這些股份公司，有國有企業（法人）入股，也有內部職工入股，還有社會上的其他投資者。即使國有企業佔優勢，但是因爲是不同國企的分散投資，所以總負責人還是民間企業家。這些股份公司，經過審核，成爲法人股而可以在北京上市。有些公司雖未正式上市，但在證券公司外面也有「地下交易」，並有黑市價格。我也買了東方集團的原始股，沒空去理，後來送人了。一九九七年移民紐約時，在公園裡突然見到東方實業的負責人黃嚮農，但是後來還是失去聯絡，不知經過宏觀調控的折磨，他們公司的情況。

我的一位人大校友張學軍也在那裡招資成立海南國際招商股份有限公司，從事地產，據說後來過了難關。那時正好有人大校友會活動，我去參加，認識了一些校友，包括在海南做官的。當時海南在實驗「黨政合一」，省長與黨委書記是阮崇武，他有接見張教授。但是沒有談出什麼。

成都重慶

一九九三年，傅利曼夫婦再度訪問北京，張教授夫婦不但作陪，還組織了二十一個人的浩浩蕩蕩隊伍，不但周安橋、王深泉與我參與，還有黎智英（壹傳媒主席）、楊懷康（壹週刊社長），此外，香港科技大學財務系教授陳乃虎、恆隆集團主席陳啓宗的弟弟陳樂宗、黃啓阜醫生等也加入。這趟北行，協助張教授進行研究工作的高海燕在國內做了許多聯絡工作進行安排。

我們於十月十九日出發，第一站是四川省會成都。出海關時，黃醫生帶的一瓶自己喝而已經開瓶的白蘭地，海關官員檢查時表示懷疑，就打開蓋子喝了一口，然後說眞的，把酒還給他，把黃醫生搞得啼笑皆非。而我則被海關扣了十幾分鐘，因爲我剛被取消黑名單，但是並沒有通知到各個關口，所以電腦出現嗶嗶聲以後，就把我扣住了。經過向上級查詢才放行。幾個月前我去廣州已有類似遭遇，被扣一個多小時，所以有了經驗。但是傅利曼以爲我被捕，很緊張。好在只有十幾分鐘，沒有影響行程。

當天下午，從北京趕回來的四川省長蕭秧就接待我們，然後進行座談。蕭秧原來在北京擔任中央主管財經的官員，思想開放，所以六四後被調離北京回到老家四川。他與傅利曼、張五常當然有許多共同語言，但是在改革步伐上還是有差異。傅利曼是貨幣學派大師，這次關心四川的金融改革。

傅利曼表示改革要像斬牛尾巴，要一次斬，否則更痛。而蕭秧則表示中國人喜歡一步步向前走，不想一步跳過去。傅利曼表示，關鍵是每一步要正確。蕭秧則說，方向現在已很清楚，但任何一個改革，都不要引起社會動盪。他還特別強調國家內部差異大，有的市場經濟很發達，但有的還停留在不懂交易的母系社會，牛尾巴就有好幾條。在談到政策性貸款有多少收不回時，蕭秧表示呆賬不少，但以前攪在一起，說不清楚。隨即他建議大家先去吃飯。傅利曼回應說，如果討論下去，就永遠也沒有飯吃了。

我們住在錦江飯店，晚上附近一條街上，都是不知名畫家的「露天畫廊」，如仿范曾的畫作，尤其是《清明上河圖》、《韓熙載夜宴圖》等名畫的複製品，畫工還不錯，才三、四百元，我捨不得買「贗品」，後來很後悔；張教授買了幅《清明上河圖》。他有收藏習慣，不但是名畫，還有不知名畫家的作品，等候畫家成名，作品價格也會上漲。

我們還參加了一些學術座談會，例如拜會了四川省社會科學院，和學者、企業家進行了座談。主持人是院長劉茂才（金觀濤夫人劉青峰的哥哥）。我們當然還遊覽名勝古蹟，例如武侯祠、杜甫草堂等，張教授對這些非常熟悉。我則關心武侯祠裡那副對聯：「不審勢即寬嚴皆誤後來治蜀要深思；能攻心則反側自消從古知兵非好戰。」這是趙紫陽在一九八八年見傅利曼時說的話（趙擔任過四川省委書記），我一直猜測當時趙紫陽爲何要這樣說？除了自勉，是否鄧小平莽撞的價格改革闖關讓他很被動？

我們還參觀了天座商城。這是由防空洞改建的地下商場。是毛澤東「深挖洞」的產物，建築面積近四萬平方米，當時全國最大。也有台商在那裡開設商店，貼出「我們來自台灣 相逢即是有緣」的標語。春熙路的夜市當然也是我們去逛的地方。但是我印象最深的，還是一早我走到街上，自行車上班的人流，顯示這個全國人口最多省份的景緻。

難得在成都市人民南路鬧市還保留毛澤東的大塑像——向前伸出的右手張開五個手指頭，被認爲是「插隊落戶五年」，藏在身後的左手伸出三個指頭，被認爲是「走後門三年」。這是當地人的解讀。

二十一日，我們到達重慶。當時重慶還沒有成爲中央直轄市，三峽大壩也未建成。本來晚上要參觀一家金融市場，我還奇怪重慶怎麼這樣先進，還有配合美國的金融夜市？重慶是我出生的地方，第一次來到。可是只待二十四小時，而且晚上我突然身體不適，哪裡也沒有去，只能睡覺。我在自己的出生地，反而水土不服，也是怪命。還好睡了整整一晚，第二天恢復正常。

重慶既是霧城，也是山城。還好那時霧沒有特別大；至於山城，一路上就看到當年山坡裡的防空洞，現在住了一些人，也很破舊了。我們主要遊覽朝天門碼頭，這是在歌劇《江姐》裡知道的地點。我們包了一艘遊船遊長江，由於人少船大，於是接待人員或還有其他人就自說自話找來他們的親友一起上船，打破了寧靜，我們雖然不高興，也無可奈何。這裡是長江中游的開端，但江水已經很渾濁，連著名的嘉陵江也渾濁，說明環保出現嚴重問題，非常的失望，遊興也不高。上岸後，因爲爬上去的坡度很陡，深泉年事已高，便請人把他揹上去。「舊中國」的轎子現在看不到了。

也是這個山城，讓我見識到「棒棒軍」，因爲城裡馬路坡度大，沒有三輪車載貨載人，於是鄉下的農民進城「一棒走天下」，專門幫人肩挑貨物。這是眞正的「苦力」的幹活。唉，中國人，活得眞是太苦了。

上海北京

十月二十二日下午，我們到達上海。一直想一生中有機會能夠遊三峽，而且是在三峽大壩興建以前遊覽那裡的自然風景，才能領略「兩岸猿聲啼不住，輕舟已過萬重山」的意境。但是這次因爲搭飛機去上海，沒有這個機會，本來以爲以後會有這個機會，但是因爲我又被列入黑名單而不果，在大壩建成後，我就興趣索然了。

我們住在茂名南路的花園酒店。上海與我們五年前來到的情況已經有很大不同，「夜上海」已經初具規模。周安橋對上海非常熟悉，帶我們到乍浦路吃晚飯，這個地方居然成了「食街」，是我這個「老上海」萬萬想不到的。

正在上海的國家體改委主任李鐵映二十三日在市政府會見了傅利曼夫婦、張五常夫婦及香港大學經濟金融學院教授、香港經濟研究中心主任王于漸（他來上海與我們會合），副市長沙麟會見並宴請。下午，傅利曼夫婦、張五常夫婦等拜會了上海市前任市長、當時出任海協會會長汪道涵。由於副總理朱鎔基到達上海，原來一些安排不斷變化，我也不敢亂跑，只是利用午飯時間匆匆到附近的「紅房子」再度品嚐那裡的西餐。也許嘴巴吃刁了，沒有特別感受。

比較不愉快的是，當晚趕赴傅利曼和張五常演講的「現代市場經濟論壇」，地點在希爾頓酒店。與會的還有上海經濟發展研究所邀請的一些政府官員和企業家。這是一個自助餐晚會，傅利曼講完後吃自助餐，然後張五常再講。主辦者是汪道涵屬下的一個學術機構。也許「向錢看」已經沖昏了知識分子的頭腦，雖然傅利曼、張五常沒有收取任何演講費，但是主辦單位居然向我們一行人的自助餐費亂敲竹槓，價格嚇人。在我把情況向張教授做了匯報以後，他親自去找酒店經理，那是香港經理，了解自助餐及會場的收費情況，然後做出決定，不交。並且通過高海燕向主辦單位反映我們的不滿。主辦單位自知理虧，我們回到香港後也沒有追收。

演講會後，周安橋帶我們到和平飯店，「解放前」的沙遜大廈。那裡有一個「老年爵士樂團」，由「解放前」的老人專門演奏懷舊歌曲。到那裏一看，人擠得水洩不通，門口站了不少看熱鬧或等候有機會進場的民眾。經過耐心等待和周安橋的公關手段，終於讓我們進去。可惜不久就到了十一點，張教授和夫人剛跳上幾步，就隨著音樂聲的停止而曲終人散了。

我們還去了浦東參觀，當然都是走馬看花，見到一些新建築，比較簡單，供鄧小平參觀時匯報成績之用。就是興建過江大橋還是隧道，因爲要讓鄧小平可以看到「壯觀」而選擇大橋。文革期間常常到居住在浦東的同事季忠仁的「棚戶」家裡喝酒聊天，如今難見遺跡了。

離開上海去北京，許多官式活動我沒有參加，因爲我們隊伍太龐大。經過短促的準備，北京舉辦了一個報告會，反應還相當熱烈。報告會由體改研究會副主任童大林主持，安志文、于光遠、吳明瑜、林子力、樊綱等學者都來參加，長期沒有甚麼音訊的前中宣部長朱厚澤居然也出現了。不過晚間由全國工商聯主任經叔平宴請的宴會上，朱厚澤並沒有出席。在北京，我們還見到了一些一九八八年訪問北京時的老朋友，包括厲以寧、楊培新等人。

報告會上，傅利曼在談及世界經濟新秩序的講話中，認為中國從計劃經濟向市場經濟的轉變是歷史上所沒有的；從獨裁政權過渡到開放國家是有的，如西班牙。但現在卻同時要實現產權的私有。現在實現這個轉變有兩個革命的背景，一是科技革命、資訊流通、運輸快捷；一是世界性政治革命，從專制走向民主、開放。傅利曼還認為改革開放十幾年了，不應再給予外商優惠，因為這對中國的企業不公平，不是眞正的自由競爭。

張教授在論述中國的經濟革命時，不改樂觀態度，肯定中國的成就史無前例，現在大陸的國有企業經營機制已接近市場機制，再作一些努力就行了。而這個最後一步，就是政府把擁有的股票賣出去，或者放棄投票權。就後者來說，政府尚可保有所有權，但沒有了經營權。這樣可以避免政府干預。

然而，這些都是一廂情願的想法，這最後一步到現在也沒有實現，甚至於倒退。

十月二十六日，國家主席江澤民會見傅利曼夫婦與張五常夫婦，其他人均沒有參加。我問教授對會見的感想，他說江澤民介紹他在上海主政時的「菜籃子工程」，聽得我啼笑皆非。

在北京住在貴賓樓，走出去不遠就是王府井大街，可惜到那時仍然沒有夜市。只有南口的麥當勞還有燈光人影。和「夜上海」相比，少了「繁華」氣氛。王府井大街的東安市場正在被香港的新鴻基地產公司改造，不知以後是什麼樣子。一位中新社的朋友來看我，送了我一張胡耀邦辦公室的照片，當然只有擺設而沒有人。一切盡在不言中。

在北京期間，我一個人還去了慕名已久的秀水街，那裡的服裝市場是「洋倒爺」必去之處。中國人主要是去「參觀」，而那些俄國人和東歐人，都是帶了眞金白銀和大袋子去買貨的。我拍照時，居然有個洋胖子怒氣沖沖制止我拍他。一位在場的個體戶說：「怎麼連老外都不讓人拍照？」我笑笑，在共產國家生活過的老外，他們的觀念到底和西方國家的老外不同。

周安橋對吃很有研究，自然帶我們品嚐美食。有一次還去雲南少數民族風味吃竹筒飯和狗肉，傅利曼夫婦也在場。當時我們還沒有覺得有何不妥。

我與童大林還有一些私人交情，因爲是廈門同鄉。他是延安出來的老革命，思想很開放。他談起在香港發跡的淘大醬油創辦人黃篤修，也是爸媽的多年朋友。九七前他來香港一次，一家中資公司用公款買了一本李志綏的《毛澤東私人醫生回憶錄》給他。另一位頂著逆流對改革堅持不懈的高尚全，也是我敬重的前輩。

獨闖北京

一九九五年一月，北京隆冬之際，張五常教授上午下令，我下午就趕飛北京。中間兩個小時趕寫幾篇專欄稿，避免開天窗。此行如此倉促，乃是這幾次我們去北京的接待單位中國社會經濟系統分析研究會秘書長李忠凡病危。他頭腦清醒，個性爽朗，很有魄力，我們建立很好的關係。一九九三我們在北京見面時，他的胃癌開完刀，人雖清瘦，但精神還不錯。這次突然傳來病危的消息，張教授不但派我去探望他，還帶了一筆錢給他，希望能有助於他治病。

由於飛機誤點，晚上接近九點才到北京。這是第一次過北京的海關，還好回鄉證沒有嗶嗶作響而順利入境。李忠凡住在復興門外翠微北里，趕到那裡，還要摸黑找他的住家，找到時起碼是十點半以後的事了。那時他應該已睡覺，所以我決定還是第二天一早去。因此我一到住宿地和平里妻舅家裡，立刻打了一個電話去。李忠凡太太說第二天早上送他去醫院，要我去北大醫院找他們。

但是第二天一早，他的同事王麗莉打電話來說，李忠凡已於半夜送醫院急救後逝世。我趕到他家裡，他夫人說，我打完電話後，她告訴他張教授讓我來北京了。李忠凡眼睛一亮，但接著整個人就垮下來，他們立刻送他去醫院，查出是尿毒，排尿後沉沉入睡，再沒醒來。我眞後悔一念之差，如果當晚趕去，或許還能見上最後一面。

在處理完李忠凡家裡事後，我就找自己的非公事朋友。首先找了離開香港中資回到北京經商的鄭姓朋友。他開了一部第一天下地還沒上車牌的汽車接我，問我想到哪裡吃飯。記得香港報章剛介紹毛澤東的貼身秘書張玉鳳在武寧路立交橋下開了毛家菜館，雖然沒有具體地址，一下橋就看到了。我擺起老相識的樣子對接待員說：「張姐在嗎？」接待員說，她很少來。見不到張姐我很失望，否則又可以寫幾篇專稿了。雖然張姐不在，我還是吃了三十元一碗的紅燒肉，這也是皇帝般的享受呀。

我還去了前身是馬恩列斯著作編譯局的中共中央編譯局，雖然知道在西單西斜街，但是計程車還是找不到大門，我只好自己下車找，它有側門正門，非常辛苦，到了裡面，還要爬上五樓，因爲那是一九五〇年代的老房子。我找的是《經濟社會體制比較》雜誌主編之一的榮敬本。他曾來香港訪問過許家屯，許家屯對現代資本主義的肯定就是在那場訪問中表示的。他是榮毅仁大家族的一員，後來也找過我，我們相談甚歡。這次來看他，不但因爲欣賞他的開放思想，更驚訝他們還保存艱苦樸素的革命傳統，因爲是舊樓，廁所沒有門，只是掛了布簾，小便池就是一條水溝。辦公室裡的家具也是一九五〇年代的，不但陳舊，好像還有許多灰塵。現在嘴巴講馬列，行動已經資本主義的人太多了，難得他們還保持傳統，所以對他們抱有一份敬意。

經朋友介紹，還與一位中央部會的官員見面，談我對香港的看法，尤其是極左路線將毀掉香港。這是我見到中國官員一直保持的立場。能聽得進就聽，聽不進我也盡了言責。

最後一晚，約了幾位並不是相互認識的朋友吃飯，地點選擇在和平里的「黑土地」，因爲這些朋友比我年輕，是經歷過上山下鄉的，「黑土地」是當時一窩蜂懷舊館子之一，是紀念黑龍江的北大荒，我們吃的也是當年黑土地的食物，包括紅燒肉、黑木耳。這些朋友有年輕的經濟學者樊綱，還有中新社跑經濟的記者。

這是一九七六年離開中國以後，第一次在冬天時分回到中國的北方，雖然穿著單褲與皮夾克，還是能夠抵受北方的冬天，看來我身上的油水又足了。就是天氣乾燥得受不了，因爲屋裡開的是暖氣。這次因爲都在外面跑，反而與妻舅家人沒有太多時間聊天。這次北京之行，也許也是我一生的最後一次，因爲幾個月後，我又被列入黑名單禁止入境。

十七，放眼世界

六四屠殺，決定我不能只是「胸懷祖國」，必須更多的認識世界，也要為自己找些後路。六四前，兒子已經讀完葵涌工業學院並且找到了工作；還有一個女兒，便去澳洲深造。當時大姨家周曦、奚樹祥在一九八〇年代初期去了美國，後來周憶雲、大姨也去了。周冰如則是陪伴已經失智躺在華東醫院的姨丈，到他逝世，才最後出國。樹祥、憶雲是建築師，在波士頓工作，經濟狀況較好，他們邀請我到美國遊歷，並提供飛機票。

首次赴美

一九八九年八月，我把《血與淚——八九學運札記》交給出版社，並且趕完三家報章三個星期的專欄稿後，動身赴美。我的英文能力很差，看看還勉強，但是會話與聽力不行。我想，這也是練習的機會。

我在舊金山轉機，事先請教過方蘇，他把地圖都給我畫出來，就怕迷路誤了轉機。在舊金山上空盤旋降落時，難掩的興奮，讓我哼起捷克作曲家德沃夏克的〈新世界交響曲〉。這個爸媽崇拜，可是我從初中開始就被教育為萬惡的「金元帝國」，在中國也參與多次反美遊行的國家，到底是怎樣的一個新世界，總算可以親眼目睹了。

在波士頓住了幾天，參觀了哈佛大學，包括周圍的小鎮，也遊覽了幾個名勝古蹟，如州議會大廈、美術館（館長是台灣人），爬了獨立塔，還參觀五月花。但是樹祥還特別帶我參觀韓戰紀念碑，是紀念參加韓戰犧牲的波士頓軍人。只有因為在韓戰問題上被騙過的我們，才會去關心這個「被遺忘的戰爭」，並且憑弔為保衛自由世界而犧牲的美國軍人。

在猶太人屠殺紀念碑上，第一次看到Martin Niemoller的那一首詩：「在德國，起初他們追殺共產主義者，我沒有說話——因為我不是共產主義者；接著，他們追殺猶太人，我沒有說話——因為我不是猶太人；後來，他們追殺工會成員，我沒有說話——因為我不是工會成員；此後，他們追殺天主教徒，我沒有說話——因爲我是新教教徒；最後，他們直奔我而來，卻再也沒有人站起來爲我說話了。」

我還有「公事」，那都是樹祥幫我安排的，包括中國同學會邀請我在麻省理工學院爲中國同學演講，主持人就是現在出任香港資優教育學苑院長的吳大琪教授。我在那裡的演講題目是〈四十年來的中共知識分子政策〉。此外，八月十三日還去了緬因州費正清教授家，在他們家裡吃飯，因爲樹祥與他們熟悉。訪問由周曦擔任翻譯，結束後我立即將錄音帶空郵寄回香港的《七十年代》雜誌，由他們幫我整理出來，刊登在該雜誌的一九八九年九月號上。

費正清說：「這次鄧小平要終止政治改革，結果對他來說也是一場災難。因爲，他若要推行經濟現代化，就需要一批受過現代科技訓練的知識分子，但這些知識分子又必然會提出政治現代化的要求。這就說明爲什麼中國的現代化過程受到了阻力。」

當然，沒有想到的是，中國的知識分子太容易被收買，給一點好處就可以爲共產黨效勞。這不單純是政治問題，而有「學而優則仕」的文化傳統。

我看過的費正清著作，是文革後期在中國內部出版的《美國與中國》。我從他的這部著作中感覺到了西方國家的「中國通」，很迷戀中國的文化的年代久遠與博大精深。但是卻往往忽略了中國文化的人治傳統、保守穩定與權謀詐術，這不但是中國的封建社會得以延續兩千年之久，至今還是餘毒不散；而權謀詐術更使得西方國家與中國打交道時，常常受騙。當然，這是我後來慢慢領悟到的中西關係。

在波士頓第一次吃了純種美國巨型的牛排，也到郊區海邊吃了著名的波士頓龍蝦。當然，也去了唐人街，在那裡的醉瓊樓吃了十美元一盤三隻的龍蝦。所謂三隻，就是出現三隻龍蝦頭，至於被切成塊的肉身有沒有三隻，就顧不了了。雖然如此，還是價廉物美，所以每次去波士頓，只要有去唐人街，就要光顧這家餐館。

離開波士頓，到紐黑文，在李大陵教授家裡住一晚。他在康狄涅克大學任教，也帶我逛了耶魯大學。然後開車送我到紐約，到倫敦教授夫人家裡探訪，也與周曦在那裡會合。當晚，周曦開車到他的家裡，然後帶我到華盛頓遊覽，白宮、國會山莊、林肯紀念堂、傑弗遜紀念堂、獨立紀念碑，還有越戰的美軍陣亡紀念碑都參觀了，對陣亡將士一個個人名刻在上面深受感動，那是對每個人命的重視，與中國大不相同。

其後，我們還到費城，參觀獨立鐘，然後把我送到費城火車站，搭火車回紐約。事前與同是《爭鳴》的作者莫利人約好，在她的家裡住了兩晚。莫利人在新聞界很活躍，介紹我認識了《世界日報》的張作錦與孟玄；我還記得香港左報罵過孟玄是「國民黨文化特務」，沒有想到九七後我移居紐約，他已經轉變立場，一直幫中共說話，據說是因爲中共請他走了一趟「絲綢之路」。一九九二年聯合報系在香港創辦《香港聯合報》的酒會上，再見過張作錦一面。

我還參加一日團遊覽紐約幾個主要景點，最重要就是世貿中心。我還一個人逛曼哈頓，在四十二街被一個黑人撞了一下，他一個塑膠袋掉地上，我習慣性的對他說Sorry。他居然要我賠他三十美元。他一直追著我，我就衝到八大道長途汽車中心，一直上到三樓，讓他以爲我要離開紐約才擺脫糾纏。後來我才知道，這人是故意撞我，然後敲詐。從此我知道，Sorry不是隨便可以說的。

離開紐約，到了洛杉磯，住在方再秀家裡。他們在中國的父母兄弟姐妹，不論在哪一個省市，都已經在那裡團聚了，可見當時中國討好美國政治人物的用心。在那裡也第一次見到她的大姐。他們家對我熱情接待，帶我遊歷環球影城等，還到海邊吃了大螃蟹。

離開洛杉磯到舊金山，搭乘的是「紅眼班機」，半夜起飛，凌晨一點到舊金山。來接我的是鄭佑，他是我一位很特別的朋友。我忘記是什麼人介紹我們認識的。他是科學家，因爲太先進了，例如將電腦程式，尤其利用它推動中國的政制改革，聽到我一頭霧水。他非常關心中國事務的發展，後來還來過香港，與金觀濤討論。鄭佑爲人也很熱心，三更半夜到機場來接我，回到他的家，居然還有當時的第一屆中國學生學者聯合會主席劉永川住在他家，聊了一會就睡覺，五點起床，我們一起送劉永川上飛機。

送完劉永川，他繼續帶我往舊金山北海岸走，欣賞那裡的美景，還參觀金山大橋、公園；其後，再帶我到他親戚開的一家很有名的中國餐館進餐。第二天，他再送我到機場回香港。終於完成了我的第一次美國行，不過因爲只是遊覽性質，所以對美國的認識還停留在表面上。

俄烏之行

一九九二年六月，我去了俄羅斯。是中學同學李新時約我一齊去的。他定居在澳門，常常來香港，是與我接觸最多的老同學。這時正好是蘇聯發生政變（一九九一年八月）不久，蘇聯解體冒出俄羅斯的葉爾欽，一時成爲全球著名人物。我曾經相當嚮往俄羅斯文化，更想看看一個龐大的共產帝國崩解後的情況。對香港來說，只有我們這些當年接受共產黨教育的人才有這個興趣，也虧得新時在報章上看到有去俄羅斯的旅遊團廣告。

我們是六月初去的。爲了這趟旅遊，我特地買了一部才問世不久的小型攝錄機，問題還不只是攝錄機，還要買配套的電池，那時還很貴，體型也大，號稱可以用五小時，實際上不到一小時電就耗盡，買了兩個。我不會用攝錄機，看說明書研究半天。

當時蘇聯「鐵幕」剛拆解，還很少人去，所以交通不便。飛機到泰國曼谷再轉飛芬蘭的赫爾辛基，再轉聖彼得堡。赫爾辛基機場裡還有洗澡的地方，對旅客真是貼心。

蘇聯在解體後，被稱爲「獨聯體」，政治已經比較開放，但是經濟很糟糕，當時行使「震盪療法」受到很多批評，尤其害怕政治自由的中共，更是詆毀獨聯體的經濟而吹噓「中國模式」。但是我認爲這是短痛與長痛的區別，尤其賣光國企才是眞正私有化。中國經濟發展較獨聯體爲快，一方面是「社會主義」的計劃經濟不如蘇聯根深蒂固，更重要的是中國有香港、台灣，以及海外華人在資金與技術及管理上的奧援，許多外資也是依靠他們進入中國。俄羅斯與其他獨聯體國家沒有這種得天獨厚的條件。當時比較敢於進入俄羅斯投資的，主要還是德國，我們的遊覽車也是德國賓士。

這時離開葉爾欽上台不到一年，一切都還沒有上軌道。本來我們從赫爾辛基先去莫斯科，不知怎地，居然沒有機票，因此只能先去聖彼得堡。這個過去叫做列寧格勒的城市，在蘇俄小說、電影乃至歷史知識中，都知道許多了，這次終於見面，自然有許多感觸，我的俄羅斯情結也大發作。

一出機場，就有樂隊在門外演奏〈喀秋莎〉：「正當梨花開遍了天涯，河上飄著柔曼的輕紗，喀秋莎站在峻峭的岸上，歌聲好像明媚的春光……」這是蘇聯衛國戰爭的歌曲。這些歌曲多透過愛情來描述，與中國禁止男女之情，顯示同是共產國家的差異。蘇聯在戰時發明新式的多管火箭炮，就以「喀秋莎」命名，可見這首歌曲的影響力。

這首曲子令我非常感動，我請他們演奏〈三套車〉（我自己哼給他們聽），他們居然不知道，哼出〈莫斯科郊外的晚上〉，他們立即奏出。我很高興，丟了十塊美金給他們（當時俄羅斯兌換外匯很嚴，我手裡還沒有盧布），這可是大手筆，我就當見面禮。

這時，有一團美國遊客到來，樂隊立即演奏美國國歌，可這些美國人毫不理睬，讓他們非常失望。那時，中國還沒有掀起緬懷俄羅斯歌曲的熱潮，因此還沒有相關的錄音帶或CD出售，我在聖彼得堡花了很多時間搜尋，沒有找到，有的個體戶翻版產品，非常簡陋，不敢買。

聖彼得堡是蘇聯的第一號革命聖地，尤其是「十月革命一聲炮響，給中國送來馬克思列寧主義」的毛澤東名言，從此讓中國多災多難，這一炮就在這裡打出來的。雖然現在對那艘發炮的阿芙樂爾號巡洋艦與進攻冬宮，以及對克倫斯基的臨時政府都有一些新的解釋，但是當時還是一個重要的不能不去參觀的歷史遺跡。按照旅遊安排，我們還是很快搭夜車去莫斯科，停留幾天，再搭火車去烏克蘭首都基輔，最後再搭飛機回到聖彼得堡正式遊覽幾天。

我們沒有時間到官方指定地點換外匯，俄羅斯導遊不敢犯法在黑市兌換，唯有央求司機在路邊黑市換，對我們更合算，當然也賞了司機洋煙，司機也很高興。

我們在俄羅斯與烏克蘭一個多星期，兩晚「住」在夜車的臥舖裡，省掉酒店費，這是旅行社的精算。火車很普通，有茶水供應，但是要加糖，得另外付費。最妙的當然是火車服務員拿蘇聯紅軍的軍服來賣，忘了一套呢製將軍服（連將軍的肩章）多少錢，很想買一套，如果穿上進入深圳，不知中國的羅湖海關會有什麼反應？但是香港寸土尺金，我的衣櫃太小，容不下紅軍將領，只好不買，但還是買了女式的海軍海魂衫給女兒，但她毫無興趣。後來在莫斯科與聖彼得堡還買了好幾款紅軍的軍錶，都還是機械錶，還買了幾枚蘇聯時期頒發的一些紀念章。因爲蘇聯成爲歷史，這些也是歷史文物了。

莫斯科我們住在太空酒店，附近有太空展覽館，展出一九五七年第一個飛上太空的蘇聯宇宙航行員加加林的事蹟。那時我在北京讀大學，當年的國際共產主義運動的莫斯科會議，毛澤東就發出「東風壓倒西風」的豪語，沒有想到如今蘇聯卻垮台了，正是所謂「衛星升天，紅旗落地」。

雖然東風壓倒西風，但是兩年後國際共產主義運動的中蘇分歧就開始公開化。其實赫魯雪夫上台後，毛澤東就擔心自己會像斯大林那樣被清算，更不服氣輩份比毛澤東低的赫魯雪夫，居然可以充當國際共產主義運動的領導人。正是在這種思想指導下，北京從一九六〇年代初期發起反對「現代修正主義」的運動，造成國際共產主義運動的大分裂，甚至聯合「西方帝國主義」來反對蘇聯「社會帝國主義」。到蘇聯眞的解體以後，中共又嚇得要死，拚命拉攏俄羅斯來對付美國。這是什麼理念之爭？根本就是機會主義的權力鬥爭。

當時俄羅斯流行拆除列寧的銅像表示共產黨的倒台。旅遊車在莫斯科特地經過特務機構克格勃大樓，那裡扳倒了前身叫「契卡」的肅反機構創始人捷爾任斯基的銅像，象徵紅色恐怖的結束。不過在莫斯科紅場，我還是排隊參觀了列寧的遺體。但是如果叫我參觀毛澤東的遺體，我一定拒絕，因爲那是直接加害我們的魔頭。

有一次在旅遊車上，還聽到電台播送葉爾欽的街頭演說。包括導遊在內，欣賞葉爾欽而不喜歡據說只會討好西方國家的戈巴契夫。當時紅場還常常有俄羅斯共產黨的支持者出來遊行抗議，也有光頭黨全身穿黑衣服在活動，我因爲拍攝他們的活動而被他們粗魯的推了一把。

看到中國改革開放後個體戶的爆發，對俄羅斯的同樣情況自然不會感到意外。城市裡設有大大小小的「自由市場」，有的還要買票才能進去。不過印象最深刻的還是他們的貧窮，有一些老太太窮到把自己家裡東西拿出來賣，例如一雙鞋子，甚至一管牙膏。「倒爺」非常活躍，每天一早開車帶東西到酒店外面，與遊客進行交易，甚至兌換外幣。即使在酒店的餐廳，吃到一半，餐廳服務員也會從筆挺的西裝制服口袋裡掏出一罐罐魚籽醬來賣，一罐一美元，我雖然不喜歡吃，還是買了幾罐回香港送人，因為這是名產。

在「自由市場」裡，也有外國「倒爺」，可是只有中國人與越南人，因為中國與越南開始「走資」，而蘇聯是他們以前的「老大哥」，如今也要肩並肩進行「投機倒把」活動了。

可是俄羅斯人再窮，他們的衣著，尤其年輕人的衣著，品味絕對高過中國的暴發戶。文化背景與審美觀點絕對有關。在基輔看歌劇《茶花女》，觀眾衣香鬢影，就像在西方國家，反而我們這些遊客，沒有穿西裝而自慚形穢。

酒店裡也是流鶯處處，與中國一樣，這是資本主義初級階段的原始積累過程。她們也要行賄酒店工作人員才能在酒店立足拉客。與中國不一樣的是，中國政府常常掃黃，俄羅斯沒有，所以免掉政府官員與公安的無恥剝削與壓榨。我們走到哪裡，尤其坐在大堂沙發上，她們就會過來。他們當我們是日本人，大概因為日本人有錢。「就業」前她們先學英語，所以都是用簡單英語交談。她們來自各地，包括遠東的海參威大學生，更多來自烏克蘭，那裡美女多。

政府對色情文化似乎不大管，我在報亭買到同性戀雜誌，包括露出男人陽具的圖片。電視台還介紹地下文化，包括色情文化。雖然聽不懂，但也可以猜到一些。這也是西方文化與中國文化不一樣之處。中國人講究「滿嘴仁義道德，肚子裡男盜女娼」這一套。

有興趣的旅遊景點還是克里姆林宮與冬宮展出的藝術品與宮廷用品。還有東正教教堂裡那些精緻的藝術畫作。這是與中華文化不同的東西，讓我更認識不同文化背景所表現出來的不同民族性。尤其西方宮殿與教堂的明亮，與中國故宮、廟宇的灰暗，讓我也感覺到彼此心理素質的不同。而在蘇聯斯大林專制統治下，歷經破壞，還能保存好這些教堂，與蘇聯對知識分子和文化相對比中共寬容，也有進一步的領會。民眾對彼得大帝等沙皇，尤其對在十月革命後全家被殺的尼古拉二世的懷念與留戀，也給我深刻印象。

基輔只住一夜。在那裡看了衛國戰爭的展覽館，與解說員談法捷耶夫的《青年近衛軍》，也勾起許多回憶，因爲烏克蘭是蘇德戰爭的重要戰場，但是烏克蘭也是十月革命期間紅軍與白軍生死搏鬥的地區，包括蕭洛霍夫《靜靜的頓河》、奧斯特洛夫斯基《鋼鐵是怎樣煉成的》、小托爾斯泰《苦難的歷程》等作品都有細緻的描寫。

特別注意火車開向基輔時經過的第聶伯河，這是烏克蘭的代表。也聽到〈第聶伯河之歌〉，原來就是那首被周恩來親自簽署槍斃的乾女兒孫維世翻譯的〈在烏克蘭原野上〉。一九九〇年代北京爲了給垮了台的蘇聯打氣，上演話劇《保爾．柯察金》（《鋼鐵是怎樣煉成的》主角），這首歌是主題曲，但是那一句「彼得留拉匪幫」導致烏克蘭的抗議，因爲白軍領導人的彼得留拉、鄧尼金、高爾察克等都已經被平反，中國卻還停留在蘇共過去闡釋的歷史裡。

烏克蘭爲了堅持其獨立性，不但發行了自己的貨幣，還把時間與莫斯科時間撥慢了一小時。可見他們對獨立的堅持。所以後來烏克蘭內部爆發親俄與反俄的激烈鬥爭，猶如台灣的統獨之爭。

在俄羅斯的另一個深刻印象是它的「白夜」，那是六月中旬，從火車窗口看外面，到快子夜時分，外面才全被黑幕籠罩。在莫斯科看完馬戲，是晚上十點左右，外面的太陽還沒有下山，照到車裡還很刺眼。人生經歷過白夜，也算擴大了眼界。

重返印尼

到了香港後，什麼時候回印尼看看是我常常考慮的問題，但是都下不了決心。過去對印尼的印象，讓我有點膽怯，尤其別人說進海關要有「咖啡錢」，但這也必須有手段，弄巧成拙怎麼辦？我沒有這方面的經驗，也不想冒這個風險。而且回印尼主要要與家人親友見面，因此不能跟旅遊團，自己去要有同伴，因爲我的印尼話幾乎忘光了，而且我要去峇厘、梭羅、雅加達三個地方，一時又找不著合適的同伴，所以一直拖著。

到一九九四年，鄭在純姑丈要帶兒子樹偉到梭羅見見我的兩位姑媽，因爲她們年事已高，再不見，以後就沒有機會了，問我是否願意一起去？我當然求之不得。洪平與他們沒有見過面，應該也要去，但是她的心臟病，我不敢給她去，怕路上出意外，因爲印尼各方面還比較落後。因此最後只有我們三個人去。屈指一算，這是我離開印尼三十九年後第一次回去，像我這樣的僑生恐怕還不多。

七月，我們還是跟旅遊團去的，進關由他們打點。第一站是峇厘，我弟弟在那裡開餐館。我們見面後，我留在他家裡兩天，弟弟自己帶我玩，姑丈與表弟跟團。但旅遊團去泗水玩時，我們三人自己坐飛機到梭羅住兩天，與親友聚會，等旅遊團到達梭羅再會合，然後同去日惹與雅加達，再從雅加達回香港。

弟弟從一九七〇年代中期回印尼後，各方面不順，也與太太離婚再娶，這位新太太是在印尼住了幾代的華裔，不會講中文，因此兩個孩子也不會講。弟弟比我小一歲，但是性格差很大，而且我很中國化，他則印尼化，不大與華人交往，反而是與印尼人交朋友。這點的「認同」我倒贊成。

到峇厘那晚，是農曆六月十四日，萬里無雲，皎月當空，似是歡迎我這個少小離家老大回的遊子。抬頭尋覓蒼穹中的北斗星和銀河，又似回到孩提時代了。

弟弟開車帶我遊覽一些勝地，參觀幾家五星級酒店，包括海灘的「天體營」，以前對這很好奇，如今西風日漸，可是見怪不怪了。他也帶我吃烤羊肉串與椰子水，這是道地的印尼美食，尤其烤羊肉串，是我的最愛。但是火氣很大，椰子水達到降火的效果。在峇厘買了一些當地的工藝品，主要是木雕與小銀飾。

梭羅是我的老窩，到了那裡，我整個人都活了起來，已經忘掉的印尼話忽然有些復甦了，這眞是非常奇特的經驗。

在大姑媽家裡，一切照舊，連自鳴鐘都還在那裡。大女兒麗娜早已去世，還有兩個女兒麗莉、麗華都在做生意，其中麗華在街市擺攤賣衣服。在一九六五年政變後，蘇哈托將軍擔任總統，執行消滅中國文化的政策，華人除了做生意以外，幾乎沒有別的出路。好在華人似乎都有做生意的天才，因此天無絕人之路。不過這次見面的下一代，他們不會講中文，我的印尼話又記不住了，因此彼此沒有交集。

晚上看印尼的電視台，新聞內容幾家差不多，都在詳細播送某個會議，非常枯燥，可見新聞管制還相當厲害。

二姑媽的兒子光照發了財，搬了家，今非昔比。不過乾爸乾媽已經去世，到他們墳地去弔唁。還探望阿謨家裡，他的媽媽還健在，並且住在老地方。一百歲了，只是雙目失明，沒有料到我還能見到這位嬸婆，三十九年下來恍如隔世。

梭羅是小城市，沒有什麼大變化，例如過去常去買菜的「大巴刹」（巴刹，街市也），在那裡的一個小檔口買碗珍多冰喝，周圍非常雜亂骯髒，我還是照喝不誤，而且也沒有拉肚子，可見從小鍛煉出來的腸胃抵抗力沒有消失。但是因為只住兩晚，所以除了老家，其他地方沒有舊地重遊。

離開梭羅到日惹，路過加拉登，那是印尼共產黨總書記艾地在一九六五年政變後被活捉的地方。印尼共在中爪哇有相當基礎，所以艾地逃亡到此，但還是逃不出羅網。

在日惹參觀了婆羅浮屠，以前小時候我還沒有去過呢。晚餐時有歌星唱歌，點了〈哎喲，媽媽〉，後來再點〈梭羅河〉，並且上去與她一起唱。過去我背的歌詞後面有一小段記不全，便上去與她核實。

雅加達變化比較大，坐在車上分不清東南西北，一天就離開了。我們參觀了椰風新村，那是富裕華人的社區，門禁較嚴，背後高牆無法攀爬。對這種特殊地區，我的內心是不大贊成的。

在雅加達見到光照的妹妹香香，她是我離開印尼後出生的，所以是第一次見面，她在銀行工作。

回香港時在新加坡轉機，機場居然有香港的中文報紙賣，眞是國際城市啊。

十國聯遊

我的女兒於一九九四年結婚，女婿是公司裡的同事。他是新界人，早年就隨父母移居英國，在倫敦大學學院取得博士學位，來香港發展後，又想回英國。女兒就跟他一起回去，在倫敦唐人街的東亞銀行任職。

一九九五年的七月，我與洪平準備去倫敦探望他們，順便到歐洲旅遊。歐洲是全世界最文明的地區，即使途中洪平的心臟出什麼問題，醫療也有保障。

我們決定參加旅行團所組織的歐洲十個國家的旅程，倫敦是最後一站，團友回去後，我們在倫敦的女兒女婿家裡多住一陣。但是飛機還是先飛倫敦後轉機到羅馬，開始我們的第一站，然後搭遊覽車到梵蒂岡，再回意大利的弗羅倫斯、威尼斯，穿過意大利和奧地利邊境的勃倫納山口進入奧地利的因斯布魯克，隨後折回德國，到慕尼黑，經過專出紀念郵票的小國列支敦士登進入瑞士，遊歷了盧森到日內瓦。從日內瓦，我們乘子彈火車到法國巴黎。由巴黎，再搭旅遊車到比利時的布魯塞爾與荷蘭的阿姆斯特丹，最後再搭飛機到倫敦。總計是十個國家，才八個晚上。那時還沒有歐元貨幣，不但彼此語言大不同，貨幣也不同。

這趟旅遊使我大開眼界。意大利的三個城市中，羅馬主要看帝國遺跡，雖然弗羅倫斯是文藝復興的發源地，從山丘上看城市景緻也很特別，但是印象最深的還是威尼斯，因爲那是典型的旅遊城市，雖然比十六世紀海運興起的著名商業港口已經衰落，但還是猶見當年繁榮的遺跡，尤其是「水都」的吸引力，包括搭「貢多拉」聽船夫唱意大利情歌。夏天不是意大利的歌劇季節，所以無緣去聽歌劇。

最使我驚喜的則是奧地利。因斯布魯克是我過去不知道的城市，原來是世界著名的施華洛世奇水晶所在地。但是更使我驚喜的是那一帶的風景，不但有阿爾卑斯山，尤其是山下綠草如茵的農舍，眞是童話世界啊。薩爾斯堡這個莫扎特的故鄉，也給我很深刻的印象。

對慕尼黑印象倒是普通，吃德國豬腳與香港的味道大不同，這裡才純眞啊。瑞士的風景更是一絕，不愧有「世界花園」之稱，不過我不太喜歡依附在城市邊上的湖泊，反而喜歡公路旁邊完全沒有「人工」鑿印的全天然湖泊。有一晚車子找不到原先訂好的旅館，夏天歐洲天黑很晚，差不多十點以後才是「入夜」，因此在靄靄暮色中穿過幾個幾乎杳無人跡的小鎮。到最後一個小鎮兜了一圈後在教堂門口停車。對面旅社老闆出來，領隊決定住下。酒店非常乾淨典雅，外面有馬車做生意兜客，還有人騎馬，煙囱冒出裊裊白煙伴著教堂的陣陣鐘聲，眞是畢生難忘的眞正世外桃源。

巴黎是買名牌的城市，不過在隨團參觀羅浮宮、凡爾賽宮、鐵塔、巴黎聖母院、凱旋門後，我們沒有隨團去迪士尼樂園與紅磨坊夜總會，而是找了六四後從深圳到巴黎尋求政庇的胡先生，參觀了他的小小住所，他再帶我們參觀新凱旋門，然後到拉丁區漫步，那是巴黎的文化區，在當年畢加索、海明威、沙特常去的一家咖啡室坐下，欣賞巴黎的街景。傍晚去了盧森堡公園，以及附近的巴黎大學，然後再進希臘式晚餐。

在巴黎的旅館看電視時，正好報導共軍在福建沿海舉行軍事演習，恐嚇台灣不能進行普選，讓我的遊興大打折扣，很擔心台灣的命運，也更加憎惡共產黨。

對比利時沒有特別印象，除了布魯塞爾的尿童。荷蘭則是過去印尼的宗主國，自然也有點感情。在盧森、巴黎、阿姆斯特丹都有遊船河，也沒有什麼特別了。看了紅燈區，因爲早已久聞大名，也沒有看到特別的景緻。

從荷蘭飛到倫敦，旅遊團結束後，我們留下來在女兒、女婿家裡住。他們剛剛成家立業，所以所在區域與房子都不是很好。對倫敦最感興趣的是大英博物館與美術館，還探訪了BBC。唐人街更是去了幾次。歐洲所有國家，只有這裡可以買到香港報紙，空運來的，所以價格不菲，一份一鎊四十便士，《蘋果日報》最貴，一鎊四十五便士，還不易買到。我對「名牌」一向缺乏認識，但是在倫敦，也模仿許多華人那樣，到 Burberry 排隊去買。

女婿還開車帶我們出去，除了劍橋大學，還特地去了巴夫。它是港督彭定康的家鄉，我很想看看這位超級政客的家鄉是否「人傑地靈」。第一次去，半路下大雨，我們中途折返，去大商場買東西。第二次再去，陽光普照。那裡確實是旅遊勝地，不少遊客，特別是英國本地遊客。鎮上還有好些名牌店，一頓晚餐價廉物美，再大吃雪糕。羅馬浴池則沒看。

我在倫敦住了一個星期，先回香港，洪平再多住兩個星期。這次到英國，也考察是否是移民的理想地點。雖然我很喜歡歐洲，但是物價都很高，尤其在女兒家裡住了以後，接近平民生活，對物價更有感受，基本上打消移民英國的念頭。

台灣行腳

自從一九八四年第一次到台灣觀光以後，一九八九年六四以後，香港與台灣關係在「拒共」方面也日益密切。這年的九月下旬，應台灣「中國青年寫作協會」的邀請，和一位也是中國新移民的作家夏婕到台北參加該會所舉辦的「台港文藝團結大會」與該會的第廿二屆會員大會。這個大會旨在宣傳反共意識，把我們當作中國的「流亡人士」。

具體接待我們的是台灣著名作家司馬中原與台灣師範大學國文系教授鄭明娳。我們住在和平東路上的師大綜合大樓裡的招待所。在相關的會議上認識了一些同行，後來也因此在《中華日報》寫過一篇短文。當時台灣流行茶藝，鄭教授帶我們去品茶認識這項藝術。他們還帶我們遊覽溪頭，第一次接觸台灣的「神木」。後來才知道台灣有許多的神木。那是眞正的自然風光與久遠的歷史。後來幾次來台灣，有致電司馬，他也會請我喝咖啡。

當時我的個人行動，主要是逛書店。該店的暢銷書目錄，非文學類的前二十本中，有關股票的佔了四本。排名第一的是《孫運璿傳》，第二是《股市實戰一百問》。同行朋友說，在《孫運璿傳》出來以前，一直是有關股市的書佔第一。還好在文學類中，排名第二的是捷克作家昆德拉反對蘇聯坦克入侵的文學著作《生命中不能承受之輕》，第四則是《河殤》，反映了民間對中國的改革開放仍有相當的期待。路邊地攤有馬列主義著作在賣，例如恩格斯的《家庭、私有制和國家的起源》，還有香港土共醜化蔣介石的《金陵春夢》。可見這時言論已經相當開放，與五年前我來台灣時不可同日而語，因爲已經開放報禁、黨禁。

當時台灣經濟欣欣向榮，股市加權指數攀上一萬點，每天的成交金額平均是三十億美元，最高曾達七十六億美元，台灣的股民約有二百萬人，佔總人口百分之十，新的證券行紛紛開張。我在忠孝東路每走兩分鐘，便見到一個新開張的證券行，貼滿宣傳性的紅紙標語。我很擔心台灣「直把杭州作汴州」，因此回到香港在《七十年代》雜誌寫了篇〈活在魚翅拌飯的風光日子裡〉。

在和平東路漫步，許多古玩字行。在羅斯福路街口，看到民進黨黨部的招牌。不過我那時還是大一統思想，很看好國民黨的進步和改革，因此希望民進黨以理性的態度與國民黨合作。「中國歷史合久必分，分久必合，所以兩個中國並不奇怪，反正遲早會統一；至於台獨，它不但排斥了今後的統一，也排斥了外省人，這將造成社會上極大的混亂和不安，不利台灣的進步。在六四事件後，台灣『統派』影響更小，這只能怪中共自己了。」

一九九〇年五月，香港作家協會應邀訪問台灣。正好《民主女神》號從法國來台灣，我們順便聲援。不過天氣不好，在基隆港看不清楚它的樣貌。然而台灣各界對它反應不一，其中不乏害怕得罪中國。

對我來說，最大的收穫則是訪問金門。本來沒有安排參觀訪問金門的行程，後來因爲一些熱心人的提出和支持，新聞局出面安排了這項活動，國防部也積極配合。

一九五六年，我回到廈門，上鼓浪嶼的水操台，遙望金門，看到大擔、二擔；這次到金門，莒光樓上憑欄遠眺，可望見小金門，再遠一些的大陸，因爲那天海上有些霧，所以看不清楚。這時，有「三十年河東，三十年河西」之感，而立場觀念也完全顚倒了。我不曉得，一九四九年之後，有這樣經歷的人，我是不是第一個？

我對金門非常的好感，除了像花園一樣，它更有與台灣不一樣的「鬥志」，因爲路上還有阿兵哥在練兵。還參觀著名的坑道。坑道口不許拍照，以免暴露目標，可見還有敵情觀念，哪裡像後來貴婦團遊覽阿帕契那樣白目？也參觀了建在地道裡的花崗石醫院，那是眞正的戰地醫院啊。

我們更參觀了兩個戰史館，一個是古寧頭戰史館，一個是八二三戰史館。兩者我都有許多想法。

一九四九年的古寧頭戰役，我在印尼。右派報紙大事報導，左派報紙悶聲不響。一九五六年回廈門時我偷偷問維尊叔叔，到底有沒有這件事情，他肯定回答有，他還提到一位共軍指揮官最後自殺的槍聲。我不知道他怎麼會了解得如此具體，因爲當時是封鎖新聞的。還好我當時因爲「胡風反革命集團事件」，中共居然掌握並公佈他們的私人來往信件而對共產黨防了一手，沒有在鳴放時說出來，否則必死無疑。這事到一九九〇年代初期，中國出版界才有人公開討論。

八二三炮戰時我剛剛在北京下鄉半工半讀，每天學習討論政治議題，知道當時打傷了台灣國防部長俞大維。不過這次參觀，不但了解當時戰況的激烈，還有美國的強烈反應，更知道「七七事變」打第一槍的抗日名將吉星文團長也被共軍炮彈擊中陣亡，從而對「中國人不打中國人」以及「炎黃子孫」、「血濃於水」云云的謊言嗤之以鼻。

一九九二年五月，香港作家協會再度受邀訪問台灣，那是參加李登輝總統的登基大典，不過只有訪問團團長，也是作協副會長黃維樑（中文大學高級講師）得以上台，我們則去陽明山與中影城參觀。這次訪問我的最大收穫是由訪台老鳥黃仲鳴（《星島日報》編輯）帶我們探幽，那是探訪紅燈區之幽。在西門町觀看「牛肉場」的表演，看到未成年少女全身赤裸在「玻璃櫃」裡展出，心裡很不是滋味。另外就是到華西街夜市的巷弄裡，看到亮著粉紅色燈光的「雞竇」，未成年的雛妓在房門口招客，心裡也很難受。台灣號稱「自由世界」，卻還有這種陰暗的東西，實在使人不解。

一九九五年四月中旬，我隨香港時事評論員代表團再次來到台北。見了陸委會主委蕭萬長，當時他們的觀點，兩岸是兩個政治實體。另外大談亞太營運中心。這次有許多收穫，不但見到了當選台北市長的民進黨人陳水扁，也見到國民黨中生代的馬英九（法務部長）、焦仁和（海基會副董事長兼秘書長），他們年輕，有活力，印象都不錯。尤其陳水扁表示與市府的國民黨人合作也沒有什麼問題。李登輝擔任總統期間，還沒有明顯的藍綠惡鬥問題，當然，我們也見到從國民黨出走的新黨王建煊，他們對中國的感情最深厚。我也第一次訪問了民進黨黨部，接待的是政策研究中心主任管碧玲與中國事務執行長謝淑媛，代秘書長邱義仁快結束時才趕到。他們對兩岸問題的態度相當激烈，與過去在香港接觸林濁水不同。

這次去，正好是鄧麗君剛剛逝世，到台北的第二天一早訪問活動還沒有開始，我與文灼非、黎則奮趕到光復南路華視三樓的鄧麗君靈堂弔唁。雖然十點才開放，但管理人員知道我們是香港來的，特地開放讓我們進去鞠躬。

這次正好李登輝訪問美國母校康奈爾大學，發表「民之所欲常在我心」的講演，並且多次提及「中華民國」，我讚賞他的務實外交，撰文支持。加上這次我在訪問團擔任副團長職務，還發表「不當」言論，所以回去後去深圳時回鄉證再被沒收，禁止進入中國。

同年十一月，因為美國表姐夫奚樹祥已經來台灣發展多年，並且設計了鄧麗君陵園，因此安排表姐周憶雲來台灣玩。我與他們多年未見，也來台相會。當時樹祥住在台中，我們在台中相見，樹祥有事，便安排他的司機帶憶雲和我到日月潭玩。我對日月潭最深刻的印象卻是那裡有個文武廟。「日月」合成一個「明」字，「文武」合成一個「斌」字，正是我兩個孩子的名字。我與台灣是如此有緣？

促成我觀念上大轉變，是一九九六年三月到台灣觀選。這年一月，我的太太因病去世。我的心情很不好。但是三月初，因爲台灣要普選總統，共軍從演習升級到向台灣的基隆與高雄海域發射導彈。這時激起我的熱血。我向光華新聞文化中心主任江素惠要求幫我安排到台灣觀選，也表示我對台灣的強烈支持。由於中國宣佈航線的一些禁區，所以不知道中國還會有什麼動作，所以我也有犧牲的準備。還好一切都很正常，台灣的民心也沒有因爲中國的武力恐嚇而浮動。

我參加了香港學者、評論員的代表團，訪問期間在三月十二日到十七日。這次選舉總統，有四組人馬：李登輝、連戰，彭明敏、謝長廷，林洋港、郝柏村，陳履安、王清峰。四組總部我們都去拜訪。

在台北，第一次與台灣教授協會座談，由民進黨競選總幹事葉菊蘭領軍，他們言詞激烈，我不大能接受。當時香港人多反對台獨，所以座談會的氣氛並不好。不過我表示，我尊重台灣人民對自己前途的選擇。這是因爲中共的炮火，讓我站在台獨這一邊。當時台教會中有人說，終於聽到有香港人這樣說了。我記得當時出席名單中，有林山田與李慶雄。在民進黨競選總部記者會上，也見到了彭明敏與發言人張旭成。

觀選最後一晚在台中參加新黨的「反戰演唱會」，爲林郝造勢。但是他們的反戰竟然不是反對中共的挑釁，而是要李登輝承擔責任，這樣子的顛倒黑白，我怎能接受。會上，司馬中原講話，大罵李登輝神經病，我想，以後很難再與他相聚了。從台北趕來的郝柏村講話時，更是充滿「亡國論」氣息，認爲台灣不堪一擊，還反對美國的軍事介入。我在想，他在擔任總參謀長時也是這樣的嗎？這種人怎麼可以帶兵？怎麼可以參選副總統？

不知道台灣未來會如何，心情很沉重。觀選結束後，我一個人南下高雄，先到中山大學的西子灣，「憑弔」落在那裡的共軍導彈。既然到了高雄，不妨到最南端的鵝鑾鼻，這樣，從北部基隆到最南部，我都到過，傾注我對台灣這個寶島的感情。在鵝鑾鼻住了一晚，傍晚時到燈塔附近，穿過小樹林走到海邊，蹲下來用手舀了一把海水。我愛這塊土地，包括台灣的山山水水。哪一天，也許我會住在這裡。

回香港不久，台灣選舉投票揭曉，被中共罵爲「漢奸」的李登輝以五成四的選票當選總統。台灣會穩定一段時間了。

十八，面對九七

六四以後，中國通過了〈香港特別行政區基本法〉，面對九七，我除了不斷以寫稿等方式繼續抗爭，也考慮個人的「退路」，期間兩次被沒收〈港澳同胞回鄉證〉，也益發激起我支持末代港督彭定康的政治改革措施，並且考慮移民。

左報圍攻

我這樣「反動」，少不了成爲左報的批判對象。我在新華社有朋友，所以知道，那些批判文章多爲新華社寫作班的大作，交給左報發表。例如一九八五年港澳辦主任姬鵬飛訪問香港，雖有一片馬屁之聲，我卻是嚴肅批評他的一些講話，也因而被《大公報》的文章攻擊。可是這些人的馬列水平肯定沒有我高，我用馬列主義來回擊，他們就無法吭聲。所以後來多年平安無事。

一九九一年華東發生嚴重水災，香港有大規模的賑災活動，我也捐了一千港元，我還特地捐到《文匯報》的戶口，不過用的是英文名。七月十二日我在《經濟日報》發表〈天怒人怨哀中國〉的文章，批評中國政府忙於階級鬥爭而忽視農田水利，並且認爲「災源在北京」，還連上六四而認爲是「天人感應」。我希望聯合國與國際紅十字會監督捐款的使用，避免被貪官污吏吞掉。

大概最後那個原因「阻人發達」，第二天《文匯報》對我進行「革命大批判」，發表一篇署名文章：〈反華反共反昏了頭——林保華對華東水患幸災樂禍說明什麼？〉文章說：「林氏自己不顧同胞之苦，不施援手也就罷了，何必如此幸災樂禍呢？」眞是豈有此理，那天的《文匯報》刊出一大串捐款者的名字，就有我的英文名。沒有調查就這樣亂扣帽子？可是我不作個人辯護，因爲這是小事情，問題是我哪有幸災樂禍？因爲當時我也呼籲大家捐款，只是呼籲監督而已。

他們還說：「林氏身為黑頭髮、黃皮膚的炎黃子孫，為何卻對自己同胞、自己祖國如此冷酷無情？」且不說「中國人殺中國人」是中國的常態，「炎黃子孫」之說就根本站不住腳，而且這種皮膚、頭髮顏色的說法，我一直認為是種族主義論調，在西方國家是會被告的，但是華人社會習慣這種種族主義謬論。

他們還有以下一段：「林氏借國內洪澇，大發其希望大陸有『重大變故』的夢想，亦即是妄想中共和中國政府垮台，中國陷入一片混亂。可見此人對中共和中國政府仇恨之深。然而，清楚其底細的人都知道，中共、中國政府過往待他並不薄。正是因為中共及中國政府的關照，他得以畢業於國內名牌大學，爾後又有一份不錯的職業。他自己也公開承認過，即使在『文革』那些年代他也未受過迫害。林氏來港後卻利用香港的『言論自由』盡情反共反華。今天竟然在國家急難之時，利用愚昧的『天人感應』來反共反華，眞是反昏了頭了。」

他們引述我的個人資料，是我對當時是新華社幹部，如今成為《文匯報》總編輯劉再明的談話內容而加以歪曲的。批判我的文章放在第四版，第一版是劉再明親自撰文頌揚香港首富李嘉誠的捐款行動。我也知道，他不可能一天寫頌李批林兩篇文章。所以不久校友會活動他見到我說文章不是他寫的，我說知道，我根本不在乎。

他們對我「天人感應」之說也很冒火，但我以毛澤東也相信「天人感應」來駁斥，反說他們無知。因為毛澤東貼身護士孟錦雲說過周恩來逝世那天吉林下流星雨，毛就說起「天人感應」問題。

其後《文匯報》連續用不同名字發表繼續批判我的文章，我也在《經濟日報》寫了三篇文章回應，時間長達一個月。

但是事態後來發展成爲《人民日報》與港台輿論的筆戰。八月二日，《人民日報》發表〈強大的凝聚力〉的「本報評論員」文章，把中國大陸、港澳台和海外僑胞的捐贈拔高爲「對中國共產黨和人民政府的高度信賴」。這種得了便宜還賣乖，把人道關懷說成擁護共產黨的無恥言論自然引起港台輿論的不滿。《人民日報》接著在八月二十三日又發表〈究竟誰在扭曲事實？〉的文章，進行詭辯，扣上有人「想藉此機會挑撥港澳台同胞、海外僑胞同祖國大陸的關係」的帽子。

八月二日的評論，敘述中國大陸、港澳台同胞和海外僑胞的中華民族是一個整體，「其中任何一個地方都是偉大祖國不可分割的一部分」，文中用的是「地方」，亦即只要是中國大陸、港澳台同胞和海外僑胞住的地方，都是中國不可分割的一部分。這暴露出中國征服世界的野心，是「自古以來是中國領土」歪理的延續。我於一九九一年八月二十八日在《星島日報》發表〈人民日報筆戰港台輿論〉指出這一點嚴重問題後，這場筆戰就此停止。

我不只是爲自己與左報筆戰，還不惜爲別人出頭，因爲我看不慣左報對香港新聞自由的霸凌，更反對他們的種族主義論調。

一九九五年三月二十九日，我在《星島日報》發表〈中共粗暴打壓香港兩傳媒〉的文章，這兩傳媒指的是《信報》與《明報》，感謝《星島日報》沒有因爲同行的門戶之見而願意刊登這篇文章，因為連《明報》自己都不願刊登我這篇文章。

左報攻擊《信報》的「本報評論」，誤以為是林行止執筆，對林進行人身攻擊，說他「有黃皮膚，有黑頭髮」，惟獨少了一樣東西，「一條中國人的脊梁」。對《明報》是批判「吹捧」司徒華選立法會議員，以及對中國國務院副總理的差額選舉做法的評論。我的文章也引發《文匯報》以「讀者來論」來攻擊我：「我看他『保英』是真，『保華』是假。」我看了好笑。

我以「凌鋒」在《新報》「界內界外」的專欄在一九九四年十一月為曾是中國乒乓球國手何智麗（小山智麗）辯護。她由於被不公平對待離開國家隊而嫁給日本人，而且在國際賽事打敗中國冠軍鄧亞萍而被中國人罵為「漢奸」。從而我也被「來論」攻擊：「凌鋒在吹捧何智麗的同時睜眼說瞎話，故意貶低中國隊『技不如人』、『輸了風度』、『民族沙文主義』等等，一派非出自中國人之口的胡言亂語，經不起事實的反駁。」難道我說的不是事實嗎？說我非中國人，後來倒是成了事實。我羞於與這種中國人為伍。

列黑名單

六四以後相當一段時間，我不敢到中國去，因為我的文章曾經被央視指為「國外敵對勢力」。一直到一九九一年暑假，深港人大校友會在深圳大學有活動，我想借這個「公事」為名，進去看看。

爲了安全起見，我約了一位同學一起去，就是怕被捕沒有人知道。另外就是選擇從蛇口入境。以前蛇口的袁庚相當開放，我們在那裡做過調研，因此我也比較熟悉，深圳大學就在羅湖與蛇口之間。那時海關沒有用電腦，所以我順利在蛇口過關。到了深圳大學，與校友們開會聊天，當晚就回香港，我連電話都不打給深圳的朋友。

此行雖然平安，但是我仍然吃不準，是我沒有被禁止入境，還是因爲黑名單沒有電腦連線而「漏網」。所以一個人仍然沒有再去深圳。

第二次再去，也是深港人大校友會在深圳開會，我約了同學一起走，從深圳的羅湖進關。這是一九九二年七月九日。結果電腦筆掃描時發出嗶嗶聲，我被扣留了。同學就先進去，至少有人知道我被扣留。我被叫到小房間裡，等候了三、四個小時，才宣佈沒收我的回鄉證。什麼原因都不說，只是奉上級命令。爲此給我開了一張「中華人民共和國深圳邊防檢查站扣留沒收物品憑單」。上寫扣留回鄉證一本。

從原路回香港後，我告訴了張五常教授，他要我不要出

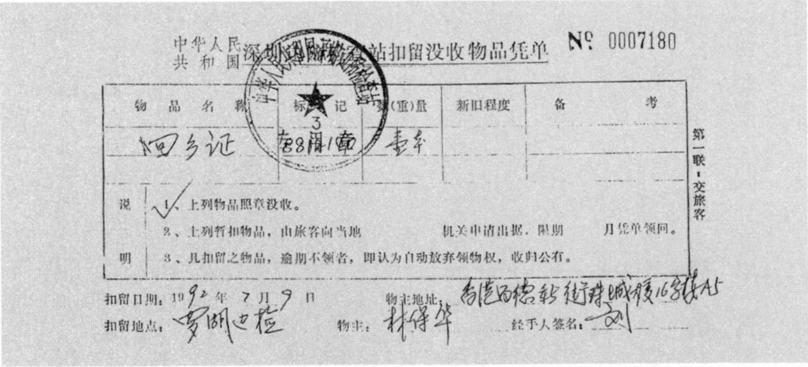
中华人民共和国深圳边防检查站扣留没收物品凭单 № 0007180

物品名称	标记	数(重)量	新旧程度	备考
回乡证	[illegible]	壹本		

说明：
1、上列物品照章没收。
2、上列暂扣物品，由旅客向当地 机关申请出据，限期 月凭单领回。
3、凡扣留之物品，逾期不领者，即认为自动放弃领物权，收归公有。

第一联：交旅客

扣留日期：1992年7月9日 物主地址：[illegible]
扣留地点：罗湖边检 物主：林保华 经手人签名：刘

林保華的回鄉證第一次被沒收還開收據，第二次就拒絕了。

聲，找了立法局議員黃宜弘。教授說，黃與新華社社長周南熟悉，請他去問。隔了一些日子的回覆是，新華社翻查所有電腦，都沒有我的問題，不知是什麼原因。八月《鏡報》月刊的創刊紀念酒會上，我見到了新華社副社長張浚生，我告訴他我的回鄉證被沒收了，他表示驚訝問「是嗎」？

第二年，《鏡報》社長徐四民打電話給我，約我與李怡等去珠江三角洲參觀當地的經濟發展。這當然是統戰行為，本來我不會拒絕，因為可以增長見識，也可以分辨哪是事實，哪是統戰。但是我告訴徐老回鄉證被沒收，他大表驚訝。他是全國政協委員，那時《鏡報》支持改革開放，我偶爾也有投稿，徐老是緬甸華僑，雜誌的編輯也多是僑生，所以我們一直有來往。徐老為此到國內開會時幫我講話，要求公安部發還我的回鄉證。

後來負責發放「港澳同胞回鄉證」的廣東省公安廳答應再給我一本，要我去中旅社申請，我去中環的中旅社填表，其中有一項問申請過沒有？是否遺失？我老實回答被沒收。接待小姐遂不給我申請。我向徐老報告，又過了一陣，徐老要我去找九龍旺角中旅社的一位副總經理，由他親自去辦。隔年，也就是一九九三年年初，要我到羅湖海關，在進關前左手的扶手電梯上到二樓，找到廣東省兩位公安廳的人專程來處理我的事情。他們表示主要是我在香港的言論，但是表示「一國兩制」，只要我到國內遵守中國法律，可以再發給我回鄉證。我表示我進到國內，並無違法之事，也會遵守國內的法律。就這樣，沒有任何書面的東西，後來就給我補發回鄉證了。因此一九九三年三月以後，我得以再進入中國。

這兩位公安廳人員，一位張先生。我三月就去廣州見朋友，並且找了巴中的老同學陳用烈，他已經從長春調到中山大學了。進關時耽誤了約一個小時，因爲廣州海關要核查我是否眞的被解除黑名單了。在廣州我找張先生當面表達謝意。他們問我想去哪裡看看。我去看了番禺的電器一條街，再去黃埔軍校，再回到當年的華僑補校時，但已面目全非，才想起這已經是搬家的新地方了。

後來他們去深圳，也會找我去。會請我吃飯，也託過我買介紹香港的書籍。我們成爲朋友。不過我見到他們，都批評新華社之左，他們則是介紹廣東的建設成就，彼此相安無事。

但是我的回鄉證還是第二次被沒收了，那是一九九五年六月二十九日。這次沒收，我有做如下的記錄：

我是如何再被拒入境的？

一九九五年六月二十九日下午，我乘搭九廣鐵路電氣火車去深圳。四點二十分過中國境內的深圳關口時，關員用電腦筆掃描到我的回鄉證號碼，突然發出嗶嗶響聲，關員再看看我以往的進出關記錄（我在五月上旬還去過深圳），再掃描兩次，仍然發出響聲，便舉手把負責人（中校軍銜）喊來。這位負責人把我的回鄉證拿進去，過了一會，再出來要我的香港身份證。我就一直站在海關的那個通道上等候結果。而我後面的人龍早被轉移到旁邊另一個新開的通道上。

五點十五分左右，一個關員出來，要我跟他走到海關的左面。再等一會，那位負責人出來，三個人擁著我走回香港的方向。到快過羅湖橋時，那位負責人才開口對我說：「根據上面的指示，因爲你在境外從事反對我們國家的活動，所以吊銷了你的回鄉證。」

我問：「你們收了我的回鄉證，是否應該給我開個收據？」那位負責人說：「我們是徹底吊銷了你的回鄉證，沒有收據。」

我要回他們拿去的身份證，他們才想起來，派其中一個人回去拿。此時我向那位負責人說：「我寫些批評文章就是『反對國家』，那還有什麼『一國兩制』？」那位負責人沒有回答。我再問他貴姓，他說我不需要知道他的姓名。於是我拿到了身份證後只能循羅湖橋回港方境內，不過我還客客氣氣地向他們揮手「再見」。

在香港橋頭，香港移民局官員向我問明原委以後，給我辦進關手續後回到香港。

林保華　記

我回香港後，就打電話給張先生，告訴他這件事情。他吃了一驚，說幫我了解。在這以前，我在香港的一位上海朋友也介紹我認識他的一位上海朋友，據說是上海國安局的負責人，我也託他向上海了解一下怎麼一回事情，上海方面也說不知情。我也向徐老報告，他也不知道怎麼回事。

後來從各個方面來的資訊，我終於明白，這一切都是香港新華社搞的鬼。只有三個部門可以將香港人列爲黑名單，一個是國安部，一個是公安部，一個是香港新華社，我兩次被禁入境都是新華社提出的。但是還假裝與他們無關。這次是藉我一九九五年去台灣訪問，掛了一個「副團長」的名義，以及在台灣的一些言論，包括支持李登輝康奈爾大學之行，把我打成勾結台灣當局了。後面還會提及此事。

抗日反共

六四以後，我在香港參加了一個團體，是張文達介紹我去的，但是他自己卻沒有怎麼參加活動。這個團體叫做「香港紀念抗日受難同胞聯合會」，是杜學魁在一九八八年創立的。杜學魁是慕光英文書院校長，蒙族人，市議員葉錫恩的丈夫，葉錫恩（Elsie Hume Elliot）是英國人，社會活動家，她不爲她的「祖國」講話，而是爲香港的弱勢市民代言，因此有很高的民望。當然，她屬於「左派」，因此也比較親中。

我們抗日出生的一代，因爲顛沛流離，自有「天然抗日」的基因，但對我來說，當時並非主因。因爲從毛澤東到鄧小平，都相當親日，而日本作爲「經濟動物」，對六四屠殺沒有譴責，沒有制裁，甚至把因爲六四逃到日本的一位河北省的張姓廠長送回中國。因此我參加這個團體，目的很明確，以「抗日」達到「反共」的目的。

我們每次開會都在九龍的木球場，是通過關醫生的關係借來的。關醫生在文化圈裡很有地位，山西人，與關公一樣的紫紅色臉膛，關心政治與公益，我在那時才與他認識。當時中國爲了擺脫外交孤立地位，極力拉攏日本，中國越拉攏，我就越「抗日」。當時中國爲了「維穩」，把抗日活動當作「不穩定」的幾大因素之一，杜校長到南京出席抗日活動，都受到監視，還被國安叫去談話，直到活動結束才放他出來。

七七、九一八、一二一三南京屠殺紀念日，我們都會有些活動，例如獻花或到日本駐港領事館抗議。但是最大的活動，是抗議一九九二年中國邀請日本明仁天皇訪問北京。

那年四月，中共總書記江澤民訪問日本時提出了邀請，然而日本媒體說，北京已向日本天皇提出七次訪華邀請。如果加上江澤民這次親自登門邀請，該是八次了。日本一方面回答說要「研究研究」，一方面又放風說，因爲中國人要對日本索賠，所以天皇不宜訪問北京。言外之意，只要北京壓制那些索賠的呼聲，天皇就可以答應訪華。

劉備三顧茅廬，請得諸葛亮出山，相助他打天下。天皇是日本的最高領袖，北京邀請天皇往訪，不但表明「我們的朋友遍天下」，更是最大面子，也打擊了美國與其他西方國家對中國的制裁。這是明顯的統戰與分化策略。

爲達到這個目的，中國是好話說盡。中共外交部副部長徐敦信早在一九九一年十二月就在日本媒體問他日皇訪華會不會被要求對日本當年的侵華謝罪時，徐敦信就表示中國會顧及日本人的感情，「相信日本的政治家和日皇本人會有適當的措詞」，他還保證：「中國是有禮儀的國家，不會讓日本爲難。」可見中共當局對日本人的感情重視過中國人自己的感情。

在這年十月日皇抵達北京前夕，我們與幾個抗日團體聯合舉行了有數萬人參加的抗議遊行。這是香港所有抗日活動中規模最大的一次。

中國爲明仁天皇所設的國宴上，中國末代皇帝，也是後來滿洲國皇帝溥儀的弟弟溥傑也出席，他向外國記者說，這是他最快樂的日子。他把中日關係說成是夫妻關係，把皇軍侵略中國說成是夫妻打架。這個說法實在有漢奸之嫌，但是與毛澤東對日本皇軍侵略的感謝，還是大有不及。這就是中國共產黨的「愛國主義」。

我們的抗日活動吸引了一位陳春先生，他來投訴他的家族情況。他的祖父是上海的中國船王陳順通，在二戰前夕向日本公司出租兩艘輪船，戰爭爆發被徵用後，一直未獲歸還，所以官司一直打到他這一代，他們也已移居香港。我們當然給予輿論上的聲援，但是也難有具體措施，一直到我離開香港。

二〇一六年四月二十八日，香港《明報》刊載一篇新聞：「四代花七十年向日公司索賠 贏官司掀內鬥 船王滬港後人爭二點八億賠償金」。官司打到第四代，看來陳春先生也已經過世了。可是雖然打贏官司，留在上海的後人卻與在香港的後人打起官司來了。這是中國人「內戰內行」的寫照嗎？

在我們的「抗日」活動中，也認識了在北京發起民間對日索賠的童增。他一直堅持抗日保釣，我們交流了一些看法。我也認識了從上海移居香港，編了抗日圖冊的楊克林。

一九九六年香港前去保釣的陳毓祥在釣魚台海域跳海顯示主權遇難，我認識他多年，也知道他親中，但是中共對他的犧牲冷血待之，加上一九九七年江澤民訪日一改過去親日的態度轉向反日，我就不必繼續利用抗日來反共了。

總之，中國是否反日，都是根據共產黨的需要。只有傻瓜才會相信共產黨的愛國。現在日本已經是民主國家，中國卻還是獨裁專制；你是愛專制，還是愛民主？日本為侵華已經道歉幾十次了，還要道歉到什麼時候？中共殺中國人遠多於日本人殺中國人，中共才必須向中國人道歉！中國人不向中共要求道歉，還有什麼臉去向日本說三道四？

末代港督

參與香港前途問題談判的港督是尤德，他是英國資深外交官員，熟知中國事務，曾任英國駐華大使。國共內戰期間，共軍曾經炮擊在長江的英國軍艦「紫水晶號」，尤德在該事件中立功。他在任上於北京暴斃後，由衛奕信接任，也是外交官出身，在中英聯合聯絡小組中擔任首任英方首席代表，熟悉當時的中英關係。他任內發生「六四」事件，港中關係緊張，他的處境相當艱難。這些外交官很有紳士風度，但在處理與中國關係中因為太文質彬彬，或者具有西方「中國通」的普遍毛病，對中國太多讓步而無法應付中國的痞子作風。

一九九二年，時任英國保守黨黨魁與英國首相的馬卓安（約翰・梅傑）指派在議員選舉中落選的保守黨主席彭定康出任末代港督。他不是中國通，卻是民主國家出色的政治人物，很有政治技巧，他來到香港後，讓中國政府雞飛狗跳，成功的維護九七前香港的穩定。

彭定康來香港第二年，在反覆研究基本法後，推出他的政改方案。它所規定的立法局結構內，延伸了當時立法局結構，除了五個選區的普選外，還對四大「功能組別」小圈子選舉進行改革，因爲功能組別在立法局中佔多數，阻礙未來的普選而讓民主派永遠處於少數。

功能組別有兩種選舉方式，例如法律組別、教師組別，那是每位律師、每位教師都可以投一票。但是佔功能組別多數的工商界團體，每個大企業主投票選出團體的負責人出來投票，他們當然都聽命於北京。功能組別的不平等在於，每個香港選民，都有一票投給每個選區的議員候選人；但是功能組別的成員還可以給自己的組別候選人再投一票，但是更多的香港市民卻沒有這個權利。於是彭定康增加了九個功能組別，即所謂「新九組」，網羅到每個選民都同樣可以投下選區與功能組別各一票。並且在一九九五年的立法局選舉中推行。

彭定康的改革引發北京強烈反彈，指責彭定康是「三違反」，即：違反英方在「中英聯合聲明」的承諾，未有在雙方達成協議下單方面公佈政制重大改革的草案；違反與〈基本法〉銜接的原則，單方面改變行政長官選舉委員會的組成，及〈基本法〉所規定第一屆立法會議員的產生辦法；違反中英兩國政府達成的協議、諒解共識和載於兩國外長互相交換有關香港政治體制發展與〈基本法〉銜接達成的諒解的七封信內之協定。這當然是欲加之罪，何患無詞。因爲彭定康沒有改變未來立法會兩大結構的並存。

港澳辦主任魯平親自發炮，斥責彭定康是千古罪人。中共的中央與地方黨報也紛紛譴責，謾罵彭定康是「娼妓」、「小偷」、「跳探戈舞者」等等。香港的左報更是運用各種不同署名連番謾罵。然而彭定康面對這些都氣定神閒，表現出民主國家政治人物的風範。在爭議中，我毫不猶豫支持彭定康的改革。

中國的責難，就是英國一百五十年不給香港民主，爲何這時要給？其中必有重大陰謀云云。我的回應是，即使過去沒給，現在給了，也比不給好，爲何要拒絕？有些人以爲，中國不想給英國人這個榮譽，要給香港民主，也得中國來給，北京才臉上光彩。這是不懂中共反民主的本質。可是九七後英國檔案資料的陸續解禁顯示，一九五八年一月，周恩來已轉告當時英國首相麥克米倫：「任何將香港變成自治領的行動，中國均會視之爲非常不友善的舉動。中國希望現時香港的殖民地政治狀態，絲毫不變。」這是中國一向做賊喊捉賊的伎倆。然而當時英國爲何不予公佈？當是不想與中國決裂而給他們留面子。

追溯這個歷史，一九四六年十二月十四日，聯合國大會決議，認定爲尚未自治的殖民地者有七十四個地方，香港就是其中之一。一九六〇年十二月十四日聯合國一五一四號讓殖民地自決獨立的決議，要求特別委員會提出辦法，使殖民地都能儘快自決獨立。然而因爲周恩來的事先警告，香港就失去如同新加坡得以獨立的同樣地位。

一九七二年三月中國駐聯合國代表黃華去信聯合國，六月十五日聯合國「非殖民地化特別委員會」通過決議，向聯大建議從殖民地名單中刪去香港和澳門。一九七二年十一月八日，第二十七屆聯大通過決議，批准了特別委員會的報告，香港更進一步失去獨立的機會了。

彭定康的另一個努力，就是做到高官華人化，提拔一批華人做高官，以便迎接九七的過渡。當然，他是有選擇性的，也就是信任可靠的。其中最突出的是陳方安生，一九九三年提拔她爲首位華人布政司（相當於市長），位子僅次於港督本人。到九七前夕，除了律政司外，其他司局級高官全由華人出任。

局勢交錯

距離九七越近，越是考驗人心，尤其是政治團體與政治人物，因此政情也發生許多變化。

民主派以港同盟爲主，由李柱銘與司徒華爲主要人物，主席是李柱銘，司徒華則是支聯會主席。他們原來被聘請爲基本法起草委員會委員，作爲北京表示寬容的花瓶。但是六四以後，他們都辭去這個職務。李柱銘受西方教育，與西方國家有廣泛聯繫；司徒華是民族主義者，原來參與反對殖民主義的活動，六四後轉爲聲援中國的民主運動。一九九四年，港同盟與匯點合併，匯點的民族主義較港同盟強烈，不過劉迺強沒有參與，他自行發展與中國的關係，不久成爲中國的政協委員。民主黨是香港立法局有選舉後的第一大黨。

另外，原爲香港記者協會主席的劉慧卿，在參加一九九一年第一次立法會選舉後當選立法會議員，而且榮獲「票后」。劉慧卿言辭犀利、觀念激進，在當時是一股清流。一九九四年，她成立「前線」，成爲民主派中的激進派，不過實力遠不如民主黨。

原來依附港英的政治人物，例如原來的行政局議員與立法局議員，更是出現分化，一部分還忠於港英政府，一部分成爲「忽然愛國」，他們被媒體嘲諷爲「舊電池」。除一九八〇年代最早出「局」的羅德丞以外，接著是「四料議員」（行政局、立法局、市政局、區議會）譚惠珠；彭定康來了後，率先高調反叛的是范徐麗泰，以致被輿論稱爲「香港江青」、「范婦人」等。

在行政、立法兩局的華人中，許多是商界菁英，「大阿哥」鍾士元沒有直接介入組黨活動，而是由行政局議員李鵬飛帶頭。一九九一年成立政治團體啓聯，到一九九四年正式成立自由黨，代表工商界利益與民主黨抗衡。這批工商界人士要與中國做生意而必須「愛國」，但是他們到底是享受過英國統治下的成果，所以不會「反英」，對普世價值也有一定認識，與中共的外圍組織有些不同。

但是影響更大的，卻是一九九二年成立的民主建港聯盟（民建聯），它是中共在香港的外圍組織，它的創黨元老曾鈺成、譚耀宗等不必懷疑，是中共的地下黨員。由於香港人的反共意識，他們過去主要在基層工作，因此在社會上沒有得到多少支持。但是也隨著中共在香港勢力的逐漸壯大而壯大，九七後終於成爲香港第一大黨。

另外，還有一批比自由黨親共的工商界人士也在一九九一年成立香港自由民主聯會（自民聯），代表人物是曾經親英、較早投共的譚惠珠，影響大不如自由黨。後來被一九九四年成立的另一個工商界政黨香港協進聯盟吞併。後者幾乎是新華社一手促成，媒體報導開幕餐會，新華社成員的席桌與該黨成員相同，當然也更親共，我觀察其中一些成員是中共改革開放後的暴發戶。

由於要靠中共扶持，毫無生命力，所以九七後與民建聯合併，民建聯全稱改為民主建港協進聯盟。總之，還是一統在中共最可靠的外圍組織裡。

而中共為迎接九七，除了人大代表、政協委員的傳統統戰機構外，在聯合聲明以後成立的基本法起草委員會與基本法諮詢委員會於一九九〇年基本法實施完成任務後，又在一九九二年成立「香港事務顧問」與特區籌委會預備工作委員會，進一步統戰香港的各界人士，尤其是工商界人士。例如作為香港首富的李嘉誠，一直有意與政治保持距離，所以既不是人大代表，也不是政協委員，但是他出任了港事顧問，這是事關香港的事務，李嘉誠作為香港首富，豈可不顧不問？

我在政治上當然是支持民主黨的，由於我的專欄，許多民主黨要員都認識我，我尤其欣賞前線的劉慧卿，因為她更加「激進」，心直口快，不假辭色。民主黨主席李柱銘，是他在參選港島東立法局議員時，在銅鑼灣「洗樓」，敲了我家的門，我才做自我介紹。不過我與他們沒有私人來往，也沒有在「民主拒共」方面討論過。我的感覺，他們認為我們是他們的當然支持者，卻不一定是「顧問」對象，雖然我很想告訴他們如何更有策略的「拒共」。

政治滲透

「摻沙子」是共產黨對付政敵的重要手段。中共的統戰採取「打進來，拉出去」的手段，那些「忽然愛國」就是拉出去，打進來就是摻沙子。這些幾乎都是防不勝防。尤其是基本法規定每天放一百五十人進入香港，這是九七年前中國與港英早就達成的協議。一九七六年我移居香港，實際上也是其中的一粒沙，只是我這粒沙子被香港融化；有的沙子是特殊材料製成的，那就難以被香港融化。

中國主動開放民眾比較大規模到香港，起於一九七〇年代初，配合聯美抗蘇的政策，要顯示中國的開放。這個時候，只有我們這種僑生才符合出國的條件。文革結束後，非僑生的國內人士也可以申請到香港，但是限於直系親屬（到歐美比較寬鬆，那是統戰歐美的需要）。所以那時遇到來香港的新移民，只要了解到在香港有無直系親屬，就可以知道是眞的依親，還是另有任務。

讓我警覺到這一點的是，在中英簽署聯合聲明以前，民辦報章裡就有人賦有特殊任務出來到那裡任職，因爲我問他香港有什麼人，他答得吞吞吐吐。所以他報導英國首相柴契爾夫人訪問北京消息時，就有獨家消息，而且立場完全偏向中國一方。他開始自稱是北大的，其實是人大的。到聯合聲明簽署以後，中國大開閘門，撒出一大片特定的「沙子」。

還有一位張文達也是中英聯合聲明簽署以後就從上海來香港的前輩文化人。雖有家庭，卻只出來一個人，原名是張孝權，爲人溫良恭儉讓，臉上永遠掛出一副笑臉，卻給人陰陰笑的感覺。他自稱是中國佛教協會會長趙樸初的秘書，還自稱上海流氓頭子黃金榮的檢討書是他寫的。因爲來頭很大，通過陸鏗的關係，再與胡菊人等自由派文化人很快就熟悉，在《信報》也開了「初到貴境」專欄。香港作家協會成立時擔任秘書長。他沒有正式的工作，只寫一兩個專欄，卻生活不錯，各種餐宴都會見到他。越接近九七，他的言論越親共，被稱爲「南書房行走」。

「南書房行走」爲清朝的官銜之一，不屬於正式官職，一般由當時的御用知識分子翰林來擔任。康熙朝始設，近伺皇帝。當時香港新華社社長是周南，正巧也是「南」字，可謂天意。他一人住在銅鑼灣怡和街與告士打道交界的樂聲大廈中國國貨公司樓上。那是中資的資產，他說是朋友借給他住的。這還不是中國派出來的統戰工具？

一九九五年香港評論員代表團訪問台灣，我是副團長，在官方的座談會上發表比較激烈的講話，要求台灣政府準備接納我們這些在九七後可能有危險的自由派人士。我們四月到台灣，六月我的回鄉證被沒收。後來有朋友告訴我，與台灣行有關，而且是新華社提交的名單，我才想到應該有人打小報告。而當時我們團裡與新華社關係最密切的，就是張文達。

我的一位朋友，因爲父親在台灣而得以移居香港。有一次他對我說，他見到過去單位裡的一位同事，完全沒有海外關係，居然出來了。說是帶了一張批文（當時中國商品價格實行雙軌制，有官方批文就可以以官價買到商品，再以市價在香港出售），他憑這張批文在香港買了住房，開了一間公司。再後來，我的一位要好的同學告訴我，領導找他，如果他願意來香港，就放他們全家出來。但是他自己甘於平凡的生活，也知道我不是那種善於鑽營而可以幫助他的人，所以沒有答應。而從中國派出在左派機構高層工作的朋友，更告訴我，他以前在廣東認識的有國安背景的朋友，也來到香港做生意，在多年賺了一筆以後，全家移民澳洲；是想擺脫中國的控制，還是有新的戰略目標，就不得而知了。

由於我與新聞界比較熟悉，所以一九九〇年代出來一批人進入媒體，我很快知道了，是他們個人願意出來，還是奉命出來，不得而知。反正我們都是國內出來的，誰也不知道哪一個眞正有背景，哪一個沒有背景，即使有背景，因爲是不同系統，也不能相互交底。其中從中國社會科學院新聞研究所碩士班出來的就有好幾個，在《明報》、《文匯報》、《南華早報》等任職，有的職位很高，他們都是薄熙來的同學。

但是不管怎樣，我都希望他們來香港後，都可以接受香港的價値觀，像我一樣，融入香港社會。所以需要爲他們介紹朋友，我都會介紹。例如，當時新聞界的一些朋友，一個月一次於評論員洪清田在灣仔所開的一家飯館聚會，請一位政府官員或政治人物蒞會，交流信息，我也帶一位朋友去。

一九五九年由查良鏞（金庸）創辦的《明報》在一九九一年轉手給于品海，查良庸認爲于品海少年有爲，是適合的傳承人。一九九四年于品海再收購《亞洲周刊》，更斥巨資創辦傳訊電視，還在中國發展媒體業。

根據一些報導與聽聞，出生於一九五八年的于品海年少得志，意氣風發，在珠海結識在那裡辦企業的某紅二代，無抵押貸款數億港元給他，也吸納了一批中國來港人士進入他的報章，聲稱要辦一份「中國人的報紙」，大概以爲因此在中國可以通行無阻。然而我的一位中國朋友告訴我，中國的國安部門早就盯上他了，他住宿的酒店都被竊聽，與什麼歌星交往都瞭如指掌。尤其他要做「東方梅鐸」的企圖心使中國當局十分不安。

後來發生的事情，中國有沒有插手，我不清楚。那就是于品海在加拿大的刑事記錄被媒體曝光，導致股價下跌。而發展電視事業的資金鏈出現了問題，銀行借不到錢而無法償還債務，中資銀行曾經不惜代價貸款給親共工商界人士，但就是不肯貸給他，最後只能把手上的媒體出售。也是這個時候，爆出他在珠海借出的款項要不回來。在四面楚歌下，只能以低價把《明報》賣給與中國關係密切的馬來西亞商人張曉卿；傳訊電視則出售給台灣中信集團，後來再轉手成爲中天電視。

九七後，這一批來到香港進入香港媒體的中國新聞界人士大都得到重用，其中好多個成爲有中國軍方背景的鳳凰衛視的名嘴。

這一段時間比較特別的是，還冒出一些校友會的團體，例如我們在印尼的學校的校友會。我們巴中的校友會先成立籌備會。對此我態度並不積極，因爲不知道背後有沒有中國的黑手。我還在《明報》寫文說巴中當年在印尼是被共產黨滲透的學校，是「革命搖籃」。這篇文章惹得籌備會主任張瑞元不高興，他要我到他在中環的公司辦公室談話，居然公事公辦教訓我說，我這文章對他們不利。不利他的生意還是中共的地下工作，他沒說。我當然不接受，因爲這是事實。我在巴中的物理助教姚子毅對我說，校友會最好永遠的「籌備」，一旦正式成立團體，必然爆發內鬥，因爲誰都想掌權作爲同中國做生意的統戰籌碼。果然以後的確如此，鬧得不可開交而陷於癱瘓，但是我已經離開香港，懶得理這些人。

中華中學校友會更活躍，他們的教導主任張國基參加過八一南昌暴動，但是最主要的他是毛澤東在湖南師範的同學，所以在整個文革期間完全沒有受到衝擊。張國基快滿一百歲，以九十八歲當百歲，華中校友會居然請他來香港，在尖東一家大酒樓爲他祝壽，廣邀所有在香港的印尼僑生出席，當然包括在雅加達的「兄弟學校」巴中，但是我拒絕參加。後來有同學告訴我，此舉引發印尼情報部門的關注，不知道這些同學這樣的聚會有什麼政治目的？其實，就是抬高頭頭們的身價，以便做生意多賺幾張人民幣而已。不過年事已高的張國基經不起這樣的折騰，回到北京後沒有多久就一命嗚呼了。

我們的人大校友會奉校部之命，也吸收參加人大法律系在香港舉辦培訓班結業的香港學生成爲會員，裡面有許多是想到中國發展的青年律師，有些是民建聯的成員。饒會長到深圳參加他們的結業典禮。據他說，學生代表上台講話時聲稱要加強無產階級專政云云，聽得我汗毛倒豎。後來的理事會，我自然也很識趣退出。由於據說經費困難，曾經在信報寫專欄的張立捐了兩萬塊港幣而成爲名譽會長。

許多中國的高等院校在香港紛紛成立校友會，後來在重大的政治表態中當然都站在中國一方。包括由滯港東南亞僑生組織的僑友社亦然，因爲有些人需要同中國做生意。

六四後，一批在一九八〇年代到西方國家留學的學者也學成歸來，當時中國還不安定，許多就到香港的外資投資銀行，爲中國H股上市效勞。他們有些是紅二代，當時打頭陣的有從事國際事務研究的專家宦鄉侄兒宦國蒼，還有單偉建。後來成爲著名地產商潘石屹太太的張欣也是那時從英國學成歸來。進入港大經濟金融學院的就有汪丁丁、蕭耿等。這些海歸在香港成立了自己的團體。楊小凱與他們有比較多的來往。

十九，香港大限

香港人把九七叫做「大限」。因此到九七前夕，香港各個方面已經出現巨大的變化，然而我對共產黨的不信任一直沒有改變。不但選擇對英女皇效忠而領取英國海外屬土公民護照，我也不幸出現家庭變故，並且決定移民，因此人生道路上再度出現新轉折。

媒體大變

古代兵家在作戰時是「兵馬未動，糧草先行」，中共則很強調「輿論先行」。因此媒體在香港是最敏感的領域。爲了「平穩過渡」，我的專欄也以「改版」爲名大量被砍。

號稱「知識分子」報紙的《明報》當然最敏感。正如前述，《明報》在一九九五年一月三日，也就是元旦假期後開工的第一天發表〈辦一份中國人的報紙〉的社評，認爲「不論北京的新華社還是台北的中央社，都難以成爲中國人看世界的千里眼和順風耳」。那麼理想中的「中國人報紙」是什麼？社評以比較多的篇幅批評西方傳媒的價值觀念，強調「中國特色」，卻又沒有對「中國特色」的價值觀加以說明，而是「只有通過在實際運作中的不斷探索和不斷尋求」云云。而中國特色正是中共拿來反對普世價值而誆騙中國人的政治術語。撰文者是上海市委出來的一位朋友，他說是老闆親自下令寫的。

同樣是《明報》，曾經聘請在六四後參與支聯會救援中國民運人士而身陷囹圄的羅海星（負責香港中共文化界統戰的《新晚報》總編輯羅孚之子），他在獲釋後好不容易獲得《明報》聘用，但上班後居然一直沒有安排他的具體工作，他也明白這是消息曝光後受到香港新華社的壓力，他不想讓《明報》爲難而在兩週後自動辭職。

這以前，他有在其他報章寫評論文章，有編輯私下告訴他，新華社負責人打電話給報社，於是報社被迫停用他的稿子。他這位香港的「紅二代」被趕盡殺絕，被迫與被中共誘騙回國而以「美國間諜」罪逮捕爾後發現是冤案而又釋放卻要在北京住滿十年假釋期才回香港的老爸羅孚一起移民美國。後來他們又回到香港，羅海星比羅孚還早，於二〇一〇年鬱鬱而終，終年六十歲。

我剛到香港時，香港最老牌的三家報紙是《華僑日報》、《星島日報》、《工商日報》，都是打著「中華民國」旗號的。一九八四年中英簽署聯合聲明，由國民黨何世禮將軍擔任董事長的《工商日報》就在當年十二月停刊。國民黨在香港的機關報《香港時報》因為黨八股而銷量不佳，也在一九九三年二月停刊。歷史最悠久的《華僑日報》（前身是一八五八年創刊的《中外新報》）也在一九九五年一月停刊。胡文虎家族的《星島日報》則在一九九八年的金融風暴被何世杜買走而成為親共報章。企圖進軍中國的台灣聯合報系一九九二年五月創刊《香港聯合報》，也因為中國毫無開放言論的跡象，在一九九五年宣佈停刊。我在《星島日報》、《華僑日報》與《香港聯合報》寫有評論專欄。

但是一雞死、一雞鳴，一九九五年創刊的《蘋果日報》帶來「生果」旋風。老闆黎智英本來是佐丹奴服裝企業的老闆，積極投入八九學運而打出極高的名聲，也因為聘請的售貨員都在二十歲上下，使商店充滿朝氣而很受年輕人歡迎。黎智英在學運期間深感媒體的威力，在一九九〇年三月創辦《壹週刊》，將嚴肅的政經議題與活潑娛樂的軟性話題分開兩本出版，售價特低，才七塊五角，主要靠廣告收入。由於內容豐富，紙張印刷都很精美，一舉超過原來最受歡迎純軟性的《明報週刊》。

於是先後也出現多家以單字命名，裝潢排版完全類似的週刊。但是也始終難以超越《壹週刊》，因爲觀念上一直創新，政治上更是敢言，而且更以高薪高稿費聘用人才。

在成功的基礎上，黎智英再創辦《蘋果日報》。《蘋果日報》來勢洶洶，以大約一倍薪資高薪挖角，其他媒體的要角被挖，造成人心浮動，後來多家報章組成統一戰線，規定凡是被挖去的，以後不得回到這些報章。也就是一旦「賣身」給黎智英，就別想再轉到其他報章。

張五常與黎智英及壹週刊社長楊懷康都很熟悉，因爲他們都信奉自由經濟，一九九三年我們還一起遊中國。後來張五常還給壹週刊寫專欄，稿費全港最高，據說一篇一萬兩千五百元，還有著名畫家黃永玉的兒子黑蠻配圖。楊懷康還找過我寫台灣經營之神王永慶的傳記，但是我的寫作風格與他們不同，不知道修改了多少次。因此後來沒有找我再寫了。

《蘋果日報》也找我寫評論版的專欄，一星期兩篇。黎智英請了在城市大學任教的曾淵滄博士擔任總主筆寫《蘋論》兼管評論版。新加坡人大概在政治上比較保守，因此沒有多久因爲拒絕要他寫的社論內容而罷寫，只好換人。不過他在財經版寫的投資專欄非常受到歡迎。

《蘋果日報》除了反共敢言，在編輯上的特色就是有許多圖片而少文字，內容很政治，也很色情，著重社會新聞，標題很有煽動性，版面紅紅綠綠，相當搶眼。雖然被指摘「色膻腥」，卻受到年輕人與普羅大眾的歡迎。其他報紙感到威脅，也增加圖片的版位，面向普羅大眾的，更是也跟著彩色繽紛，避免讀者被搶掉。

黎智英敢於花上巨資辦報，是看中香港媒體紛紛靠攏中國，留下一片反共市場的空檔，他正好補進。蘋果因爲敢言，銷路很好，多年居於銷量第二位，也辦起其他雜誌，例如《忽然一週》，統稱「壹傳媒」。因爲敢言敢作，領「狗仔隊」之先，也有些不擇手段，所以惹上不少官司。編採人員因爲高薪，所以也爲老闆賣命，爭取銷量，一旦表現不夠，老闆也不客氣請他走人。

各個媒體爲了「平穩過渡」，紛紛調整立場。以改版爲名，我的專欄也大幅縮水。到九七前夕，剩下《經濟日報》，但是每天一篇的凌鋒「六路八方」專欄寫了近十年也停止了，剩下每一個星期才一篇的林保華「港事國是」專欄。

一九九五年夏天，香港記者協會的年報指出：北京派遣「臥底」進入香港媒體工作，以便在一九九七年之前控制香港新聞界。這些人不少來自新華社或半官方的中國通訊社的資深新聞從業員。爲此我在香港《聯合報》寫了〈怎樣看香港傳媒中的『臥底』？〉我的估計太樂觀了，認爲香港的自由法治環境，當臥底昧著良心的人不會多，主要是傳媒老闆的問題。

但是也因爲香港的「變色」，引發台灣對香港的注意。一九九六年夏天，《自由時報》董事長吳阿明與評論版負責人朱立熙來香港，邀請我給該報寫專欄，評論香港事務，用林保華的眞姓名，每週一篇，從該年七月一日開始。但是離開一九九七年七一前的一個月，則要求我每天一篇「倒數」的小專欄。不久，《中央日報》也邀請我寫專欄，一周一篇，用「凌鋒」的筆名，主要寫中國事務，所以與《自由時報》正好有不同分工。而我也繼續在《中時晚報》的副刊寫些小品文。

穩定官民

九七前夕，港督彭定康爲穩定香港民心與官心，做了兩項重要事情：

第一件是在一九九五年放寬香港市民申請BNO（英國海外屬土公民）的條件。

我剛到香港時，在星島、華僑、工商三家老牌報章會看到一種廣告，那就是政府刊出的某香港市民申請英籍的廣告，向全香港發出公告，有沒有人持不同意見？當時要申請英籍，除了香港出生，還有英語能力，當然還須沒有案底（刑事記錄）。一九八〇年代初期，港督麥理浩訪問北京，探知中國有收回香港意圖，因此英國國會取消香港英籍人士可以在英國居住的權利，將它定性爲BNO。《信報》總編林行止說「英國不可靠」，就是從這點引申出來的。

六四屠殺讓香港人非常驚慌，爲了社會安定，避免大量移民，所以又批准一批從事政府工作與敏感行業的人士有英國居住權。我自認還有多年的觀察機會，英國也不是我喜歡的地方，因此沒有申請。

然而到了一九九五年，彭定康宣佈放寬申請BNO的條件，只要是香港永久居民，除了有刑事記錄與在香港居住時間低於在外地（例如中國）時間外，人人都可以申請BNO。

雖然即使基本法規定BNO只能當旅行護照，不能當國籍證明，但是因爲中國頒發的香港身份證或中國護照只有少數幾個國家免簽，而且即使中國不承認它是護照，但是外國不見得不承認你，因此如果擁有BNO，即使不能移居英國，但是可以自由到英國與其他許多國家，必要時在其他國家也可以受到英國領事館的保護，因而有總比沒有好，而且一旦中國或香港出大事，有一紙BNO就可以立即離開香港，到了其他國家再做定奪，比困死在香港好。

在這個情況下，我立即做出全家申請的決定，在得到批准後，還全家向英女皇宣誓效忠，成爲英國海外屬土公民。因爲英國是民主國家，我們的宣誓一點都沒有勉強或「背叛」之感覺；反之，心裡非常高興，也踏實許多。在最後幾個月被炒高的BNO被戲稱爲「末日證」，如同股市裡的「末日輪」（窩輪，即認股權證）。

有幸申請得早，眞是「走得快，好世界」，後來申請的人越來越多而要排長龍了。一九九六年三月三十一日是申請截止日期，這以前的三個月，有二十萬香港永久居民登記爲英國國民（海外）國籍。三月三十日那天，有五萬四千人做最後衝刺，到人民入境事務處總部登記英國國民（海外）國籍，登記人排隊至灣仔運動場，期間更發生爭執及毆打事件。

截至一九九七年年底，大約三百五十萬名香港人登記爲英國國民（海外）國籍。大約兩百多萬香港人沒有登記入籍，當中部分人不是香港永久居民，沒有資格登記；部分人因爲擁有外國國籍，或因爲其他原因沒有登記。

我移居美國，以及從美國到其他國家旅遊，都使用BNO這本有效期十年的護照；在美國，還申請延續十年。

二十年後，當一國兩制被習近平、梁振英、林鄭月娥摧毀的時候，BNO再度成爲熱門話題，一些「生不逢時」的年輕人以手頭沒有這樣一張證件而引爲憾事。

第二件是穩定公務員隊伍，清洗不忠分子。

彭定康上任後，積極推行司局級公務員的華人化。除了律政司，全部由華人擔任。陳方安生在一九九三年就被任命爲布政司，就是九七後的政務司長，是公務員中職位最高者。律政司留給英國人繼續做，相信是一旦有高層官員背叛，律政司可以起訴，以確保政府首長不會被中國策反而動搖英國人的統治。

一九九六年七月，香港政府突然宣佈人民入境事務處處長梁銘彥以「私人理由」自動辭職，並且即時生效。梁自己也說是健康問題。然而他又講不出有什麼絕症，因此疑點重重。在一片「平穩過渡」聲中，出現此事，一定有蹊蹺，我就寫文說「事關効忠」。果然經過立法局舉行多次聆訊，窮追猛打，半年之後，梁銘彥改了口風，說是因爲港府對他不再信任。然而是經濟問題，還是政治問題呢？

由於公務員事務司林煥光表示與英國無關，也與彭督無關，似在撇清敏感的政治因素。而中方從黨報到民建聯都爲梁銘彥講話，甚至新華社香港分社副社長張浚生、港澳辦主任魯平也親自出馬表達不滿，可見一定與中方有關係。後來果然有人爆料，看到梁銘彥與中英聯合聯絡小組的中方代表一起喝咖啡。這是背著香港政府的活動，而梁的職務對來自中國的移民有把關作用。他們談話的內容，梁銘彥當然不會說出來，而港府自然也不可能再信任梁銘彥，因此自動辭職是必然的結果，也避免中英直接衝突影響平穩過渡。而與梁銘彥喝咖啡的中方官員就是後來升任港澳辦副主任，到退休後還是極左的陳佐洱。

事件當然對其他公務員也有警示作用：別在主權轉移以前去拍中國馬屁，出賣港府。從而起了穩定公務員隊伍的作用。

然而二〇一九年三月明報的報導說，該報於二〇一四年向立法會申請閱覽調查梁銘彥專責委員會的文件，在五年一審的高官品格審查中發現梁與涉及洗黑錢的有組織罪行的問題人物有密切關係，後來他也承認了。成爲他的下台理由。

準備接管

在港府努力穩定民心官心的同時，北京也採取各種措施準備平穩過渡、接管香港。首先還是製造輿論，香港新華社社長周南一再聲稱中國有能力管治香港。是否眞有能力，只有未來實踐的檢驗了。

一九九五年六月二十六日出版的美國《財富》雜誌封面，以〈香港之死〉爲題，預言九七主權轉移後香港必然大倒退，作者叫大家不要像皇帝的新衣那樣，裝模作樣，當作看不見。此文當然刺激中國的神經，黨報群起而攻之。我不認爲香港會立即死亡，而是有個衰亡的過程。

另外中共散佈謠言，說港英當局將花光香港所有外匯儲備後走人，給未來特區政府製造麻煩云云。爲此，中英聯合聯絡小組的中方代表陳佐洱大罵彭定康改善市民福利的措施將造成「車毀人亡」。

在這之前，他們就阻擋香港赤鱲角國際機場的興建，理由也是英國人要花光香港人的錢。這種狹隘民族主義產生的陰謀論，都是以小人之心度君子之腹。後來證明只有英國人才有這樣長遠的眼光，而且促使九七前經濟平順發展，從而穩定人心。而且給特區政府留下大批外匯儲備與財政儲備。

由於彭定康的政治改革改變了功能組別的基礎，北京不予承認，因此宣稱「以我為主」、「另起爐灶」。一九九五年選出的立法局，北京也不承認，無法平穩過渡到九七之後。因此，由中方主導成立臨時立法會，然後在一九九八年，正式選出立法會。

除了立法會，更重要的是第一屆特區政府怎麼成立？既然是香港特區政府，總不能在中華人民共和國治下的中國城市成立啊。然而在英國人治下，又如何舉行未來中國特區政府的選舉與成立相關機構？好在公務員平穩過渡，除了律政司，其他司局官員不用換。但是特首仍然必須選舉，中英兩國有所諒解，在英國人治下進行這些活動。

一九九六年一月在北京成立香港特別行政區籌備委員會，主要是中國官員，但是也有中國欽定的香港各方人士作為「代表」。在他們的組織下，有四個人參選第一屆特首選舉，他們是商人董建華與吳光正，資深大法官楊鐵樑、李福善。

董建華是船王董浩雲的兒子，老爸親台，但是董建華很識時務，在許家屯出任新華社香港分社社長時，就去拍馬屁，而且應該有內線，否則怎麼拍得那樣準？那就是給後來被稱為許的女朋友者提供一套住宅，並且在他的公司裡掛一個職務，每月領取數萬元的薪資而不必上班，那時我在報館，一個月才數千元薪資呢。當然，這是九七後才揭露出來的事，是許家人自爆的。當時只是謠傳許家屯是中國「四大扒灰」之一，後來證明並非扒灰（報載另外三個是海軍大將蕭勁光、海軍上將蘇振華、當過郵電部長的民主人士朱學範）。

另外三個：吳光正是船王包玉剛的女婿；楊鐵樑是大法官；李福善是香港的「世家」，也就是香港成爲英國殖民地後幾個買辦家族之一，而且是首位擔任香港最高法院首席大法官。

他們都聘請公關公司進行宣傳與拉票。雖然選舉只是由八百人的選舉委員會中選出，但是他們還是關注輿論的評價。我參與過吳光正的餐會，由他講述他的理念。這是因爲吳光正的九龍倉旗下有個有線電視台，是不收費的無線、亞視之外需要收費的電視台，因此他們的公關公司平時與我們這些寫稿佬就有許多互動。此外，家裡也接到過董建華公關公司的宣傳電話。

不過，這四位競爭是假的，因爲一九九六年一月，中共總書記江澤民在北京會見香港特區籌委會時，刻意一個箭步走到董建華站著的位子與他握手，於是人們立即明白這個「江握手」就是中國欽點的人馬。以後每逢需要選拔的政治活動來到，媒體都要計算握手時間的長短來比較誰更加得到北京的寵幸。

結果當然也是董建華出線。後來知道，當時中共有兩條路線，周南因爲把許家屯當敵人，所以支持楊鐵樑；然而港澳辦主任魯平支持董建華。當時雖然許家屯已經到美國「旅遊休息」，但是也許因爲董建華與江澤民是江浙同鄉的關係，加上中共需要董建華與美國許多機構的聯繫人脈以便滲透，因此還是挑中了董建華。

在一九九七年四月中旬所做的民調中，雖然香港人對平穩過渡的信心有增加，但是對中英兩國政府表示信任的，中國只有三成多，而信任港英政府的有六成半，顯示彭定康的成功。彭定康的支持度有百分之五十八點七，略高於董建華的百分之五十七點九。而政治人物評分最高的是布政司陳方安生，達六十九點九分，表明彭定康慧眼識人，但也種下後來她被北京剔除的厄運。

鶯歌燕舞

一九六五年，毛澤東寫了〈水調歌頭．重上井岡山〉一詞，內有一句：「到處鶯歌燕舞，更有潺潺流水，高路入雲端。」文革期間，即使武鬥流血，經濟頻於崩潰，黨的喉舌也要以「鶯歌燕舞」來形容經濟與民生，回擊「帝修反」的惡意攻擊。如今改革開放，中國有點錢了，要展現香港民眾對中國收回香港的信心，必然要花錢營造「鶯歌燕舞」的局面。我當然抓住中共的這個心理，所以在股市賭九七。因爲槓桿比率太高又有時限而平時不敢買賣的認股權證也沾手了，尤其是地產股。

彭定康出任末代港督後，除了推行民主改革，也利用金融手段壓抑樓價，避免暴衝失民心而造成社會動盪。然而越是接近九七，大量中資進入下，樓價壓抑不住，與股市一樣噴發。

不過我在進行「投機」的時候，也盡一個評論員的責任，在《經濟日報》寫了多篇評論文章要大家注意。當時最熱炒的是中資股與紅籌股（在香港註冊的中資企業）。那時已經有許多紅二代來香港撈錢，例如首都鋼鐵公司與李嘉誠的長實合組「首長企業」，鄧小平么女鄧榕在深圳起樓向香港富豪推銷，富豪們不敢不幫襯。

一九九七年一月下旬與許行夫婦在我住家樓下的和平飯店吃午飯，就看到鄧小平女兒鄧林、鄧楠及其家人也在那裡用餐，不過非常低調。那時鄧林丈夫吳建常擔任董事長的幾家有色金屬公司已經在香港上市。他們在香港現身，我以爲鄧小平還不至於立即翹辮子，哪裡想到三個星期後他眞的一命嗚呼了。那時香港股市常常借鄧小平生死消息大起大落。爲此，我寫過〈鄧公生死與港股炒風〉。

由於中資影響越來越大，炒風日盛，我寫過〈紅籌神話 全面昇華？〉等文章，更在一九九六年平安夜那天寫了〈「樓股齊鳴」迎九七 特首須防接火棒〉。然而當時港英當局任何壓抑炒風的手段，都會被認爲破壞大好形勢而不敢出手。

一九九七年五月二十六日，我在《蘋果日報》寫了〈港股出現青天白日滿地紅〉：青天是藍籌股；白日是日漸暗淡的外資股，多家已爲港資收購；滿地紅則是國企與紅籌股。當時恆生成分股三十三家，主要是香港響噹噹的藍籌股，但是國企H股已經有二十六家，紅籌股四十多家，我說「遍地紅」成了香港股市的大趨勢。一九九七年六月十七日，我在《經濟日報》寫了〈回歸炒風濃轉淡 恐是發財夢醒時〉。那時有的紅籌股的市盈利（本益比）炒到一千多倍，我勸人們發「回歸財」也應居安思危，氣泡終要破滅，寧願少賺，不要冒險。我因爲要移民，住家在最高價賣掉了，股票也基本出脫了。但我也沒有料到，金融風暴卻是那樣快就來到。

當時有必要製造鶯歌燕舞局面，還因爲出現不利九七平穩過渡的異象。一九九七年元旦，這是有非常象徵意義的元旦，可是尖沙咀的花車遊行卻撞死一名英國女遊客，而這花車屬於親共的「明天會更好」基金所有，偏偏死的是英國人，哪裡會更好？而臨近七一時，江西省贈送給特區政府的「回歸寶鼎」，在香港卸貨時，竟會摔斷一隻腳以致無法三腳鼎立，這又如何能夠「平穩」？中共非常相信「天人感應」，未來是否眞的如此，實踐是唯一的檢驗標準。

不管怎樣，七月一日前被營造爲形勢一派大好，不是小好。雅加達新華學校的富商學弟勸我不要移民，留下來賺錢。可是我始終對共產黨缺乏信任，非走不可。尤其周南與共黨輿論一再宣傳「洗刷百年恥辱」，而不是繼承英國人的成功管治經驗，顯得殺氣騰騰給人帶來陣陣寒意。

決心移民

一九九五年年底，洪平回上海探親，第二年一月中旬回香港。女兒也趁年底假期從英國回來。我們一起度過結婚三十週年。但是沒兩天，一個星期日的早上，我們都起床了，洪平卻還在沉睡，以爲她從上海回來比較累，就讓她多睡。沒料到快中午還沒起床，女兒去叫醒她，她說話含含糊糊，還像沒睡醒那樣，我們打電話問醫生朋友這是怎麼一回事，朋友叫我們立即叫救護車送醫院，我們才嚇醒。救護車送到灣仔律敦治醫院，經過掃描，說是腦血管出血。問了她的心臟病史，一直在吃抗凝藥，不敢給她吃止血藥，因爲血濃會影響她的心臟瓣膜。打電話請教給她開刀的莫醫生，他也無計可施，只能讓醫院來處理。就這樣昏迷數天，到一月二十八日去世。醫生告訴我是金色葡萄球菌感染的。我第一次聽到這個病菌的名字，可能是回到中國探親時染上的，回到香港才發作。

她一發病，就通知中國的家人，上海的妹妹與北京的侄兒都來了，香港的表妹也在。舉辦喪事時，英國的女婿也來了。對這個劇變，我幾乎六神無主，還好子女在身旁，朋友們都幫忙處理後事，包括尋找安放骨灰的地方。告別式有許多朋友來，讓我很感動。我們的子女都是她與她的家人辛苦帶大的，我不太管。如今子女剛能自主，她還沒有享受到子女的回饋就撒手人寰，我們都難以面對這個現實。接著的日子，也有許多朋友來探訪、安慰，讓我逐漸習慣環境的突然變化。

在洪平去世以前，我已經考慮移民問題；媽媽也叫我走，不必考慮她。洪平去世以後，移民的決心更強烈了。對移民外國，我心存顧慮，因爲我的外語不好，學習外語的能力也差，所以首先考慮的是移民台灣。當時找了中華旅行社經理（等於台灣駐香港代表）鄭安國，他當然了解我的政治立場與處境，讓我塡表，以在海外有貢獻的華僑身份申請移民，並且塡了表格，只剩最後遞交送出去。

就在這時，與原來香港文聯的會友、台灣外省第二代、熱心參與香港民主運動，參與香港民主黨前身港同盟創黨並擔任支部副主席的楊月清有了私人來往，也談了一些私人事情。我談到打算移民，但沒有最後決定。她是單親家庭，女兒思思在美國讀中學，也想去美國，就近照顧女兒。因爲有共同的理念與想法，所以我們就接觸多了並在這年秋天去美國與加拿大考察，因爲媽媽想去美國探望從上海移民美國的姐姐，也就是原來我在上海的大姨，於是我們就一起去了大姨所在的波士頓，媽媽繼續留在波士頓，我與月清就去普林斯頓周曦那裡，並且由他開車帶我們到月清女兒在紐澤西州的寄宿學校。再後我們去了加拿大溫哥華，再到洛杉磯金老總家，也到再秀家。大致走了一遭，對溫哥華比較有興趣，因爲聽說移民加拿大也比較容易，何況那裡香港人多，比較容易適應。

對香港前途缺乏信心的，大部分在一九八〇年代英國決定交出主權與六四後的一九九〇年代初期移民走了。堅持到最後的沒有多少。然而這並非說香港人就擁護中國收回香港，因爲更多人想移民而沒有條件，或者還有其他想法。根據香港大學社會科學研究中心於五月份就九七主權轉移所作的電話訪問顯示，沒有感覺者佔百分之五十二點二，悲觀、憂慮或持矛盾態度的佔百分之二十左右，而感覺興奮和有所期待者只佔百分之二十三點八。

香港一個以青年人爲主體的機構《突破》雜誌在同時也完成了一項對青少年的調查，內容也是有關對香港主權的轉移。被訪問的一千二百一十一名大專學生中，有百分之四十一點二表示不歡迎和不希望「回歸」，對「回歸」沒有感覺者佔百分之二十九點九，歡迎和希望的只佔百分之二十八點九。

從這兩項調查來看，歡迎「回歸」的分別不到四分之一和三成，也就是少數，多數人是不認同或感覺麻木的。這些多數人中，第一項調查對象是各階層人士，所以「麻木」者較多，不認同者相對較少，而大專學生比較敏感，因此「麻木」者較少，多數站在反對立場上。

需要說明的是，中共從一九八四年中英聯合聲明簽署後就不斷對香港進行「愛國主義」教育和大規模統戰工作，特別是這一年來中國有大批資金湧入香港，給香港人發「九七財」，在社會上大規模營造喜洋洋的「回歸」氣氛。如果沒有這一系列努力，擁護的能超過百分之二十嗎？這也是九七後香港民主運動繼續得以發展的社會基礎。

最後玫瑰

我們在一九九七年二月才最後決定移民加拿大，到加拿大領事館提出申請。找了與文化界關係不錯的劉律師。因爲申請時間離開七月一日太短，怎樣都來不及在七月一日前批准，因此劉律師建議，到紐約送件，並在那裡等候傳喚通知。這樣安排很好，我們就可以在七月一日前離開香港先到紐約，以表示拒絕接受中共的統治。此外，能在全球最大城市紐約住一段時間，更深刻認識紐約，也是此生的重要經歷。

做出移民決定後，就努力賣房子，也臨時找房子租幾個月。珠城大廈的房子賣了三百多萬，賣給新加坡人，在銅鑼灣崇光的後面的怡安閣租了四百多呎的房子，除了一些隨身衣物，就是寫稿必備的工具書。搬家時丟了一大批東西，尤其是書籍雜誌，包括台灣出版的《中共研究》訂了幾年也全扔了。其他要運走的東西，都交給羅海星介紹的航運公司，因爲他比我早走幾個月。我們運走的東西還不知道目的地在哪裡，先存在倉庫裡，有了目的地才通知他們運走。月清很能幹，這些事情都是她在處理。

決定移民後，我們請了一些朋友在怡東酒店吃飯告別，也告示我們建立了新的家庭。當時香港正在放映電影《傾城之戀》，我們的遭遇有點類似。朋友們也以各種不同形式與我們告別。黎智英還請客送行，席間六四學生領袖柴玲也出現了。她是趁九七之前來香港一趟，因爲以後難了。當時的立法局議員劉慧卿也約了著名媒體人鄭經翰設魚翅宴歡送我們。

我們在臨走前忙得不可開交，除了報章雜誌的稿子要按時完成，還要求《蘋果日報》、《經濟日報》等證明我到了加拿大有「自僱」的能力，以及我的收入情況，感謝他們高層的協助。我還拜託上海的朋友，給我開在中國的「良民」證明。總之，任何可以想到的證件都要完備，以防萬一。

大概四月間，廣東省公安廳的張先生來找我，難得他們還想到我，說要再給我辦回鄉證。然而此時我要走了，沒有時間辦這些。所以我也婉謝了。並且表示，希望中國在開黑名單時有一個標準，否則這次給我，下次又莫名其妙可以沒收掉。同時我也表示，香港還有一些黑名單，也希望能夠處理他們的，不光我一個。

顯然，爲了九七的安定，他們想表示一下開明的作風。我也想先移民再說，回鄉證事情未來總可以解決。沒有想到中國的政治越來越倒退，我的黑名單也一直無法取消，大概要陪我進棺材了。

爲了見證九七這個世紀「盛事」，全球大批記者雲集香港。日本最多，有一千三百名，美國其次一〇四七人，英國六八八人，中國六一〇人，台灣五二八人。由於「形勢一派大好」，大概只有羅孚一家與我因爲九七才移民，而羅孚早幾個月走，因此採訪九七的外國媒體沒有採訪到對九七抱異議的人士，唯一才只有我。然而我又沒有高知名度，因此當時只有英國路透社和日本的幾家媒體採訪，我也發現最擔心香港前途的是日本，西方國家對中國缺乏日本的認識，大概眞以爲「形勢大好」。其中的東京放送（TBS），不但在香港採訪我，我到了洛杉磯以後，還關照那裡的記者採訪我。香港媒體採訪我的有亞洲電視、壹週刊、蘋果日報、亞洲周刊、開放雜誌，他們連續追踪。我是六月二十八日離開香港，壹週刊記者問，爲何不是六月三十日更有震撼性？我回答：萬一有颱風飛機不起飛怎麼辦？七月一日不走就是我輸掉了。親中的《亞洲週刊》也有專文報導我的離開。

在離開七一的最後幾天，忘了是哪家電視台，在銅鑼灣時代廣場連辦幾晚公開的討論會，其中黃毓民提到共產黨來，有人要走，他提到我「凌鋒」。當時剛成立不久而與香港記者協會對抗的香港新聞工作者聯誼會主席陳堅明（《文匯報》財經版主任）回答說，誰知道他有什麼個人問題？當場被黃毓民痛斥一番。我到紐約後才一年，突然看到他訪問華盛頓的新聞，說他在酒店裡暴斃。人的一生眞是禍福難測啊。但是做人不要太刻薄才是正途。

六月二十八日，我們離開香港。這天上午，我用傳眞機給台灣《自由時報》傳了兩篇稿，一篇是六月二十九日的稿，一篇是六月三十日的稿。可以說，最後完成了報館給我的這三十天任務，沒有欺場才離開香港。離開栽培我二十一年的香港，可謂離情依依。香港很難獨立，我卻無法接受中共的第二次獨裁統治，只好個人宣佈獨立，離港而去。

到機場送行的，是立法局議員，相識多年，且與月清有緊密合作關係的劉千石。年老的媽媽由侄兒照顧，我的兒女已經各奔東西，沒有在香港。也因爲我的離開，兒子把他媽媽的骨灰盒送回上海老家。我也沒有想到大概是終身的黑名單，此生再也不能到她靈前拜祭。

別了，香港夏日最後的玫瑰。

二十，紐約紐約

紐約是國際大都會，全球最大城市，也是最大金融中心，還是美國移民大熔爐，美國文化的代表。一生之中能在紐約居住一段時間，真是不枉此生。

定居紐約

我們到美國的第一站是洛杉磯，視我如子姪的金堯如老總住在那裡，是他最極力主張我移民美國。香港到紐約需經過美國西岸，何妨先在洛杉磯停留？我們就住在金老總家裡，他們夫妻兩個、長女金虹在港，小女兒朝陽沒有一起住。這時曾經流亡洛杉磯的經濟學家千家駒已經回國，金老總與許家屯也很少見面，「許千金」已經破局，家裡很寧靜。

我們在他們家裡看了六月三十日下午香港「回歸」的儀式過程，看到磅礴大雨，有「淚飛頓作傾盆雨」之感。那位英國女高音歌唱家唱出〈夏日最後的玫瑰〉，不論時間、地點、境遇，都再貼切不過了。何況這是愛爾蘭民歌，同屬香港宗主國的英倫三島。

在天公流淚的同時，是我流眼淚了。香港給我第二生命，香港給我認識「資本主義」，香港給我小小的成就感，我哪能不感謝香港給我的一切？因此離開香港也確實讓我有些內疚。然而我無力對抗龐大的專政機器，從消極方面來講，我是逃避；從積極方面來講，我以出走宣佈我的「獨立」，拒絕再被共產黨統治。

因為來過洛杉磯兩次，所以也不必玩了，主要是聊天談時事，再就是寫稿，所有專欄沒有斷過。東京放送駐洛杉磯記者也來訪問我看了「香港回歸」的感想，作為香港訪問的續集。

在洛杉磯住了幾天，七月四日就到紐約。七月四日是美國國慶日，但是之前的七月一日，紐約的親共華人搞了慶祝香港「回歸」的遊行，不免大倒胃口。這些到了美國的華人，有的入籍了，宣誓效忠美國，而美國的立國精神就是自由與人權，可是他們竟歡呼香港墮入中國的專制羅網，眞是精神分裂。不過接下來一切都很順利。

在紐約，由月清舊日在唐人街開餐館的朋友來接我們，在他們家住幾天。我們立即找房子。由於來以前在香港見到全球到處採訪的記者張翠容，詢問過她的意見，她在紐約住過，她認爲作爲新的移民，住在法拉盛比較合適，容易適應。因爲我們等十月見加拿大領事館的移民官員，自然沒有考慮要買房子，只找房子租住。

在法拉盛找到一位韓國人的房屋仲介，很快在法拉盛鬧市緬街裡面的小馬路找到一個一房兩廳的房子，比香港的兩房兩廳還大，而且是新房了，房租八百美金，比香港便宜多了，因此欣然入住。整棟樓的大業主是猶太人。這個地方走到街口緬街就有一家台灣人開的金山超級市場，因此食物與日用品的問題都很容易解決。

法拉盛原來是小台北，台灣人多，韓國人也多，後來則是中國人越來越多。因此不必講英文就可以在那裡混，不要說華人商店到處都是，華文報章多處可買，還有華人的診所、律師，乃至電召車。

在紐約也很快聯繫上在《世界日報》的台灣《聯合報》記者曾慧燕。因爲在香港早就認識她了。她仍然是報導中國民運的首席。她很熱情的帶我們去購物，尤其是那些便宜的過氣名牌。也介紹許多紐約的人與事。

我們本來是定於一九九七年十月在紐約見加拿大移民官員，決定是否批准我們以自僱形式移民加拿大。然而我們到了紐約，經中國社科院政治研究所前所長嚴家祺的介紹，認識了唐人街的潘綺玲律師。她來自香港，講廣東話，而且做很多中國異議人士的移民事宜，理念上完全吻合，所以我們分外親切。我們把自己的情況介紹後，再加上充分的移民資料，她認爲我以傑出人才身份辦美國移民也很有把握，但是還要找幾位重量級的名人來推薦。

於是經過不同朋友的介紹，我們找了紐約哥倫比亞大學的黎安友教授、普林斯頓大學的余英時教授，還有一位是當時美籍華裔做過最高官階的吳元黎教授，當然更由張五常教授拜託諾貝爾經濟學獎得主的傅利曼給我寫推薦信。

與黎安友教授見面時，除了推薦，他還問我還有什麼其他要求。因爲其他民運人士都會在哥大掛一個「訪問學者」的金字招牌，但我不搞這個形式。到達紐約不久，我去普林斯頓大學出席反右四十週年研討會，就見到了余教授，二〇〇一年我出版《中共風雨八十年》，他不但熱情的給我寫了序言，還建議用比較中性的書名來爭取更多的讀者。吳元黎是《大公報》創辦人兼社長吳鼎昌的公子，由於他對中國問題有精湛的研究，在尼克森任內曾任美國國防部助理次長。我們後來到舊金山，張偉國帶我見他答謝他的時候，談起我爸媽一九三八年從重慶飛到香港搭乘的《桂林號》客機回程被日軍擊落，他說他本來要搭那班飛機到重慶，臨時有事取消，否則送掉一條命。眞沒有想到與他還有這段因緣。

那些英文的申請移民表格都由月清來塡，我是最怕這些繁瑣東西的，律師當然也幫了很大忙。由於資料充分，十月送到移民局不久，我們在十一月份就接到通知，說批准我們在美國定居了。看表上的日期，從審查到批准只有一天的工夫，律師說，她辦移民案，這個案子是空前的速度，相信是推薦人太強了！以後我們就是等候發正式的綠卡了。但是那時正在製作新的綠卡，所以等的時間比較長，到兩三年後我領到時，以爲月清的也會很快拿到，哪知左等右等都等不來，我們親自到曼哈頓的移民局查詢多次，接待員都留下記錄答應查詢，但也都石沉大海。

拖了幾年，最後只能找議員求助。第一個先找希拉蕊參議員，但是沒有查出什麼原因；再去找另一位民主黨議員舒默，隔了一段時間終於有了消息，問楊月清爲何塡表時會寫上自己加入過共產黨。他們也相信她沒有加入共產黨，可是怎麼塡表要塡加入？這把我們嚇了一大跳。到律師那裡去查副本，果然如此。原來這一頁的好幾條問題都是詢問有沒有吸毒，有沒有賣淫，有沒有犯過罪、坐過監牢等，所有的問題都要打叉，但是在有沒有加入過共產黨這一行，被人塗改過，將打叉塗改爲打勾。我立即想起，潘律師因爲很關心民運人士，有一位上海出來的，因爲沒有工作，給她在律師行做過一陣。她的哥哥被人懷疑過是特務，與另一位民運人士徐水良打過架；他們比我們晚到美國，現在也不知去向了。這個問題解決後，案子交給移民局一位華裔高官來處理，他原是香港人，談得很投機，事情就這樣解決了。

在批准我們美國定居後，我們就放棄加拿大移民，並且立即準備買房子。正好十一月賓漢頓大學請余英時教授演講中國問題，余教授沒有空，推薦我去，主辦單位派一位華裔學生開車來接我們去，開車學生談起來他的媽媽來自台灣經營房地產仲介業務，我們回來就找她。這位朱太非常熱情，帶我們看了幾家，最後看中櫻桃街一位韓國工程師的房子，是百年老屋自己翻蓋的，因爲原來準備自己住，所以用最堅實的材料。兩層樓洋房，每層八百呎（約二十三坪實用面積），一個地下室，還有尖形的三樓也可以使用。前屋一個小花園，後院一個大草坪，還有一個車房。整個地面五千呎（近一百四十坪）。大門前面有一個幾百年的老槭樹，是印第安人時代的，屋後有一棵很高的樹，南側緊鄰也有一株大樹。樓上四個房間，打通兩個做主臥室，另兩個各自作爲我的書房與月清的辦公室，樓下一個客房，連地庫一共三個衛生間，地庫的有噴射浴缸。對我們兩個來說房子是大了一些，但是從投資角度則不妨。房價近三十萬美金，那時美國房價剛剛擺脫低迷狀態有點起色，所以趕快定下。

也是潘律師介紹，請了香港移民的李師傅進行裝修後搬進去，才覺得自己有「地主」的派頭，想當年即使在香港有自己的房子，也是「空中樓閣」，只有美國，腳踏實地，是自己的土地，自己可以躺下來睡覺的漂亮草坪；還有那兩棵大樹，如果在中國，一定鋸下來做家具。這在當時叫做「自發資本主義思想」。

有了房子，就立即要求香港的搬運公司把儲存在貨倉的東西運來我們的新家，主要是書籍和衣服。在貨櫃車把東西運來時，我們總算定心，眞正安了家。期間，也跑了很多地方買家具。還好我和月清看法一樣，買的都是西式古典家具，當然是盡量買折價品。還買了電器，包括嚮往已久的落地式的喇叭音響。

由於有花園與草地，不但種花，也種菜。我常常赤腳走在草坪上，讓身體直接觸及土地，吸收大自然的生機和靈氣。每年春天，會去買花來種，有可以生長多年的，也有一年一種的。此外就是種菜與瓜果，有成功，有失敗，與付出的努力相比，當然是成效不彰。還買了桃李的果樹來種，一株要一百五十美元，春天開的花非常漂亮，就像櫻花一樣。

伴隨而來的是除草、施肥，但是最頭痛的還是除蟲。總結下來，還是番茄最好種，枝葉的怪味讓蟲子不敢近身。除了鼻涕蟲，另一個討厭的是松鼠，如果沒有利害矛盾，松鼠是很可愛的，我會拿相機拍攝它們的動態。它們偷吃黃瓜還不多，最可恨是偷吃桃李。第一年，好不容易，認爲桃李熟了，與月清說明天我就要摘下了，第二天早上窗口一望，一顆也不剩，走出去看，松鼠眞有本事，它不是一顆一顆偷吃走，而是把結果的每一根樹枝咬斷，連枝帶果一起啣走，帶回樹上的鼠洞。以後只能桃李成熟前先搶摘，以免百忙一場。

這個「農家樂」讓我回味陶淵明的「採菊東籬下，悠然見南山」。可惜紐約看不到山，不過有一年中秋夜，坐在休閒椅上，在草坪欣賞「月上柳梢頭」的意境，雖則那不是柳樹。然而遇到刮風下雪，這些大樹會掉下大串的樹枝，所以那個時候都避免站在樹底下，也不能在樹底下停車。

不過，紐約的治安即使有朱利安尼市長的鐵腕，還是令人難以恭維，沒買汽車時，深夜回家要在地鐵站叫計程車。給我們陰影最深的，是買了房子不到一年，就被竊賊光顧。那晚，出席宴會，回家開了大門進入客廳，發現我們沙發上怎麼會有錄影機？上樓後才發現臥室被翻得亂七八糟，月清的首飾沒有存在保管箱的都丟了，還包括女兒送我六十大壽的Burberry手錶，我還沒捨得用就被偷了。小偷哪裡進來的？原來是撬開廚房的後門。小偷從後面翻牆到隔壁，再從隔壁的後院翻籬笆過來，因為看到腳印。報警以後警察並不認真。經了解，這種事情太多，只要不出人命，警方不會認真查案。

為此，我們在前後門裝了鐵門，門口小花園前面安裝近兩米高的鐵欄杆。此外還設置警鐘；不過多次誤鳴也搞得煩死人。還有定時開關的檯燈，家裡沒人也會亮燈。即使如此，每次夜晚回家，尤其出外旅行回來，進門都擔心家裡會不會又遭竊？這個陰影一直到離開美國還揮之不去。

網路世界

運氣好的時候眞是沒法說，我們在人生地不熟的法拉盛，居然會見到當年在香港新華社工作的沈澤憲。他後來到紐約康奈爾大學讀會計，已經讀完而在會計師行工作。他知道我到了紐約來找我，我忘了是怎麼遇到的，他立即熱心在星期天開車帶我們到處買東西，尤其是家具。買書桌時，他極力主張我買電腦桌，那時我對電腦是完全不懂的電腦盲，但他一定要我學，想想離開香港這樣遠，也許眞的要學會電腦上網，結果眞的買了電腦桌，還拼湊了一部電腦，在他及其他朋友指導下，我終於可以用電腦寫稿傳稿。

這點眞是對他感激不盡，因為對我的寫作生涯是一個大飛躍。但是我缺乏EQ，學得很慢，例如過了一兩年才學會存檔，買列印機居然買彩色的，為了列印那些還不會存檔的資料，花在彩色油墨上就好幾百美元了。

我不但是電腦幼稚生，當時的電腦軟硬體也是初級階段，所以非常辛苦。沒有固定的電腦指導老師，也不可能一直有人在身邊指導，因此誰方便就請教誰，請教最多的是那時創辦《大參考》電子報的民運人士李洪寬，還有彭基磐等。不過我這方面很笨，加上年紀也大了，很多東西看不懂也記不住，也不敢亂試，就怕破壞掉設好的程式。

當時選擇的中文軟體也不知道哪一個好。我學漢語拼音倒是很快，因爲過去查字典會看音標，印尼文也很類似，只要有一本新華字典就可以解決難題了。但是它的軟體是簡體字，轉換成繁體字常常出亂子。各種軟硬體買很多，眞正有用處的不多，或者很快被淘汰。電腦當機時非常苦惱。那一階段，我存檔的文章很亂，還不懂怎麼編號分類和註明日期。有一次當機，請朋友修理時，不小心把二〇〇一年以前的存檔全部毀掉了，那時沒有備份，實在痛心疾首。不過無論怎樣，對我來說，還是個飛躍，自己還挺得意能夠勉強跟上網路時代。

在香港的專欄，《經濟日報》的「港事國是」評論不久就被停止了，《蘋果日報》的專欄還維持多年，後來隨人事變動而寫寫停停，估計我接近民進黨的立場引起爭議。至於香港的政論雜誌，因爲老闆不是親中商人，也不依賴廣告，所以還可以繼續寫，不過《九十年代》在九七後不久就停刊了。

台灣《自由時報》的專欄一直維持，從專寫香港事務改爲中港台國際事務。《中央日報》的專欄到邵玉銘擔任董事長後才停寫。期間發生兩件事情：一個是邵玉銘把一封讀者來信在編輯部傳閱，這位讀者自稱十幾年前在美國他的一位親戚家裡見過邵玉銘，然後說凌鋒（我在《中央日報》的筆名）的文章只配在台獨報刊刊登，怎麼《中央日報》也用這個人的文章？第二件事情是二〇〇〇年美國P3C偵察機在南海上空與中國的殲八戰機相撞，親中人士說美國故意撞的，我寫了一篇評論說美國不可能故意撞：第一，美國偵察機上面有二十四人，中國軍機只有一人，一向重視人命的美國，不可能以二十四條人命去換中國一條人命；第二，美國偵察機的價格遠遠貴過中國的軍機，怎麼可能故意去撞？邵玉銘再把我這篇文章給編輯部傳閱，說事件的調查還沒有結束，我怎麼可以這樣說？可是評論員的責任不就是一發生重要事件就要解讀給讀者參考嗎？還虧邵玉銘當過新聞局長。他不過只是要按中國的調子跳舞，才不容我這個反調。為此，我也沒有必要繼續在變為親共的《中央日報》寫稿了。

到了美國，我也在《世界日報》寫評論，一方面是金堯如老總向該報評論版負責人邱昭琪推介，另一方面當年我在香港《東方日報》副刊寫專欄時，整個副刊都在《世界日報》轉刊，所以報社與讀者也都知道我。特別的長文，例如專題評論或人文遊記，則在《世界週刊》發表。另外，美東《明報》的評論版李曉路，經香港的上海朋友介紹認識，也在那裡發表一些文章，不過不久他離開，我也不寫了。

更重要的還去做了國會撥款的《自由亞洲電台》的普通話評論節目，自己在家裡錄音，再傳到電台，由電台播出。這個節目到台灣後還繼續做，只是因為經費少了而減少次數。設在華盛頓特區的總部也去過幾次，那時中文部主任是來自台灣的JENNIFER CHOU。《美國之音》也去過，除了做節目，還去拜訪當年派駐香港的特派員周幼康，回台灣後，他也來過，並且到過他住在陽明山的弟弟住處。

感謝網路世界的迅猛發展，讓我的寫作生涯更加海闊天空，無論走到哪裡，從不斷稿。這是寫作人的「信用」。

走馬看美

在買到房子後，看到後面一片草地與菜園，心想可能就在這裡安享天年了，老骨頭埋在自家草坪或樹底下也有寬綽的容身之地。因爲沒有了正職收入，要靠寫稿維生，所以有機會就拚命寫稿，另外的時間就是參與有關中國、香港、台灣的社會運動。反而沒有好好看看紐約，看看美國。認爲反正以後日子有的是，當然也與我不會開車有關，我眼睛不好，不敢開車，雖然筆試過了關。月清考試也過了關，但是方向感不佳，也不敢開車做長途旅行。

九年住下來，除了紐約，美東的水牛城（尼加拉瓜瀑布）、大西洋城與拉斯維加斯兩座賭城是專門去玩，其他都是訪友或開會兼帶玩一下，南部具有特色的紐奧良、〈田納西舞曲〉與〈回到肯塔基故鄉〉的這兩個州都沒有去過，黃石公園也沒去，連密西西比河都沒有見到，眞是太遺憾了。

洛杉磯去過幾趟，最後一次是金老總逝世，出席他的葬禮。舊金山則是在柏克萊大學做過關於中共十三大的演講，對象是華人，還出席過電台節目，拜訪在香港給我很多幫助的金咸和先生與金太太，可惜金先生已經失智，但還是那樣溫文儒雅，只是坐在輪椅上，已經認不出我了。在張偉國帶領下也去拜訪吳元黎先生，他住在五星級酒店式的老人公寓安度晚年。可是後來二〇〇八去世時卻是在家裡摔跤，因爲家裡沒人而失去搶救的機會。

美國之音與自由亞洲電台都在華盛頓特區，所以去過幾次，也從那裡拐到巴爾的摩參觀，那是因爲當年《參考消息》經常報導《巴爾的摩太陽報》的評論。面對海灣有一排食肆，供應食品，甚至還有中式餐點，坐在那裡欣賞海景，頗有意思。

一九九九年到西雅圖是拜訪張五常教授，住在他們家，可惜他的遊艇正在大修，住家後面就是西雅圖有名的大湖，屋後就有自己的碼頭，還可以見到水上飛機起降。再看遠一點就是雪山。他們還有一座別墅，就在海邊，也去玩了一天。在西雅圖遊了漁人碼頭與華盛頓大學。到達西雅圖那天，《信報》前總編輯沈鑒治也到張教授家裡。可是那天，教授公司裡出了些事，教授與太太琳達一直在講電話，即使請我們吃晚餐，也是電話不停，那天氣氛低沉，大家都沒講什麼話。有關事件到以後才逐漸明白。

在紐約本地，最多去的，除了曼哈頓，就是長島。長島主要看風景，到過好幾個海灣，看人釣魚，也欣賞過遍地金黃的楓樹落葉時分。到處追看紅葉，後來卻發現居家附近凱辛納公園的紅葉夠漂亮了。那裡許多百年老樹，大自然的景緻，然而湖邊用水泥砌成，反而人工化，不過那個跑道倒是跑步的好地方。旁邊小丘，雪後小朋友坐在倒放的垃圾桶蓋上，當滑雪板從坡上滑到湖邊。

最值得一提，也是常去的最近「勝地」，就是離家居不遠的有個奇怪名字的窄頸大橋（THROGS NECK BRIDGE）。大橋橫跨東河，靠近出海口，河景廣闊，實際上就是海灣的灣景，可以看到潮起潮落，沙灘上有海鷗飛飛停停。漲潮時，水位到烏托邦大道路邊，夜晚退潮時，沙灘上有鴨子或烏龜在活動，可惜垃圾多了些。在大橋南端附近，有一座名副其實的「綠色西餐館」，果然是綠色的兩層樓建築物，旁邊是高爾夫球場。建築物的周圍經過精心佈置，外圍可說是四季有不謝之花，八節有長青之草。這個建築物原來是紐約著名的前市長拉瓜地亞（FIORELLO HENRY LA GUARDIA）的官邸。進大門，左邊是餐廳，右邊是酒吧。

曼哈頓最多去的是唐人街，除了吃吃喝喝，就是到中華公所開會，還買過堅尼道上的假名牌貨。有一次警方來掃蕩，遠方「哨兵」一通知，鐵閘就拉下來，我們被關在裡面，警察走了以後，我們才出來。原來鐵閘拉下來後，都掛有「待售」或「待租」的牌子，警察當是空屋，沒有進來查。

去曼哈頓，最喜歡的還是中城。尤其每年聖誕節，都要到洛克菲勒中心遊覽，與參觀百貨公司櫥窗的裝飾。川普的酒店，去過幾次喝下午茶，這是最省錢的享受方式。

百老匯大道的蘇荷區也去過多次，但是紐約的百老匯文化卻沒什麼領教，只看過長命劇《貓》，月清大姐、姐夫來時，也帶我們看過一個舞劇。我們不大願意花時間到現場去買票，然後再來觀賞。最得意一次是在偶然情況下路過麥迪遜花園廣場，見到居然在售賣歌王帕華諾帝的票子，立刻毫不猶豫買了兩張，這恐怕是我們在紐約最高興的一次，得以欣賞眞人的歌喉，全場更與他合唱。

恐怖攻擊

在紐約最不能遺忘的應該是二〇〇一年九一一恐怖攻擊。雖然當天正好人在台北飛舊金山，準備轉飛紐約的美國聯合航空飛機上。對這個經過，當時留下了記錄：

九月十一日

早上睜開眼，原來自己還在UA 844航班上，接近美國西海岸的領空了。醒來後繼續閱讀昨天才開始看的《毛澤東執政春秋》，作者單少傑是北京中國人民大學哲學博士，因此這本書也多從哲學角度評說毛澤東的功過。它的第一篇〈導論：暴力與政權〉，就是以古希臘哲學家亞里士多德《政治學》中有關暴力與政權關係來評論毛澤東的槍桿子裡面出政權。

哪裡想到，說到暴力，暴力就到。西岸時間早上九點多鐘，飛機降落機場。由於全神貫注在看書，所以眼睛根本沒有朝外望，何況目的地舊金山來過多次，缺乏新鮮感了。但是當飛機上的播音員宣佈飛機降落在加拿大的溫哥華機場時，還是吃了一驚；同時還宣佈紐約世貿中心出事，只是沒有說出了什麼事，要我們自己聽電台廣播。因爲自從一九九三年恐怖分子襲擊紐約世貿中心後已經揚言要再襲擊，因此聽到這個消息後認爲這次又給他們得手了，但是連舊金山都不能降落是不是小題大作了。

因爲有一書在手，也不在乎等待，繼續看我的書。結果是在飛機上等了約一個小時，加拿大的安全人員才上機帶我們下機，在飛機通機場的通道上仔細搜查我們的隨身行李，並且搜身，旁邊還有警犬侍候。進入提取托運行李的大堂後，旅客還不是很多，但是顯得比較混亂，根本就沒有標明不同班機的行李提取處。問了有關人員，他們所指定的傳送帶上根本沒有行李。因爲事起倉促，所以倒也沒有責怪他們，只能耐心等待。到發現有公用電話可以打時，已經排了幾十人，而轉眼之間已經一兩百人，由頭望不見尾。

而當排隊等打電話時，機場當局又要大家離開提行李的地方，出去找各自所屬航機的櫃枱。走到聯合航空櫃枱時，內子看到一位華人記者正在採訪旅客，她眼尖看到記者手上的1427是中文電台的麥克風，正是我們要找的香港新聞界老朋友張無忌，那位張開嘴就肆無忌憚的電台主持。經過這位記者同張無忌聯繫，我們通上話，才知道世貿大樓已經成了平地，連五角大廈也被撞襲。我們這才明白事態的嚴重性。在這情況下恐怕不是一兩天內回得了紐約，因此在航空公司給我們兩個選擇，可以立刻乘車去西雅圖，或者留在溫哥華時，我們選擇了溫哥華。因爲溫哥華朋友多，容易照應我們。

這次改變行程在溫哥華降落的飛機有三十四班，共六千人。旅館爆滿，要安排我們住教堂或社區中心，保證有床位，但是打電話、出去買東西怎麼辦？再同張無忌聯絡，因爲他們進來困難，所以那位記者借了錢給我們，搭計程車到香港仔中心碰頭。在機場上，我也接受了記者的訪問，我的回答也很簡單，對這些恐怖主義的活動，應該將他們消滅在萌芽狀態，否則勢必禍及全人類。而我們在被「驅趕」的過程中，人們情緒冷靜，沒有鼓譟喧譁，表現了文明的精神。

在香港仔中心，同三家朋友會師，決定住在最近機場而又有車可以接送的朋友家裡，也就是烈治文謝露露家。他們甚至還有電腦給我上網和寫稿，住旅館都沒有他們家裡方便。更進一步體會到「在家靠父母，出外靠朋友」這句老話。沒有他們的接待，眞是要成爲流落異鄉的難民了。何況在討論這些悲慘事件時，我們的理念完全相同。

在解決了吃飯問題和購置替換衣服以後，趕緊看新聞，並且上網。第二天是自由亞洲電台做評論節目的時間，本來「兵荒馬亂」想推遲，但是上網看北京對事件的態度和被中共長期洗腦的網民的瘋狂叫囂，馬上刺激了我的新聞觸覺，非趕快做不可。不顧疲勞連夜就把評論文章寫好。

九月十二日

早上做了自由亞洲電台節目後，同住在附近的香港新聞文化界前輩胡菊人見面，本來想請他們吃飯，卻是他們快了我一步，懊惱不已。其他朋友因爲時間關係，而且心緒不寧，暫時都不想見面了。由於電台反覆報導機場部分開放，因此下午露露老公小鍾帶我們趕去機場看情況，只見場面冷落，只有少數不肯去社區中心而願意留在機場的旅客在那裡看電視或聊天。櫃枱說，除了CNN說航班恢復，其他媒體都不要相信。她要我們第二天再來看看，也許還是要先去西雅圖，從那裡再搭飛機回紐約。

看報和電視，知道九月十一日事件的詳情。對紐約市損失三百名消防員倍感震驚，他們是為了救人而犧牲的。紐約已經多次發生這種事件，說明他們的高尚情操。但是這樣多人同時犧牲，實在太令人震驚和悲痛。

加拿大對美國幾乎是無條件支持。溫哥華市民紛紛捐血，超過平時捐血人數一倍，要排兩小時隊，以致當局呼籲要捐血者請事先打電話聯絡安排時間。華人也組織義工接待滯留的旅客，甚至送飯送菜。但是也有在香港信報有不定期專欄而早年就移居溫哥華現在擔任電台主持的某學者，竟然呼籲加拿大政府不可支持美國的反恐行動，理由是將來恐怖分子來加拿大報復怎麼辦？這位研究哲學的學者居然把「各人自掃門前雪，哪管他人瓦上霜」的一套做人哲學搬到加拿大來了。這位被溫哥華華人稱為「奸人」者，平素言論已經是傾向中共，這次無非是揣摩中共同情支持恐怖分子的心態，阻止加拿大同國際社會圍剿恐怖分子而已。

晚上，趕寫兩篇短稿，第二天就是去西雅圖，沒有飛機也搭車回紐約。

九月十三日

電視和電台又說美國、加拿大已經開放部分航班了。電腦查航班，果然說我們來的那個航班下午四點起飛。能不能信？小鍾再帶我們到河邊看飛機場，果然對面機場有飛機起飛。我們趕緊吃了午飯，收拾行裝，趕到機場。人是比前一天多了一些，但是仍然沒有氣氛。櫃枱工作人員表示，飛走的都是空飛機，不能帶人。不過，他答應給我們安排十六日的機位，能否走得成到時再看。是清晨六點多鐘的飛機，未免早了一些。但是歸心似箭，不論什麼時間都得走。而這次更大的收穫是安排旅館給我們住，是烈治文鎮中心的萬豪酒店，每天每人有二十四加元的吃飯補貼。「國難」當頭，我們都已經不計較這些，能有補貼，感謝「黨和國家」的關懷。而能夠在酒店等通知，不必每天煩勞朋友送我們到機場，也比較心安。

到了酒店，給安排了一個套房，我們成了「貴賓」，看來有點「否極泰來」的味道。我們同小鍾說，好好休息，第二天下午碰頭，我們該在酒店答謝他們。他們走後，我們還去附近的商場逛了一圈，還差一點把膠卷拿到照相館沖洗。

晚上在酒店享用晚餐。回到房間時收到書面通知，要我們搭第二天清晨六點多的飛機離開溫哥華到舊金山。但是沒有說明下一步的行程。結果要回請朋友的「壯舉」只好取消。還要他們通知舊金山的朋友，我們也可能在那裡滯留若干時候。

那晚一直看電視。看到紐約的機場又抓到幾個人。心想當局一直製造復航的消息，連網路上也如此說，是不是在「引蛇出洞」，讓那些還沒有暴露的恐怖分子現形？而且幾千個探員要趕赴各地查辦這個案件，有的還要到國外，飛機不飛，他們怎麼去？個別飛機的確在起飛，也許就是帶著他們。

布希總統同朱利安尼市長都呼籲不要歧視阿拉伯裔人士。加拿大也發生謾罵阿裔事件，但是政府、傳媒都出來阻止。完全不像中共當局讓民族主義情緒發泄成打砸事件來達到不可告人的目的。

九月十四日

黎明前的三點鐘就「叫床」，酒店車還沒有上班，各人叫了計程車，四點半到了飛機場。也就是恢復部分航班，大部分還是取消了。證件的檢查過四、五道關，隨身行李的檢查也非常嚴格，平時幾乎沒有手檢，這次也碰上了。因爲不知道這些轉飛加拿大的班機上有沒有潛伏發難的恐怖分子，所以我們也沒有埋怨，配合當局的檢查。在登記機位時，旁邊一位小姐拿了我的傻瓜相機看了半天。我還有一張沒有拍完，乾脆當場拍完了打開給她看。豈料還要我打開電池給她看，我照做如儀。

六點多的飛機到八點才起飛。因爲只安排滯留的旅客，所以人不多，兩個人可以有三個位子。上午十點到舊金山時，問能不能轉機去紐約，他們說有飛機，我們開心死了。但是一看他們安排的航班，竟是當天早上八點鐘的。問櫃枱人員，她才說飛機還沒有到呢，要十點半才起飛。因爲飛機還沒有到，我們就懶洋洋走過去，豈料到了登機閘口，我們是最後兩個上飛機的旅客，想打電話給舊金山的朋友叫他不必等都來不及。但是上了飛機以後，坐在飛機上等了一兩個鐘頭飛機才起飛。飛機空得很，一排八個位子才一兩個人坐，我們都可以躺下來睡覺，但是偏偏可以睡覺卻不想睡。思潮起伏。紐約，紐約，不知道變成什麼樣。沒有世貿中心的紐約，還是紐約嗎？月清更耽憂獨自守著大屋的女兒思思。

飛機在紐約上空盤旋準備降落時，華燈初上。搜索曼哈頓，因爲失去了世貿中心而無法定位。看著天邊，還有幾條血色的餘暉，心中悵然若失。

機場上看不到有其他飛機，也許天黑，遠一些地方就看不到了。但是看當天復航的飛機的確還很少。一下飛機，就去登記已經離開我們好多天的行李。希望能找回來，以省卻麻煩。

九月十五日

昨夜工作到幾乎天亮，加上時差，睡到中午才起床。醒來才知道《北京之春》等民運組織開了個會，並且下午在法拉盛圖書館前有簽名悼念的活動，趕去參加。各族裔人士反應熱烈，紛紛簽名，並且題字表達他們對事件的感受。題字或路上所見到的標語，以「天佑美國」和「我愛美國」最多。紐約比想像中平靜，但是它的內心在燃燒，它將化成無可比擬的力量。

這幾天，報紙很好賣，十二日那天的《世界日報》，有的報攤竟自行漲價，由平時的五角漲到五元，眞是暴利。國旗也賣光，不少人家門口和車上掛上或貼上美國國旗，以示愛國和團結。法拉盛有的商人不知從哪裡搞來劣質小紙國旗，竟要賣五元，有的賣一盒月餅送一個小旗，這樣送法也太不倫不類了；還有的高價販賣世貿中心著火的照片，怪不得有朋友罵這是在發國難財。

離開法拉盛到曼哈頓唐人街，我們買了兩束白花併起來帶去，看能不能到廢墟附近獻個花，看看現場附近，體會一下這次災變的氣氛。唐人街由於離開世貿中心太近，封了好多天。今天才部分開放。但是堅尼街往南的通道全封了。我們搭小巴停在孔子大廈前面，從其他街道進入，有些地方還禁止進入；街道非常冷清，店鋪關上大門。最後走到教堂街，看到那裡停了幾家大電視台的大汽車，顯然是在現場附近了。果然前方還有煙霧，甚至還看到一些殘骸。

紐約十三日晚上下暴雨，似在為死難者哭泣。雖然影響了挖掘工作，但也使空氣中飄浮的塵埃落地，不但空氣比較清新，難聞的味道也大大減弱；但是沒有能夠把煙霧完全撲滅。路口有軍人守住，不能向前走了，一群人圍在兩邊，只要裡面有救援人員或車輛出來，人們就鼓掌和揮舞小旗向他們致敬，他們也回禮。我們也在那裡站了好一會向救援人員致意。臨走時，內子把那束鮮花交給進去的警察，請他代我們獻給死難者，表達我們哀痛之情。

回去路過堅尼街，這是華埠最熱鬧的地段，一些商鋪已經開始營業了。地鐵站口貼滿尋找失蹤者的通告和照片，看了令人心酸。看到舖子出售的明信片，世貿中心照片的明信片已經賣完。

但是印有「美國被襲擊」之類的T恤已經上市，我們買了幾件做紀念。一些救援人員出來到唐人街進餐休息。

雖然唐人街第一天解禁，大量食品進入，但是好些店主將食品捐獻給那些救援人員表達他們的心意。在路上，見到一位熟悉的僑領，他說中華公所剛開會，準備捐助五萬元，拋磚引玉設立救災基金。中華公所主席鍾僑征日前已經呼籲華裔懸掛國旗顯示萬眾一心。報上說，華埠警察分局局長的兒子在這次事件中死難，但是局長堅持工作，大家見面心戚戚，盡在不言中。

晚上回到法拉盛，車水馬龍非常熱鬧，不像災難日，頗感意外。後來才知道因爲是周末，而唐人街車輛還沒有完全解禁，所以外州的華人都來法拉盛採購食品，才使它格外熱鬧。但是法拉盛的人們並沒有忘記這場災難。除了台灣背景的華商會晚上八點在圖書館門前舉辦悼念活動，由於這次事件中消防員死傷慘重，所以在消防局門口也燃起點點燭光。另外還有一批人手持蠟燭遊行到法拉盛的警察分局爲死難的警察致哀。看到這些燭光，也想起六四燭光，在哀悼死難者的時候，燃起對恐怖分子和恐怖政權的憎恨。

九月十六日

昨天民運人士發起的簽名題字活動反應很好，所以今天移師到曼哈頓十四街的聯合廣場。那裡是悼念活動的中心。路過一些教堂，因爲正好是星期天，教堂裡面擠滿了人，寄託多日來的哀思。到達聯合廣場，人頭湧湧，一塊塊地方鋪上了蠟燭和鮮花，豎立起的牌子和可以張貼或懸掛的地方則是失蹤者的照片。這裡就像露天大靈堂，很難能忍住自己的眼淚。

這邊廂，一位男性流行歌手彈著吉他唱著愛國歌曲，滿臉悲淒；轉回來，又加入了一位女性歌手。那邊廂，豎立著一座自由女神的彫像，仔細看，眼珠能動，身子也能動；她自稱是布魯克林區的一位教師，一方面是紀念，也希望能藉此籌款捐助災民。

中國民運人士的簽名題字活動可說是別出心裁，很受歡迎。那幾乎有兩百公尺長的紙卷像白地毯那樣在廣場的外圈剛剛鋪開時，人們已經迫不及待的或蹲或趴的在上面用英文和其他文字寫上他們的心聲，有的畫上簡單的畫，有世貿中心，也有象徵美國的雄鷹。

離開聯合廣場，和朋友再次去昨天接近災區的地方，因爲昨天已經接近傍晚時分，怕照片拍得不清楚，所以想再去。明天曼哈頓要解禁了，上班族恢復上班，一切要恢復正常。但是循昨天的道路進去時，有一個通道已經被阻住，警察怎麼也不讓我們進去，只能失望而回。還好明天就開放，明天一定會更好。

我們的行李是在九月十七日由航空公司送到家，鎖頭全部撬開檢查，但沒有丟失東西。

二十一，中國民運

美國是全球民主國家的領袖，關注全球的人權狀況，因此全球獨裁國家受迫害的異議人士雲集美國。作為全球最大獨裁專制國家中國的異議人士，自然也把美國當作開展海外民主運動的基地，尤其是六四屠殺之後。在美國，與各界的中國民運人士接觸，開闊了我的眼界，也增加了不少的新想法。

中華公所

由於我們是香港人，剛到紐約時首先與唐人街中華公所接觸。其中，曾經在香港，後來是《聯合報》記者，參與創建《世界日報》的李勇知道我，所以與我們接觸，並且在他主辦的《新澤西時報》（一週一期）寫專欄。後來我們也拜訪了中華公所的大佬，當時的主席是陳炳基，並且參與他們的活動，因爲都是講廣東話的關係而格外親切，雖然他們有的台山口音比較重，不容易聽清楚。他們有許多是在一九四九年中共「解放」廣東時「村村見血」的土改中跑來美國的，所以我們有許多「反共」的共同語言。後來的主席鍾僑征，我們也比較熟悉，他是印度華僑，參與過抗戰期間的緬甸戰役。

中華公所在曼哈頓南區的勿街，是粵語翻譯英文的MOTT字。粵語中也是「乜」（什麼）的意思。一次與香港來的友人約在公所見面，他到華埠後一路問公所在哪裡，人家回「勿街」，他聽爲「乜街」，把他搞昏頭，問了幾次才搞清楚。公所好像有八層樓，一、二樓自用，地下室是開大會的禮堂。其他樓層出租，作爲會務開支。自給自足，還有剩餘。公所由七、八個團體組成，由聯城公所與寧陽會館兩個大團體輪流推人出來擔任主席，兩年一輪。

由於我們與中華公所的特殊關係，所以起搭橋作用，以後中國的民運人士、法輪功、民進黨等，也與他們接觸。一九九八年香港立法會議員劉慧卿來紐約訪問，我們協助安排她到中華公所拜會並召開記者會。總之，我們的目的，就是要建立「反共統一戰線」。

爲了聯合紐約的反共勢力，在魏京生與王丹到達紐約後，我們都先後安排他們拜訪中華公所，楊月清充當粵語與普通話之間的翻譯及兩人歡迎會的主持人。二〇〇〇年民進黨執政後，由於中華公所的中華民國色彩與民進黨的獨派色彩格格不入，我們做中間人想辦法讓他們溝通。這時候民進黨的一九九八年決議已經往中間靠攏承認中華民國的存在，所以一經解釋，公所的老僑領也能接受，終於促成民進黨美東黨部拜訪紐約中華公所的破冰之旅，彼此相談非常愉快，這事被華文各媒體廣泛報導。

後來我們也安排過法輪功學員與公所的秘書黃玉振見面，並且把《大紀元時報》送進中華公所辦公室的報架上。

紐約的香港僑民並不多，有一個與香港支聯會有聯絡的，負責人叫楊錦霞，有時也會就香港問題搞些活動。最主要是在二〇〇三年香港要爲二十三條國安法立法時的全球性抗議活動，我們在天寒地凍的冬天穿上大衣，戴上圍巾，走上大街。

我們離開紐約前，中華公所的秘書是黃玉振，八十幾歲的年紀，從老媒體《聯合日報》退下來進入公所，身體硬朗，更是非常反共，我們很合得來。不過到我們離開時，廣東人的勢力已經逐步衰落，除了第二代融入主流社會而離開華埠，更是因爲「新中國人」大量湧入。華埠的東百老匯街爲福州人所佔據，堅尼道的沿路商鋪則爲溫州人取代，其中假名牌更是吸引不少遊客。有人說，這些名牌並非假貨，而是眞名牌，只是工廠在接單時多生產一些「剩餘產品」廉價出售。

我們買過，眞的質地非常好。

領袖之爭

一九九七年十一月，魏京生保外就醫來到紐約。文革結束後的西單民主牆運動，我已經在香港，非常關注這場運動，尤其魏京生提出「第五個現代化」的民主。一九七九年判他十五年徒刑，我在《明報月刊》寫了一篇〈評對魏京生的判決〉，對審訊傅月華與判決魏京生作出批評。魏京生刑滿出獄後不久再度判刑，這些時候只要支聯會組織遊行聲援，我都會參加。

魏京生來紐約，振奮紐約民運界，組織了一個歡迎委員會，楊月清也是其中一員。歡迎結束後，開出一張花費的清單，包括委員會從成立到結束期間的辦公室租金。我不曉得這張清單向誰拿錢，但是看到那個辦公室租金，我明白了他們是如何的精打細算，雖然我不曉得辦公室在哪裡，這個租金是怎麼算的。

老魏來後儼然成爲「民運之父」。他在歡迎大會上也沒有謙讓。不過也看出幾位大佬不服而影響彼此的團結，一個是中國人權主席劉青，因爲他與魏同是西單民主牆四大領袖（另兩位是徐文立與任畹町，當時都還在國內）。另一位則是王希哲，他參與一九七四年廣州的李一哲大字報，顯然比西單民主牆更加老資格也。

老魏來美國後的第二年訪問台灣，台灣給予熱烈歡迎。突然，王希哲也在聯合國總部對面的街邊搭帳篷絕食，以關心中國人權為名。王若望找了金老總發表了一篇聲明表示支持。那是冬天時分，我們也特地趕到王希哲絕食的場所看望他，只見他奄奄一息躺在棉被裡，旁邊是礦泉水。我們只能安慰與打氣。我們臨走時，他突然打起精神說：「我們一起拍個照做紀念。」於是他坐起來，我們在他旁邊一起照了相才離開。後來與一位朋友談起這件事情，朋友說，王擔心老魏到了台灣，台灣以為老魏代表海外整個中國民運，把錢全給了老魏，其他人就分不到了；所以必須在紐約發出不同聲音，讓台灣知道，民運除了老魏，還有其他人。我這才恍然大悟，原來還有這些算計，王若望是否知道，我不清楚，但是金老總肯定像我們一樣天真。

老魏面對諸多民運派系，組織一個聯席會議，但是無法團結各個派系，據參與者說，老魏霸道，缺乏包容性，例如他是當然主席，拒絕民主方式選出。我們後來與老魏有來往，我六十歲生日那天，他突然來訪，也算有緣。我與後來擔任他秘書的張朗朗在香港就認識了。老魏有路見不平的俠義精神，後來住在華府，便於與美國主流政治圈子接觸，來紐約時偶爾也會來找我們，甚至住在我們地下室，我們去華府也去找過他，彼此還算融洽。

一九九九年美國國會開聽證會，老魏等幾位中國民運人士受邀發言。結束時王希哲因為沒他的份突然站起來叫喊表達不滿，被媒體報導為「鬧場」，他還批評中國民運人士百分之九十九投靠美國。其實他自己如果不也是投靠美國，難道是滲透美國？

年底，老魏在法拉盛北方大道的一間酒店開了三天大會。我們很想調解老魏與王希哲的紛爭，特地請了王希哲吃飯，然後邀請到我們家聊天。他也有一股怨氣，他流亡美國時，民運人士接待他，爲他募款並爲他開歡迎記者會，但是他說，記者會的所有開支，還有他到來以前的電話聯絡，全從募款中扣除，因此實際得到的很有限。他也表示願意爲大局與老魏合作。然而不久我們到香港，在香港見了司徒華，談及這事，司徒華說：「我剛剛接到王希哲的email，他還在大罵魏京生呢。」我才明白，要調解民運的事，絕不容易。

老魏名氣之大，有全球的金主支持他，所以不但不需要像其他人那樣爲搶資源互鬥，對附有條件的資助他也不接受。他對我說，有某機構願意資助他，條件是不容許批評美國的政策，他拒絕了。在處理中美經濟關係上，每到美國要祭出三〇一條款制裁中國時，許多民運人士以會傷害中國人民爲由反對制裁，老魏則是堅決主張制裁。歷史證明他是對的。這大概也是他懷疑某些民運人士是「特務」的原因吧？

二〇〇二年聖誕節，徐文立被作爲中國送給美國的「聖誕禮物」到了紐約，紐約民運開了個歡迎會，我們當然出席。鑑於老魏訪問台灣時，與《新新聞》週刊記者閒聊時說徐文立是中共特務。因此徐來到之前，我們就請在紐約的魏京生妹妹魏玲轉告老魏，請他表示一下歡迎徐文立來到美國，化解兩人過去的恩怨。不久我們還親自爲此致電老魏，但是他一直沒有接電話。後來有旁人告訴我，老魏說：沒有想到凌鋒是徐文立的人。這讓我哭笑不得。

徐文立會做人，每年春節會打電話到我們家裡祝賀新年，但是電話裡沒有談論其他。二〇〇五年秋天，那時我們已經做回台灣的打算。有一天他忽然打電話給我們，要請我們吃飯，要我們在曼哈頓挑一個我們喜歡的館子，我們挑了四十六街的五糧液。雖然訂了位，我們來了還是要等一會兒。我們還在櫃檯時，徐文立就到，還有太太賀信彤與在美國西岸的老民運人士汪岷。徐一見到我們時，還站在那裡就說：我代表王希哲向你致歉；其實王希哲是支持台獨的，他要刺激你更支持台獨。

徐文立爲何會這樣說？二〇〇三年兩會前夕，我去了舊金山伯克萊大學，向那裡的中國學生演講〈江澤民的十三年〉，王希哲也來，我當場表示對他的感謝。然而不知什麼原因，後來他一直在網路攻擊我支持台獨，認爲我拿了民進黨的錢才支持台獨，我在《獨立評論》貼文時，他就會跟貼問：「這是陳水扁要你寫的嗎？」「這篇文章陳水扁給你多少錢？」對我進行人格謀殺。

我們坐下來吃飯後，徐文立繼續解釋他與王希哲在中國時的特殊交情。我一直洗耳恭聽，然而我始終還是不明白他爲何要說王希哲支持台獨。因爲這次談話後，我移居台灣，王希哲對我的攻擊還變本加厲，一直到阿扁國務機要費案子裡沒有我的名字，他才說，原來錢是王丹拿的。對這些造謠生事，我一概不予理睬，因爲那是要消耗我的時間，破壞我的心情。後來才有人說，民運有些人攻擊我，是懷疑我吞掉台灣給他們的錢。原來某些人搞民運的目標就是錢！

民運種種

在香港，就聽到海外中國民運情況複雜，派系林立。六四以後流亡美國的上海異議人士王若望到美國後不久訪問香港時，他豪氣干雲的在聚會上表示將投入海外民主運動。我當時也不太客氣的潑了冷水，希望他小心。

離開香港前，支聯會主席司徒華也勸告，我到了美國不要與民運人士有太多的接觸，以免淌上渾水。對一直關注中國民主運動的我，不可能不與民運人士接觸，然而我也牢記這點，不捲入任何派系與他們之間的鬥爭，任何一派之言，我都要加以思考，不會全信。月清的大姐是《聯合報》創辦人王惕吾的機要秘書，六四以後王家很支持中國的民主運動，也做出捐獻，但是她姐姐說，民運的不同派系爲了爭取資源，他們收到不少相互抹黑的信件，因此我們也格外小心。

講到民運活動，就會談到內鬥，提及一九九二年華盛頓會議兩大派系的合併。一派是一九八〇年代初中國第一個海外民運組織的中國民聯，是王炳章創辦的，一派是一九八九年六四後流亡海外的民運人士，代表人物有萬潤南（四通總裁）、嚴家祺（社會科學院政治研究所所長）等，再插進一位獨立的王若望。最後是不歡而散，我從來不想搞清原委，總之充滿權謀的爭權奪利，雖然有的是無意識而被捲入的。其後小山頭更多，有些根本是一人黨或一家黨。總之，只要是主席身份，就有望見報，有望爭取到或騙到資源。

美國最具代表性的民運刊物是《北京之春》，所以我們到美國不久就拜訪了雜誌社，見到總編輯胡平、經理薛偉，以及具體搞編務的執行編輯亞衣，後來還接受他的訪問，收錄在他的《流亡者訪談錄》。我還應邀在該雜誌撰稿，稿費一千字十五美元，在各種雜誌中，稿費是最低的。我不會計較稿費多少，只求有園地可以散播我的觀點。

我們到紐約不久，上海的民運人士鮑戈與他的妹妹鮑纓也流亡到了紐約，鮑纓在魏京生身邊做過秘書，後來在律師行做；鮑戈則到了《北京之春》。後來因爲偷渡回國的兩位民運人士回國後被捕，之前與《北京之春》的電話在網路被公開，據稱就是他洩露的，再加上其他事情而引起極大爭議。

這時我也進一步了解到民運的複雜性。即使《北京之春》本身，前身是中國民聯的機關刊物《中國之春》，民聯負責人王炳章因爲也是爭議人物，被胡平與薛偉「推翻」。雖然打了官司，王炳章拿回《中國之春》，但是經費因爲是薛偉通過台灣郝柏村的關係拿到的，用這筆經費改辦《北京之春》，而《中國之春》因爲缺乏經費遷移到美國西岸，據說從僑委會焦仁和那裡拿到一些錢，但是少得多，由徐邦泰與伍凡主理，後來伍凡揭發而查賬，有人把經費拿來買珠寶，說是拿來支援中國的受難家屬，但是爲了生命安全，不能披露云云。《中國之春》自然玩完。給《中國之春》免費寫稿的金老總很生氣，有被欺騙的感覺。

一九九七年十月下旬，中國國家主席江澤民訪問美國到了紐約，住在華爾道夫酒店。那天晚上，中國民運人士在酒店對面集會，各個政黨負責人上台演講。民運旁邊是西藏的朋友們，他們也要求上台講話，但是遭到主持會議的倪育賢的阻擋，理由是他們主張「藏獨」。這讓我非常吃驚，因爲我離開香港擺脫中共的統治，就是我個人的獨立運動，對其他民族的獨立運動當然也抱著同情與支持的態度。倪育賢是劉賓雁《第二種忠誠》中被中共迫害的兩位主角之一，哪裡想到是這樣子的？當然，後來又聽說關於他的許多流言，也看到他的一些作爲，讓我非常失望。離開美國以後，聽說他又捲入官司，那就更加不堪了。

一九九八年，因爲亞洲金融危機的爆發，印尼出現新一輪的排華浪潮，對華人燒殺擄掠。一向利用華僑作爲第五縱隊的中國政府，居然說這是印尼政府的內政，放任印尼獨裁政府轉移民眾對政府的不滿而把華裔作爲祭品。我們在法拉盛街頭設攤呼籲國際關注，並且譴責中國政府的行爲。這個舉動居然引起「愛國人士」的不滿，一位約五六十歲的華人跑來罵我們，說美國這樣不好、那樣不好，爲何你們不罵，只罵中國？我也回敬他，你如果認爲美國不好，爲何還留在美國，何不趕快回中國去？這個人居然惱羞成怒說：「你憑什麼趕我回去，美國是自由民主的社會，我有權利住在這裡。」不管他有沒有入美國籍，這就是海外某些華裔的醜陋心態。這種人不止遇到一個兩個，對美國國安不能不說是個隱憂。

王丹是在一九九八年到美國的。我們也全去歡迎。在歡迎大會上，我重新見到了方勵之。方勵之、李淑嫻夫婦與王丹關係如同家人，因此雖然我們與王丹以前沒有淵源，然而在媒體追逐王丹，把他搞得很緊張時，王丹到我們家裡「躲藏」了一陣，我們也帶他到中央公園與附近的凱辛納公園散心休息。以後他來紐約，也會到我們家裡來，包括他的父母來美國，在紐約也住到我們家裡。媽媽王凌雲在中國革命歷史博物館工作，我們帶她拜訪了陳獨秀的小女兒陳子美。十年後的二〇一二年，她才在《文史縱橫》發表〈對陳獨秀之女的一次採訪〉。

民運裡也有路線鬥爭，主要是溫和與激進的鬥爭。王炳章雖然離開北春、中春，仍然有一定影響力。他主張暴力，出版過暴力鬥爭的小冊子，呼籲暗殺在國外的紅二代太子黨，相信這是後來中共誘捕與判他無期徒刑的原因。期間，他潛入中國一次，但被逐回。那時中共害怕老美，不敢判刑。不過他宣揚暴力革命多年，也沒見他組織過一次暴力行動，只是講講而已。一九九九年北約飛機「誤炸」中國駐貝爾格勒大使館，中國掀起瘋狂的民族主義浪潮，那時王炳章正好在英國卻到街頭向北約抗議。王主張暴力，但沒有能力，北約「替天行道」，他卻反對。可是中共沒有因爲他愛國而饒了他。

至於溫和路線，則以楊建利爲代表，主張和平理性非暴力，開過多次研討會，還有老外的理論做基礎。雖然也有人因此懷疑他是中共特務，然而所有海外民運人士，即使口號再兇，又有什麼人搞過暴力？

在民運內鬥中，指責對方是中共特務更是家常便飯，也只有這種指責，才能說明自己是正宗反對中共的民運。凡是溫和的，當然都有「特務」的嫌疑，然而到處指別人是特務，分化民運隊伍的，難道沒有特務的嫌疑嗎？

民運圈裡經常懷疑別人是中共特務的是老魏，他的懷疑很擴大化，但是他的堅決反共，我沒有懷疑。另一位喜歡捉特務的是徐水良，有人說他自己才是中共特務，是民運裡的麥卡錫；雖然他也有擴大化，然而的確有他懷疑的若干人也是我所懷疑的，雖然他反對台獨，甚至罵我，然而我肯定他的反共立場及敏銳的眼光。

老魏的民運聯席會議在法拉盛開三天會時，他的妹妹魏玲親自坐鎮進門的接待處，請來賓在精美的簽到簿簽到。到會議的最後一天下午，魏玲回頭與別人說話，再回頭，簽到簿被人偷走了，與會者的名單就落到中共手裡了。吳宏達的勞改基金會在華府開全球性會議，快開完會時，薛偉的照相機也不見了。這些，都是共諜獲取資訊的最簡單方法，當然都是與會的「自己人」幹的。

這裡不能不提到一個人，就是六四後移民美國在舊金山擔任當地星島日報記者的里戈。在胡仙賣掉星島集團後，他也躍升為星島集團北美地區負責人，大力開拓業務，原來美國只有紐約、洛杉磯、舊金山才有該報，後來在華府、波士頓等城市也出紙了。聽聞他本人也搬到華府，開著寶馬的跑車進入高層社交圈，完全變了樣。我與他有過一面之緣，那是台灣老報人龔選舞、周勻之等約吃飯，我們遲到，只見一個人大談李鵬，說他沒那麼好，也沒那麼壞，如果讓現在的民運人士掌權，不會比李鵬好。我當場反駁他，才知道他就是里戈。餐會結束後別人介紹他與我（凌鋒）認識，他很有風度而且很客氣的說「久仰久仰」。二〇〇三年雙面間諜陳文英案在媒體曝光，據說第二天里戈就回中國，再也沒有現身。

在民運圈，不能不談到一九九九年創辦的多維新聞網，因為創辦人何頻是民運人士。他到了海外很快轉型做媒體，又緊密結合民運，例如依靠王丹、胡平、王軍濤，甚至哥倫比亞大學的黎安友教授做中國事務的評論，並且還有明鏡的出版事業。多維經營不易，投資有成的李錄有支援。不過多維的政治立場也常被民運人士，尤其法輪功所質疑。它的一些消息來源，顯然與中共的江澤民派系有關。然而何頻也是精明的商家，在江澤民勢力快要沒落的二〇〇九年就轉讓給香港商人于品海，讓他重續東方梅鐸的夢想。但是何頻還在媒體行業，壯大他的「明鏡」招牌。

中國人權

我們離開美國前的二〇〇五年年初，正好又有一場大規模的內鬥發生在「中國人權」之內。「中國人權」是中國民運在海外最響亮與最有公信力的組織。我們剛到美國時，有被邀請參加他們年會的酒會，一些頗具聲望的民運人士都是他們的理事。然而沒有想到他們內部也有好些問題。根據當時媒體的報導與朋友的轉述，問題出在劉青擔任十三年的主席而沒有輪換過，雖然章程規定兩年要選舉一次，然而他成爲當然主席而沒有改選過。幾位來自台灣、中國又長期關心中國民主運動，因而積極協助創立中國人權並一直做義工的熱心人士開始發現賬目有些問題而建議整頓組織。

劉青在接受訪問時說，沒有人要求改選過。然而也有人說，身爲大金主的美國人曾經表示，只要劉願意下來，保證仍然有相當於中國人權主席的收入（一月七八千美元），然而劉仍然不肯。高層因而分爲兩派，一派主張穩定壓倒一切，不能讓紛爭曝光使美國的金主失望，一派堅決主張改選，兩位「中國通」的理事黎安友與林培瑞因此也分爲兩派。

根據一位看過二〇〇四年賬目的朋友告訴我，該年一年收入約三百萬美元，用於人事行政費就達二百九十萬美元，眞的救濟、支援中國內部民主運動的只有十萬美元。大部分開銷用在給「自己人」的項目上，其中中國人權的網站就用掉四十幾萬美元，聽說承辦的就是某要員的兒子。另外還有一些不清楚的賬目。

由於許多理事的不滿，因此該年的年會，劉青決定辭職。開理事會的當天早餐上，幾位巨頭在一起，問劉青是否眞的決定辭職了？劉青點頭。但是他說，有一個要求，因爲要在新理事會補進三位新理事，包括香港的陸恭蕙（擔任過香港立法局議員）與韓東方（六四後流亡香港的中國工運人士）等三人已經來了，是否先把他們選進新理事會，以便討論工作時讓他們可以熟悉業務。其他人同意了，可是一到決定劉青是否辭職時，因爲三名新血是支持劉青的，結果要劉青下台的理事成爲少數而罷免不成。根據我與劉青接觸的感覺，他還不是那種詭計多端的人，或許他的背後還有「軍師」玩弄程序來挫敗對手。

由於這種政治手段引發反劉派的憤慨，他們遂決定集體辭職。包括方勵之、郭羅基、林培瑞、劉賓雁、蘇曉康、張偉國及王渝等十多人。曾慧燕在《世界週刊》有長篇報導，香港《星島日報》也有報導；旅居瑞典的莫莉花也追蹤這則新聞揭露內幕。曾慧燕的報導有保留，莫莉花寫了幾篇後也沒有寫下去，主要都是擔心對民運形象造成重大傷害。即使如此，「中國人權」形象已經大受損害而一蹶不振。

中國民運的小圈子，以及有民運貴族組成的利益集團根本已經不把支援中國民運當作自己的重要工作，只是作秀有個交代而已，實際上都在搶奪資源。有老美參與與監督的模範民運組織尚且如此，其他又如何？其傷害不可謂不重。然而如果掩蓋下去，諱疾忌醫，毒瘤更會致命。

此後的中國民運，多在從事人頭買賣，亦即做政治庇護的生意。所以政黨林立，他們給申請政治庇護的中國人頒發黨證，以證明他們為「異議人士」。開研討會時，他們的「顧客」利用中間休息，走到台上，拿起麥克風裝模作樣拍照，或拉住魏京生、王丹合照以證明他們參與海外民主運動。每年六四晚會，除了幾位熟面孔的老民運，就是年年不同的新面孔，也就是新顧客。這些照片交給美國政府申請政治庇護，我不知道美國政府怎麼看的？

做這個生意的最紅火的一位，據說是解放軍的少校，許多戰友在中國各個公安部門，他有辦法拿到眞正的公安局文件，證明某人被逮捕，或者坐過牢。文件是眞的，事情是假的。然而眞正的政治異議人士到了他手裡，能夠成功得到庇護嗎？人權云云，也被商業化了。此君發大財之後急流勇退，轉行做正當生意。根據熟悉情況的民運朋友對我說，做中國政庇生意每年有一億美元的商機，養活許多民運組織。還有的民運組織，聽說是因為中國主管部門擔心海外民運消失而砍掉經費，因而撥出部分款項組織海外民運，而由他們操控，自然不會眞正反共，甚至是起破壞作用。

五獨俱全

民運活動中我們參與較深的，還是二十一世紀中國基金會主辦的「族群青年領袖研習營」。基金會主席是台灣科學家劉凱申，會長是參與過六四運動的伯克萊、哈佛雙博士楊建利。參與者有漢人的中國民運，藏、蒙、維吾爾等人士，漢人以外，主要是藏人比較多，因為美國人很支持達賴喇嘛，也有許多藏人留學或移居美國。另外就是來自香港與台灣的代表，台灣的黃默、簡錫堦、王興中等就在那時認識的。

首次開會在波士頓，那時是二〇〇〇年。在郊區的教堂宿舍住上幾天，所以無法開小差，可以從早到晚舉辦活動。我認爲這個活動很有意義，讓各民族代表人物相聚一堂，大家認識了，未來幾十年後一旦政治形勢變化，要統還是要獨，彼此就有溝通對象，有利解決矛盾與衝突。

活動主要宣傳和理非（和平理性非暴力），列出一百多種方式，提供抗爭者使用。面對獨裁暴力集團，和理非的確是減少抗爭者犧牲而又爭取中間民眾的好辦法。然而面對統治者的殘酷鎮壓，和理非的抗爭空間越來越小的時候，怎麼辦？這個問題無法解答。然而即使是這樣的活動，當時參與的全美學生學者自治聯合會（學自聯）主席易丹軒也不能接受，因爲涉及統獨，引發激烈爭論。

研習營每年開一次，會在哈佛大學杜維明教授家裡舉辦一次自助餐活動，杜教授會離開而讓我們更「自由」一些。杜教授後來娶了《叫父親，太沉重》的作者艾蓓，她在書中說她是周恩來的私生女。開第二屆會議時，有一次正在開會，剛從中國流亡到美國的彭明闖進來，一會兒就走了，沒有什麼交集，後來他與中功第二把手嚴慶新合作成爲中華聯邦政府的「總統」。

第二屆研習營就在九一一之後，記得從波士頓搭長途車回到紐約唐人街時已是晚間，空氣中還飄蕩著一股焦味，也是在感受如何處理族群關係的重要性。

二〇〇二年一月，劉凱申的屍體大白天被人發現躺在伯克萊街邊，此案一直沒有破。同年四月，楊建利潛回中國考察工運被捕判五年徒刑。後來的活動由研究文革的學者宋永毅與基金會的許多義工支撐。楊建利五年後出獄，解散了二十一世紀中國基金會，重新組織「公民力量」，還以「公民力量」名義在台灣舉辦過兩次活動，我們已移居台灣再參與。

楊建利四月在雲南被捕時，月清、建利正在昆明旅館通電話，他說兩個公安剛進入他房裡，要我們通知報館他被捕了。我們當晚緊急與《世界日報》聯絡，把消息發出去。

隔了幾天，紐約民運召開聲援楊建利的大會。魏京生說，如果凌鋒沒有把事件公開，交給他處理，或許兩三天楊建利就可以出來了。我聽了只能苦笑。

族群領袖研習營的活動讓我們認識許多不同族群的朋友，我關心他們的命運，也支持他們捍衛人權、追求自由的活動，所以也自嘲爲「五獨俱全」。

在紐約，我們見到達賴喇嘛三次，我送了他一本我的集子《閒話毛伯伯》，他看到封面由香港政治漫畫家尊子畫的毛澤東畫像，開心的笑起來。有一次在酒店見面，魏京生從華府趕來。遲到還是小事情，大家可以理解，問題是他穿著拖鞋與短褲就大剌剌走進來，眞是令人側目。

藏人很善良，與詭計多端的漢人談判，根本不是對手。二〇〇三年一天，他們在北京參與談判的代表回來了，找了紐約關心他們的民運人士與我們開會，報告他們的談判情況，對能夠與北京恢復接觸與談判相當高興。那次我不客氣的潑冷水，要他們不要上當，果然是如此；北京使用拖延戰術欺騙外界而已。

九一一後，美國社會氛圍對穆斯林不夠友善，最糟糕的是北京接下美國的「反恐」口號，聲稱配合美國反恐而大肆鎮壓新疆的維吾爾人，把他們打成「恐怖分子」，美國人不懂共產黨那套「打著紅旗反紅旗」的伎倆，布希總統遂把注意力放在中東而聽任中共爲所欲爲。爲此，我在二〇〇三年開始關注維吾爾人被迫害的情況，撰寫評論，也因此認識了自由亞洲電台的維吾爾朋友。這個工作一直做到移居台灣以後。我當時的想法很簡單，對這種不公不義的行爲怎麼沒有中國人爲他們講話？因此我必須出來講！

法輪大法

一九九九年七月，去西雅圖拜訪張五常教授，在他家住幾天時，在那裡可以買到當天在溫哥華出版的《明報》，在報上看到北京取締法輪功的新聞。我雖然對法輪功並不了解，然而用群眾運動、鋪天蓋地的方式鎮壓民眾的信仰，根本是錯誤的，是違反人權的，因此我一回到紐約，就立即在美東《自由時報》洪哲勝主編的論壇上寫文章聲援法輪功，題目是〈江澤民發動政治運動取締法輪功〉，於七月二十八日刊出。起初，有些中國民運人士對法輪功保持一定距離，到法輪功有自己的媒體壯大聲勢後，民運人士才靠過來。

那幾年法拉盛華人慶祝春節的遊行，親共僑團找各種理由排斥法輪功，籌備會議上爭論激烈。由於親共僑團佔多數，在沒有辦法的情況下，台灣會館出面，邀請法輪功加入到台僑的隊伍裡面，一樣舉著法輪功的標語與旗幟。我與洪哲勝是最早支持法輪功捍衛他們的基本人權，在華埠勿街西頭的一個小餐館裡，我們還首次與法輪功的兩位要員見面，彼此溝通。與法輪功更多的接觸是在媒體。李勇的《新澤西時報》後來出讓給上海來的小楊與小毛夫婦，後來改名為《華報》，因為知道他們經營困難，所以我繼續義務為他們寫專欄。有一天，他們找我們夫婦到唐人街假日酒店喝午茶，在座有一批中國的年輕人，小毛說《華報》轉讓給他們，希望我也繼續給他們寫專欄。由於說他們是反共的，因此我毫不猶豫的答應了。飯局結束前，小毛挑明他們是法輪功學員，我才恍然大悟。《華報》後來改名為《大紀元時報》，並且從週報逐步改為日報，甚至出英文《大紀元時報》，大紀元新聞網後來更為出名，我也用凌鋒與林保華每週寫兩個專欄，並且還有「報酬」。由於他們一直受到中國領事館的打壓，幾乎沒有廣告，因此我對稿費多少不以為意，不過比《北京之春》高就是。

由於這層關係，我們與法輪功學員的關係日益密切，小馬與小史夫婦與我們關係特別好。我的電腦出什麼問題，都由小馬幫我解決，我十分感激他們。

那以前還認識了李繼光，他似乎是統戰部長，常常到我們家裡。我們也介紹民運、中華公所、台僑的重要人物給他們認識，還推薦《大紀元》記者認識當時台灣駐紐約經文處代表（相當於總領事）夏立言，並且進行採訪，以便得到台灣方面的訊息。後來我們才知道李繼光是法輪功李洪志老師的大妹夫。在與紐約與法輪功的互動中，我們也認識李老師的媽媽、妹妹與二妹夫嚴眞；與發言人袁峰、張而平也有交集。

後來出任大紀元新聞網總編輯的郭軍與她的先生廖小強，都是我在香港認識的媒體朋友，他們在九七移民英國，後搬來美國華府定居，我們到華府還見過他們。

法輪功後來辦了新唐人電視台，總部設在曼哈頓中城，我多次到他們那裡做節目。不過因爲設備關係，人員操作也生疏，一個小時的節目幾乎要等半個多小時的準備工作才能正式錄影。他們也辦了希望之聲電台，我也常常接受訪問。

二〇〇四年，《九評共產黨》誕生，是最全面對共產黨的批判，影響很大。他們也用共產黨的手法，反覆播送與派發小冊子與光碟，可謂「以其人之道還治其人之身」，讓中共十分惱火。二〇〇五年春節期間，我們家開始接到匿名電話，是抹黑法輪功的長篇講話，普通話說完再用英文說一遍；截斷不聽，過一會兒又打來了，實在不勝其擾。我們向法拉盛警察局投訴，他們竟然說，只要沒有恐嚇，他們就不受理。

後來我們向法輪功朋友提及，他們說，全球有兩百多位法輪功學員接到這種電話，我們是唯一的「法外人士」。爲何會找上我們家？後來才聽說，北京追查誰幫法輪功寫《九評》。據說金老總與我都被列爲嫌疑對象，金老總已經去世，我就成爲唯一的「法外」嫌犯，可見《九評》對中共的打擊程度。

後來經過法輪功朋友的介紹，一位聯邦調查局的探員來看望我們了解情況。我除了談及這個事件的始末，也談到中共對美國的滲透。這位探員承認，他們在基層聽到類似的反映，然而匯報到高層，並未引起重視。對此我們也只能感到無奈，有些事情是不見棺材不落淚的。

法輪功後來發動的退黨運動，我也是很贊成的，當達到一百萬名額在曼哈頓開大會時，我也參加。本來上台講話時間是每個人十分鐘，但是一些「民運領袖」一拿到麥克風就滔滔不絕捨不得放下，而講話的排名是根據政黨主席與團體負責人到個人順序排列，而我作爲個人，排名在最後，最後只給我一分鐘的時間。此後我對類似集會越來越感到索然。尤其與人品不好的，或做政治庇護的「領袖」站在同一個台上，還要爲他們的講話鼓掌，我覺得太委屈了自己。我們也向法輪功朋友反映這些問題，他們說不怕，因爲他們的「眞善忍」可以感召他們。既然如此，我也就不多說而逐步淡出。

我因爲在大紀元寫專欄，所以新聞網設有我的專欄，除了給大紀元寫的專欄，我在其他媒體寫的專欄也傳給他們。因爲我不想我的專欄只評論中國與香港事務而缺台灣這一塊。但是後來我發現評論台灣的文章都上不去。有一次在台灣，向台灣佛學會的負責人張清溪教授談到這個問題。他說大紀元的編輯是輪班的，也許你傳的時候那個編輯不喜歡你寫的文章而沒有放進專欄裡。於是他把台灣一位編輯的名字與信箱告訴我，要我直接傳給他。但是隔了兩個星期，張教授回我說，不行啊，那位編輯幫我上了，也被別人拿下來了。於是我就比較明白發生什麼事情了，那是因爲我所評論的台灣事務親「獨」的原因。

然而不論發生什麼事情，法輪功被中共鎮壓這點上，我不會放棄對他們的聲援。在移居台灣的前夕，二〇〇六年春節期間，法輪功與北京發生一場對決，那是新唐人的《神韻》初登場，一月二十、二十一日在紐約曼哈頓的無線電城登台，中共爲了對抗新唐人這場演出，以重金要原來租用該場所的客戶讓出，而在一月二十三日在與新唐人同一地點舉辦「同一首歌」音樂晚會。那天看完《神韻》演出後，我在寒風凜冽的街道上接受新唐人的訪問，他們在訪問三位同修後才輪到我。我拿著「同一首歌」的歌本，痛斥中共以微笑與歡樂來掩蓋對法輪功的迫害。可是回去看電視時，只看到新唐人對三位同修的訪問報導，問了原委，說是因爲時間不夠才切掉我這個部分。然而如果從中共統戰角度來說，應該用「法外人士」說的話，才更具有統戰效果啊。

法輪功大辦媒體的成功，讓一些民運人士趨之若鶩。我們回到台灣後，也繼續與法輪功有接觸。然而台灣的事情太多，與法輪功的接觸就相對減少許多。

二十二，台僑台灣

台灣的族群矛盾不容易解決，在美國也如此。國民黨還有地方派系的本土派，但是到了美國，新黨與親民黨的外省族群色彩更為濃厚，反共色彩單薄。我們本想站在「中間」，實際上很難，所以與台灣本土僑民的接觸愈來愈多，也被他們熱愛台灣鄉土的精神所感動，最終是「轉戰」台灣守護這塊民主根據地。

接觸藍營

到了美國，正式接觸海外台僑。我學的是中共黨史，知道中共「統戰」的厲害，所以到了美國，就要通過與各類人士的接觸進行「反統戰」。站在中國人的立場，與中國民運與廣東老僑的合作是必然的，與中國少數民族的合作也是必然的，此外，還有海外的台僑。

唐人街七大社團中，有一個是國民黨美東黨部，所以我們也與他們合作。然而他們比較老化；倒是新黨與親民黨人在紐約相當活躍，榮民的組織也很多，我們也要爭取他們反共，所以參加了他們的一些活動，也與幾位反共的榮民交了朋友。

榮民比較直率，由於他們的經歷，有些很反共，然而有的很反李登輝，在國民黨的活動中高舉反李登輝的牌子，罵他分裂國民黨。馬英九作爲台北市長訪問紐約，我們參加了歡迎活動。有一次海基會的許惠祐來，正好我與他面對面坐，我談及擔心國民黨與共產黨談判對付不了共產黨，他信心滿滿回答說，他就是學談判這個專業的。一九九八年他與辜振甫到上海，汪道涵設宴，我看媒體報導，汪把辜振甫拉到小房間，好像要密談什麼，許惠祐馬上跟過去。哈，眞的有一手。

有一次出席新黨成立八週年活動，新黨主席周陽山講話說，他反對共產主義，但不反對共產黨，因爲他在美國的老師裡有共產黨，是好人。這個講法太荒唐，共產主義作爲思想理論體系，不必完全否定，然而共產黨在全球作惡多端，蘇聯的大饑荒、大清洗與中國的大饑荒、文革已經暴露無遺，只是因爲有幾個好人就不該否定嗎？即使西方國家的共產黨或許與中蘇有些差別，但主流始終是中蘇及其衛星國。二〇〇四年回台灣觀選，投票次日的座談會再度見到周陽山，他在蘇州買了房子，把子女也送到蘇州了，的確貫徹了他肯定共產黨的信念。

新黨裡也有反共的，我們認識一位田姓的朋友，他還邀請我們到他長島的家坐。他在江西投資三百萬美元被騙光，所以對共產黨非常憤恨。不過他在新黨裡極爲個別。

法拉盛凱辛納大道接近緬街街口，有一家書店及隔壁的餐館，書店是林姓國民黨女中常委打理，據說是黨產，來書免費，賣出多少作爲經營成本；隔壁的餐館由她丈夫打理，我們也去吃過多次，有一次還見到馬英九的父母。

我們與國民黨僑選立委范揚盛關係比較好，他在曼哈頓二十三街有一家公司，我們也去過。一九九九年十月一日是中國國慶五十週年紀念日，北京大事慶祝，在范揚盛主導下，也組織了一個研討會，清算中共罪行。美國這裡邀請我與辛灝年（高爾品）參加，台北方面來的是國民黨大陸工作委員會主委張榮恭，然而他與我幾乎沒有什麼交談，據說是擔心中國不高興。范是客家人，所以我們與以客家人爲主的台灣同鄉聯誼會也有互動，多次受邀參與他們的活動，並且發表講話。在反共問題上我們還是有共同語言的。我們到台灣，范揚盛也請過我們在總統府對面的國民黨中央黨部（現在的張榮發基金會）吃過飯。

綠營人士

我們最早接觸的綠營人士是洪哲勝，他是許信良擔任民進黨主席時聘請的美東黨部顧問。我們是在北春的一次活動中認得的。他上去講話，有備而來，一張張文字與圖表來表達他的台獨觀點，用以說服中國民運中許多反台獨的人士。然而他的台獨觀點是務實的獨派，例如還承認中華民國的客觀存在。他對中國民運的關心更是綠營中少有的。他對中國的關心與他以往的左傾思想有關，他說他的地下室裡有許多馬克思、恩格斯著作。他為人也很坦誠，因此我們很快成為好朋友，我們通過他認識一些美東的台獨朋友，最重要的當然是紐約的黃再添、楊淑卿夫婦，後來還有台灣會館的朋友們。

洪哲勝從巴西台商張勝凱那裡籌到一筆錢，在《自由時報》美東版開闢每天半版的《民主論壇》，主要討論中國的民主運動。為了考驗這個論壇是不是眞的民主，我第一篇寫到他那裡的稿子就是批評許信良的中國政策，洪哲勝沒有異議的採用了，我也相信他是眞正的「有容乃大」。一九九八年中國國內的民主黨人士組黨被大肆逮捕，處境很困難，好多人在他這個論壇投稿賺取不無小補的稿費，因此我就很少給它投稿了，避免搶食。洪哲勝沒有像其他民運人士那樣，為自己開高薪酬，只拿兩千出頭的月薪，他請來的助手（中國民運人士），只比他少幾百元而已。後來《北京之春》失去台灣的補助款，洪還每個月撥出一千美元給北春，並與黃再添等動員台僑捐款。這與某些民運人士不擇手段撈錢，是很明顯的對比，也讓我看出中台兩國人士的差異。

二〇〇〇年八月，中國人大委員長李鵬出席聯合國世界議長千禧會議，中國民運人士怎麼可能放棄對這個屠夫的抗議機會？當時倪育賢代表民運開了一個記者會，聲稱會動員一百部車在華爾道夫酒店繞行抗議。那天剛剛拿到駕車執照不久的月清帶著我去了，在集合地點只見到五部車，洪哲勝與他太太茱蒂各開一部車，倪育賢一部，另外一部忘了是誰，加我們的就五部。開到酒店時，與倪育賢也失聯了。我們幾部繞行，在門口大喊口號，與前去拍馬屁的紐約愛黨人士對嗆。車子繞過十幾圈後才班師回朝，茱蒂卻因爲有安全人員的干預而被抄牌，後來出庭我們還去聲援。那晚，王若望夫人羊子也開車帶王若望去抗議，也沒有幾部車。從此，也看扁了所謂的民運領袖。

綠營的活動中心在法拉盛北方大道的台灣會館，我們常去參與他們組織的活動。也有不少的綠營政治人物來台灣會館及其他地方演講。印象所及，李鴻禧、陳定南、陳師孟都來過。規格更高的，有卸任行政院長後的游錫堃、扁嫂吳淑珍，以及過境的副總統呂秀蓮，他們在曼哈頓現身，其中歡宴呂秀蓮是在華爾道夫酒店，我們那時不知輕重，車子停在酒店停車場，出來收費五十美元。

李登輝前總統於二〇〇五年訪問美國作「敘舊之旅」，先到首都華盛頓，我們在紐約曼哈頓開了歡迎會，然後是群策會在洛杉磯舉辦的「台灣的未來」海外國是論壇，李前總統作了講演，我也受邀參加，發表了〈台灣的未來——正常、正名〉的講話。

綠營的街頭活動多爲申請加入聯合國。我們參與了多次遊行。與法輪功一樣，哈德遜河四十二街口的中國領事館都是目標。我們搞活動時，尤其在聯合國廣場前，會與和統會對陣，尤其與那個媚共分子花俊雄對罵，有一次他竟然比出中指出來。

綠營的台僑，大多數是醫生與工程界、商界人士，我們交了幾位好朋友，例如李正三，他在紐澤西開日式餐館，我們拜訪過；還有台灣海外網的創建人蔡明峰，喜歡表演魔術的蕭錫惠，台灣會館的賴弘典等，不過交情最深厚的還是再添夫婦與白毛兄。一直到我們回台灣，還與他們保持聯繫。我們還認識了一批年輕的台灣朋友，多在哥倫比亞大學就讀，例如游錫堃的兒子游秉陶、擔任過美東黨部執行長的董建宏、在文化圈很活躍的張鐵志等，他們後來都回到台灣各有發展。

民進黨執政後，阿扁總統爲了團結海外台僑，特地組織了「全僑和平民主聯盟」，歸僑委會管轄。二〇〇一年在美國首都華盛頓開成立大會時，當時的陸委會主委蔡英文駕臨致詞，那是我們第一次認識蔡英文，後來僑委會委員長張富美更是多次與會。首屆大會也邀請著名的中國民運人士魏京生、王丹與我出席並發言。

爲了展現藍綠團結，共同對抗中共的統戰，全僑盟的理事長由華府的國民黨人巫和怡出任，美國與全球都有許多分會。我擔任顧問，楊月清則是大紐約分會的創會理事，與理事長李正三、秘書長黃再添合作密切。開大會時認識許多海外台僑。我們分會的一個理事劉德安，筆名是阿修伯，是中國東北人，堅定的反日統派。他是每逢開會必然發言，尤其開大會，外地許多台灣人不認識他，他就大談他的台獨主張，獲得不明眞相的綠營人士鼓掌，然後大罵陳水扁總統沒種，不敢宣佈獨立，最後才露出他的統派面目，還自稱是「良性台獨」，那些綠營人士才發覺上當受騙。在使詐方面，台灣人始終不是中國人的對手，因爲他們有五千年的歷史啊。

全僑盟二〇〇二年在美國休士頓開第二屆大會，我們沒去；第三屆在紐約召開，在拉瓜迪亞機場附近的萬豪酒店。二〇〇五年在台北召開時，正好中國頒佈反分裂國家法，我除了應邀爲大會作報告，我們還參與了三月二十六日在台北市的大遊行，遊行途中，陳水扁總統還加入進來，讓我們印象非常深刻。爲了參加這個遊行，我們到了香港見了媽媽後再回到台灣。

二〇〇三年五月二十四日，全僑盟在舊金山柏林甘萬豪酒店舉辦政治經濟研討會，邀請了阿扁執政時的首任行政院長唐飛作「台灣的民主發展」專題演講，我則主講「由SARS危機看中港台政治前景」。唐飛列舉台灣許多問題，台灣前途簡直沒有什麼希望，我對他相當失望。

綠營人士對全僑盟也有兩種不同態度。一種是認同政府的看法，把它作爲團結台灣海外部分藍綠僑民對抗中共統戰的平台；然而也有些反對這樣做，對藍營人士的參與不以爲然，認爲既然觀點不同，何必硬湊在一起？然而從台灣的大局出發，當然是團結越多的人越好。然而那些「激進」的看法，也反映在台灣內部，是長期解決不了的問題，甚至影響到綠營內部的團結。

多次返台

到美國後，第一次回台灣是一九九九年。那是因爲英文《台北時報》創刊，是《自由時報》的姐妹報。當時《自由時報》論壇主編朱立熙問我們是否有意回來參加酒會？當時我們到美國兩年了，也想念香港與台灣，便決定回來。那時媽媽還在香港，當然要回香港看她。《台北時報》當時由李長貴擔任社長，總編輯是江春男（司馬文武）。酒會冠蓋雲集，見到的熟面孔有李登輝、連戰、蕭萬長、章孝嚴、吳伯雄、馬英九、胡志強、葉金鳳、林義雄等，媒體人則有黃輝珍、周玉寇、葉樹珊等。

在范揚盛立委的安排下，我們還拜訪了一些部會，見到了陸委會主委蘇起與外交部長胡志強。

二〇〇一年又回來一次，主要探訪親友，看看香港、台灣的變化。回去那天正好碰上九一一恐怖襲擊。

正式回台灣進行「官式訪問」是二〇〇三年三月下旬的「民主亞洲之旅」，由黃再添帶隊，中國民運人士爲主的代表團，楊月清隨團，還有來自西藏流亡政府的達瓦才仁，馬來西亞公正黨的謝嘉平律師。台灣由曾建元具體接待。此行接觸了政界人士（包括在朝和在野），人權組織，學術界、新聞界、出版界，以及智庫。

在訪問台權會時，認識了歌唱家孫德銘，他即席唱了一首〈望你早歸〉，觸動了長年流亡在外無法回國的黃再添泛出淚光，然而台灣終於實現民主化，他可以回來了。當時我也想起在外流亡的身份，然而還沒有想到，我可能是終生無法回到中國，連親人的亡靈都無法拜祭。

與台北市長馬英九會面時，爲免他不便，在座談時我沒有說什麼，但在散會後，我走到他身邊與他聊天，他知道我原先在香港《信報》寫專欄（距那時已是二十年前的事），我則問他台北、上海雙城論壇的事，我說台北是首都，上海不是，這是矮化了台灣。他馬上回應說，我們沒談政治。明明首屆論壇中國方面擅自修改了台北市的講稿，把「首都」、「國際都會」等詞都刪掉了，這怎麼不是政治？馬英九是在自欺欺人，從此改變了我對他的觀感。以往在國民黨官員中，我對他是比較有好印象的。

我們還有一個「突襲」，是聽到凱達格蘭學校開幕，臨時前去祝賀，見到了陳水扁總統。

我的最大動作是在東吳大學的「東亞自由化、民主化與區域和平」國際討論會上，做了〈從兩岸經驗探索中國「聯省民主」道路〉的報告。我肯定台灣本土運動與民主運動的同步發展，而中國各地的「地方主義」也是本土化的土壤，只有這樣才能架空中央集權，發展民主，以聯邦制或邦聯制來解決西藏、新疆、內蒙古的分離主義問題，然後再考慮與台灣的關係。我還舉所在的東吳大學就是八國聯軍之時，搞「東南自保」對抗中央的兩江總督劉坤一與老美合作創辦的。這個經驗難道不能用到現在？

在這個研討會上，我認識了李西潭。我們還參觀了新竹的中華大學，曾建元任教的學校，在那裡住了一晚。

這次回來，經許惠祐介紹，還認識了群策會的副董事長兼秘書長黃昆輝。其實以前從香港來台灣訪問，他擔任陸委會主委，我見過他了，可是他見的人多，不會記住我。不過雙方建立了關係，回去不久，因爲香港特區政府強推二十三條爲國安立法，引發七月一日香港近百萬人大遊行，群策會在八月舉辦有關香港前途問題的國際研討會，邀請我出席，我欣然答應。還有美國與日本的專家出席。香港請來了民主派的兩位立法會議員，一位是前線的召集人劉慧卿，一位是民主黨的涂謹申。會前，我們都到淡水登輝大道上的台灣綜合研究院，拜訪身爲群策會董事長的前總統李登輝，這是我第一次與他面對面談話。我們還一起拍了照。李登輝對台灣民主的貢獻，我一向給予充分的肯定，對他後來被迫離開國民黨很遺憾，並認定國民黨已經脫離李登輝的本土路線與蔣經國的反共路線。

這個研討會在圓山飯店舉行，阿扁總統與李登輝前總統會上致辭。會議有兩個插曲需要說一說。研討會開兩天，第二天下午是圓桌會議。開會的第一天，原來香港《九十年代》總編輯李怡突然到了台北，給會議主持人翁松燃教授電話，說他在台北，翁教授就請他參加最後一場的圓桌會議，由於事前議程沒有李怡，所以翁教授說，他把位子讓給李怡，群策會沒有同意翁讓位，便臨時加了個位子給李怡。台上全是西裝革履，唯有李怡穿一件夾克衫。李怡的發言也很特別，批評與會者都希望香港「一國兩制」失敗，這樣台灣才高興云云。總之是一副反台獨的姿態。所以後來李怡轉而支持年輕人的港獨，這個轉變實在不容易，許多老泛民就轉不過彎來。

另一個插曲是這個會議有許多港澳記者來採訪，見到一些幾年沒見的朋友，包括當年《百姓》雜誌在澳門的記者。召開圓桌會議時，劉慧卿與涂謹申在台上，我坐在台下第一排。涂把他的傻瓜機交給我幫他拍照，我自己的相機也拍。會議結束時，正好一位老友從台上走下來，我拿著手裡的相機向前與他握手，講幾句話，回到自己位子上，放在椅子上涂謹申的相機居然不見了。雖然阿涂不要我賠，不過我心裡一直很不好過。我相信這不是一般的小偷，坐在我後面的都是港澳記者，這部相機裡有劉慧卿、涂謹申來台灣後所參與活動的所有照片。回到美國後，涂謹申還傳來澳門一家週報攻擊我的文章。

而劉慧卿因爲表示尊重台灣人選擇自己的前途，回香港受到「愛國人士」猛烈抨擊長達一個多月，說她支持台獨，要她辭職，攻擊最兇的就是後來出任特首的梁振英，當時是行政會議召集人。劉慧卿被圍攻時，幾乎沒有民主派政治人物出來聲援，大家視台獨爲毒品，哪管是無限上綱、亂扣帽子的言論。後來見到《開放》主編金鐘在《信報》寫文章聲援。實際上，這些左棍是在爲二十三條造勢，但是最後在強大民意壓力下，不得不撤回。

隔了幾個月，群策會又舉辦研討會，問我們請曹長青來好不好，我們說當然好啊。他比我們早幾天來台灣。曹的文章言論一向激進，我則多從策略來考慮，這是我學習中共黨史中觀察毛澤東制勝國民黨之道，因此我多主張分化國民黨，李登輝拉出一批組織台聯還不夠，還要努力。當時反對李登輝與阿扁總統非常厲害的愛國同心會在會後到我們住的圓山飯店找曹長青理論。當時我工作一天準備上床睡覺了，突然有電話來說曹長青挨打，我們趕下樓，看到朱立熙與一些人已在圓山大堂，討論一陣，決定第二天早上開記者會。

愛國同心會的成員踢過阿扁一腳，向李登輝潑過油漆，他們還有什麼事情做不出來？所以第二天記者會我們同聲譴責。不過回飯店後，有圓山的員工卻對我們說，愛國同心會找曹長青下來的確有吵架，但是沒有打人，因為一打，曹長青一叫，他們就知道了；他們只看到曹長青生氣上樓。他們還讓我與月清到小房間裡看監視器錄下的片子。

槍擊扁呂

二〇〇四年三月，我們獲邀來台灣觀選。我們提前十天先來，住在許昌街青年會，與台灣朋友先接觸了解選舉情況。不過我們這個團的組成非常奇怪，據說邀請了魏京生，他不願來，因此換了汪岷。在《中國之春》因為伍凡揭發徐邦泰，台灣停止資助後停刊；後來汪岷搞來一筆錢復刊一陣再停刊。這次汪岷來，他從網絡找了幾篇文章影印，做了一個有青天白日滿地紅國旗的封面，裝訂成一本薄薄的《中國之春》雜誌的樣子給我看，我想他是以此到台灣來爭取資助了。看來沒有弄到錢，因為以後沒有見到這本雜誌再出版過。連《北京之春》也斷炊了。代表團裡還有《北京之春》經理薛偉，參與六四學生運動的北大研究生，後來被通緝而流亡美國在洛杉磯教書的王超華，還有也參與六四而流亡法國的學生領袖張倫。

代表團裡還有一位怪人，給我的名片是自由亞洲電台的顧問。我有在電台做節目，也認識裡面的高層，根本沒有顧問這個職銜。爲了擔心有「共諜」混入，我們在台灣打長途電話到電台詢問，他們斬釘截鐵回答說沒有這個人，也沒有顧問這個職銜；再後來，他們進一步調查說，中文節目的稿子有時來不及翻譯成英文，便拿到外面找人翻譯。此人是中國外交部的退休幹部，英文不錯，會臨時找他翻譯。沒想到他自說自話自己印上「顧問」的名片。他又怎麼會成爲代表團的一員，經過相關部門的了解，是他在某個場合認識了民進黨一位國安會諮詢委員，只是見過一次，拿到名片，便被纏上要來觀選不可。由此可以看出某些中國人的作風，台灣人卻缺乏應有的警覺。如果混進共諜，我們的所有活動與講話，中共不是瞭如指掌嗎？所以有幾天我就脫離該團自己活動。

我們來台灣多次，由於我在《自由時報》有專欄，所以與台灣一些媒體人也有互動。三月十五日在台北做完節目後，與前來觀選的《開放》主編金鐘同被邀請到雲林出席汪笨湖主持的戶外開講。由於我在義美企業辦的政經週刊也寫有專欄，來台灣時會去拜訪他們在信義路的辦公室，因此比較熟悉。當他們知道我們要去雲林，交通又有困難時，他們旗下英文報Taiwan News的詹總經理要兒子親自出馬開車送我們去。那晚到雲林虎尾，汪笨湖採訪台上的陳水扁總統，然後是行政院長游錫堃，陳總統也回答了民眾提出的問題。場地黑麻麻一片，來的不少是農民，穿著拖鞋來，眞是別開生面。我們坐在第一排，同一排的還有當時是縣議員的張花冠，因爲「花冠」名字很特別而記住了。

節目結束回到台北已經十二點，詹還帶我們去復興南路吃典型的台灣清粥小菜。回旅館剛睡覺不久，六點鐘再起床集合隨團去台中參觀。先拜訪市政府，他們接待午飯，然後走到台中公園旁邊，就聽到鞭炮聲，趕過去看，只見一長列選舉車開過，再次見到車上拜票的陳總統，後面一串車，車上揮旗的有美國回來的台僑，還有台聯成員。不到二十四小時就兩次見到陳總統！

十九號那天下午，我們到陽明山的文化大學出席座談會。一到會議室，看到那裡氣氛緊張，只見曲兆祥在那裡大罵：「知道民進黨一定會出賤招，沒想到是這樣的賤！」原來陳總統與呂副總統在台南拜票時，發生槍擊他們的案件。文化大學很藍，曲兆祥是新黨黨員，一口咬定這是民進黨的賤招。當時情況不明，我與月清都立即表示在情況未明朗前，怎麼可以一口咬定是民進黨的賤招？何況這是槍擊總統，不小心就會鬧出人命。

那場討論會自然因此失焦。本來要下山參加兩黨晚上的造勢大會，然而我們卻被通知造勢大會取消，我們不得下山自己亂跑，留在山上吃晚飯，然後去泡溫泉。我們急於回旅館看電視了解情況，終於到十一點才抵達旅館，當然馬上看電視，了解總統的傷勢，更加不會認同自導自演的說法，因爲十一厘米長的傷口，如果自導自演，子彈歪一點難道不會出人命嗎？可是主管國民黨文宣的陳文茜卻胡說八道說有奇美醫院小護士揭發是自導自演，然而始終未見這個護士出來證明。

看了一下電視，我們趕到民進黨黨部門口，與大批群眾聚集在一起以示對民進黨的支持。觀選團中只有王超華與我們同一觀點，其他人全跑到國民黨的場子。

第二天是否還照舊選舉投票，還是延後再說？兩黨協商的結果，國民黨堅持仍然投票，大概他們以爲掌握媒體，民眾會接受他們的自導自演之說，民進黨必然大敗。哪裡想到，投票揭曉時，民進黨贏了百分之〇點二二八，這個二二八眞是神奇數字啊。

投票揭曉後，晚上在旅館繼續看電視報導連戰如何出來鬧，帶領支持者遊行，一口咬定是民進黨自導自演，要推翻選舉結果。我很擔心國民黨會煽動軍事政變，那晚兩三點鐘，我們還打電話給游錫堃的辦公室主任劉建忻，他們都很堅定冷靜，我們才比較安心的睡了一下。以後幾天，國民黨與親民黨的立委繼續鬧事，邱毅等更是使用暴力，一直到美國致電陳水扁祝賀當選，國民黨知道鬧不下去了，局勢才逐漸平靜。然而卻種下藍綠的嚴重對立情緒，所謂「信者恆信，不信者恆不信」。任何有關案件的破案情況，藍營不信就是不信。

國民黨要求重新驗票，驗票結果民進黨得票更多。而從民進黨分裂出去的許信良，還上演宣佈連戰、宋楚瑜當選正副總統的醜劇。陳文茜則帶著閨蜜李永萍到韓國旅遊避開「奇美小護士」，可能還有國民黨的責難。

這個爭議也擴散到海外。法拉盛圖書館的一場研討會，我與西東大學楊力宇就出現不同觀點。他一直聲稱是連戰的同學，站在連戰一方，甚至猛烈抨擊美國，爲了證明美國是靠不住的，細數美國如何出賣盟友李承晚、吳廷琰。殊不知這些人都是獨裁者，發生在獨裁國家，怎麼可以與民主台灣比較？

多次來台，主要是開會。空暇時間，也是拜訪名人或與朋友聚會，主要是想多了解一些台灣情況。例如我們到總統府拜訪過呂秀蓮副總統；也拜訪過國防部次長林中斌，他請我們吃頓飯；

也去過中研院拜訪過近代史研究所所長陳永發，他在《聯合報》爲我的《中共風雨八十年》寫過書評，他帶我們參觀了胡適故居。曾經擔任歐亞基金會副董事長的曾永賢，以八十高齡之尊竟來到我們旅館探訪我們，讓我們深受感動，他曾經是台共黨員而後長期在調查局研究處工作研究匪情，也讓我們有許多共同語言，以後維持長期的聯繫。

我們沒機會遊山玩水，不過很感謝在美國就認得的台灣年輕學者趙弘章開車帶我們到宜蘭過「七夕」，參觀了剛開館不久的國立傳統藝術中心，還了解宜蘭許多事物，我們甚至在公路邊下車俯瞰蘇澳軍港停泊的軍艦。《自由時報》的何新興因爲以前他在《中央日報》工作時有過聯絡，也撥冗開車帶我們到擎天崗觀賞那塊天然放牛的「高原」，那裡居然還留有「反共抗俄」的小亭子「古蹟」。這些都是我們第一次來到的地方，讓我們對台灣有更多的認識。

決定轉戰

在美國住了八年，從關心中國、香港、台灣，轉而關心台灣、香港、中國。這是依照關心程度的順序排列。看到海外中國民運的情況，對中國民主運動起不了什麼作用；香港則已經逐漸量變，哪天會來個質變？而每次回台灣，看到台灣的「中國熱」在書店賣的書充分表現出來，而我們在美國難以做事情，加上看到美國台僑無私的關心、協助台灣，心裡很有感觸，也一直在想怎樣能夠爲台灣多做點事情。

在美國觀察中國，有很大的局限性，一些美國基金會支持的研究機構所做的研究報告，實在不敢恭維。例如研究中國的所謂「村民選舉」，幾十年停留在那個階段，有什麼好研究的？然而聽他們自鳴得意的報告，簡直浪費時間。中國對研究中國的美國學者也有殺手鐗，那就是他們的論文必須講中國的好話，否則不給入境。而不能入境中國，他們的學術地位就下降了，爲此他們有些只能昧著良心講話。我這時才醒悟到香港新華社兩次沒收我的回鄉證，就是要施壓張五常教授炒掉我，因爲我難於勝任研究中國的工作了。可是憑我過去在中國對中共的認識，即使不給我進去，從他們的文宣，我也可以有下意識的敏感反應。何況我看了不少資料，包括中國的重要文藝作品也不放過，來了解社會的各個層面。

二〇〇五年十二月台灣舉行三合一（縣市長、縣市議員、鄉鎮市長）選舉，縣市長中在野的國民黨贏得十四席，再加上親民黨、新黨、獨立參選各一席，泛藍總計獲得十七席；執政的民進黨僅獲得六席。那時阿扁施政已經越來越困難，阿扁及其夫人一直成爲藍營的攻擊目標。這意味著二〇〇八年大選民進黨很可能失去政權，中國勢力將進一步侵入台灣。那時台聯美東黨部請我去演講，凡事做最壞打算的我，甚至提出如果綠營潰不成軍，國民黨一黨獨大，我們應該想辦法團結國民黨裡的王金平，因爲他可能還有點台灣心，不像馬英九、連戰那樣。不過，在美國無法打入主流社會發揮影響力，在台灣會館演講最多只有三百人，也傳不到台灣，因此就有易地而戰的想法。何況台灣離香港、中國更近，接觸也會更多。

正在這個時候，我們收到台灣方面的通知，聘請我擔任公益信託雷震民主人權基金諮詢委員的通知，要我出席三月七日基金的成立大會。以往回台灣開會，主辦單位提供飛機票，這次沒有提及。我們兩人來回飛機票也是一個負擔，加上這兩年頻繁來回也很累，家裡花花草草也沒人照顧，於是月清提出是否乾脆我們借這個機會搬回台灣？我非常贊成，遂決定回台灣做一生中最後的拚搏。

這一年，馬英九接任國民黨主席，之前與連戰爭奪主席寶座。自稱是連戰同學的楊力宇舉辦了海外首個挺連大會。明明他與國民黨關係密切，卻在《世界週刊》發表文章，不點名攻擊紐約的政經評論員爲了利益投靠民進黨。這明顯是指我嘛。不久在一次餐會上我們見到他，月清就直接問他「你有什麼根據說我們拿了民進黨的利益」？他說他是聽薛偉說的。原來我們一直幫北春寫稿，到台灣時還聯署向政府爲北春爭取資源，結果背後還被「自己人」捅了一刀，實在太可怕了，這個圈子還能待下去嗎？

我們決定移民台灣，對民運圈是保密的，因爲民運圈是非太多，謠言太多、共諜太多。不過，在二〇〇六年的春節聯歡會（以前民運的聯歡會現在也由法輪功來負擔經費），我還是發表了沒有正式宣佈的「臨別贈言」。我說，法輪功被打壓沒有幾年，已經有他們的報章、新聞網、電視台、電台，他們的學員作爲一種信仰，人人獻身，包括賣房子捐款，做義工；老僑也有自己的中華公所產業。民運搞了二十多年，當年的捐款也不計其數，可是到哪裡去了？至今沒有自己的場所；可是民運的頭頭們都有自己的房子了，這是什麼問題？這些話民運貴族聽了當然不爽，然而我要離開了，即使他們不爽，我也做最後的諍言了。當然，我們這樣悄悄地走了，也害怕繁瑣的「歡送」，甚至對一些好朋友也沒說，心裡一直抱有歉意。

兩三個月的時間要完成搬家準備，實在非常緊張，先決定賣掉實在捨不得的房子。當時房價還在上升階段，紐約又參與舉辦二〇一二年奧運的競逐，所以即使有人出價八十幾萬美元，我們還捨不得放手。所幸找到一家國際搬家公司，總經理是香港人，六四以後移民到美國的，他知道我，因此給予很多方便。我最多的還是書，估計台北買不起大房子，所以送了一批書給朋友。股票、基金也不問價格全部賣光。房子最後是暫時讓給法輪功朋友住，但是主要家具都帶回台灣，因為運費特惠，何況都是很好的仿歐式家具。我們就這樣在三月初匆匆趕到台灣。

二十三，移民台灣

二〇〇六年移居台灣，成為人生歷程中的最後一站，應該也是相當驚心動魄的一仗。如果說在中國是夾起尾巴做人，在台灣則是挺起胸膛做人，因為參與了保衛民主台灣之戰。在錯綜複雜的議題中也鍛鍊了我進一步思考問題、認識問題的能力。

移居台北

我們曾經詢問過弘章對我們移居台灣的意見。他說，你們現在是貴賓，大家禮遇你們，回到台灣以後就不一樣了。我明白他的意思，我們不需要當貴人，而是來打拚的，只希望能爲台灣的民主略盡綿力，到底，台灣像我這樣學中共黨史，又在中國居住很多年，而且一直跟貼中國從事評論的人是極個別的。美國熟悉我的台僑朋友也了解這一點而鼓勵我。然而我並沒有想到，是不是會有人怕我搶了他們的飯碗？這是後來有朋友對我說的，才讓我有些尷尬。然而想想我都行將就木了，這樣防我不是太可笑了嗎？

我一到台北，首先就是參加公益信託雷震民主人權基金在三月七日的成立大會。陳水扁總統親自出席講話，最煞風景的是當時擔任國民黨主席的馬英九也代表國民黨向當年對雷震的迫害致歉，明明知道那是虛僞的言不由衷，而且歸咎於因爲反共導致出現冤案，然而還得勉強聽他講完。

我們先帶了簡單的行李到了台北，其他先存放在貨倉等候我們有確定的住家才運來。原先有位從台北到紐約而認識的新朋友說他在台北有一間空套房，可以讓我們暫時住才去找房子，可是我們抵達台北住進旅館，給他電話後，他不再提，我們也很知趣的沒有強人所難。於是我忙著在旅館裡寫稿，月清則是外頭找租房。很多租房備有家具，不合適；有些空房因爲天花板太低或其他原因，我們在美國買的大家具無法放置。所以在旅館住了好幾個星期。

期間，我們拜訪過紐約台僑「白毛」介紹的朋友黃千明，他是建國黨最後一任主席，他在松山區買了新房子，有四個房間，帶我們去看，我們看了也很滿意，但是他堅持要免費而且長期給我們住。這樣大的人情我們不敢接受。後來一位在美國認識的台灣朋友的親戚請我們吃飯，他是民進黨政治人物段宜康，還把段媽媽也請來了。談起找房子，段媽媽說她住房樓下正好有空房子要出租，我們趕去看，雖然在二樓，但是符合我們的條件，四十坪的實用面積，擺得下我所有書籍，而且寬敞明亮，我們很滿意，就此租下。

房子地點在中山區雙城街，辜振甫家斜對角，旁邊是小公園。除了離開捷運站較遠，附近沒有菜市場，其他都還不錯。由於家具沒來，立即買了褥子被蓋，打地舖睡覺，段媽媽家搬下兩張椅子給我們有地方坐，還有一個小茶几當桌子寫稿。但是等行李家具到了以後，才發現有兩件家具因爲電梯與樓梯都太窄而無法運上去。所幸一直關心我們的黃千明的企業有貨倉，我們立即急電找他幫忙，搬家公司得以立即送到桃園存倉而沒有讓家具在馬路邊過夜。其他一些必需的家具，我們基本上都是到宜家去買，喜歡它的簡單大方。段媽媽和黃主席是我們返台的貴人。

有了戶籍地址，申請移民就好辦多了。我是以英國海外屬土公民（BNO）護照入境的。月清是台灣人，我就可以申請了。如果是中國人跟隨配偶，要八年才能入籍，這是必要的，就像香港要七年才能成爲永久居民，因爲要熟悉、習慣乃至認同這個國家。然而因爲我是香港「僑生」身份，按照規定依親只要一年就可入籍，有別於一般中國人。這一年不能離開台灣，然而也很快就晃過去了。

在我取得中華民國（台灣）公民身份可以自由出入台灣後，香港媽媽的健康情況也急轉直下，到底是九十二歲的老人了。我也因此多次去香港探望她，尤其幾次急診送進醫院時。還好我已經搬來台灣，要在美國，旅費和體力都是很大的負擔。不過媽媽最後還是在二〇〇七年八月十七日病逝。這天，正是印尼的國家獨立紀念日。喪禮都由長期爲他們彈琴的教會爲她辦理，其他後事也都由我的侄兒與女兒來處理。

媽媽的大半生，都在「救濟」與「挽救」我這個誤入歧途的兒子。但是我出來後，青春年華已逝，還背負自己的一個家庭，所以能做的回報很有限，晚年還關注我的安全叫我離去。天下的大部分父母不大計較子女的回報，然而作爲人子人女的又怎樣呢？一代欠一代還不清，到斷子絕孫爲止。

媽媽晚年住在政府分配的老人單間住屋裡，侄兒從印尼請來的外勞正好是基督徒，心地很好，省卻許多矛盾。即使媽媽對人諸多挑剔，她還是把媽媽照顧得很好，讓我們少了許多牽掛。這也是我們的福分吧。

研究工作

還在美國時，我就向台灣民主基金會申請研究項目，到台灣後才落實，爲期半年。研究項目是「台灣如何面對中國的政治威脅」，於二〇〇六年十二月完成。

到了台灣，因爲是民進黨執政，所以也接受許多單位的邀請做報告，主要是有關中國與兩岸關係。其中最重要一次是該年十二月二十五日行憲日在總統府做的報告，不但陳總統、呂副總統親自出席，還有文武百官，尤其是國軍將領。我演講的題目是〈制度認同與國家認同〉。因爲是行憲日，我還把中華民國憲法與中華人民共和國憲法做比較，然而更重要的是護衛台灣的民主制度，宣揚反共意識，以個人對台灣這個民主國家的認同，期望台灣人民，尤其是外省族群也能對台灣這個國家與制度的認同。我的態度一向務實，因此語調溫和，致力台灣內部的團結，包括應該承認中華民國這個政府的客觀存在。所以那些將領也給我熱烈鼓掌。我的講話全文刊載在我的《一個中國人的台灣情》書裡面。

行憲日是國民黨遺留下來的，一切儀式都是老一套。可是我上去講話並沒有對「國父」鞠躬。

抵達台灣不久，就聯繫由國科會國家實驗研究院董事長賴義雄博士在美國時就提及的工作問題。這時，曾經在美國主要學術機構（包括康奈爾、芝加哥、普林斯頓大學圖書館）和聯邦政府（國會圖書館）工作四十年的蔡武雄博士在二〇〇六年退休後回到台灣，把他所學和經驗（尤其在中國研究與公開情報的研究和應用）爲台灣在中國問題研究方面開創一個新的途徑，並且建立一個獨特的大型中國問題資料庫。這個研究中心設在國科會（科技部前身），叫「科技政策與資訊研究中心」。在成立若干月後，我也加入成爲其中一員。

不久，該年九月二十八日，中心就舉辦了「中國穩定嗎？」的國際研討會。來賓中有美國資深的中國問題專家白邦瑞、譚慎格，國內有蔡武雄、林文程、蔡明憲、張清溪、阮銘等。我的報告題目是〈中國外交政策與社會穩定〉。研討會本來決定在中央圖書館舉行，因為那時正好在鬧紅衫軍，擔心他們從凱道過來鬧，結果臨時改在和平東路的國科會本部舉行。即使如此，也還有自稱「賓拉登」的人來鬧場。

由於蔡武雄的台獨政治立場，加上這是研究中國的機構，自然不為國共所喜，因此一直被親中媒體盯住，再由國民黨立委發難。當時國科會主委陳建仁不想事情鬧大，便決定第二年由國科會繼續提供經費，機構搬到大同大學，由大同大學管理，改名為「和平與安全研究中心」。賴義雄也一起到大同大學做兼職教授。

我們的機構經常組織研討會，請知名學者做報告。前國安會副秘書長張榮豐、前國防部次長林中斌來過，「匪情」專家趙建民也來參觀過；當時出任國安會秘書長的陳唐山也給我們做過報告。

這個中心最花錢的就是資料庫的建置，除了那套設備，還有購買各主要媒體所發佈的資訊。中心訪問過美國與中國，我都沒有去，讓年輕的助理們去見世面。有一次中國社科院的楊團來我們中心，談起來竟然是楊逑與韋君宜的女兒，後來我還把以前所寫評論韋君宜〈思痛錄〉的文章傳給她。但是二〇〇八年馬英九上台後，就斷了我們的經費，還借經濟問題整我們。由於沒有經費，資料庫自然無法維持運作，所有投資就化為烏有。馬英九為何如此害怕我們研究中國？

中心遷大同大學時，我也遇到刁難。原來在國科會我的職稱是研究員，到大同大學時卻要重新審核，審核期間沒有薪資，說是通過以後再補發。到了七月才審核通過時，說是半年算一階段，我已經過了半年，所以前半年就不補發了。中心不好意思，就補給我「車馬費」。我並不理中心的行政運作，所以被整時我也不清楚怎麼一回事。後來有同事給我看一段有關我的部分，是監察院要彈劾的部分，說我拿到的車馬費多過麥當勞工讀生的時薪。但是也不知什麼原因，後來這件案子似乎不了了之，我不必為多過工讀生時薪的指控為自己進行辯護。

失去這份工作以後，我就主要靠寫稿為生了，有時動用月清的存款，海外台僑也很關心我們。我還辦了多年的《綠色參考》，幾乎每天「一腳踢」的編輯轉發給幾百位朋友。其中不少台灣不易見到的香港報章的內容，最後終於精力不足而停辦。

紅衫之亂

決定回台灣是看到了民進黨的敗象。但是沒有想到來得比想像還要快。

回來不久，媒體就開始討論扁嫂吳淑珍的問題，以SOGO禮券開始。禮券嗎，價值有限，鬧不出什麼大事，主要是貴婦團的事情。在二〇〇四年大選時披露出扁嫂炒股票的問題，心想任何政治人物經此教訓，在連任後這些方面應該已經改正，或者有所收斂，因此對施明德藉此發動紅衫軍之亂深深不以為然，那不過是失意政客尋找機會回到政治舞台，甚至是攫取權力的藉口而已。何況參與者幾乎都是國民黨的支持者，借民進黨早已被邊緣化的領袖的「綠帽」，行黨國復辟之實。因此對親綠學者發表的聲明也不以爲然，即使民進黨內部有問題，也不能在國民黨搗亂時加一把火，爲他們助陣，也讓問題的解決更複雜化。當時民進黨裡也出現高層將有人取扁而代之的傳說，不管眞假，對民進黨的團結都造成傷害，也不可取。

紅衫軍造成的紅色恐怖更讓我警覺。本來華人喜歡以紅色象徵喜慶；但是自從經歷文革的「紅海洋」、「一片紅」以後，看到紅色就想到共產黨象徵染血的紅旗，想到紅色恐怖。因此紅衫軍對社會的騷擾以及某些暴力行徑，都讓我重溫文革噩夢。因此反對紅衫之亂是我的堅決立場。

在連續的街頭示威之後，紅衫軍進一步開展「遍地開花」與「天下圍攻」的階段；要把運動擴及全台灣，造成全台大亂，甚至有要衝進總統府的傳說後，我就站出來表示堅決反對。台灣的民主運動是一步接一步的深入發展，因此台灣人不太懂反動勢力的「復辟」。而我們長期接受共產黨有關「反革命復辟」的教育，了解共產黨對鬥爭反覆性的重視。而一九八九年「蘇東波」之後，有好些國家也的確出現共產黨復辟的情況，如果民進黨不重視這個問題，可能不必下次選舉，在阿扁任內就可能實現國民黨的復辟了。

施明德的「遍地開花」讓我想起紅軍歌曲中的〈八月桂花遍地開〉，時令幾乎完全一樣。我在本世紀初中國出版的《百年中國歌曲精選》中尋找原文時，意外發現在它之後竟是歌頌孫中山與儒家經典的歌曲〈天下爲公〉。「天下圍攻」無疑取之「天下爲公」。共產黨按創作時間順序把這兩首歌曲放在一起，我認爲施明德身邊許多親中人士中有人看到這個歌本而提出那兩個戰鬥口號。

當時民視記者陳嘉爵多次來我們家裡採訪我，我以此作爲根據來反擊紅衫軍與中共同流合污。因爲多種原因，尤其是得不到民眾的支持，紅衫軍這兩個口號都無法實現，最後沒落而瓦解。

不過親中媒體對紅衫軍「反貪污」的宣傳對香港人很有迷惑作用，因爲香港人不了解國民黨在台灣的一黨獨大不知貪污了多少年，對民進黨出現一些問題就大驚小怪。香港報章同時還報導民主派的立法會議員劉慧卿與城市大學教授鄭宇碩打算發動提名施明德爭取諾貝爾和平獎，讓我嚇了一跳。怎麼可以把與共產黨勾結的國民黨反動勢力的復辟行爲給予諾貝爾和平獎的桂冠？不管是否得到，都沾污了這個獎項的名譽。因此我親自打電話給他們力勸不可，並且傳去他們所不了解的資訊。最後這件事情就不了了之。

然而這些挽救不了民進黨的命運。二〇〇六年十二月的雙都市長選舉，雖然宋楚瑜在台北市出來攪局，但是藍營的棄保使謝長廷輸給郝龍斌，我們都積極參與助選活動。高雄陳菊的場子我們也去了，總算以一千多票的差額，保住了綠營在南部的陣地。

完成移民

我們人來到台北，一直在安排紐約房子的出售，因爲賣不掉那裡的房子，就沒錢在台北買房子。這時美國次貸風波開始出現，我們心裡更緊張了。雖然我們的房屋仲介朱太非常努力，還是很難賣出，一度連門前的數百年大樹也成爲買家以安全問題作爲殺價的理由。請人來砍樹，報價竟然要價數萬美元，嚇死我。最後，有三位福州年輕人要買下，然而這時收緊了房貸，爲了解決房貸問題拖了好幾個月。我們的飛機票也一延再延，乃至退票。到最後決定日期時，只能買高價票。

二〇〇八年十月，我們終於飛回紐約賣房子，價格已是離開紐約時的九折以下了。賣房那天，買主最後一次巡視交屋。豈料地下室的煤氣爐竟然怎麼都點不著。因爲這時房價繼續下跌，買主礙於已經簽約付了訂金無法毀約，所以想藉此毀約，把我急死。這時朱太急電她從事水電工程的老公來看，他來了後用扳手敲了一下管子，火立刻點燃，我們不禁高聲歡呼。原來就是把鐵鏽敲掉，管子就暢通了。趕到律師那裡，已經遲了一個小時，還好陳隆豐律師還在那裡等我們簽字，總算了卻一件大心事。

手頭有了錢，回台北就一直看房子，在萬華爲段宜康最後一晚助選後，循蘋果日報的廣告看了那裡的房子，經過許多比較，終於決定買下。萬華是台北市最窮地區，因此房價最便宜，同樣價錢在萬華買新的，在東區只能買到二三十年的舊樓。何況這間房子是造好後才出售，因此不是看圖紙而是看實物覺得滿意才買。萬華是台灣本地人集中的地區，有助於我們了解台灣的在地文化，在台灣生根。

二〇〇九年春節以前，我們搬進來了。雖然號稱四十四坪，實用才二十九坪，我存了幾十年的《新華月報》終於無法再跟隨我而送人，在美國買的許多畫冊也送人或給台聯朋友的圖書館。但是分離了兩年的家具則與我們團聚了。

房子在頂層，可以看到觀音山、大屯山，新店溪、大漢溪乃至淡水河及其橋樑。對已經不用上班的我來說，有助於陶冶心情、高瞻遠矚。接著，在馬英九爲他的綠卡狡辯後，我們到ＡＩＴ交回我們的綠卡，做徹徹底底的台灣人，與台灣人同命運，共呼吸。

二十四，反共救台

二〇〇八年總統與立委的選舉，民進黨大敗，大老們紛紛退縮。民進黨似乎很難再站起來了，然而突然冒出資歷不深的蔡英文參選黨主席，以不同以往形象讓人耳目一新救起民進黨。這也是台灣政治上的奇蹟，可謂天佑台灣，免遭中國蹂躪。

敗選之夜

在台灣，深深感受到族群矛盾之害，許多一九四九年流亡來台灣的中國人，半個世紀下來還不肯認同這塊土地，主要是他們的「中原」優越感作怪。我記得李登輝曾經喊出要「打造新中原」，可能就是要彌補這些人精神上的空虛。綠營的候選人是心存芥蒂，或者覺得困難，也都不願到眷村去拉票。因此我就想以身作則講述我的思想轉變過程，於是把我十幾年來有關台灣的評論及遊記挑選一部分，出版《一個中國人的台灣情》，民主前輩彭明敏爲我題詞「挺身爲台灣」，陳師孟、金恆煒、謝志偉爲我寫序，希望能夠對選情有所幫助。

允晨出版社與我拚命趕工，終於在二〇〇八年一月四日在凱撒飯店開新書發表會，彭明敏、李鴻禧等綠營大老還有吳錦發等文化媒體朋友都來捧場。然而一月十二日立委選舉結果使我大吃一驚，竟是民進黨的崩盤，一一三席立委中，只取得二十七席，不到四分之一。這意味著國民黨想做什麼，包括修改憲法，都可以在立法院通過。

我這才了解到紅衫軍對阿扁及其家庭「貪污」的指控已經深深傷害到綠營的選情。我不是民進黨裡面的人，當然無法了解民進黨內部做的民調。不過我倒想起選前最後一夜，我們到萬華龍山寺前面廣場參加段宜康盛大的造勢晚會，阿扁總統親自出席，結束時總統與段宜康站在敞篷車上沿著西園路北上離開時，阿扁最後還回頭望著散開的人群與周圍的景物，大有不捨之情。他應該知道選情已經很難挽回了。

綠營的選情大受打擊，我這本書也無心宣傳推銷，也不想出版社賠本，以後大部分全部買回送人。

立委選情如此慘淡，總統選情自然也沒有太多的指望，尤其看到民進黨內部派系鬥爭的慘烈，讓我醒悟到我在美國見到的台僑與台灣本地的政治人物有相當的不同。台僑沒有利益要求，奉獻台灣，本地的政治人物則是涉及政經利益而不惜內鬥。我還記得有一次向一位黨內初選落馬的朋友說，拜託你要好好幫助那位贏了初選的另一位朋友。這位落選的朋友也很坦白的說，我輸了就認輸，沒有再與他相爭了，這就是幫助他了。後來有朋友也對我說，黨內爭奪之所以激烈而不會出手幫助對手力戰國民黨，是因爲如果這位對手贏了國民黨，一屆四年，下一屆還是他出選，初選落敗者就要等八年才有機會再戰。如果對手輸給國民黨，四年後他又有機會出來參選了。以後我了解更多，涉及到自己的樁腳如果去援助對方，就會被對方收編。原來問題這樣複雜，所以我們去助選，到後台去，往往只看到參選人的本派系人馬而沒有其他派系，這也許是彼此的默契。這樣的思維方式，讓我浮現出「小農意識」出來。

立委選情如此，總統選情自然也好不到哪裡去。民進黨的總統初選主要有三位：蘇貞昌、謝長廷與游錫堃。游做過三年行政院長，他對中國態度比較強硬，我是比較認同他的。因此有朋友找我聯署報章廣告支持游時，我也同意了。不過我們回來台灣，是支持民進黨，不是支持哪一個人或派系，因此提出不能傷害其他候選人。綠營初選有競爭時，我都認爲各人端出牛肉讓民眾選擇而不能出言傷害對方，這是我一貫的立場。可是廣告刊出時除了原先認同的內文，卻加了一個標題是「唯一可以信任的候選人」，這是否意味著其他不可信任？而我從「聯署人」變爲「發起人」。自此之後，我就不喜歡參加可能涉及派系鬥爭的聯署。因爲作爲獨立媒體人，有自己判斷是非的標準，而不是以派系做取捨。

在家裡看民進黨總統初選第一次辯論會後，立即與游錫堃聯絡到中央黨部找他，我們晚上十點鐘到達時是最後一批找他的人了。我直率的對他提了兩個意見，一是他不應該公開批評陳總統，因爲總統一定會回應讓事件複雜化；二是不要批判新潮流「十一寇」，哪一個人表現不好可以批評，但是針對一個派系，對黨的團結不利。

國民黨大敵當前，民進黨從選立委到選總統還內鬥，甚至刀刀見骨，選舉怎麼可以贏？何況當時因爲扁家的問題，民進黨已經被指責爲貪腐政黨。二〇〇四年如果不是槍擊案民進黨不一定能贏（這不等於說槍擊案是民進黨自導自演），何況現在？

揭曉那天，果然謝長廷配蘇貞昌是輸給馬英九配蕭萬長。在敗局已定的情況下，我們立即趕到長安東路的競選總部去。在那裡只見場上民進黨的支持者在哭泣。除了謝長廷與謝系的助選團隊，不見其他民進黨大老。我想以美國回來者的身份到台上講話，爲支持者打氣，宣示與他們一起在台灣這塊土地上堅持戰鬥到底。然而台上的主持人以我不是「自己人」不給我上去。主持人不是不認得我，這個時候還把我排斥爲外人，眞是哭笑不得，也見證這個政黨的小家子氣，也是我後來常常批評的小農意識。後來見到李應元，總算由他出面讓我上去講話。我表示雖然已經七十歲，但是一定和大家並肩堅守台灣，不會離開。這是我對台灣的承諾。

那晚，最使我感動的是，已經轉任公司董事長離開政治場合的蔡英文卻整晚靜靜的坐在後台。

小英主席

民進黨輸選了，接下來該怎麼辦，這是我立即思考的問題。由於四大天王的不團結，對輸選也缺乏承擔，因此我認為應該新陳代謝，由中生代出來接棒，讓民進黨重新邁步。當時我想到可能接任主席的三個人，一位是陳師孟，一位是葉菊蘭，一位是蔡英文。當時月清打電話給陳師孟，表達我的看法。然而陳師孟當時人在美國紐澤西，表示他要比較長時間住在美國，無意選民進黨主席。而根據別人提供的看法，葉菊蘭一向不願與人競爭參選任何職務，顯然不會參選黨主席。剩下就是蔡英文了，那晚她在競選總部「共赴黨難」，也給我深刻印象，而以前與她的接觸，也給我穩重的感覺。

由於我們移居台灣後曾經訪問過當時擔任行政院副院長的蔡英文，所以很快把我們的意思告訴她的秘書請轉達。那時的回答是正在考慮之中。然而當時民進黨處於「無主」狀態，這個問題需要迅速解決，因此四月中旬我寫了一篇文章〈蔡英文適合出任民進黨主席〉，準備在《自由時報》的專欄發表，並且告訴了蔡的秘書。正好那幾天我到高雄演講，在高雄接到秘書的電話，說蔡還要進一步考慮，要我暫緩發表。爲了尊重她的意見，我就轉投影響力較小的《Taiwan News政經週刊》，在高雄立即趕寫另一篇文章給《自由時報》。

豈料後來情況有了變化，辜老（寬敏）也參選主席，而且找了陳師孟做秘書長，我與他們甚至比對蔡英文還熟悉，因此很尷尬。然而我本著應該世代交替的想法，再加上我已經表示支持蔡英文出選，因此在蔡英文表示願意競逐黨主席後，我不顧得罪朋友，在五月十四日的《自由時報》寫了篇〈蔡英文「知天命」〉的文章支持她。在民進黨開大會選主席時，我雖然不是黨員，也到會場門口，很高興看到我尊敬的經濟學家、台灣智庫董事長陳博志陪同蔡英文入場。

民進黨內有些人反對蔡英文，尤其是老資格的，認爲她黨內資歷淺，不熟悉民進黨的生態。論資排輩是中國的保守文化，民進黨要革新，正是要突破這個框框。黨齡淺有個好處，就是派系觀念不深，有利於團結全黨。她的清新與溫文形象，有助於爲民進黨爭取中間群眾。這也是我一心一意支持蔡的原因。

蔡英文也不負所望，上任後積極爲民進黨籌小額捐款，逐步清償欠下的兩億元債務。她的家境良好，所以等於義務做民進黨的工作。正好有幾個地區要補選立委，蔡英文全力以赴，贏得補選，讓民進黨的席位在立法院中超過四分之一，可以擋住涉及憲法的重大議案。

蔡英文一上任，就遇上馬英九承認「九二共識」，邀請中國海協會會長陳雲林來台灣的問題，民進黨與綠營群眾進行抗爭，發生一些衝突。國民黨給蔡英文惡意套上「暴力小英」的帽子，這完全是誣栽，因爲受傷的多爲綠營支持者。然而大概這種誣栽讓她很受傷，導致以後民進黨與街頭抗爭保持一定距離。但是不管怎樣，她的中間路線使民進黨擺脫孤立，在社會上站穩腳步，她的民望也迅速上升。二〇一〇年的都會選舉，引起馬英九的恐懼，擔心台北縣失守而進行改制，將原來的台北、高雄兩都改為加上新北、台中、台南的五都，以延遲一年的選舉改變人事佈局。這叫「奧步」，是國民黨最拿手的辦法，且憑藉其在立法院的多數而所向無敵。

但是蔡英文一上台，在黨內遇到的最大困擾卻是陳水扁的問題，而且纏繞很久。

阿扁問題

阿扁在離任前開過記者會表示他犯了法律所不允許做的事情。也就是把大筆錢匯往國外。由於扁在家庭中的地位我也有耳聞，也欽佩他的媽媽、弟弟、妹妹並沒有借扁的權勢謀取私利。所以我相信扁本人的清白，出問題的應該是扁嫂吳淑珍。然而扁不可能不受牽連。

陳總統在離任前，我和月清有去拜訪他。月清對他說，我快七十歲了，他立即送了我一瓶酒。阿扁離開總統府才幾天，我們就到他在館前路的辦公室探訪。我重點是告訴他，馬英九一定會抓他，當時我並不了解扁案會鬧多大，只是出於當時已經限制他出境及對台灣政治的判斷，外省權貴一定要懲罰本土政治菁英，阻嚇他們參政，這樣外省權貴才得以永享權勢富貴。不過我對馬英九的惡毒估計不足，我認為阿扁大概關個兩三年，到民國一百年，馬英九會藉慶祝中華民國建國一百年頒佈大赦，把扁也放了，以「全民總統」的姿態爭取二〇一二年的連任。不過阿扁對此似乎完全不在意，沒有能夠談下去。

後來揭露出來的問題越來越多，由於程序很不正義，例如在偵辦期間特偵組表態非把扁判罪不可，其成員在司法節演戲扮演有罪的扁更是荒唐，都違背無罪推定原則，如果在香港，這些人都得下台，在台灣卻成爲英雄；再加上審判時臨時換法官等，讓我對當局公佈的扁案內容持不相信的態度。

這時輿論也是譁眾取寵，以《壹週刊》爲代表，每週爆出猛料，而且來自檢方。如果眞是檢方爆料，那是不允許的，可是又未見檢方否認。台灣的司法難道淪爲與中國一樣的輿論審判嗎？國民黨立委就根據這些爆料加料進行政治審判。他們很得意，加料到阿扁女兒陳幸妤把多少克拉從香港周生生全部買來的鑽石鑲在牙齒裡帶出國，惹來周生生的否認。一場嚴肅的司法問題被搞成一場鬧劇。許多看熱鬧的老百姓當然信以爲眞。

再如涉及秘密外交的五十萬美金，馬英九不顧台灣艱難的外交處境，也強迫公開出來，涉案而被逮捕的國安會秘書長邱義仁後來證明沒有貪污而無罪釋放，但是等於馬英九已經在幫中國封殺台灣的秘密外交管道。

我們也從各個方面了解一些情況，扁案有許多冤案，然而扁嫂的確有在喬一些事情，並且收受大財團的貴重禮物。這些，都讓我後來在爲阿扁辯護時不那麼理直氣壯了。最讓我不滿意的是，好漢做事好漢當，然而扁家族竟然扯出一心爲台灣的美國台僑吳澧培，還有一大堆民進黨政治人物與扁的幕僚、私人會計等等，似乎被牽拖的人越多，扁家的罪過就可以由其他人來分擔。

這種做法是不道德的，也欠缺領導人的格局。而第一個認罪交代的竟是扁嫂的親哥哥，卻未見他們說一句。然而我也盡量諒解他們，因爲從最高一下跌到階下囚落差太大而犯的過失。希望事情可以慢慢平復。我尤其敬佩那些有情有義的支持者，然而有頭有臉的政治人物應該理性的處理這個問題，要服從台灣的大局。

然而後來不論扁在看守所還是在台中的監獄，每次有人探望出來，都會引來一些政治話題，把民進黨搞得雞飛狗跳。民進黨被國民黨打成「貪腐黨」，想極力擺脫卻偏偏被不斷纏住。

更怪異的是，有些扁的支持者把責任怪在蔡英文頭上。記得有一次出席北社的年會餐會，請蔡英文來演講，前桌一桌人不斷用筷子敲碗，喊著「釋放阿扁」。阿扁是馬英九捉的，難道要蔡英文帶隊去劫獄？如果阿扁執政八年都保不住自己，剛剛出任民進黨主席的蔡英文又有什麼能耐可以把阿扁放出來？那時蔡英文忙著小額募款來清還民進黨的債務，可是扁家卻把民眾捐款匯往海外。阿扁很不滿意在他出任總統後李登輝一直給他下指導棋，哪怕是一片好意；可是自己在獄中而又官司纏身，也給蔡英文下指導棋，忘記了「己所不欲，勿施於人」。

反共傳承

二〇〇八年三月二十日馬英九當選總統後，二十三日舉行的首場國際記者招待會上，他就表示，一中原則不是問題，他接受一個中國各自表述的九二共識。

馬英九在上台兩個星期後的「六四」十九週年，發表書面感言表示：今年跟往年最大的不同，就是三週前四川發生了大地震，從大陸官方搶救的迅速、災難及抗爭新聞報導的開放，到對外國救援團隊的歡迎，對台灣救援團隊的友善，與一九七六年唐山大地震時期的表現已大大不同，國際媒體亦迭有佳評，顯示中國大陸改革開放三十年，已有一定成果云云。且不說這是馬英九美化中國貪官需要救災資金的假開放，對平反六四、鎮壓西藏及打壓台灣等人權問題更未置一詞。

九月，海基會就邀請中國海協會會長陳雲林訪問台灣。馬英九竟不顧自己的身份，公開表示陳雲林來台灣，見到馬，只要稱呼「先生」就可以了。這不但是自貶人格，也貶低了台灣的國格。

這年十一月還發生一件事情，香港壹傳媒主席黎智英收購中國時報系統的媒體（電視與紙媒），在簽約那一天，投資中國發大財的旺旺集團老闆蔡衍明搭私人專機從上海趕回台灣，連賬目都不看，就與中時報系簽約搶在壹傳媒前幾個小時買下。因爲是個人名義而不是上市公司買的，所以不必說明資金來源。然而熟悉中共大外宣的人都對此心知肚明。

有一晚，我們與李筱峰教授、陳達成律師等多位朋友到八斗子吃晚飯。八斗子是東北海岸著名景點。想到共產黨官員將第一次來台灣侵門踏戶，不禁怒火中燒。筱峰提出我們應該成立一個組織來對抗。我說如果要組織，叫「台灣青年反共救國團」最好，第一是突出「反共」的目標，第二是凸顯國民黨的「中國青年反共救國團」在二〇〇〇年取消了「反共」兩字的無恥，也把

「中國」改爲「台灣」而成爲本土社團。然而看誰出來具體去做時，筱峰說他很忙，要我做。我最怕處理人際關係，也欠缺行政能力，但是月清有興趣，她願意做，我也只好同意了，由我掛名，具體事務她去做。

反共團第一次籌備會於二〇〇八年十月二十七日召開，地點在台北市南京東路三段二八五號上海圓荷園餐廳，出席人員是李筱峰、高爲邦、陳達成、黃淑純、曹濟平、林世昌、楊月清、林保華。十一月二日召開記者會，由我講成立的意義。我對反共團的名稱做了解釋：「台灣：以台灣國家主權管轄區域爲主。青年：台灣青年是台灣的未來，由我們發起，逐步交由青年人傳承。反共：這是自由與專制、民主與獨裁、法治與人治、人權與踐踏人權的對決。救國：拯救正在被馬英九出賣的、生存在台灣的主權國家。團：組成由上述共同理念的團隊。」我們的口號是「反共必勝，建國必成」。這是老蔣提出的口號，藉此吸引還主張「反共」的藍營人士，而「建國」也不違背建立台灣新型正常國家的主張。

第二天的十一月三日陳雲林來台灣，我們就邊籌備邊行動。參與了十一月四日包圍國民黨榮譽主席連戰在晶華飯店宴請陳雲林的活動。在大批群眾與警察面前，我一方面演講痛斥馬英九的賣國行爲，一方面也不贊成有些民眾責罵警察，我提出「台灣人不打台灣人」的口號，爭取警察對我們的同情，分化國民黨陣營。這是學共產黨在一九三五年以後以「中國人不打中國人」策反張學良東北軍的口號。以後的街頭運動中，面對警察我多會喊出這個口號。宴會結束時每部車輛從停車場開出來，民眾都會去看是不是陳雲林，看到國民黨官員就會罵兩聲，有一次車裡是台積電董事長張忠謀，大家都客氣的趕快放行。我是凌晨一點半離開現場。後來報導陳雲林被困到兩點鐘才離開現場。

十一月五日白天馬英九與陳雲林見面，我們集聚在立法院附近，因爲馬臨時改變行程而未能照計畫包圍。反共團籌委裡有人在我們不知道的情況下自行設計製作旗幟散發並在街上募款，聲稱李筱峰與林保華都是窮教授而須募款。筱峰的親戚從加拿大致電來問募款事，我們大吃一驚，也無法知道詳細賬目及製作旗幟花費情況，事後唯有請此人不再參與反共團事務。

這天傍晚我們趕到陳雲林住的圓山飯店下面的中山橋，那裡封路並架設鐵刺網拒馬。有人朝拒馬後面的警察丟東西，警察則出來突擊抓人。子夜時分水車來了，民視記者陳嘉爵勸我們離開，不要與警察硬拚，因此我們一點鐘離開了。清場也是兩點鐘，一名拿著麥克風標記民視的記者被警察有意的打斷鼻樑。

這次抗爭規模很大，乃是馬英九下令不得給陳雲林看到國旗，因此警察對手持國旗的民眾施暴搶奪並折斷，卻讓五星紅旗在街上飄揚歡迎陳雲林。因此發生多起流血事件，我們尊敬的黃越綏大姐也被送進馬偕醫院。然而國民黨做賊喊捉賊，把蔡英文描繪成爲「暴力小英」在媒體大肆醜化。

台灣青年反共救國團到二〇〇九年才正式成立。成立大會上，蔡英文主席親自出席並且發言，對我們多加鼓勵；民進黨的「天王」中，呂秀蓮、謝長廷出國，蘇貞昌、游錫堃也出席並且致詞；還有一些大學教授例如李鴻禧、謝志偉等也來支持，讓我們很受感動。當場還有約兩百人簽名參加。而參與發起的還有簡余晏、顏聖冠等台北市議員。但是由於這些政治人物都很忙，我們也無力領導一個龐大的團體，所以後來只是維持三十人左右的團體，在關鍵時候出來，並且參與一些輔選活動。

我不知道馬英九賣國會賣到什麼地步，也不知道美國護台會護到什麼程度，凡事做最壞打算，所以在第一次理監事會議上，我就提出，一旦反共團被取締、被鎮壓，你們就把責任全推給我，我年紀比你們大，是主謀，你們要保護好自己。不過我也說，如果你們出經濟問題，自己得承擔責任；這是我看到中國民運團體出現的最多問題。也鑑於這個問題，我不願對外募款，因爲錢多了容易出問題。一位積極參與活動的團員，因爲親戚經營地產，要我們找蔡英文談生意，把我氣得要命。後來他也自行離開了。

維吾爾友

我關心維吾爾人的問題，是二〇〇二年開始。那是因爲前一年發生「九一一」事件。中共明明與塔利班勾結，華爲、中興等企業協助他們架設電纜，才使他們得以遙控指揮發動對美國的恐怖襲擊。然而中國卻聲稱配合美國反恐，這有兩個可能，一個是假反恐，一個是別有所圖。中國是兩個兼之，反塔利班是假，打維吾爾人是眞。因爲在中國境內眞正敢於反抗中共暴政的就是維吾爾人。

爲此，我開始研究維吾爾人與中共的關係，雖然以前已經知道王震進軍新疆時殺了許多維吾爾人，也知道所謂「建設兵團」就是學習古代的屯田屯兵制度，說明新疆的特別地位。我也了解包爾漢隱瞞自己的黨員身份統治中國的穆斯林，以及新疆發生的多次抗爭事件，例如一九六二年我還在中國時就發生的伊犁事件，數萬維吾爾人逃往蘇聯。於是我開始關注中國有關新疆的報導，並且發表評論。後來美國國會的自由亞洲電台維吾爾語播音員，我稱呼他「庫爾班大叔」的，訪問我，大家成爲朋友，他也提供我一些資料，方便我寫評論。

二〇〇六年回台灣後，參與了一些聲援藏人的活動。這年的十二月十日人權日，有團體在中正紀念堂的廣場組織紀念活動，有好多西藏喇嘛出席，上台講話的多聲援中國與西藏的人權問題，輪到我講話時，我不想重複別人的內容，就說，還有一個維吾爾人的人權問題，本來應該由身在台灣的吾爾開希來說，然而我沒有聽他說過，因此我就來說說，希望人權組織也能關注這個議題。

二〇〇八年二二八事件六十一週年，二二八事件基金會舉辦「大國霸權 or 小國人權」國際學術研討會，我就做了〈一九四九年後中國統治下的新疆〉，詳述中國對新疆維吾爾人的迫害。自由亞洲電台翻譯成維吾爾語分八段播出。

次年，二二八事件基金會再次舉辦「二〇〇九年國際人權論壇」，我根據新的情況與資訊再做〈新疆最新人權狀況剖析〉的報告。本來也請了熱比婭來做報告，然而因爲開會日期正好與世維大會的開會日期相撞而無法前來，她只能寫一個書面報告，由月清在會上代讀。

熱比婭是二〇〇五年被中國流放到美國，那時我們已經忙著要來台灣，所以沒有機會在美國見她。二〇〇九年七月五日發生烏魯木齊流血事件，新疆維吾爾人的人權問題引發全球重視。同年十月高雄電影節放映描述熱比婭的《愛的十個條件》，國台辦出面施壓，中斷中國旅遊團到高雄的行程。陳菊市長被迫將片子抽出而提前在圖書館播放，反而引發民眾的關注排隊去看，一些公民團體也租來放映，在台灣掀起一股熱比婭旋風。

十一月熱比婭應日本多間大學的邀請去演講，我們才有機會到日本見面。見面時她的夫婿資深人權活動家斯地克・肉孜在場，就是紀錄片《愛的十個條件中》熱比婭所追求的那位男士。自由時報駐日特派員張茂森在現場訪問。熱比婭的先生後來還請我們給他代買黑格爾的著作《歷史哲學》的中文版。以後我們在東京與她見了多次。

二〇一二年五月第四屆世維大會在東京召開時還邀請我和月清出席，有日本與若干西方國家議員應邀出席，但是最引我注意的是俄羅斯駐東京領事的出席，因爲他是正式官員，這也表明俄羅斯對新疆的重視。這次大會上，我們見到世維大會秘書長艾沙・多里坤。他因爲被中國列爲「紅色通緝令」，長駐已經入籍的德國慕尼黑。這次會議，也認識了他們的發言人迪里夏提，他住在瑞典。

期間，熱比婭曾經要求我在台北成立他們的辦事處，由我全權代表他們。然而因爲我是評論員，要評論的事務太多，不能只局限爲世維大會工作。因此換了一種形式，我們以台灣青年反共救國團的原班人馬在九月宣佈籌備成立台灣維吾爾之友會，由我擔任理事長。

第一次去日本，就認識了台灣旅日著名作家黃文雄，他學富五車，作品涵蓋文化、政治、經濟、歷史、社會等，一個月出版四本書。他的觀念常突破傳統，給我很大啓示，他也很早就看我在香港政論雜誌發表的文章。以後他來台灣，也會來找我，共同討論我們感興趣的話題。他與安倍首相也是朋友，會交換對政局的看法。我們還認識了台灣同鄉會的邱文章醫師夫婦，他們對我們的工作也極力支持，也請我演講過。我們還認識旅居日本的南蒙古朋友。旅日的維吾爾人、藏人與南蒙古人的人權活動，黃文雄與台灣同鄉會都很支持。

在台灣幾年，多次回到印尼，與親友團聚，補償過去的缺失，也覺親情的可貴。我更高興看到印尼在政治與經濟的進步，政治上的民主化超越了中國，更覺得過去我們的幼稚與現在的歉意。然而中共對印尼的滲透仍然非常嚴重，尤其透過中國各個電視台的影響。華文的《印華日報》簡直就是中共在印尼的黨報，比六十年前的生活報還要政治化。這樣子的滲透，讓我爲當地的華裔擔心。

在馬英九統治的前四年，我們在與中共抗爭的同時，也率領反共團積極參與民進黨的輔選活動，除了台北市外，還到過桃園、苗栗、南投、台南、高雄、雲林、新北、基隆、宜蘭、花蓮等地。我們也拜訪過蔡英文幾次，談我們的想法、看法。二〇一二年蔡英文在總統選舉輸選後，因爲發生了宇昌案，我問她是否眞正認識了馬英九？因爲我最擔心她的溫文性格，會妨礙她對「敵人」的認識而傷了自己。她回答說認識了。

二十五，太陽花開

馬英九執政八年，到處「休兵」，導致台灣主權不斷流失。面對「賣國」的指責，他常以冷笑話來遮掩：「我是賣水果的，不是賣國。」但是最終還是紙包不住火，爆發了太陽花學運，把國民黨馬英九趕下台。

開門揖盜

二〇一二年的總統大選，即使蔡英文已經聲勢大漲，然而不能忽略國際環境與營造了半個多世紀的黨國堅固堡壘。

由於陳水扁總統成爲美國眼裡的「麻煩製造者」，中國趁隙而入，動不動就向美國告狀。於是中國與被滲透的「中國通」就製造所謂「中美共管台灣」的輿論，後來再演變爲「棄台論」。二〇一一年九月蔡英文訪問美國，意圖取得美國的支持，以「台灣共識」作爲兩岸政策立場。然而馬英九的親信、馬辦執行長金溥聰提前幾天趕到美國。因此雖然蔡英文得到美國的客氣接待，並且也認爲蔡英文走中間路線，美國不會選邊站；然而最後國務院資深官員還是透過英國《金融時報》表達美國反對、不信任蔡英文兩岸論述的立場。在中美兩國的合力反對下，民進黨很難贏得選戰。

何況國民黨在選舉中小動作很多，例如把本來是三月的投票日提前到一月大學生考完次日。讓學生來不及回到自己家鄉投票，並且優待票價鼓勵中國台商回台灣投票；還把立委與總統的兩個不同投票日期（一月與三月）合併，以馬英九的聲勢拉抬國民黨立委，並且兩次賄選的費用只要一次就可以了。宇昌案也是在媒體與司法配合下對蔡英文進行污衊。選後司法才還蔡英文公道，然而馬英九選也選上了。而蔡英文也不願要求推翻選舉結果，避免台灣陷於動亂而爲中國所趁。

龐大的媒體與司法資源，加上大財團的鼎力相助，例如鴻海老闆郭台銘必然聲稱如果國民黨贏了，他會在台灣什麼地方投資多少，讓多少人就業，然而就是沒有實現，可是在中國確實不斷增加投資。台塑王永慶家族的王雪紅更是一頭栽到中國懷抱，不但聲稱必須接受九二共識，連自家公司宏達電生產的名牌手機HTC也自甘墮落說成是中國品牌，因而被台灣人抵制，也沒有討好到中國人，從此企業一蹶不振，產業的最好部分只能變賣給谷歌來救急。

雖然蔡英文落選，但是立委選舉中國民黨雖過半，席次卻大幅縮水，從八十一席減爲六十四席；民進黨則從第七屆當選的廿七席增爲四十席，台北市也終於有一位民進黨籍的姚文智當選立委。親綠的台聯得到超過八%政黨票，超越親民黨而成爲第三大黨。

這次馬英九當選，再不假裝說什麼要當全民總統了，而是公開表示要留下歷史定位。雖然沒有說要什麼樣的定位，然而從他的一貫表現，以及金溥聰在美國所說要與中國簽署和平協議，顯然，他要模仿當年南北越的和談，由和平協議再演變爲統一，即使武力統一也在所不惜。而他至少因爲和平協議而可以拿到諾貝爾和平獎。爲此雖然聲稱政治談判已經進入深水區，然而卻加緊經濟統一與文化統一，以便成爲推進政治統一的難以抗拒力量。

由於民進黨走體制內路線相當溫和，對馬英九沒有嚇阻力，因此街頭公民運動日益活躍。除了每逢中國官員前來侵門踏戶，比較激進的公民團體與政黨，例如公投盟、台聯、台灣國，還有我們的反共團會出來抗議，並且有些衝撞行動外，本土社團的台教會、台灣國家聯盟、台灣社、北社、中社、南社、東社等也會組織抗議活動。面對蔡衍明旺旺集團企圖收購台灣壹傳媒擴大紅色版圖，由學生（林飛帆爲代表）與媒體專業人士組織的反對媒體壟斷活動也組織了近萬人的遊行抗議活動。反對強拆民居的活動也在台北與苗栗展開，尤其是對抗苗栗縣長劉政鴻強拆張藥房的活動與聲援關廠工人維護權益，也造就陳爲廷這位學生。一些法律界、學術界人士也組織團體，護衛台灣的民主與民生。

規模最大的是二〇一三年三月九日的廢核大遊行，由台灣綠色公民行動聯盟等一百五十個民間團體共同發起，參與總人數約二十二萬人，活動口號是「終結核四，核電歸零」，連不太關心政治的演藝圈也有不少人參加而成爲各階層的普遍要求，也是民進黨的競選主軸之一。

緊接著又發生義務兵洪仲丘在軍中受虐致死事件，帶出了一串類似的軍中冤死事件，成爲這年夏天的焦點，掀起要求軍隊改革的呼聲，凝結成爲白色力量。八月三日的送別洪仲丘遊行達到二十五萬人的規模。

我們團體都積極參與這些活動。這些社會運動的激發，加上香港正在醞釀「佔中運動」（佔領中環，爭取普選），我們接過這個口號，在八月三日以後的每個星期六下午在台北火車站大堂席地而坐，面前鋪上許多有關上述運動口號的橫幅，並且用麥克風宣傳，其中軍冤家屬積極參加，以便他們的案子曝光得以公正處理。這個活動堅持了半年，風雨無阻，每個星期六我們都會接到火車站警察的關切電話，問我們會不會來。這個活動在第二年春節前才結束，不久爆發三一八太陽花學運。

在馬英九第一任內，國民黨以絕對多數的票數通過與中國簽署ECFA（海峽兩岸經濟合作架構協議），號稱是中國讓利。但是馬英九第二次執政，這些協議沒有讓台灣的經濟得到發展，而是GDP逐年下滑。在中國的所謂讓利後，第二屆輪到要台灣讓利了。於是馬英九與中國在二〇一三年簽署〈兩岸服務貿易協議〉，引發台灣社會的強烈反彈，原因大約有這幾個，包括黑箱作業，至今無法交代簽署過程與代表名單，事先也未作任何評估。簽署後，又不管立法院有何意見，三個月後自動生效。因爲立法院也不同意這個做法，認爲必須逐條審查通過，馬英九遂在九月發動罷免院長王金平的政治鬥爭。在倒王失敗後第二年農曆春節過後立法院的新會期，在中國的強大壓力下馬英九下令必須在六月過關，爲此還把國民黨立委中較正派的陳學聖藉故停權一年，以警告敢於不聽從黨主席命令的其他立委，還威脅大黨鞭林鴻池，如果協議不通過，「唯你是問」。

二〇一四年恰逢甲午海戰一百二十週年的甲午年，這年二月五日，就中國挑起的中日緊張關係導致中日軍機差一點發生衝突，我在《自由時報》的專欄裡寫了篇〈甲午空戰？〉，最後一段是：「甲午海戰改變台灣的命運；甲午空戰，也將改變台灣的命運。」我之所以做出這個斷言，是因爲與年輕人多有接觸的朋友在網路上也有這個預感。而當時公民團體常在開會的慕哲咖啡館，來了越來越多的年輕聽眾，這與台派團體的老化也是明顯的不同。

預感到山雨欲來，三月十九日我在《自由時報》的專欄標題是〈抗爭2.0：創意、震懾〉，這是三月十八日下午交的稿，標題是編輯改的，我的原標題是〈服貿抗爭須有新思維〉，當時學生還沒有衝進立法院。

最後一段我是這樣寫的：「至於對當權者能夠形成威懾力道者，應是罷課、罷工、罷市。然而台灣在中華奴才文化熏陶下，沒有這樣的傳統，但是爲了捍衛自身權益，必須逐漸使用這種抗爭方式，邊做邊學。此外，可以利用其他策略與方式，集中自己可以匯聚的最大民眾力量，尋找對手較小卻有大影響力的機構或人物進行包圍或圍觀，讓『和平、理性』發揮到極致。與台灣的大小買辦們相比，民眾資源有限，才必須以最小資源與犧牲，做出最大影響的事情出來。」也就是說，文章正在排版與印刷時，學生也衝進立法院了。

運動爆發

三一八前一天的三月十七日星期一中午，立院各委員會聯席會審查〈兩岸服務貿易協議〉，綠委佔領主席台阻止，這情況理應開展協商，但是會議主席、藍委張慶忠卻假裝上廁所，以「蜜蜂」（別在衣領的迷你型無線麥克風）自說自話宣佈開會與結束，並稱已將〈服貿協議〉送院會存查，期間過程三十秒鐘。國民黨就是這樣粗暴的，在沒有任何人聽到的情況下，完成逐條「審議」程序。民進黨當然不承認，國民黨則大讚這是「機靈三十秒」，馬英九也接受這個非法過程。

也是這天上午十點，幾十個公民團體，包括台灣民主陣線、台灣勞工陣線、台灣青年陣線、台灣人權促進會、台灣教授協會、反媒體巨獸青年聯盟、黑色島國青年陣線、婦女新知基金會等，已經在立法院中山南路的大門前舉行記者會，表示會靜坐一百二十個小時，監督國民黨，防止闖關。我身爲台灣青年反共救國團與台灣維吾爾之友會理事長，與身兼這兩個團體常務理事的月清也出席這個記者會。不料記者會才開完沒多久，國民黨竟會用這種三十秒的手段闖關。因此第二天，也就是三月十八日，這些公民團體繼續進行抗議。

我因爲電腦出了點問題，而且要準備第二天自由亞洲電台的節目，所以傍晚由月清帶領幾位團員去靜坐聲援。晚上九點，她來電話說公投護台灣聯盟的負責人蔡丁貴教授已經帶領二三十人從中山南路的大門爬牆進立法院去了。不久，她又說台教會會長呂忠津也進去了。我非常興奮，因爲香港「佔領中環」的行動還在猶豫的時候，台灣這邊已經以實際行動佔領被國民黨踐踏的立法院，把它奪回到人民手裡。在反共團也有成員爬進去繞到青島東路的大門，才知道學生已從那裡翻牆，另一路則從濟南路的大門衝進去，學生佔領了立法院的議事廳。

我很快將這消息通過臉書傳達給香港的年輕朋友，並請香港人出來聲援；我相信，這件事情也會促進香港的民主運動，因爲台港兩地已經越來越是唇齒相依的關係。那時，台灣媒體還沒有報導，談話性節目還在糾纏台北市長的選舉與馬航的失蹤。到晚上十點鐘，終於看到媒體的新聞網報導有關消息了。

月清剛回家不久，我在臉書看到一位認識的政大學生（後來知道他在議場擔任糾察隊）在臉書說，鎮暴部隊來了。我們擔心發生流血事件，遂立即叫計程車趕赴立法院現場。我刻意叫計程車經過總統府，卻見那裡水靜河飛，沒有一個窗子有燈光，讓我非常疑惑：是馬英九裝鎮靜來引蛇出洞，還是他自我感覺良好，根本沒有意識到事態的嚴重性？

到達中山南路現場，外面沒有見到多少警察，我決定翻牆（尖頭的鐵柵欄）進去，在牆外的朋友幫助下，我終於翻過去。這是公投盟佔領的場子，警察守住進室內的大門，我在院子裡應邀發表鼓勵性講話。

然而我更主要的是要知道學生的情況，便與反共團一位成員再翻牆出來，到青島東路的立法院門口，那裡集聚了一些來聲援的學生，由成功大學零二社（台語「抗議社」的諧音）前女社長主持。再往東走，在鎮江路口，看到一隊警察在暗中列隊，是否隨時準備出擊？我遂向他們講話，譴責共產黨與國民黨利益集團，一個要吞併台灣，一個要出賣台灣，希望台灣人不打台灣人，警察們不要打學生，尤其警察與他們的親友，都有子女或弟妹在學校讀書，應該保護他們；我也告訴警察，如果要打他們、抓他們，那就先來打我、抓我，反正我活不了幾年，但是那些學生還要活幾十年。當時旁邊沒有多少人，不知道誰錄下來上網，在臉書上一傳，隨即有一批包括香港的年輕人在內，與我這個「老阿伯」結交成為臉書的朋友。

並且當時民進黨主席蔡英文也帶了幾位前主席和立委到立法院裡靜坐，並與立法院長王金平溝通，月清加入與他們一同靜坐。

隨後，我與月清會師，想辦法進到裡面。正好民進黨總召柯建銘穿過院子走到青島東路的門口與警察講話，我表示要進去看學生，他認識我，遂與警察商量，放我們進去。但是議事廳外面還有警察守住，議事廳的門也堆滿沙發和椅子阻止警察進入，我們自認是林飛帆的家長，讓他出來，才把我們接到裡面。

林飛帆當時就讀台大政治研究所，認識他的時候，是成功大學零二社社長。有一次他從台南來台北，正好我在醫院動手術，他知道後，立即帶了一籃水果來醫院看我，正好我從手術室裡推出來，在走廊相見。後來他來台北就讀，成爲學運的重要推手，領導過反媒體巨獸壟斷運動，因爲很忙，我們很少聯絡，但是我一直關注他的活動。洪仲丘案發生後，他組織了黑色島國青年陣線，成爲新公民運動的一支新銳。

當晚，我們就一直在立法院的議場，與幾百位學生在一起。飛帆說看到了香港專上學聯的聲援。我應邀講話，鼓勵了學生們。以前我以香港學生爲傲，要台灣學生向他們學習；今天，台灣學生超越了香港學生，也勢必鼓舞香港的民主運動。同時，我也勸學生要冷靜，因爲馬英九沒有人性，因此必須防止發生最壞的情況。

當晚一夜沒有睡，因爲議事廳有八個門，警方從不同的門不斷發動攻擊，企圖進入。除了每個門有二十位勇士負責防守外，還有機動部隊的增援。八個門的防守工作由飛帆指揮，一旦有缺口被警察攻入，機動部隊就一擁而上，高呼一、二、三，用力把警察擠出去，補封缺口。每次警察進攻以前，外面都有訊息進來，告知會從哪一個門攻擊，因此對那個門會特別注意，果然不久，那裡就有吵雜的聲音出現，到警方放棄進攻爲止。最危險的時候，其他同學都已經一排排坐在地上，手臂勾手臂，準備被警察抬走。整個晚上，飛帆多次強調要「和平、理性」，不要打警察。

在場領導的學生有好幾位，除了陳為廷，其他都不認識。如此騷擾了一夜，完全沒法睡覺。三月十九日清晨七點左右，窗外已經亮了，但是裡面完全沒有新鮮空氣，因為空調無法打開，非常悶熱。我的位置在講台附近，只見有人把一個長扁形的紙箱送到講台前，我以為是送早餐來的，他們打開卻是一大束金黃色的花，原來是台灣叫做「太陽花」的向日葵，但是與中國的不同，她的樣子嬌小，反而類似菊花，因此底下的花莖可以撐住花朵，不像中國的向日葵，花朵很大，大有「頭重腳輕根底淺」而彎腰的姿態。這或許是台灣人與中國人在「太陽」面前的不同姿態吧。

這一束鮮花被擺放在講台上，使人隨著清晨的到來而振奮精神，立即吸引學生的目光，遂有一些學生拿了手機來拍照。這就是「太陽花革命」的來源，也象徵這場革命的光明性質，它將改寫台灣的歷史、照亮台灣的前途，因為台灣的年輕人將書寫自己的歷史。

由於這天我要到榮總複診，所以上午離開了議場，也要在家裡寫稿。到二十日傍晚與幾位團員再到立法院聲援學生。我們還是先到公投盟的場子，面對立法院裡面越來越多的警察，我再次呼籲「台灣人不打台灣人」。我說，共產黨內鬥一場糊塗，還不是爭奪利益？怎麼可能把利益留給台灣？就是有，也是短暫的，這從李嘉誠逐漸撤出中國、香港，就可以看出來了。再從同是投共的馬家與連家那樣難看的內鬥，不也是爭奪利益？那你們普通警察還有什麼利益可以拿？而那個服貿協議將摧毀台灣的本土經濟，影響四百萬人的生計，這裡，有你們的家庭，有你們的親人，有你們的朋友，你們願意為這個賣國的政權賣命嗎？希望你們被下令鎮壓時，放過這些學生，高高舉起，輕輕放下。

離開那裡後，周圍看看，都是一塊塊的演講會，或者音樂演出，地上坐滿學生。再去青島東路等進入立法院的機會，那裡已經人山人海。有的路上還搭起帳篷，情況猶如六四前夕的天安門廣場，心裡難免擔心六四會在台灣重演。

到附近麥當勞吃完晚餐後，再到青島東路試運氣，總算進到大門附近等機會，這次遇上台南立委陳亭妃現身，幫我們進入議場。二十一日是星期五的小週末，綠營支持者多爲打工仔，只有週末才能出來參與運動，爲了防止週末的人潮，因此擔心二十日晚會不會清場？

但是這天晚上遠比第一天平靜，我們坐在議場裡與學生聊天，了解他們的學校與個人背景。到二十一日凌晨一點多，先後見到吾爾開希、香港支聯會早期成員之一的岑建勳進來，接著是台灣壹傳媒的行政總裁葉一堅、香港公民黨副主席、前立法會議員陳淑莊、「佔中十子」之一的徐少驊進來，我與徐是第一次見面，他是媒體人，所以我與他談了好多馬英九的情況，解釋爲何會有這樣大的民憤，包括他的兩個女兒在美國給中資打工，以及馬英九的所謂「反貪」；他大表驚異的表示這與香港人所了解的馬英九完全不同。我說這是香港媒體誤導所致。

香港朋友凌晨三點多才離開。我在四點半到五點半睡了一下。這天早上，我第一次享受由市民提供的早餐。然後趁空檔給同學講了一下我的經歷，小時候如何被洗腦相信共產黨而走的一段彎路，這一彎就彎了近三十年，這種情況不容許繼續存在下去，才出來支持這次的學生運動。我還告訴他們，香港年輕人的變化也很大，九七前，香港支持台獨的只有一成，最近的民調，增加爲近三成，而年輕人中達六成。這就是中共統治香港的結果。

二十三日，學運的第六天，馬英九才做出反應，但是他不是如同當年李登輝在野百合學運那樣，直接面對學生解決問題，而是召開國際記者會，爲自己的形象辯解，用歪曲的情況解釋他的服貿協議。但是如果服貿協議眞有那樣好，爲何黑箱作業偷偷到中國去簽？爲何中國也那樣的著急？那是中國給台灣的免費午餐，還是台灣最後的晚餐？

拋開許許多多的問題不說，僅僅根據李筱峰教授的計算，中國人投資六百萬元台幣，可來台設立小型商店，一間就可有三名中國人移民台灣，享有很好的台灣健保。因此中國人只要投資六千億台幣（人民幣一千兩百億出頭），就可移民一百八十萬人來台灣。也就是只要抓幾個大貪官，例如劉志軍、張曙光、徐才厚、李小琳等吐出來的贓款，就可以向台灣摻大批沙子，包括許多許多的特務間諜。

下午我在家睡了一覺，哪知醒來時，行政院已經被學生攻佔。行政院裡可能有許多與中國來往的機密文件，馬英九與行政院長江宜樺一急之下，立即出動水車與鎭暴警察，進行五波的清場行動。月清晚上就在那裡有親歷的感受，當然她看到的只是一部分。在慘烈的哭叫聲中，以一百六十多人流血受傷的代價，到黎明時，國民黨終於奪回行政院。

清場後江宜樺大談他要傾聽民意。爲何不是事先傾聽，而在殺人不遂之後傾聽？馬政府及馬媒體、馬學者等也再來一次抹黑行動，控訴學生如何破壞行政院，據說有人丟了一千塊錢，行政院副秘書長蕭家淇則控告學生吃掉他的幾個老婆餅等等。台灣著名的老一代鄉土文學家楊逵的外曾孫，也是二二八受難家屬的後代、清華大學社研所高材生的魏揚被上銬逮捕，二十五日零時聲押庭裁定魏揚無保請回。

怎樣收場

一個群眾性的政治運動，在爆發後怎樣收場，是對發動者的重大考驗。一九八九年的六四是以血腥屠殺來收場。事後有人怪罪運動發起者沒有「見好就收」，然而怎樣才算好？雙方能夠妥協最好，如果當政者完全不接受群眾的要求呢？

三月三十日總統府前的凱道集會，學生只號召十萬人，結果號召三天卻出現五十萬人的黑衫軍，這不但超出政府的估計，也超出學運自己的估計，顯見台灣社會內部長期積壓下來深層矛盾的爆發威力，這包括政治、經濟、民生、文化等領域，讓台灣人，尤其年輕人感到絕望下的奮力一搏。集會最後用台語演唱的〈島嶼天光〉成爲太陽花學運的主題曲。而馬政府也採取對任何遊行集會的慣技，「聽到了」卻仍然我行我素。

四月一日愚人節那天，竹聯幫頭子白狼（張安樂）到學運場子鬧場。白狼被通緝十幾年，在中共包庇下流亡中國，終於獲馬英九寬大處理的承諾，允許他回國。白狼還是中華統一促進黨總裁，二〇〇八年總統大選時，他在深圳爲馬英九辦籌款餐會，馬英九的大姐馬以南親自到場，因爲他們是朋友。可見馬、狼理念何其一致，馬有難，狼來相助。白狼在場竟然說，你們台灣人是中國人「幹」出來的，綠營有人說馬英九爸爸有「乾女兒」被指是「幹女兒」遭聲討，差點丟了教職，白狼爲馬家出了口氣。

那天晚上看《聯合晚報》，頭條近四分之三的版位是學運佔領議場的大圖片，粗大的紅豎標題是「美國出手！」，白橫標題是「對民進黨失望？」，美國對學運要出什麼手？原來除了幾天前有關AIT（美國在台協會）理事卜道維指責學運與民進黨的舊聞外，還用大字報導台灣「黨政人士」（一般是指馬英九、金溥聰等高層發放獨家消息的代號）說：「美方質疑『民進黨利用學運事件。奪取政治上的收割。』」「擔心若不採取行動，台灣關係可能再次成爲美中關係的主要引爆點。」不管消息眞假，我擔心的是馬政府正在爲鎮壓學運製造輿論。

查看網路，看到鎮暴警察更換裝備的消息，最明顯的是布帽換上鋼盔；立委林淑芬在臉書表示可能夜裡清場。也看到網友紛紛估計那晚可能清場的消息，因爲清明假期關係，外面保護議場的學生很多去掃墓而人數大減。在這個情況下，我們趕緊吃好晚飯，趕到立法院，與學生一起連過三晚。還好是虛驚一場。

學運向何處去？學生在考慮，政治人物也在考慮。四月六日一早，看到民進黨立院黨團總召柯建銘進場，我迎上去打招呼，他劈頭就說：「馬英九輸了。」我好奇問什麼意思，是否有最新消息，他再重複「馬英九輸了」，我也不好意思追問有何玄機。回家後不久，看到新聞說立法院長王金平探視學生，允諾「先立法，再審議」。被馬英九鬥爭的王金平終於利用這運動走出與馬英九不同的道路。

四月七日傍晚六點，學生召開記者會，由陳爲廷宣佈在四月十日退出議場。他羅列太陽花學運所取得的一系列成績，決定「轉守爲攻，出關播種」。雖然也有不同意見，已經不是主流。我最擔心的是當局的秋後算賬，我不是不相信王金平，而是不相信馬英九。

在決定撤出後，實在戀戀不捨。不過既然定了，我們不必再爲清場而緊張，遂到處巡視。立法院邊上的青島東路貼滿各種民眾創作的「藝術品」，接近林森南路那段等於是外面的物質倉庫，堆滿民眾送來的大批物質。騎樓下面還有一位民眾擺了一張椅子，義務爲學生理髮。這些都使人感動。

四月九日，是太陽花學運佔領立院議場的最後一夜。那晚，林飛帆、陳爲廷在外面開會沒有回來。十點左右，議場的學生在講台前的空地席地而坐，大鳴大放，一吐二十四天來的胸中塊壘。除了痛罵馬英九政府，對內部一些不滿也不客氣批評。沒有多久二樓的學生打鼓下來，參與其中，他們的發言更加激烈，二樓記者席上還打出「二樓奴工」的橫幅，讓氣氛更加高昂。

「奴工」讓我們很感興趣。原來二樓負責物質的交接轉送，以及議場的安全工作，非常辛苦，有一位香港來的同學來支援。我們到那裡去過，要爬進去。那晚我們再去，他們是比較激進的一派，我們過去後，聽到他們在唱〈國際歌〉，我也不禁與他們一起唱起來，「這是最後的鬥爭，團結起來到明天」。對我這個年紀來說，的確差不多是最後的鬥爭了，我最關注的，也是台灣人民的團結，因爲我們的對手十分強大，我們沒有分裂的本錢。

子夜十二點，開始拆除場內的各種「裝飾」，仔細的安放在紙箱裡。中研院的吳叡人都來了，這些「寶物」將存放在中研院，作爲未來台灣歷史的見證。我則忙著拍照，尤其看到那一批香港同學送來的各式留言。

也是四月九日晚上開始，那些不願撤走的參與者在中山南路舉辦了「大腸花垃圾話論壇」，提供激進派罵人出氣的平台，頗受歡迎，因此十日繼續。以「幹」字爲主題，台語的「幹××」者，就如普通話中的「草泥馬」，是台灣的國罵。聽到那些年輕人，包括十幾、二十幾歲的女孩也將「幹」字朗朗上口，開始不大容易接受，但是想到面對獨裁專制與麻木不仁的總統，積壓多年的強烈不滿到此時才爆發而得以宣洩，但是總統還是我行我素，心裡也就理解了。就如艾未未也罵草泥馬，不是異曲同工？而年輕人能夠擺脫國民黨長期教育下假道學的中國文化，未嘗不是一種進步耶。

四月十日傍晚，佔領議場的學生整隊走出來，學生領袖林飛帆、陳爲廷被媒體瘋狂追逐，迫使他們趕緊離開。兩萬民眾聚集在中山南路與林森南路之間的濟南路上歡送，情緒高漲，台上站著學生領袖與佔領的主要成員。林飛帆與陳爲廷回到台上時，站在第三、四排，盡量低調。史明前輩坐在輪椅上，擠在群眾裡面。

事後立法院長王金平並未提告佔領議場的學生，也沒有要他們賠償議場裡被損害的東西。王金平是國民黨籍，他的這個表現很難得，也讓事件得以和平結束。

二十六，陽光輻射

太陽花運動不但對台灣的未來產生巨大影響，而且也外溢到到香港。台灣是民主國家，可以通過民主選舉把國民黨拉下來；香港已經成為中國殖民地，因此雖然爆發雨傘運動，其規模比太陽花更大，也影響到選舉，然而最終還是被中共統治集團結合香港土共鎮壓下去了。這對台港人民都是重要的教訓。

雨傘運動

香港佔中還沒有佔成，台灣先爆發了太陽花運動，佔領了立法院議場，阻止了服貿協議的通過。台灣被中國嚴重滲透的危機暫時解除後，我的注意力自然而然轉到香港。香港的知識分子對佔中還停留在清談階段，然而本土派的年輕人已經陸續開展街頭運動，例如「光復」被水客佔領的火車站與市鎮等。我在《自由時報》先後發表〈中國區別對待台港澳〉（原名〈港澳台的太陽花烽火〉）、〈香港人「去中國化」〉等文章，對香港有所期待；在《開放》與《爭鳴》、《動向》等雜誌評論台港政局時也有這種想法。

佔中發起人戴耀廷等原來計畫十月一日中國國慶時以在香港金融中心的中環吃便當作為「佔中」的象徵。即使這樣卑微，我們也決定前去支援，所以訂好九月二十九日的機位。但是顯然香港學生不滿他們老師這種溫良恭儉讓的社會運動，所以九月二十二日香港中文大學率先發起罷課，我在《自由時報》也立即寫了一篇〈香港罷課：「民主回歸」已死「命運自主」抬頭〉為他們打氣。後來罷課發展到全港學生參與的遊行，以專上學聯與學民思潮為主。九月二十六日晚上他們佔領金鐘公民廣場，戴耀廷立即宣佈「佔中」開始，將兩大運動匯合在一起。然而這時有學生認為「佔中」在割稻尾而準備離場，這時社民連的梁國雄（長毛）跪在學生面前，懇求以大局為重。終於兩大勢力沒有分離而結合起來。

九月二十八日晚，特首梁振英下令鎮暴警察鎮壓，發射八十七枚催淚彈，甚至企圖開槍，警告牌子都寫好了。這時北京唯恐「六四」天安門事件在香港重演而引發國際制裁，嚴重損害中國的利益而下令禁止開槍，讓局勢暫時緩和下來。由於市民都以雨傘來阻擋催淚瓦斯，所以被外媒命名爲雨傘革命，然而爲了避免刺激北京太甚，香港人多以「雨傘運動」來稱呼，何況也的確沒有行使革命暴力。

二十九日下午我和月清到了香港，入住銅鑼灣的怡東酒店後就上街。因爲當局禁止市民在金鐘地鐵站出站支援佔領運動，市民遂佔領其他鬧市區的銅鑼灣與旺角。這樣，港九的交通幹道癱瘓而需要繞道。我們在銅鑼灣、灣仔都受邀演講，表明來自台灣的支持而受到熱烈歡迎。晚上在金鐘主場見到好多個老朋友，有一位居然是三十多年沒見面的曾經在左派機構工作過的報館老同事；也認識了新朋友。因爲佔領公民廣場而被拘押的黃之鋒正好放出來來到金鐘，與我們面對面相遇，很欣慰他表示認識我們。那晚我們在金鐘也發表講話表達台灣人對他們的支持。

第二天我們白天工作與見朋友，晚上約了李默在旺角見面，然後去看佔領場地，見到了前議員，公民黨的陳淑莊。華人民主書院有個場子，書院的同人陶君行在那裡主持講壇，我要求發言，他要我去後面排隊，那樣長的隊我要等到什麼時候？於是和李默一起去金鐘。

金鐘有個台子，除了黃之鋒與學聯副秘書長岑敖暉在會場主持外，支聯會主席李卓人也和他們一起，看來老少還是合作的不錯。在那裡認識了半島電視台的一位記者，台灣人，戴著防毒面具，顯然跑國際線久經沙場。那晚我們就睡在木板搭的台子上，比學生享受一些特權。不過沒有幾個小時就醒了，走到地鐵站，頭班車還沒到，等車的幾位都是年紀很小的大中學生，都在戰場過夜後回家休整。這也是我一生人在香港搭的第一次頭班地鐵。

大規模群眾運動最困難的是如何收場。台灣是民主社會，運動可以比較有尊嚴的收場，即令沒有明顯的成果。專制社會裡，如果不是被鎮壓，就是因爲時間拖長，軍心渙散而被強制性「清場」。六四以血腥鎮壓結束，雨傘運動則是後者；當然，五年後港共政府進行秋後算賬，將佔中主要人物判刑。

六四以後一些學者與民運人士批評當時沒有「見好就收」導致流血。我贊成見好就收，不可能「畢其功於一役」。然而我也不明白整個八九民運過程，何時「好」過？就是李鵬接見學運領袖，也沒有任何承諾而無法避免秋後算賬，因此不能算「好」。趙紫陽的探望也非「好」的時機。因此可以說，流血是不可避免的，即使學生打著擁護共產黨的旗號。因爲共產黨一貫是鎮壓任何反對者，何況是大規模的群眾運動。因此不能以「見好就收」來責難自己而客觀上爲共產黨辯護。

雨傘運動一開始，有旅居美國的中國海外著名民運人士就在香港《蘋果日報》鼓吹「見好就收」。運動剛開始就這樣呼籲，並非是什麼英明預見，而是爲運動潑冷水，心態可議。香港是明文的一國兩制，運動當然試圖取得若干成果。即使這種實驗最後失敗，也不可否定這個運動。因爲它迫使北京及其在香港的奴才暴露他們的眞正面目。運動沒有取得成果也並非水過無痕，而是創造了香港的歷史，讓香港人明白，民主並非靠一紙中英聯合聲明就可以實現的，而是香港人要付出努力與代價，甚至是鮮血。

雨傘運動的成果，是經歷了接近十年的本土社會運動（例如保護香港歷史文化）的累積，發展到醞釀出香港獨立運動出來。民主運動與民族革命相伴而生，也是台灣走過的道路。香港與台灣的命運因此更緊密結合在一起了。

素人政治

太陽花運動期間的五十萬人集會，定時解散。當時有人質疑是不是白搞了？然而半年後的縣市九合一選舉，就結出太陽花的成果。其中台北市市長柯文哲的當選反映出許多問題。

柯文哲是台灣大學醫學院教授，專長為外科重症醫學、器官移植、人工器官等，是台灣第一個急診與重症加護專職醫生，為台灣器官標準移植程序的建立者，也是首位將葉克膜（ECMO）技術引進台灣的醫師。因為一次醫療事故中被認為是對他不公平的處罰而立意要參選台北市長。他也因為關心被囚禁的陳水扁總統的健康而成為阿扁醫療團隊的一員，因此他得到綠營民眾的好感，也自稱自己是墨綠。

我對他並不了解，所以關注他參選台北市長的決定，因為台北市的人口結構是藍營天下而需要異軍突起。然而在太陽花運動最關鍵的時刻，他卻去參加台中市大甲鎮瀾宮媽祖的遶境進香活動。這是台灣每年重要的宗教儀式，需時八天七夜。柯文哲如果選台北市長，需要在台北拉票，參加運動，怎麼南下去參與宗教活動？所以我對他自稱的「政治素人」深信不疑。

後來在他身邊幫他的一位朋友告訴我，有人開了一個他需要參訪的名單，排第一個的是我。我不知是誰排的，但既然看得起我，我也就做了思想準備要向他貢獻什麼意見。後來幾個星期過去也沒見消息，我也不去想它了。後來有一次見到這位朋友，自然談起這件事情，他知道後就去安排，我說他那樣忙，如果需要，還是我們去拜訪他吧。於是在這位朋友安排下，七月的某一天到柯在松江路的競選辦公室拜訪他。

面對連勝文官二代與富二代的身份，以及連戰來歷不明的財產居然也上了台灣的富豪榜，我就建議柯質問連家成爲富豪的財富品牌。因爲成功的富豪差不多都有成功的品牌企業。連戰與他的父親連震東都是公務員，不是企業家與投資者，財產從何而來？

與柯文哲見面時間不長，也沒多談什麼。但他記住了這點，所以有幾次以此開炮。我們也參加他的幾次輔選活動。因爲許多綠營的朋友在幫助他，所以也把他當自己人。選舉期間與當選後的若干失言，也都以政治素人的理由來認識。

九月二十九日投票的那天晚上，老曹打電話說，他們在吉林路某個餐館聚會，要我們立刻去。我們到餐館，一片熱哄哄的氣氛，發現好幾桌靠窗枱子都給綠營朋友包下了。一邊痛飲，一邊看下面馬路上搭台的慶祝勝選活動。這次最意外的是桃園市鄭文燦的勝選，還有彰化縣、嘉義市、新竹市的勝選；可見太陽花掀起的浪潮沛然莫可抵禦。

柯文哲擔任市長後去過他的辦公室兩次，一次帶香港雨傘運動的學生，一次是他的朋友邀我們去。他對香港學生說，你們要學習長征鍛鍊心智。對年輕人要求鍛鍊心智是正確的，然而以紅軍長征作爲表率，顯然他接受了中共有關長征的正面宣傳。競選期間他騎腳踏車「一日雙塔」，顯然也是共軍長征對他啓示。

第二次去是他越來越不對勁，他的老朋友爲他著急，尤其在兩岸關係上。因爲我發現他崇拜毛澤東，他的戰略策略也有學習毛澤東的味道。因此我把《毛澤東選集》第一卷第一篇第一段告訴他，即「誰是我們的敵人？誰是我們的朋友？這個問題是革命的首要問題。中國過去一切革命鬥爭成效甚少，其基本原因就是因爲不能團結眞正的朋友，以攻擊眞正的敵人。」這是希望他不要背棄綠營，國共並非朋友。我也坦率的對他說，市政問題可以請教宋楚瑜，兩岸關係不可以。

在他到上海參加「雙城論壇」時，月清曾經當面分析提醒他，要他不要講「兩岸一家親」，他回說「我知道」。然而還是說了。顯然他認爲他的智商高於他人，不會輕易聽取他人意見。尤其當選後更是膨脹了。

台灣的民主進程到底不長，半個多世紀的黨國教育，中國糟粕文化影響太深而不自覺，尤其是做人的僞善與充滿算計，所以後面還有許多起伏，無法趁勝追擊，非常可惜。

黑箱課綱

二〇一五年暑假，對學生來說，就是要迎接新的學期了。這時台中首先爆發對新課綱的質疑。這是馬英九上台後，從他的大中國意識出發，把本已邁向本土的課綱再度改回來，而且是黑箱作業而引發學生的不滿。首先發難的是台中一中的蘋果樹公社，這一年，正是名人輩出的台中一中創校一百週年，也算是百年樹人，對台灣做出新的貢獻了。

實際上在太陽花學運以後，社會對慈濟的討論，涉及宗教議題；對課綱的討論涉及文化教育。在政治、經濟方面阻止中國勢力的入侵後，再轉向對意識形態的討論，不但正常，也是勢所必然。而發起與涉入者，從原來的大學生爲主，轉爲中學生爲主。這場意識形態的革命，迅速捲入各個年齡層，這是台灣社會將會發生重大變化的徵兆。

我們很快捲入這場運動，參與這些中學生舉辦的活動，也認識一批走在運動前頭的中學生，台中一中蘋果樹公社的廖崇倫等首先發難，與教育部的官員對陣，台北的朱震、林冠華、王品蓁，還有桃園的游騰傑，宜蘭、新竹和中南部也有響應。在教育部拒絕他們的意見後，還一度衝進教育部。

太陽花學運以大學生爲主，反課綱以高中生爲主，這種向下一代「蔓延」的趨勢也符合運動的規律，表明整個青少年意識形態的變化，社會已經步入一個新的時代。因此運動一出現苗頭，我們就積極投入。

由於教育部門的顢頇，林冠華居然以尋短來激發運動能夠出現高潮。這以前，香港學民思潮的張秀賢來過台灣與他們接觸，我們一起見面，希望香港能夠傳經。台灣這裡想知道如何擴展隊伍而不被敵人滲透；秀賢介紹說，查看他們的臉書，看他們以前的表現。

我們還在台灣國家聯盟請二十年前帶頭反對刑法一百條的李鎮源教授的女兒李明瑱講述她爸爸的事蹟給學生代表啓發，國家聯盟召集人姚嘉文也給學生許多鼓勵。教育部附近的北社更開放辦公室給這些學生休息。民進黨不分區立委鄭麗君非常關心這些學生，給予不少幫助。

而第二次約好林冠華吃飯要給他慶生的七月三十日，月清一早打電話到他家裡，他姐姐說冠華凌晨已經走了。這對我們如雷轟頂，怎麼會這樣？尤其縣市長選舉國民黨大輸，眼看二〇一六年總統大選國民黨要輸選，民進黨上台，課綱能不改嗎？這一年多的時間都不能等，也許就是爲了以身相許，獻給台灣來推動教育革命。

那天晚上，教育部還不肯做出讓步，因此到了凌晨一點，學生開始翻牆。先搖晃鐵蒺藜的拒馬，在出現斜度後鋪上棉被，他們就爬上去。學生既然犯險，我也不能坐視，要有難同當，因此我也趕著匍匐爬上去，要跳下去時反而有些顧忌，因爲太高，在想怎樣避免腳踝扭傷時，古文發就在下面接住我，我兩隻手按到他的肩膀再跳下去。接著已經下去的人在屋子外面排成一排，避免被警衛打散，到快天亮時才打開院子大門，外面的人群才能進來。

我們這僅僅是抗議行動，也知道黑箱課綱是來自馬英九的御旨，由其大阿哥、紅得發紫的王曉波領軍，他們怎麼可能讓步？表面上是一點字句上的修改，卻是反應了中華史觀還是台灣史觀的問題。不過作爲中學生的啓蒙教育，其意義是不能低估的。這場運動後來也吸引一些初中生來參與，他們要向哥哥學習，因爲若干年後他們就是高中生了，他們要知道課綱是否合理。

因爲他們曾經衝進教育部，教育部不肯放這些年輕學生一馬，而是對他們提出告訴，所以我們多次到台北地院迎接他們，爲他們打氣，也認識了一些家長。這些高中生有的爲了理念得不到家庭的諒解而出走，讓我們十分心酸。因此也都希望他們家庭能夠恢復常態。到底家庭和睦與參與運動並非一定對立不可。

由於擔心林冠華逝世對他們家庭刺激太大，我們除了參加追悼會，也和他的爸媽做朋友，還好他們都經得起這個磨難。後來南投的聖山爲冠華立碑，奉爲「台灣神」，我們與史明前輩及冠華的爸媽都去了。

民進黨執政後，這些學生繼續關心課綱，不斷對保守的教育部門施壓，改革才一步一步走下去。

馬習相會

太陽花運動以後，「國民黨不倒，台灣不會好」成爲大部分人的共識，眼看國民黨大勢已去，馬英九祭出「馬習會」的奇招，企圖借習近平之手來挽救國民黨的頹勢。然而青山遮不住，畢竟東流去。總統與立委的選舉，國民黨大敗，民進黨第一次掌握行政權與立法權，但台灣人眞正開始出頭了？

二〇一五年十一月三日，《自由時報》發出由當時該報副總編輯鄒景雯親自撰寫的獨家報導：「據權威消息管道證實，馬英九總統本週六上午將啓程前往新加坡，與在新加坡進行國是訪問的中共總書記、中國國家主席習近平『不期而遇』，此一偷偷摸摸、磋商數月的『馬習會』安排，事前完全排除台灣公民與國會的同意與了解，即逕行敲定，已經背離民主國家的常規，恐將造成社會震撼。」

國共兩黨的安排非常秘密，然而到開會前夕，馬英九不敢不向美國通報，大概就這樣消息就洩露出來了。海內外的中國御用學者吹捧這會對台灣選舉有多大的影響，當然對國民黨是正面的，因爲馬英九執政八年，不就是爲了這一天，然後申請諾貝爾和平獎嗎？然而以共產黨得寸進尺的作風，馬英九除了唯命是從，怎敢有所違抗，這不也證實國共勾結出賣台灣嗎？

這消息當然引起本土派的震動。十一月六日夜裡，看到媒體報導民眾先後在凱道與立法院表達對馬英九準備去新加坡的抗議活動。這個日子是慶祝中國與新加坡建交二十五週年，這是否定中華民國存在的日子，馬英九去配合演出，根本是一種羞辱。習近平乘搭「空軍一號」飛機，馬英九卻不能乘搭「空軍一號」，只能坐民航客機，這就否定了尊嚴的對等。我強烈支持這些抗議活動，但是我覺得抗議地點不合適。這次不干立法院的事，即使在凱道，馬英九也不在裡面。要抗議應該到他的官邸。

從媒體的報導，隨訪記者在十一月七日凌晨四點就要報到完畢，六點飛機起飛，因此抗議應該到松山機場，讓記者看到，馬英九看到，才有意義。爲此，我與月清決定凌晨出擊。

三點多我們坐了計程車去松山機場，拿了「台灣青年反共救國團」與「台灣維吾爾之友會」兩個寶麗龍做的牌子過去。到了民權東路的松山機場，發現路邊已經有一群人在那裡聚集，非常高興，一看，原來是久違了的陳爲廷，還有一些同學。

我在那裡宣導警察應該認清自己是台灣人，自己的子女與這塊土地廝守，不像馬英九，兩個女兒一個在紐約，一個在香港，幾個姐姐也在美國與中國，所以對台灣的存亡毫不在乎，甚至爲自己的私利不惜把台灣送給中國。

可是不幸，我們在那裡沒有多久，就被保護馬英九的數百警察壓逼驅趕，並且做出挑釁動作，甚至無故打人，這些都由視頻爲證。警察非常凶狠，對我這個七十七歲老人也不例外，多次用手與盾牌硬推我，幾次都幾乎摔倒，幸虧後面有人扶住，沒有倒下；後來有一次終於摔在地上，手肘著地擦傷，兩個牌子先後都撕爛。這是嚴重違反我們表達意見的言論自由精神。

我們連路邊都不能等候，人群被趕來趕去只能到處游動，後來被逼到一個建築物的地下停車場通道，我們也搞不清楚是什麼建築物，於是進入停車場尋找到機場大堂的出路。我們搭電梯一層層上，終於找到一個燈火通明的廳房，擺滿一排排椅子，還有警察與工作人員守護，我以爲是馬英九臨走時開記者會的地方。但是鐵門關上，我們無法進入。

此時傳來刺鼻的煙霧，我以爲警察用毒氣趕我們。他們抓住陳爲廷，把他往電梯裡塞，我怕他一人吃虧，就順勢一起進入電梯，把電梯擠得滿滿的。到了樓下，我們坐在地上，居然警察把我們一個個抓走帶上車。

保警的大車把我們帶到延壽街的台北市保警大隊。太陽花運動期間我們來過這裡探望被捕的賴芳徵，因此認識這個地方，沒有想到現在輪到我們自己也被警察抓來了。看來馬英九的敵人是越來越多了。

車子到達門口是清晨五點鐘，大概還要叫醒那些警察加班，所以約五點半時才讓我們下車，把我們押到十三樓的大堂裡，一面靠牆，再用許多桌子圍住三邊，把我們關在裡面，上廁所都由警察押著我們去。我們剛坐下，突然之間，看到警員在外面把台聯青年軍的張兆林押出去，來不及跟他講話，不知他是何時被捕的。還有警察來問游騰傑在不在？我在家裡看電視時，就看到他在凱道被抓了，根本沒有與我們在一起。有的警察態度非常惡劣，稱呼我們是「人犯」，是「東西」，完全沒有人權觀念，這種黨國餘孽敗壞民主國家的警察聲譽。

這時我們點人數，一共是二十七人，除了我們兩個老人，其他都是年輕的朋友。一位一同反課綱的年輕人尹若予左手連手掌傷得更重，他在包紮後又回來而被捉，左手一直上舉。我問他的傷勢，他說沒什麼。但是後來看到臉書有人說，他是左手動脈受傷大量流血，當時要送他去醫院還被警察阻止，另外來一個同學把這個警察推開，才讓尹去醫院，聽說縫了十幾針。這種警察真沒有人性！

我們被捕的消息傳出去，當人們還在睡覺時，吳俊達律師就趕來了，讓我們安心不少。後來其他律師也相繼趕到，一共十一位律師。警察自己吃自己的早餐不理我們。月清向拍攝公民運動紀錄片的周世倫導演求助，託他給我們二十七人買早餐，送來三明治加奶茶，實在非常感激。

警方做筆錄時，有兩位小朋友，一個十五歲，一個十六歲，另送少年法院。我問十五歲那位，怕不怕，他豪邁回答說「不怕」。我們由律師陪著。我與月清是由太陽花認識的王展星律師負責。總共來了十一位律師，兩位陪著那兩個少年，我們這裡七位，王律師就負責三位。週末放假，讓他們辛苦了。王律師本來下午還要聽課，也沒法去了。

警方筆錄一直問我們是誰叫我們去的？我們這樣大年紀還要別人叫嗎？如果不是下半夜太辛苦，我們也會叫我們的團員上陣。至於最後上到所謂「指揮部」（這是我們後來才知道的），如果不是警察趕我們，我們怎麼會到處亂走？還不是在路邊等候馬英九的車隊到來呼喊口號而已。午飯吃便當，不知道誰出的錢，莫非這就是「皇家飯」（香港人謔稱囚犯是皇家供養的）？

警方筆錄問完，等候檢方來人問話，等了好一陣。我回答的內容與警方筆錄差不多。後來警察居然說奉檢方之命要收繳大家的手機，態度非常惡劣。說如果不交，就要沒收。那可能三個月以後才能領回。律師抗議無效，只能向外求援，顧立雄律師親自趕來，最後的妥協是手機全部交給他保管而不是檢方。特偵組從來不搜查馬英九的政治獻金案與朱立倫搓圓仔案，卻把我們當江洋大盜來辦，這就是台灣這個民主國家的司法嗎？

等候期間，一位律師把手機裡馬英九偎到習近平身旁熱情握手的視頻給我們看，眞是肉麻當有趣。馬英九向習近平大談「炎黃子孫」，似乎可以同穿一條褲子，我們這些「江洋大盜」當然不是炎黃子孫啦，否則爲何如此對待我們？因此我很開心。

後來警方宣佈我們交保釋放，有幾個三萬元，我和月清及其他全是一萬元。我們身上沒錢，只能由律師先向一個公民團體借錢，他們帶了錢在地院等候我們。

在保警大隊差不多十二小時，才把我們送到博愛路台北地方法院。排隊把所有東西交出來，連褲帶都要解開，全身搜索。我問是否要把衣服脫光？他們說不必。如果怕我們帶武器或自殺，在保警大隊早該那樣做了。現在才做，是不是太遲？何況已經決定我們交保釋放，還來這套羞辱性的動作幹嘛？

東西交出後，還要我們跳三下，還好我的褲子腰身比較緊，要不然交出褲帶再跳三下，很可能春光乍洩，那我又違反社會善良風俗喲。我張開雙手大跳三次，也大吼三聲表達我的抗議，獲得小朋友們的掌聲。

東西交出後，要我們到「少年交保室」等候，那裡形同囚室。少年室的門很矮，要低頭彎腰才能進出。我認爲這也是對我的侮辱，我堅持不低頭，而是高舉雙手抓住上面的門框，仰身讓雙腳先走進去，臉部才向上仰頭進去。出來也是如此。

在過完這個「程序」以後，手機還給大家，才放我們回家。大家在地院門口合照，難友們才分手。這時已經晚上六點半了。距離天亮還有很長一段時間，這最後一里路可是眞難走啊。

晚上回到家看新聞，才知道我們「大鬧指揮部」！哈，原來我們摸到了馬英九的指揮部，實在夠偉大，難怪他們這樣緊張。

至於在指揮部那層樓聞到的刺鼻味道，原來是有人噴出了滅火器。據說還有人搞壞了指揮部的把手。爲這兩件事情要我們賠償，這點我們認了。但是華航還要我們賠償其他的精神損失十萬元，我們拒絕，爲此我們被起訴，最後因爲民進黨勝選，華航撤銷了對我們的告訴。回台灣十年，我終於補上了正式被捕這一課，雖然可能是我一生中唯一的一次，也算是塡補了我一生中的空白。

馬習會上，馬英九最後還是不敢說出「中華民國」這四個字，讓馬英九國民黨的「一中各表」破功，所謂「一中」就是中華民國云云，只是把台灣人騙入「一中」的謊言而已。馬習會後記者會上馬英九發表講話，中國卻是國台辦主任張志軍，也就是馬英九的級別只等於中國的部長級幹部。這兩點不是馬英九所說的對等、尊嚴，卻是喪權辱國的勾當。這是兩個月後在總統大選中壓倒國民黨的最後一根稻草。

小英總統

二〇一六年的總統與立委選舉，是我們回台灣以來心情最放鬆的選舉。總統幾乎沒有懸念，關注的是立委選舉能否贏到總席位的四分之三或三分之二，因爲這關係到能否修憲與重大法案。

競選期間小英總統關注的是台灣內部的團結，所以提出贏了也不會全拿，並且在三個選區沒有推出自己的候選人讓支持者把票投給新成立的時代力量。選舉結果，在一一三席位中，民進黨拿到六十八席、時代力量五席，其他是國民黨與親中政黨。民進黨與時力加起來接近三分之二，還不能跨越門檻。

開票那天傍晚，我們聚集在民進黨中央黨部的廣場，香港《開放》雜誌總編金鐘與時事評論員桑普和我們一起去。我們在群眾中聆聽蔡英文總統的講話與民眾的歡呼。結束時主持人徐國勇見到我們就問，怎麼不早通知，安排你們到後台坐？民進黨失敗時，蔡英文選主席非常孤單，後來倒吃甘蔗，政治人物紛紛湧上，我反而保持適當距離不去趕熱鬧。這是我的性格。所以二〇一二年以後，我反而與她沒有進行過意見交流。不過她從台上下來回到黨部時，我們正好在停車場出口，她快走進去看到我們時就轉身走過來與我們熱情握手，一再致謝。後來兩人才有機會與她再敘。

其後蔡英文貴為總統，忙於公事，我們只能在某些宴會場合見面打打招呼，我只是通過文章發表我對政局的看法。我深知台灣情況的複雜，一直擔心民進黨缺乏與共產黨打交道的經驗。我也了解她要團結全台灣的苦心，但也擔心她太一廂情願，因為失去利益的人會把她當敵人，缺乏警覺會吃虧。我們在街頭多年認識一批有情有義的街頭戰士，他們為「抗馬」做了許多事情，有些年紀較大，有些生活環境不佳，民進黨有沒有關心他們，連接基層？

其實剛開始，民進黨社運部有找我們交換意見，後來說有什麼意見星期五前可以寫報告給他們。我覺得有些意見我已經寫文章發表了，何必再寫？而且規定星期五交卷也有點形式主義。後來這事情就不了了之。想來初心是好的，但是這種辦法不可能有成效。

後來的情況就不太妙了。改革鋪陳太廣，搞得四面烽火，因為被改革的對象事關切身利益，一定會拼命反抗，尤其是年金改革，涉及軍隊、警察、公務員這些「國家機器」的重要成員更要非常慎重。蔡英文是逐步改革，避免震盪，無奈深綠希望畢其功於一役，因此政府兩面不討好。中國政策也是如此，馬英九時代贊成與反對各佔一邊對壘；民進黨執政可不是這樣，蔡英文拒絕

「九二共識」，國民黨反對是必然的，然而「維持現狀」也引發深綠的不滿。

蔡英文的本土派中間路線引發兩面夾擊，民調不低才怪。再加上蔡英文不是正綠出身，從出任黨主席開始，綠營內部就一直有反對派存在伺機而動，此時不出尚待何時？因此熱衷權力的野心家一個個出籠，尤其用煽動性的語言，打著綠旗反綠旗，更容易讓缺乏政治經驗而不明眞相的民眾受到蠱惑。在藍綠加上白色一片「教訓民進黨」聲中，脫離基層而自我感覺良好的民進黨在二〇一八年「九合一選舉」中怎能不敗？因爲還有中國因素的存在，包括滲透到基層的紅金與假新聞導致進一步的大敗。

如果正常的政黨輪替，民進黨的失敗是正常的事情。然而如果是因爲中國勢力滲透進行分化導致民進黨大敗，那是民進黨亡黨、台灣中華民國亡國的問題，遑論建立更高目標的台灣國。可是因爲民進黨始終缺乏同中共打交道的經驗，尤其缺少反統戰、反滲透的經驗，卻自以爲是，對國安問題掉以輕心，這才是最令人焦慮的事情。

台灣作爲華人的民主燈塔，許多華人與中國各弱勢民族的人權會議與活動在台灣舉行。這時，來自港澳、中國、西方國家華人民運組織，乃至台灣本地的可疑人物紛紛出現，而且行事張狂，公開跟蹤監視，如入無人之境。

台灣執政當局雖然現在已經有所醒覺與重視，然而馬英九八年開門揖盜的嚴重後果，要清查十分困難；而一些綠營人士不顧大局攻擊台獨與華獨的合作而孤立自己，則是在自掘墳墓。台灣的未來眞是令人憂心忡忡。

台灣的前途令人憂心，然而台灣並不絕望。這是因為國際環境的大轉變。企圖吞併台灣的中國政府，現在也是美國的大敵。美國終於認識了中共的反民主本質與偷盜拐騙的伎倆，對中國模式已經基本上不抱幻想，從而與中共全面開打。這是民主與獨裁、自由與專制之戰，它將決定人類的命運。正是在這個前提下，美台關係在蔡英文執政下急劇升高。

台灣毫不猶豫地應該站在自由民主普世價值的這一邊。然而台灣本身也應該提升自己的民主素質，消除買辦意識與小農意識，高瞻遠矚，自立自強。改造中國帶給台灣的小農意識更是長久與艱辛的工作。只有做到這點，才能克服短淺眼光與狹隘胸襟，才能擺脫聽天由命的宿命觀。配合美國的印太戰略，實現台灣的國家正常化。即使台灣要付出一定代價，也是必需的。

〔附錄〕學府生活回憶

林維新

（一）投考燕大前後

大約五十年前我從福建南部一間教會中學畢業出來。當時這小島還是英國租界，這學校也是在英人勢力統轄下生存。爲這緣故，學校歷屆畢業生能升學的，多半有他們固定的目標，也就是，外人設立或資助的教會大學。一般來說，這些大學也較樂於接受這類中學的畢業生，在入學考試方面，條件稍鬆；所以落第的人很少。就在這情況之下我進了我所選擇的大學——福州協和大學，英文全名：FUKIEN CHRISTIAN UNIVERSITY，簡稱F.C.U.。

學生時代，有快樂的一面，也有苦悶的一面。快樂的是靠人吃飯，什麼都可不管；逍遙自在，我行我是。苦悶的就是考試這一件事。爲了考試，有時連飯都吃不下，覺都睡不好；爲的是，考不及格了，不但要受家長的責罵，面子上也難過得去。這還是普通的升級考試。升學考試呢，那是對外的，而且考上考不上，有關前途事業，所以緊張的情況，是不難想像的。一直到了接獲錄取的消息，才覺心平氣靜，鬆了一口氣。

我們一班畢業的十七人，升學的五位，全

部考上同一大學。這在我們的心中，自然是最理想的安排。在未來的新異的環境裡，多少還有幾位老搭檔，不但日常生活中可以互相幫忙，在學習上亦可共同切磋。卅年代的閩省，南北公路尚未全部完成，沿海地帶的主要交通是靠水路。那時幾家外國輪船公司都有定期巨輪川行這些航線，載貨亦載客。客房普通分爲三等，頭等的一向沒有華人的份兒；二三等的華籍客人，大半是富商巨賈，權威人物。學生定的都是無等船位，即一般稱爲大艙；即使經濟能力足夠的學徒，亦不喜歡和那些「貴人」搞在一起，情願吃點苦頭，過著集體的生活。既是大艙，自然沒有房間，以甲板爲床，寢食均在此。雖然如此，大家聚在一起，談談笑笑，一晝夜的航程很快就過去了。

協和大學位在福州郊區，前有閩江，後有鼓山鼓嶺，風景之美，爲全閩冠。校舍及教職員住宅建築均屬西式，分散在半山半嶺之間。由學生宿舍走到江邊，須要走下數十級石階，才會到達平地。課餘飯後，一些同學最愛會集江畔，眺望江輪上下航行。在落日餘暉之際，畫成一片天然景緻，令人神往。有時江船汽笛一鳴，難免引起這些離鄉背井的遊子思家之心；但這種鄉思通常爲優美的風景所掩蓋了。在這以前，協大是一間純男性大學，就是教授之中，也找不出一位女性。由我們這一屆起，才開始招收女生，雖然人數微乎其微，還未及全校學生總數百分之五、六，但在一般男生心目中，總覺難能可貴。我們心中沾沾自喜，認爲好運非凡，校園內的生活，絕不會覺得乾燥無味了。

和其他教會大學比起來，協大的規模算是最小的。學生少，教授少，院系少，就是每年費用，平均來說，也比之其他教會大學低。爲此原因，協大的師生關係好，同學與同學的關係好，學生與工人的關係也好，的確是做到恰如一個溫暖的大家庭。不論那一個學生，也不管這同學是從什麼省份或縣份來的，一進了校門，在一個極短的期間內，上自教授，下至工友，都可個個認清而無遺了。

有了這種種的優點，照常理說，我該在這個地方修畢四年的大學課程，而不會有「見異思遷」的想法。但事實卻非如此。在第二年下半時，我開始有了轉學的念頭；這動機——嚴格說來實不能叫做動機——非常單純，現在想來自己也覺得好笑。按照當日一般大學的規定，第二年始業時，每位學生必須確定一主修學科，我選的是經濟。在我選讀的一門學科的班上，僅有三位同學，除我而外，二位都是女性，而且恰好都是閩南同鄉。因爲人少，座位緊接，時常在教授還未到堂之前，我們隨隨便便談此話，久而久之，大家更加接近，於是由課堂上的同伴進而爲體育場上的同好，課後常在一起打打網球，並開始說些心底話。有一次，其中一位突然向我提起轉學的事。「轉到那兒去？」我問。「到燕京去。」她答。我沒即刻作出肯定的反應，爲的是我還須考慮到一些問題，尤其是經濟問題。這事在一段時間內暫被擱置下來。

青年人多半有一種特質：雄心壯志，喜歡遠走高飛，而且對於某一種事物，經常不會感到完全的滿足，樂於「百尺竿頭，更進一步」的嘗試。這是促使青年不斷進展的原動力，也是青年人和老年人最主要的差別。世上有青年，處處可以看到朝氣勃勃的氣象，假如僅是老年人，情況便不相同，恐將成爲一暮氣沉沉的世界了。暑假將到，各報上照例登有招生廣告，燕大這一年照舊在閩南招生，只是新生入學考試定在上海舉行。我們口頭不宣，心中不約而同的在準備轉學的事宜了。

這是我第一次和異性同道同行，我應該怎樣看待她以及今後將維持著怎樣的一種關係，那都是次要之事。眼前最傷腦筋的是，到了上海之後我將如何爲她安排。讓她單獨住到旅舍去吧，那將是一種笑話。讓我自己也在旅館，大家好像陌生人一樣互相不理，恐怕也是做不到的。在外邊找到地方，我不但一個親戚也沒有，就是一個熟朋友也找不到。正在無法解決的時候，突然由另一方面獲悉滬江大學設有暑期學校的消息，開有幾門課程，可以自由選讀，且有學分。這眞使我喜出望外，我立刻決定意向！三十六計，先鑽進滬大爲上計。這樣一來，一切困難都迎刃而解了。

一九三四年七月間，我們離開廈門到了上海，過著暑期學校的生活，一面攻讀三幾門功課，一面準備入學試驗。她住在滬大女生宿舍，我在男生宿舍，兩舍相離不遠，黃昏時刻，我常到女生宿舍去，在客廳裡坐談；話題多屬現實，間亦交換入學考試意見。女生之中，還遇見三兩位南方朋友，異地相逢，倍加親切；有時大家湊成一團，有談有笑，情況熱烈，幾乎忘了我們是作客他鄉。當時我還認得一位姓張的男同學，滬大二年級生，修習新聞學，也準備投考燕大。我們認識的期限很短，但他對我的幫忙甚大；舉凡有關暑校須知，滬大校園的情況以及其他生活上的瑣細，都給我不少的指示。我們的友誼與日俱增。那年上海的炎熱，雖說是幾十年來所未曾有，我們並不爲熱氣所困，相反的，過了極爲快樂的日子。

到了入學考試前二日，我自須和這位女同件見面。這時，最使我驚奇是：她突然改變原來的計劃。她對我說，她不參加燕大入學試驗。我問起原因，她說怕落選。我說，考試之事確是有幸與不幸，我們盡力應付，眞的落選也無可奈何。經過我多番勸說，她仍不回心轉意，我一晚上幾乎爲此事所纏繞，久不入睡。主要原因是同道僅二人，如今我竟須單刀赴會，心情上多少有點不快活。女人的心理有時是難以捉摸的。有時嘴上說「不」，心中想「要」，有時心上想「要」，口上說「不」，或竟連「不」字都不講出來，令人費解。到如今我還不明白她所以改變初衷的眞正原因何在；不過，她以後出國投入國立菲律賓大學攻讀，那是千眞萬確的事了。

轉學考試較之普通入學考試簡單，僅是中英文及智力測驗而已，所以在短短的二日內便完成了這件大事；雖然當時的心情難免有點緊張，最後還是以聽天由命的態度對之。事前我已聽到，智力測驗在燕大的入學試驗項目中佔有重要的位置。應試者的中英文成績稍差，而智力測驗的結果滿意，還是有通融的餘地；反之，中英文成績過得去，智力測驗遜色，落選的可能性相當大。這一項目不但是事前難以好好的準備，測驗起來又是大費思索，絞盡腦汁的東西。這一創舉，在全國大學中，可說是絕無僅有，非常特別。根據校方調查紀錄和統計所得結果，表明燕大歷屆畢業生在社會上活動成績以及他們（她們）個人的智力商數（INTELLIGENT QUOTIENT，簡稱IQ），大體上形成正比例；換言之，智力商數愈高，經常在事業上的成就也愈大。我進燕大後，證實這種說法。

另一件事，可能也是其他大學所未做過的。以鄰校清華大學來說，清華是國立的，設備完善，入學費用較低，所以每年投考的新生非常擁擠；因此，遴選當然要嚴格。可是一經選上，無後顧之憂。燕大則不同。入學考試或者較之其他國立大學容易，但進了校門後，頭一年的成績，如果學校當局認爲不滿意的話，這位學生還是會被請出校的。這一點，我進去後也證實了。

這一暑假，我並沒有在滬大讀完，選讀功課亦半途放棄。在入學考結束後二三日內，我離申回閩；那時實在迫不及待，一心一意的要等著考試結果的消息。在這期間，我心中只有二件事情：一是入選了該怎樣準備北上；另一是落選了又將怎樣尋找其他出路。約在三星期後的一天，我接到了校方的通知，通知書且詳細規定報名註冊的日期，我是確定的被錄取了。我踏上新的征途，進入一個不同的天地，這個新的境界和過去足跡到過的地方，顯然的有很大的差別。我雖然不能立刻說出這些基本的差別在那兒，但我自己明悉，今後我須要一種新的認識，堅強的信心及耐力，才能實現年輕人的理想及抱負。

（二）我怎樣踏進教育圈

短短的幾年大學生活，所經歷了的事跡，有二點是比較突出，超乎尋常。一是我留在大學先後達五年之久，比平常多出一年。另一事是在五年之中改換了三個學系，也很有可能再作第四次的改變。這些經過和變化，現在回憶起來，的確另有一番味道。

初入大學之門，並未想到應該多讀些什麼科目，進入什麼學系。只因爲表格上須要塡上主修科目，隨想隨寫，過後再說。我塡上的是中國文學。寫上這學系，並非完全沒有原委的：一，我是中國人，中國人應該多讀些中國書，多了解中國作品，多知道一些中國事情；更不必說我對中國文字早已有點基礎。我會寫白話文，也會背幾篇古文，懂得些國學常識。二，我第一次進讀的大學只有文理二個學院，非文則理，非理則文，找不到第三條出路。我對理科本就沒有多大興趣，這可能是和數學有關係的。我對於數學，要說是「一竅不通」，並不過分。中學畢業那一年，爲了數學分數不及格，差不多畢不了業。那時的數學老師也就是我們的級任老師；爲了我同其他二位「同病相憐」的級友的畢業問題，竟特別召集一次教員會議。會議中我的英文老師極力爲我辯解，才通過了這難關，也才有了一張中學畢業證書。據實來說，大學初期本來不需要選定主修或副修學科；頭一年應讀的學科，大半屬於「入門」，「原理」或「常識」之類，實在還未達到「專修」的階段。以「中國文學」來說，主修理科的學生也該讀些有如「概論」這一類東西。事實上，在這種班內也確有不少志在理化的學生；同樣的，初期理化的課程（如生物，物理，化學等）的班中亦必有志在文科的同學們。

在這樣不文不理的情況下，我度過了一年的大學生活。第二年開始的時候，一位親屬由僑居地回來；這位族親在未出國前曾在家鄉和我同過學，朝夕相處，情同手足。他對我個人的生活環境，學業進程，前途計劃，莫不在在關心。在談話中他提起一位叔輩在海外經營銀行業，已有相當時日，基礎穩固。叔輩本人年事已高，需要一位親信得力的助手，作爲後繼之準備。他徵求我的意見，勸我改習經濟。正如前面說過的，我對操算方面本是庸才，對銀行管理當然不會有多大的成就；但是，當日教育界有一句極流行的口頭語：「畢業即失業」，現在既有這樣的機會，眞是求之不得，畢業後的問題不是馬上可以解決了嗎？那一年的開始，我正式選修經濟學。我夢想學了可以致用，改變以往「學非所用」的看法；我期望學成以後可有高人一等的職位，從而推翻「畢業即失業」的濫調。夢想實現之日，畢業非但不失業，且將是「大業千秋」了。

我由第一間大學轉到第二間大學，多少受了上述因素的影響。我進了燕大後，第一件事就是辦理轉學手續；轉學手續中最主要的是要取得舊校學分的承認。當時燕大的經濟系是歸入法學院，法學院代院長兼經濟系主任是一位早期燕大畢業生曾經留學英國的學者。瘦瘦的身材，帶著一副深度的眼鏡，態度嚴肅，說起話來非常認眞。使我驚奇的是我在前校習得的經濟學科的學分，不管成績是好是壞，全部予以否認。我問起理由，他說不須談理由，要轉到這裡來就須服從這裡的規定。這正如晴天霹靂，我一時說不出話來。在一種不甘屈服的錯綜心理的情況下，我不得已的再次出現在「經濟學原理」的課堂內。這學期的開始已肯定的就是牠的結束了。

但是，時間是無情的，去而不回，離開卒業日期愈加迫近。人家已在計劃怎樣寫好畢業論文，我自己連個主修學科還在弄不清，這還了得。於是情急智生，突然有所覺悟。眼看多少走出大學的，不論學的是文學也好，理科也好，哲學也好，甚至社會法律的，不是都在當起教員來嗎？這是一條最簡便的出路；而且，與其學別的才當起教員，倒不如直接學教育來做個好教員。我看中教育系了。第三年第二學期的開始，我去見系主任。開頭我心中確實極感不安，因爲想起轉系轉得這樣遲，很有可能被拒之於門外。經過一段談話後，這種疑慮一掃而空了。這位笑口常開，態度溫和，年紀約略四十多的系主任問起我轉系的原因後便馬上接受我爲該系的一員生了。這等於打了一針興奮劑，今後將無往而不利了。

事態確是循著理想的方向開展。上了第一課的「教育原理」後，更加強我的自信心。「教育原理」這課程是系主任親自開講的，班次相當大，修習人數超過半百，男女約略均分。雖然人數多，課堂內的氣氛非常融洽，精神上的鼓勵，遠非過去各個時期可比。更使我樂不可支的是，上了幾課後，我在班上結識了一位女同學；過後，我知道她也是教育系的主修生，是音樂的愛好者。她會彈一手好鋼琴，也有一副天生的甜歌喉。因爲有同好，所以促成了我們除了書本以外，還有其他接觸的機會。我們曾一同去看音樂歌唱的片子，同師學習聲樂，選修音樂系的課程；平日參加歌詠隊，週日參加聖歌團；大半的課餘時間，都花在音樂歌唱方面。我們友誼的進展，可說是比之百米賽跑還快。這是志同道合的撮合，物以類聚，自古已然，假如□□□是爲了鋼琴程度的問題，我眞想去參加音樂系的行列，或者，至少也得把音樂作爲副修的學科了。

一九三七年夏季，我們同時修畢應修的學分，呈交論文參加畢業典禮後，我們離開了這可愛的母校。同年，這位在校時親近的學友便成爲我的終身伴侶了。

（三）新舊之間

三十年代是燕京大學鼎盛時期，學生總數接近千人，僅僅女生已超過三百多，來自東西南北各地，間亦有少數外籍學生。教職員方面，包括教授，講師，助教，以及其他各部門的行政人員，據一千九百三十六年的統計，總數爲二百十餘人。上面數字是從人數一面來說，再由地區方面看，當時除正式的校園外，四週還有廣大的場地，專闢爲教職員住宅，全部面積約爲二百英畝。這樣龐大的一個校園，實不下於一個市鎮，要談人與人之間的交往，或其特殊的關係，本就不大容易。休說是學生與學生之間，或是學生與教職員之間，即以教職員和另一教職員，因爲居東住西，院系不同，經常不在一起，有時連臉孔都難認得出，更不必說要叫出名字來。但是，爲了補救爲地域上的隔離和眾多人數所造成的缺點，學校當局和學生自治會竭盡所能策劃種種可行的途徑，促使這小鎮內陌生的住戶，逐漸形成一體，發展成爲兄弟姊妹的關係了。在這種籌劃之中，最堪注意的是每年一度的迎新大會。顧名思義，這會的目的無疑的是爲迎接新的師長及同學而舉行。迎新日期都在每年秋季開學伊始。會中除準備樣樣色色的豐富節目外，使人印象最深的便是全體師生共作郊外之遊。郊遊地點經常以頤和園爲主。所以選擇此地，自有其特殊因由：一，園與學校距離不遠，來往方便；二，景色優美，名勝古蹟遍地俱是；三，園積廣大，足容夠多遊客。正當秋高氣爽的季節，全體師生麇集在這樣一個宛如世外桃源之中，眞可說是天時地利人和了。

和迎新大會緊接而行的便是一種「拖屍」的惡作劇。「拖屍」一語是由英文（TOSS）直譯出來的，不論音讀或涵義都和實際情況極爲吻合。這種把活人當做死人一拉起就丟到水裡，簡直是瘋狂行動，在東方人的眼光看來，頗爲不是，更不必說是發生在高等學府之中。但西方人——尤其是歐美教育界人士看來，認爲頗有可取之處，蓋此舉乃意在馴服一部分態度傲慢的初入大學的新人。孰是孰非，很難言定。說也奇怪，這種「拖屍」的怪風卻發生在迎新的同時，未免矛盾；但不，假如「拖屍」還有其他更深遠的意義的話，那就是等於自我介紹。俗語說：「不打不相識」，確是如此。

體育活動在這一方面也起了相當的作用，尤其是各種球類的練習和比賽。足球，排球，籃球這幾種運動，除個人技術性的表演外，因爲每隊在組織上需要原定足夠的人數，在練習上需要適當的聯絡和合作，所以很容易的結成陣合。競賽場上時常變成交際場所，你來我往。班際比賽外，還有院際比賽，系際比賽等等，從而團結一致，對外挑戰。猶憶每年秋季，北平各大學聯合舉行球類比賽，藉以觀摩並聯絡感情。每次比賽以前，球員都要加緊練習，交換意見。接觸機會增多，認識加深，友誼日篤。那年行將分別的時候，一位同隊的球員就在紀念冊上寫了這幾句：

「我們都不會忘記燕大足球隊，因爲那是我們學校生活史上重要的一頁。時光如駛，轉瞬即將分別了，希望將來仍有一天我們相會於足球場上。」

每次看到這些字跡，彷彿又回到幾十年前燕大男生體育館背後的廣大足球場上去了。

我一向愛好旅遊，在校時曾多次利用春假或其他短期假日參加團體旅行。假期短，我們走的地方近，假期長便抓住機會到遠的地方去。有一年，離開北平不遠的一個山上——妙香山，舉行神廟盛會，這種盛大廟會並不是年年如此，而是逢年舉行。盛會期間，各地善男信女均趨往朝拜，人山人海，熱鬧異常。因爲廟會最熱鬧的時刻是在晚間，所以我們特地住宿一晚，席地而居，不分男女，大家睡在一起，眞像輪船上大艙客一樣。另一次的春假，因爲日子稍長，我參加旅行內蒙綏遠，在綏遠首府歸綏住了幾天，然後由歸綏直往包頭，體驗遊牧民族生活實況。我們在蒙古包住過一晚，觀察塞外風光，極饒趣味。從此，又平添了同學間的關係，加上難於獲取的一些生活上的寶貴經驗。

團契是燕大校園內種種組織活動中的一種特殊團體。英文名稱爲：YENTA CHRISTIAN FELLOWSHIP。在公立大學或非基督教大學難得找到類似這樣的組織。即使是基督教會創立的大學，也不一定都有這樣的團體。團契是完全根據基督教義及精神而成立的，所以第一，團契的成員是不分階層身分的，包括教職員，學生及工友等。第二，團契的中心活動偏重於日常生活和實際的行動，成員貴能以身作則。第三，基督教的精神是建立在「愛」的上面，所以「友愛」及「互助」便成爲團契的準繩。契內成員的關係早已由同學朋友漸進爲家屬的關係了。

誰也不能做到，從始業到卒業的幾年中，得以認識全體的師長，行政人員，同學及工友；但誰都要盡可能的多結識幾位學友，越多越好。說來好有趣味，我和一位同學結識僅始於一聲「哈囉」。這位姓宋的同學是檀香山的華僑，我是華南去的，在地區上和語言上本就沒有什麼有利於結合的條件。但有些功課促使我們隨時有碰頭的機會。第一次我見到他時，我說了一聲「哈囉」，他亦以「哈囉」回禮，雙方便沉默無言。此後每次碰頭時，就續用同樣的招呼。過些時日，我們開始談些話，那時，我才知道他的名字，原來又是同系的，不過班級比我低罷了。接觸越多，說話越投機，到我將近離校時日，彼此覺得依依不捨。最後，他留給我的一句話是：BIRDS OF THE SAME FEATHER FLOCK TOGETHER, I AM

SURE THAT OUR FRIENDSHIP BEGINS THAT WAY.

遺憾的是，到現在我還找不到他的去處。年來我接到各地寄來的校友會年刊和通訊，就一直沒有看到他的姓名及地址。在此，謹祝這位老同學健康無恙。

（四）食色性也

自有人類以來，肚子問題便成一個共同而且時刻需要解決的問題。「人以食爲天」，「衣食足而後知禮義」，這些古語的確指出「吃飯」的重要。一個人到了一個新的地方，第一件事便是要知道有些什麼東西吃，怎樣去獲取這些食品。我由南方要北上時，家人顧慮到我是否吃得慣饅頭；我到了學校後，不少北方同學問起南方的人逐日吃的是些什麼。燕大雖是個私立大學，生徒的來處卻非常遼闊，除小部分外國學生外，來自本國的，東西南北都齊。統計約略指出，單是南方就讀的學生，籍屬廣東省的就佔全校學生總數四分之一強。在來自這許多不同的生徒中，由於飲食上所產生的歧異，是一件值得注意的事項。膳食委員會早已有充分的準備，隨時可以應付，使得人人各隨所欲，各取所需。其實，南方的學生並非全部愛吃米飯，有些過去吃慣了米飯的，在新的環境中更喜歡換換口味，我個人便是其中之一。我在北方時，吃饅頭比吃米飯多，有一時期，幾乎連一點白飯都不碰。此外，還有一種副食品也是一般南方學生所喜愛的，那是以黍米做成的甜糕，當地叫做絲糕。這種黍米在南方有時用以餵鳥，在北方卻充作主要副食品，是我們所想不到的。有時候我們都不吃饅頭米飯，全以絲糕果腹，自認爲是最大的享受了。

猶憶當日膳委會對於膳堂的處理，常能顧及學生的方便。二種膳食辦法都各有其好處，任憑學生選擇。一是包飯，按月付膳費，菜饌由膳堂安排，膳費自然稍廉。另一種是零沽，每次可自擇菜饌，吃多少算多少，頗有伸縮餘地。不論是包或零，一到食堂，馬上可以就座，不患人滿，不須久候；因爲全體住校同學，選課時間不同，或早或遲，是以輪流上課，亦輪流吃飯。也有些同學因時間關係，大開快車，匆匆的吃了三兩塊饅頭便拔腳而跑。一次，一位新來的廣東同學，可能是起床太遲又要趕上早課，一進食堂便高聲喊著侍役說：「西紅柿炒雞子自己吃」，因爲「柿」，「子」，「自」，「吃」這幾個字的廣東音腔難分得清，和普通話的發音差別又大，所以弄到侍役莫名其妙，無法應付，結果，這位同學只好悻悻然走開了。「天不怕，地不怕，只怕廣東人說官話」，回記此事，覺得這樣形容眞是妥當也沒有了。

在燕大滯過的，無人不識「常三飯館」這名字，這館子是在校園外東大地，是一家有了年代的飯店。這飯店的大部分顧客是來自燕大。燕大同學除了在校內食堂用餐外，一般經濟情況好的學生，經常是「常三飯店」的座上客，這館子簡直等於燕大的附屬食堂。一些少爺最喜歡邀約女同學在這館子吃個痛快，談得稱心。「常三」老闆對于心理學這一門，似乎有了相當把握，對這雙雙對對的來客的心理，瞭若指掌，應付裕如，都能依照他（她）們的所欲，眞做假做，使得大家歡喜。所謂「歡喜」者，就是一方多掏荷包，一方多裝滿荷包。何況，在女同學面前多花幾個錢，一般男士自覺是最光榮的事情。

一位姓許的同學，讀經濟，了解這情況，

很表羨慕，對我提議也來個這樣的飯館，利用空閒時間輪流，既可作爲實習，又可以獲利，一舉數得。我起初毫不在意，經他屢次說項，內心頗爲所動，終於答應合作。租地方，找幫手，一時忙個不休，最後是「擇日大吉」了。不知是否擇錯了日，或搞錯了什麼，不到三個月，便僵掉了。我已記不清當時這筆賬目是怎樣結清的。

燕京的事物給人愛慕及留戀的本來相當多，但最使人永遠想想念念的便是校園內男女同學的交遊。如所週知。燕大全校的女生人數，在三十年代中期幾乎要和男生並駕齊驅，約佔總數的一半。這種情況，在五十年前的國內教育界，不論是公私立中學或大學裡，的確是罕有的。說句笑話，果如那時全部男士要找對象的話，大可不必外求，就地取糧已是綽綽有餘了，何況校中的部分設備及自然環境對於男女接觸提供非常有利的條件。別的不說，單就靠近女生宿舍的「姊妹樓」和靠近男生宿舍的「未名湖」這兩個地方所構成的男女間的風流韻事，眞不知多少？「姊妹樓」之所以如此命名，是因兩座建築相對相稱，大小一致，初非全部供作交際場所（一座是女部主任辦事處及女教授住所）。因爲佈置安排妥適，自沙發椅以至於燈光等等，都是經過細心設計的。室內氣氛非凡，是青年男女談情說愛的最理想場地。如果說「姊妹樓」是人工的造作品，「未名湖」應該是自然界的產物了。談到「未名湖」，說不定有人會聯想到一些頌讚「湖光塔影」的文字，諸如「四季的未名湖」，「未名湖的冬天」等等，試問，假如當日這學府裡全是清一色的男士或女士，文章又將怎樣寫法!?湖的春夏秋冬無疑的將完全改觀了。

講到「未名湖」，人們不期然的會想到溜

冰這玩意兒。每年冬季，大十一二月間，氣候轉冷，湖水凍結成冰，頓成一座天然溜冰場。青年男女迫不及待，在冰結尚不夠堅厚時，爭先一溜為快，試顯身手。有一回，一位男同學就在山崩瓦解的情勢下，掉入水中；雖然湖水不深，不至滅頂，却已變成落水雞，衣服濕透，急忙的奔回宿舍，弄到旁觀者哈哈大笑。我對溜冰一道，一向就沒有多大興趣，因為屢次想到「如履薄冰」這句話，特別警惕，膽子又回縮了。但有時看到別人興高采烈的溜著，形形色色，不一而足；尤其是男牽女，女牽男，成雙成對，在冰場上滑走，花樣百出，眞給我羨慕不置。曾有一次，一對戀人共溜，為要表演一下特殊技術，在速轉中失足，跌倒場上；爬起後他還誇耀的說：「這是最新式的DOWNWARD CURVE呀！」

有同學把冰場解為情場，據悉歷年在場上牽上姻緣的不乏其人，信哉斯言！

（五）身心各得其所

踏進燕大校門，出現在眼前的是一些巍峩的建築，宮殿式的屋宇，其他並不多見。若再跨步前進，最多只能看到一幅迷人的風景畫——「湖光塔影」。果眞有人想在這地區內找出一個場所，來一番「大顯身手」，那簡直是做夢而已。當我添作新丁時，就像個鄉下佬走進大城市，只求平安，不敢有過分的奢望。最初一段時日，只是孜孜於課內作業，注意周圍事物，盡量適應新的環境，對其他課業以外的活動，既不想談，也不敢談；所以連球場操場的去向，一無所知。有一天課後，幾位爪哇華僑學生邀我一同出去走走，我才知道原來在校園的另一角落，還有個廣大的場地——足球場。場周是跑道，全校運動會就在這地方舉行。那時候正好有幾位同學在玩著足球，我們乘興也踢踢幾下，却未顧及腳上穿的是一雙平常鞋子，而不是特備的足球鞋啊！我也不知道究竟是誰在替我捧場，不久我的名字便被點上校隊了。此後一帆風順，先是擔任中鋒，繼而被選爲隊長。我們定期練習，準備參加每年一次的北平市五大學（燕京，清華，北大，師大及輔仁）的秋季足球比賽。自此時起，我在學校體育活動中，已經有了一定的位置。課外活動的增進，提高工作力量及興趣，對於身心的調劑亦起了相當的作用。

體育設備，種類繁多，足球以外，籃球，排球，網球場地均可隨時使用。部分男同學更愛打網球，因爲網球比較簡便，單打雙打都行，而且沒有男女界限。邀請一二位女同學一起玩玩，不大妨礙觀瞻。有些技術高超的男同學，且以「教練」自居，爲女同學服務，由此而成爲摯友或愛侶者也是常有之事。

上述這些課外活動，大半是自動的，不受任何方面的約束；既不強加，校方亦無法根據這些來評定學生的體育成績。唯一的體育課，健身操GYMNASTICS，就必須在體育館內進行了。這座大型的男生體育館，位於大操場的前方，（女生體育館在另一邊，靠近女生宿舍），正好是戶外運動和室內運動的分界線。學生們各可選擇所好，或在室內練習健身操，或在廣場上跑跑跳跳，近在咫尺，極爲便利。雖然這樣，大家總不會忘了體育課是必修的，GYMNASTICS是非做不可；所以館內早晚都有人在練習。記得考試之日，除了些比較簡易的操練，如翻筋斗，騎馬動作等外，末了來了個高爬特試。這條從屋頂垂掉下來的粗索，已記不清有多長，體育教練口笛一吹，便須按繩向上直爬頂點，速度第一。當我由頂上回落時，教練看著還按在手裡的秒錶，在紀錄簿上寫個「E」（EXCELLENT的代號）。在旁一位同學以半開玩笑的口氣說：「比猴子還快！」當時我的確覺得心滿意足了。

我自小喜動，登山下海，無所不爲。那時家鄉住宅背後有個不大不小的園地，除了種些蔬菜花卉外，也種了很多的果樹；李，梨，桃，龍眼等，應有盡有。每屆果子成熟季節，我們兄弟姊妹每天清早都要爭先起床，越早就採得越多。我是最大的，而且是男子漢，佔了不少便宜。熟果掛在高樹上，她們採不到的，全是我的份兒了。曾有一次，我要搶著採，一時失慎，滑掉臥倒地上，暈迷不省人事，經急救後才回甦，嚇壞了全家人。現在想來，我的爬高本領該是那時期訓練出來的。

和體育相關且具有同等教育意義的就是音樂。體育治身，音樂治心，相輔而行，可說是完成了教育上一大半的任務。燕大之所以有音樂系的創立，自是有其因由。音樂課程原非專爲音樂主修生而開的，其他學系學生亦可自由選讀。我曾選修過一門「音樂史與音樂欣賞」的功課，由一位美籍樂師授解，頗饒興趣，且覺輕鬆。每週一小時，做些筆記，大半時間花在聽聽唱盤而已。每聽完一曲，須將各曲的名稱，作者及其年代等等記下，作爲考試時的準備。有時聽完一次，再度重複；名曲不厭其聽，由此可使學者對各樂曲獲得更深印象，從而培養音樂的欣賞能力。

除樂理外，學生亦得在課外時間自由擇師學習樂器及聲樂，這要以各人的經濟能力而定。在此以前，我本喜歡玩弄樂器，有些樂器，如鋼琴梵亞鈴等，需時很長，因耐心不足，半途而廢者再。爲了補救這個空缺，我再選擇一種比較輕易的樂器——六絃琴（GITAR）。剛好有一位夏威夷華僑，在鄰校清華大學擔任英文講師，課餘兼授六絃琴，於是我便和他商洽，請他每週抽出一小時，教我這種樂器。我本極愛聽一些纏緜悱惻的歌調，所以學了一段時間後，請他教我學彈那首夏威夷名歌——ALOHA OE（FAREWELL TO THEE）。從夏威夷來的人，不論平日愛好音樂歌唱與否，幾乎每人都會唱這首歌，即使沒有在夏威夷住過的人，聽了這歌以後，也彷彿被帶到夏威夷去了。這是一首很特出的民歌，要稱牠爲情歌或送別曲，亦無不可。此調以六絃琴彈出，其傷感之情，常使人不能自已。幾十年來我仍然「手不釋卷」，和此曲解不了緣；音樂感人之深，於此可見。

在燕園住過的人，一定會理解，燕大在建築上，組織上，教學上都實行中西合璧、新舊交流。若說這是教育界的奇景，那麼，更奇的還可看到聽到。課餘飯後，常會突然由東窗傳出梵亞鈴的聲音，回頭又聽到西窗唱出的京調，或奏出胡琴和笛子的聲音。這等於告訴我們，音樂也在璧合之列。不論中樂西樂，在燕園內均被重視，有些同學還兼而習之。

合唱團是整個音樂活動的骨幹。至少有兩個合唱團是值得介紹的：一是小型的聖歌團（CHURCH CHOIR），團員不過二十人左右，每週日在宗教學院（寧德樓）的禮拜堂唱出，以聖詩爲主。宗教學院以外的學友均得參加爲團員，主要條件是須具歌唱的興趣和崇拜神主之心。另一個合唱團是大型的，人數成百以上，教授，學生，職員可自由參與爲團員。定期練習定期演唱。這個歌詠團不但是校內盡人皆知，在校外亦負盛名。每年聖誕期間，經常演唱韓岱爾（HANDEL）的著名作品「彌賽亞（MESSIAH）」，由音樂系主任范氏親自擔任指揮。這是一項艱巨的任務，沒有毅力和經驗，是難以勝任的。這百人的歌詠團每年順利的演唱這偉大聖歌，藉以慶祝聖誕佳節。

一九三六年夏，燕大歌詠團接受教育部的邀請，到舊日首都南京唱出這舉世聞名的聖樂「彌賽亞」，獲得最高的評價，這是燕大音樂藝術登峰造極的一個超絕時代。

正當我沉醉在這高度藝術的氣氛中，警鐘突然的敲打起來。啊！我們留校的日子已極短暫了！大三同學正開始準備舉行送別會（正如學年初的迎新會一樣，每年終照例的也來個送別會）。在送別會中，我們受邀參加一個節目。什麼節目呢？我們這些行將離校的學友再三商酌後，還是決定來個音樂節目。一個四部合唱當即組成，兩男兩女，獻唱的歌是一首充滿著情調的美國著名民歌「CARRY ME BACK TO OLD VIRGINY」，以當時境況說，這個歌名頗爲適合時宜，難怪夾什在歌聲琴韻之中，是一片依依惜別之情，爲此而傷感流淚者不知凡幾!?

（六）左右為難　左右逢源

有些外界士女不大明瞭眞相，總以爲燕大這家高等學府是專爲一些官僚子弟或富貴人家而開辦的；因而這般人士的腦中總認爲在這學府內就讀的大半是公子王孫之流。既是公子王孫，袋子裡有的是錢，只知道享樂而已，那會關心到社會上的貧困弟子？所以燕大老早就被戴上資本家學校的帽子。燕大學生也就被圈入右派或所謂反動派之行列。其實，這是錯覺，與實際情況不符。第一，燕大學生不盡是富家弟子，其間也有不少窮徒，一邊攻讀，一邊工作。第二，即使燕大多數學徒是出自富有人家，生活優裕，亦不能武斷的說他們全部對眼前環境都能適應，對於社會現實都感滿足。在其他學府內發生的事情，在燕大同樣的也會發生，就是經常所謂「左」和「右」的衝突，或「進步」與「反動」的鬥爭。而且，在燕大比之其他高校更加明顯。當日「十二．九」學生運動便是最有力的例證，燕大是被指爲這些運動的大本營。

學生自治會是全校學生團體生活最高的執行者，也是左右二派明爭暗鬥的場所。每次大會舉行選舉的前夕，氣氛相當緊張。由於雙方忙著拉票，爭取勝利，所以有時會發生一些「不擇手段」之嫌。再說，如果拉的是來自一方面，那還算好，更難於應付的是雙方都要拉，一身夾入其中，不知如何是好。遇到這種情況時，有的只好坦白宣佈中立，不偏不倚，既不開罪此方，亦不開罪彼方，有如聯合國舉行大會選舉時投下白票一樣。聰明的同學，在大會選舉前，頗多採取「逃避」的方法，在那些日子盡少出頭露面，減少對外接觸，免除不必要麻煩。更有些比較圓滑的同學，在兩派之間，均能應付裕如，和右的談右，和左的談左；所謂「吃雞倚雞，吃鴨倚鴨」，左右逢源。這種人正是未來政海中最詭譎的投機政客。

本來，人與人間思想的分歧，竟見的差異，都是必然的現象。俗語說：「人心不同，各如其面。」確是如此。面部不同還容易瞧得出，心地的差異就難於捉摸了。爲此，也有外表好似靠右的，內心却是靠左；相反的，內心靠右而行動左傾的，亦有其人。左右而外，還有所謂中立偏左，中立偏右，諸如此類，該怎樣去衡量，怎樣去斷定呢？三十年代是日本積極侵華的年頭，是中國多事之秋，只要具有良心的中國人，都會激於義憤，參加抗日工作。青年學生，血氣方剛，不能坐視政府的綏靖政策，群起參加學生愛國運動，遊行示威，除奸抗暴，催促當局抵禦敵人的侵略，那是天公地道的事。若把全體青年學生劃成左派，動不動便給他們戴上「紅帽子」，加上種種罪名，那眞是不公不允了。

燕大當局對於學生思想態度，一向採取寬大政策，聽任自由發展。是左是右，是中立或有所偏，從不過問，更不妄加干涉；爲的是學校當局要讓學生訓練自治的能力，認識是非，斷定眞僞的機會，從而培養及發展民主的作風。曾經有人問過我，擁護那一派？靠那一邊走？我的回答是：擁護自己，相信自己，走自己的路。當日這樣的回答本是順口成章，隨想隨說，類屬戲語，並不存著什麼特別意義，或者有人要譏我爲「儒夫」或「沒有立場」的人。可是，時至今日，經過了這樣大大小小的社會變革，一切擺在目前的事實，儘可作爲殷鑑。回憶年青時無知的戲語，由於時代的考驗，其意義更加深遠了。

有一點是可以告慰的。在燕大民主作風的溫床上，各種會議都可舉行，各種意見都可自由發表，事事可公開討論，可公開辯駁，可以辯到臉紅耳赤；可是，從未曾發生過「脫下皮鞋敲打椅桌」的怪現象。

（七）自由氣氛彌滿全校

置身燕大校園內，處處可嗅到自由的芬芳和氣息。且不論在課室裡，宿舍內，就是其他公共場所，從來不掛上諸如「條例」，「規則」的字樣，更無「禁止這樣」，「禁止那樣」的條文。但這並不是要大家能夠輕舉妄動，胡作亂爲；反過來講，是要大家自己約束自己，管理自己。學校當局旨在採取積極的鼓勵，避免消極的干涉和限制。燕大的校訓是「因眞理，得自由，以服務」，這明白的提示，此處所說的「自由」，並非平常開口閉口的「自由」。眞正的「自由」是要以眞理爲依據，簡言之，就是以不侵犯他人的自由爲原則的自由。

燕大的自由風氣最先見之於宗教。這座最高學府雖說有個宗教學院，却未曾規定任何強迫學生信仰任何宗教的條文。如所週知，燕大是基督教會創立的，依照常理來說，該是招收教內的員生，但實情恰恰相反，學生中非基督教的佔大部分。而且，除基督教外，其他宗教，如佛教，印度教等，均得自由研究和探討。至於聖經一門，學校一向未列入必修課程，或強迫學生修讀。宗教學院（在宗教樓）每星期日都有一次崇拜集會，與一般教堂的禮拜儀式約略相同，有讀經，講道，聖歌和禱告。所不同的就是這教堂的佈道者對於神學，宗教哲學等都有深入的研究，言論新穎闡述得法，與舊式的教堂牧師傳道的佈道方式，大相逕庭。因此，不少教外的人士也樂於參加聽講。非教友者，在一定時期內，都自動的成爲教友了。

在學術研究方面，校方經常給予學員廣泛的研究機會。教授有中有西，採用教材亦然。研究對象有古有今，有新有舊。各門各系均有專門人材，爲當日國內知名學者，□□□□□□□□□□□□□□□學社，並設置獎學金，鼓勵有志於學術上作更深入研究的大學畢業生。在醫學上則與協和醫學院打交道，燕大創辦醫預科，畢業後直接升入協和醫學院續完本科，獲取醫學博士學位。現今國內外著名醫生多爲當日這兩座學府的聯產。

值得特別提起的是新聞學系。這個學系在其他大學裡是算稀罕的，所以有不遠千里而來就讀的學生，希望在系裡取得一個位置。新聞學系屬下的一個新聞機構，出版一種小型報刊，由採稿，編輯以至發行全由該系同學分工合作，類同實習。誰人有意見或主張，不論是對學校行政的批評，抑或對學生自治會的種種建議，都可借重此項報刊。該系和國外大學的新聞學系亦屢有交換教授及學生之舉。一九三五～三六年間美國派來艾加史諾先生（EDGAR SNOW），在燕大新聞系擔任客座教授，鼓吹新聞言論自由，深得該系學生的歡迎，從此，艾氏在中國走上了更加遙遠的道路了。

燕大的圖書設備，包羅之廣，不下於同時期的其他高等學府；而且年年添置，不患有缺。普通藏書自古及今，中西俱全。教授施教時指定的各科參考書，經常準備足夠本數，俾各需用的學生易於借到。圖書館座位的安排及每日開放的時間，足以滿足全體師生的需求。少數同學獨出心裁，準備長期佔有，故意在自己認爲理想的座位上，放置一些不足輕重的小東西，好像簿子，筆盒等，分明的警告他人不可入侵，位各有主了。這種做法，多半是情侶們的排比，想來有點好笑。

除圖書外，雜誌報刊是最現實的精神食糧。那些不分派別和類型的各種定期和不定期刊物，分門別類的放在雜誌架上，時刻引起讀者很大的興趣。也有些人一進圖書館便直搗雜誌報刊處，一看就知道是專爲報刊而來的。館內的空氣始終寧靜，輕言細語都會引人注意，遑論宏亮聲音。咳嗽的人須先準備，必要時暫避館外，或者不來館內更妙。有一回，在雜誌部門的角落，突然爆出相當響亮的笑聲，頓時驚動全館。有人好奇找上那位發笑的同學，才發覺他正在閱讀林語堂陶亢德主編的「論語」期刊。裡面有幅漫畫，畫簡意深：一片海棠葉，葉上有四個字——「中國萬稅」。當日的「論語」是以幽默諷刺見稱，人人愛讀。現在，中國地形已不是海棠葉了，果如林語堂先生在世的話，畫出來的不知是什麼「葉」？又不知國人對此有了什麼感想？

燕大的自由風氣非僅限於宗教及學術方面，日常生活，尤其是男女兩性關係，更富有自由的作風。課餘閒暇，男女同學攜手散步校園，或共坐湖邊石舫，談情說愛於楊柳樹下，本是司空見慣之事。即使是深更半夜，情侶漫步各處，亦無人過問，路見的人亦不以此為奇。只有一事，男生不進女宿舍，女生亦不進男宿舍，似是不成文條規，彼此了解，相互尊重。雖則如此，若男方欲窺伺女舍的秘奧者，並非全無機會。學校當局規定的每年「校友返校」節日，整整一天，全部女生宿舍開放，讓男女□□□□□□□□□□□□□□□□□□□□□客人欣賞。間亦有特備糖果點心，招待貴賓，使參觀的人個個飽滿而歸。

本來，平常日子男生找到女生宿舍，照例須先按鈴，然後才由女方出來接見。這種辦法，對一些外來而非燕籍的賓客，亦一律看待。其時，鄰校清華大學的男生時常到燕園來，約會女生外出。清華和燕京兩校是近鄰，當時清華女生的人數少得可憐；在供不應求的情況下，只好另找出路，而「侵略」鄰校算是最好和最簡便的出路。「北大老，師大窮，唯有燕京清華可通融」，這是那時候女生群中一句極流行的口頭語，眞可以道出這些小姐們心底的秘密了。

一九三六年間，燕大合唱團應教育部邀請到南京演唱「彌賽亞」，全團百餘人搭乘特備專門車廂由北平出發。在車廂裡，男女不分座位，摻雜而坐。爲解除旅途上的寂寞，大家說說笑笑，本是尋常的現象。當時，因我經將接近「戀愛成功」的階級，所以與我同行的愛侶相處頗密，却不料因此而引起一位美籍英文講師和他同行的夫人的不滿，屢加干擾，似乎非迫得我們分座不可。我堅持不屈，因爲我自知我並沒有做錯什麼，同時也有其他男女同學相依爲命，如法泡製，爲什麼這位老師只針對我們開刀？幾位廣東籍學友爲我大抱不平。在火車停站時我們相率離開車廂，共商對策，有主張強硬的，當衆請他出來分辯；也有主張武力對付，丟他一下臉；因爲他既不顧到我們的臉，我們又何必照顧到他的呢？我還是尊重他爲師長，極力容忍，待演唱完畢返校後，才來考慮這件事。爲預防這位長者對校方作出一些不正確的報告，回校後第二天，我馬上往見司徒校長，詳述這件事的經過，並告訴他老人家必要時還得請幾位同行者作證。當然，在我還沒有得到司徒校長的反應前，我的確覺得非常不安。在傾吐我的來意後，司老用很簡單誠懇的話回答我：「這是我們學校的正確的戀愛觀，你不必顧慮什麼。」

（八）憶念司徒雷登校長

司徒雷登博士全名司徒約翰雷登（JOHN LEIGHTON STUART），一八七六年生於中國杭州，一九六二年九月十九日病逝美京華盛頓醫院，享壽八十六歲。

談到燕京大學，自自然然會想到司徒校長；提及司徒校長，也一定會涉及燕京大學。司徒雷登名字和燕京大學已是分不開，實際上是二而一一而二的難於分割的整體了。

燕大初創時僅有學生百人；教職員最多二十位；圖書幾百冊；全年經費二萬餘元。初期校舍簡陋無比，根本就談不上正式校舍。經過十多年的積極發展，學生名額增至千人，如未加以限制，恐怕早已超過這個數字。教職員亦多至二百餘位，等於初期的二十倍；圖書藏數達三十多萬冊；全部地產約達一千多英畝。可是，當時全校學生的每年繳費總額僅佔全校逐年經費七分之一，這些不敷經常費及建設費全靠司老一人的奔走措籌，數十年如一日。燕大美麗的校園，宏偉的建築，名聞中外的教授，可說全是司老的心血構成的。

但是，燕大之美，不在於校園校舍，而是牠的校風。燕大的校風，一向自成一格，和其他大學學院迥然不同。司老便是這獨特校風的創造者，推行和培植的主要分子。燕大同學不但在校時謹守校訓，離校時亦復如是，且能以獨特的作風服務於社會人群。燕大校友，不論定居何地，所爲何事，一有機會見面，便自然的親熱如一家人。司徒校長每經一地，只要該地有了校友會或校友，必定獲得熱烈的歡迎和接待。一次，一位離多年的校友在某一場合見到司老，他以爲司老一定忘了他，開頭便來個自我介紹，道出姓名及畢業年代。這一來倒是給司老難堪起來，並怪他不尊重司老的記憶力。這固然是司老超越的記憶之所以然，同時亦足表示司老對於學生們關心的程度，以至於經已離校多年的校友，他仍然惦記於懷。這的確是一位教育者應具備的條件。

一位偉大的人物自然有他偉大的來由。膽大心細，實事求是，對於事物，不但會在大處着眼，也會從細小地方把握。眞正偉大精神就在這裡。司徒校長一生奉行基督教條，基督教的中心思想就是「愛」一個字。聖經上記載的「愛鄰人如己」，是基督教義最高的發揮，是「世界大同，天下一家」的導引。司老根據自己的信心及愛心，在中國工作達五十多年的時間。他愛燕京大學；他愛燕大全體師生、職員、工友以及與燕大有關的人和物；他愛中國，更愛中國各階層的民眾。「FIFTY YEARS IN CHINA」（在華五十年）一書充分表達司老這種信心及愛心。有些人或者會這樣想，「在華五十年」書中所寫的必定是燕大事情居多，誰知事實完全相反。這書的大部分篇幅都用以記載燕園以外的事跡，顯示著司老內心所向和他終身的抱負。

自蘆溝橋事變以至珍珠港事件發生的一段期間，的確是司老最苦心的時候。他爲要維護學校的生存，教育及學業的續繼，必須應付敵僞無理的干涉。當時，要有發生什麼意外事件，諸如學生因抗日活動被敵僞或日軍捕捉，這位老人家總要奮不顧身，四處奔走營救，使得學生安全返校。他愛護青年學生，無微不至，令人永不忘懷。一九三九年美日戰爭爆發，司徒被禁，那更是進入一個暗無天日的時期了。

大戰結束後，國共衝突頻起，司徒受命爲美國駐華大使，協助馬紹爾將軍調停中國內戰，這原是一樁艱巨的任命。這以前，司老一向從教，從未問政。處理政務，手法不同。爲使雙方息爭，團結一致，建立民主自由富強康樂的新中國，司老仍勉爲其難。無如國共互相猜忌，深入骨髓，故雖盡最大力量，卒未能獲致妥洽途徑。這種吃力不討好的調停工作，終告中斷。雖然，公道自在人心，司老的誠心實意已是盡人皆知了。

一九八一年十二月完稿
一九八二年六月重修

國家圖書館出版品預行編目資料

我的雜種人生：林保華回憶錄 / 林保華作. -- 初版.
-- 臺北市：前衛, 2019.08
624面；15×21公分

ISBN 978-957-801-885-3（平裝）

1. 林保華　2.回憶錄

783.3886　　108010093

我的雜種人生：林保華回憶錄

作　　者　林保華
責任編輯　番仔火
封面設計　Lucas
美術編輯　宸遠彩藝
出 版 者　前衛出版社
　　　　　地址：10468台北市中山區農安街153號4樓之3
　　　　　電話：02-25865708｜傳眞：02-25863758
　　　　　郵撥帳號：05625551
　　　　　購書・業務信箱：a4791@ms15.hinet.net
　　　　　投稿・代理信箱：avanguardbook@gmail.com
　　　　　官方網站：http://www.avanguard.com.tw
出版總監　林文欽
法律顧問　南國春秋法律事務所
總 經 銷　紅螞蟻圖書有限公司
　　　　　地址：11494台北市內湖區舊宗路二段121巷19號
　　　　　電話：02-27953656｜傳眞：02-27954100

出版日期　2019年8月初版一刷
　　　　　2019年9月初版二刷
定　　價　新台幣650元

Printed in Taiwan　ISBN 978-957-801-885-3